Wilhelm Adolf Schmidt

Epochen und Katastrophen

Wilhelm Adolf Schmidt

Epochen und Katastrophen

ISBN/EAN: 9783743410985

Hergestellt in Europa, USA, Kanada, Australien, Japan

Cover: Foto ©ninafisch / pixelio.de

Manufactured and distributed by brebook publishing software (www.brebook.com)

Wilhelm Adolf Schmidt

Epochen und Katastrophen

Epochen und Katastrophen.

Epochen und Katastrophen.

Von

Adolf Schmidt,

ord. Professor der Geschichte an der Universität Jena.

Berlin. 1874.

A. Hofmann & Co.

Vorwort.

Von den drei folgenden Aufsätzen gehört seinem Inhalt nach der erste dem Alterthum, der zweite dem Mittelalter, der dritte der Neueren Geschichte an.

Der erste, über Perikles, bisher ungedruckt, beruht auf Forschungen, die im Verlaufe von fünfundzwanzig Jahren erwachsen sind. Die wesentlichen Ergebnisse derselben sind von mir zu wiederholten Malen in öffentlichen Vorträgen behandelt worden. Den Zeitangaben liegen durchgehends neue, ausführlich ausgearbeitete Untersuchungen zu Grunde, deren Mittheilung sich begreiflicherweise dem gegenwärtigen Anlaß entzieht.

Der zweite, über den Nika-Aufstand, wurde bereits 1854 in Zürich dem Druck übergeben, unter dem Titel „Der Aufstand in Constantinopel unter Kaiser Justinian". Das Interesse des Stoffes ließ mir eine neue revidirte Herausgabe desselben als gerechtfertigt erscheinen.

Der dritte, über Don Carlos, erwuchs allmählig seit 1861, je nach dem Fortgange der aufklärenden Publicationen, zu seiner gegenwärtigen Gestalt. Auch er, gleichwie der Aufsatz über Perikles, erscheint hier zum erstenmal im Druck. Nur habe ich, um für ein richtigeres Verständniß des Gegenstandes nach meiner Auffassung zu wirken, im Jahre 1862 einen kurzen

Abriß von acht Seiten dem zehnten Bande der Becker'schen
Weltgeschichte, und im Jahre 1865 einen noch kürzeren von
zwei Seiten dem vierten Bande des Conversations-Lexikons
von Brockhaus einverleibt. Seitdem haben sich allerdings manche
Ergebnisse meiner früheren Forschungen geändert, die wesentlichsten indeß nicht; doch werden auch diese hier eine viel ein-
läßlichere Begründung und Darstellung erfahren.

    Jena, den 12. Nov. 1873.

Adolf Schmidt.

Inhalt.

— ·—

III. Don Carlos und Philipp II. Seite 251.

I.

Perikles und sein Zeitalter.

---

1. Einleitung.

Seit ihrem ersten Dasein webt die Menschheit ununterbrochen an dem Webstuhl der Cultur. Was sie webt ist ihre Geschichte, ist die Offenbarung ihrer selbst. Jeder Faden, den sie spinnt, bildet ein Moment in der Entwicklung des Begriffes Menschheit. Alles was in ihrem Wesen liegt, alles dessen sie fähig ist, will sie und muß sie aus sich herausarbeiten, d. h. zu thatsächlicher Wirklichkeit gestalten. Und so lange wird daher die Menschheit spinnen und weben, bis sie die ganze Summe ihrer Fähigkeiten in Thatsachen ausgesponnen und dergestalt den Vollbegriff ihrer selbst verwirklicht und erschöpft hat.

Die Organe, und darum auch die Vertreter der Menschheit, sind die Völker und die Einzelnen. Das Princip ihres Webens und Schaffens aber ist die Theilung der Arbeit. Denn die Aufgabe der Menschheit kann so wenig durch ein einziges Volk, wie durch ein einziges Individuum, erfaßt und gelöst werden. Nicht Alles fällt Einem zu, sondern Jedem sein Theil. Wie die Aufgaben der Einzelnen innerhalb der Volksgemeinde verschiedene sind: so hat auch innerhalb der Universalgeschichte, d. h. innerhalb der großen Culturwerkstätte der gesammten Menschheit, kraft jener Arbeitstheilung jede Nation und jede Zeit, die kleinste, wie die größte, jede Aera und jede Weltperiode ihre selbstständige Aufgabe, ihr eigenthümliches Arbeitsmaß. Die Völker und die Zeiten vertheilen gleichsam unter sich, gleich wie die Individuen, die Aufgaben der Kunst, der Wissenschaft und des praktischen Lebens. Und nirgends herrscht dabei Willkür, überall waltet Ordnung und Gesetz. Alle Arbeiten der Einzelnen, der Völker, der Zeiten, greifen fort und fort ergänzend und vollendend in einander.

1*

Die sogenannte Vorgeschichte, die erste Weltperiode, hatte nach allen Seiten hin· die natürliche Menschheit entwickelt. Mit der Staatenbildung im Orient begann die zweite Weltperiode, die Entwicklung der geistigen Menschheit, ein Proceß, in dem wir noch heut begriffen sind, und dessen Vollendung einst, in unberechenbarer Zukunft, zu einer dritten Weltperiode, zur Entwicklung der sittlichen Menschheit, hinüberleiten wird.

Die Aufgabe der Entwicklung der geistigen Menschheit ist also der gemeinsame Boden, auf dem die antike und die moderne Cultur, das Alterthum und die Neuzeit, gleichmäßig wurzeln. Aber jedes dieser beiden Weltalter ist der Entwicklung einer besonderen Seite der gemeinsamen Aufgabe gewidmet. Während die moderne Menschheit, seit dem Emporkommen des Christenthums und der germanischen Völker, sich vor allem bestrebt zeigt, nach allen Richtungen den subjectiven Geist zu entwickeln, auf dem Wege des Denkens in das innerste Wesen aller Dinge einzudringen, auf allen Gebieten zur Erkenntniß des Wahren zu gelangen, alles und jedes Wissen zu vollendeter Wissenschaft zu erheben: war ihrerseits die antike Menschheit vorzugsweise beflissen, die Culturarbeit des objectiven Geistes zu vollziehen; unablässig war sie bedacht, alles und jedes künstlerisch zu ergründen und zu gestalten; unablässig rang sie nach der höchsten Vollendung der Formen, nach der Verwirklichung der höchsten Ideale des Schönen, nach den höchsten Leistungen der Kunst.

Auf diesem letzteren Triebe wurzelte das gesammte Alterthum. Aber die Völker des Orients, kraft jenes Gesetzes der Arbeitstheilung, brachten es in der Culturarbeit der formalen Bildung nur bis zur Herstellung unwandelbarer Typen und Autoritäten. Griechenland dagegen, indem es die Herrschaft der hergebrachten Autorität oder des Typus brach, entfesselte den allgemeinen Wetteifer, schuf die Freiheit des objectiven Geistes und damit die Mannigfaltigkeit in der Kunst, und erklomm so die höchste Culturgipfelung des Schönen. Rom verhielt sich zu Griechenland wie der Verbreiter zu dem Erfinder, wie der Schüler zu dem Meister; in intensiver Beziehung bereits den Niedergang des Kreislaufes bezeichnend, erfüllte es wesentlich nur die extensive Aufgabe, mittelst seiner Eroberungen die Bildung, die es dem Griechenthum abgelernt, sowie die Wirkung der schöpferischen Gebilde des griechischen Geistes und der griechischen Kunst, die es nachzuahmen und zu vervielfäl= tigen bedacht war, weithin über die Erde zu tragen und schließlich auf die Nachwelt zu vererben.

Wenn nun dergestalt das Hellenenthum die höchste Stufe innerhalb der antiken Culturentwicklung zur Darstellung brachte: so gipfelte ihrerseits wieder die hellenische Cultur in dem Aufschwunge Athens, und die attische in dem Wirken des Perikles. Stellte Athen gleichsam den Blüthenkelch der hellenischen und damit der antiken Bildung überhaupt dar: so schuf Perikles in ihm jenes farbenprächtige Blüthentreiben, das in die Culturwelle des Alter= thums den glänzendsten Perlenschaum des Schönen abgesetzt hat.

Perikles ist daher nicht nur der Vertreter einer kurzen Zeit= spanne — der perikleischen Aera, und eines kleinen Staatswesens — der attischen Republik; ja er ist nicht nur der Hauptvertreter einer großen Nation und ihrer Geschichte — der hellenischen; sondern mit dem allen zugleich ist er auch der eigentliche Repräsentant eines ganzen Weltalters und einer universalen Entwicklungsstufe der Menschheit. Er steht im Zenith des gesammten antiken oder clas= sischen Weltalters, und vertritt dergestalt in hervorragendster Stel= lung eine jener weit und hochgeschwungenen Culturwellen, die, be= messen nach Jahrtausenden, in ihrer Aufeinanderfolge bestimmt sind, die Menschheit ihren höchsten Culturzielen, ihrer irdischen Vollendung entgegenzuführen.

Die Zeit aber, die seinen Namen trägt, und die den Ruhm Athens als glänzendsten Schmuck in die antike Entwicklungsgeschichte der Menschheit einwob — das perikleische Zeitalter —, war doch nicht nur im Allgemeinen das Product einer universalhistorischen Nothwendigkeit, sondern zugleich auch im Besonderen, wie wir sehen werden, das Product einer großartigen Reibung volklicher Gegensätze innerhalb des Griechenthums, und vor allem in indi= vidueller Beziehung das Product eines einzigen Gedankens, der tief in der Seele des Perikles sich erzeugte und entfaltete. Ohne diesen einheitlichen und befruchtenden Gedanken würde weder das perikleische Zeitalter so entschieden den Preis des Schönen, noch

Perikles selbst den höchsten Ruhm geistiger Größe, eines irdischen
Prometheus, davongetragen haben.

Um so gewisser rechtfertigt sich jeder Versuch, in die Umrisse
dieses Einen Menschenlebens jenen weltgeschichtlichen und nationalen
Stoff einzurahmen, — einen Stoff, wie er an Würdigkeit im
Alterthum ohne Gleichen ist, und dabei so gewaltig an dramatischen
Motiven und an tragischen Situationen, daß er die Theilnahme des
Herzens nicht minder wie die Bewunderung des Geistes in Anspruch
nimmt.

Wir wagen diesen Versuch ohne dünkelhaftes Selbstbehagen, in
schlichtester Weise und Form.

Wie kam, müssen wir uns vor allem fragen, Perikles zu jener
weltgeschichtlichen Rolle? Und welches war der einheitliche Grund=
gedanke, der ihn trieb?

Blicken wir daher zunächst auf die Situation, in die Perikles
eintrat, auf die Zustände Griechenlands und Athens, die er vorfand.

2. Lage der Dinge.

Die hellenische Nationalität war um 500 v. Chr. noch in
viele Hunderte von kleinen Staatengebilden zersplittert, die, trotz
der Gemeinsamkeit der Sprache, der Religion und der Sitten, trotz
der nationalen Amphiktyonien, Orakel und Festspiele, kein gemein=
sames staatsrechtliches Band zusammenhielt.

An Macht und Einfluß hatten sich aber mit der Zeit zwei
dieser Staaten, Sparta und Athen, weit über das Niveau der
übrigen emporgeschwungen. Sie bildeten innerhalb der hellenischen
Welt an Charakter und Tendenz einen scharfen Gegensatz, einen
politischen Dualismus. Das dorische Sparta, von Charakter starr
und gedrungen, wie die dorische Säule, bevorzugte die starren Ele=
mente, und erwuchs dergestalt zu einer aristokratischen und continen=
talen Macht. Das ionische Athen, von Charakter flüssig und schlank,
wie die ionische Säule, wandte sich den flüssigen, beweglichen Ele=
menten zu, und gestaltete sich demnach zu einer Demokratie und zu
einer Seemacht.

Naturgemäß suchten diese beiden Vormächte immer mehrere der kleineren Gemeinwesen in ihre Machtsphäre zu ziehen; und ebenso naturgemäß waren die continentalen und aristokratisch gearteten Staaten geneigter, sich an Sparta, die maritimen und demokratisch gegliederten sich an Athen anzuschließen. Der Dualismus Spartas und Athens mußte dergestalt nothwendig mit der Zeit zu einem immer feindlicheren Antagonismus sich entwickeln. Ein Kampf zwischen beiden um die Vorherrschaft, um die Hegemonie in Griechenland, schien früher oder später bevorzustehen.

Da traten die Invasionen der Perser ein, und nahmen einen immer bedrohlicheren Charakter an. Griechenland, bei dem mächtigen und anscheinend unwiderstehlichen Andrange des Xerxes im Jahre 480, zu Lande und zur See, schien unvermeidlich dem Untergange gewidmet zu sein. Denn obwohl die Herodotische Darstellung der Perserkriege ein episches Gepräge trägt und in ihrem Detail sich vielfach als unwahr oder als übertrieben erweist: so kann doch nicht bezweifelt werden, daß dem Griechenthum eine erdrückende persische Uebermacht entgegenstand, die um so gefährlicher war, als ihre Action durch einen absoluten einheitlichen Willen geleitet ward. Die staatliche Zersplitterung der Hellenenwelt dagegen, mit ihrem untrennbaren Gefolge von Angst und Schrecken, von Widerstandsunfähigkeit und selbstsüchtigem Interessenspiel, bahnte dem andringenden Feinde in breiterem Maße den Weg, als der Stolz der Hellenen dies nachmals zuzugestehen geneigt war. Nicht Muth, nicht Beharrlichkeit und Opferfreudigkeit, sondern Verzweiflung, Abfall und Verrath spielten Anfangs, und nur allzulange, die Hauptrolle. Ueberall warfen sich die kleineren und größeren Staaten bedingungslos dem Eroberer zu Füßen und stellten ihm ihre Contingente zur Verfügung, um damit ihr eigenes Vaterland, ihre eigene Nation zu bekämpfen.

Unter solchen Umständen gab es für die noch nicht unmittelbar überrannten Staatengruppen nur Einen möglichen Weg des Heils: die straffe Centralisation ihrer Wehrkräfte und die Herstellung eines unbedingten einheitlichen Oberbefehls in Betreff aller Operationen sowohl zu Lande wie zur See. Da ordnete sich Athen, mit patriotischer Selbstüberwindung, der Hegemonie Spartas unter. Und

diese Unterordnung allein hat Griechenland gerettet, hat die glänzen=
den Befreiungskriege der Jahre 480 und 479 möglich gemacht.

Die Invasion war zurückgeschlagen, der griechische Boden von
den Barbaren gesäubert; der Defensivkrieg der Hellenen verwandelte
sich, durch die mächtig erwachten Antriebe kriegerischer Begeisterung,
in einen allgemeinen, von Jahr zu Jahr erneuerten Offensivkrieg
gegen den persischen Koloß.

Vor allem aber gaben die glänzenden Erfolge der Freiheits=
kämpfe dem einheitlichen Nationalbewußtsein und den panhellenischen
Tendenzen frische kräftige Impulse. Sie hatten zu einer immer
dichteren Krystallisirung der hellenischen Elemente, der befreiten wie
der befreienden, um die Vormacht Sparta geführt. Nach den
Schlachten bei Platäa und bei Mykale war Sparta eine Zeit lang
thatsächlich das Haupt einer allgemeinen panhellenischen Conföderation.

Allein die Unlust Spartas an überseeischen Expeditionen, seine
Unbeholfenheit und Ungeschicklichkeit, namentlich aber sein starres,
schroffes und herrisches Wesen bewirkte, daß diese panhellenische Con=
föderation, die zunächst nur die Bedeutung eines Kriegsbundes, eines
Trutzbündnisses, einer activen Allianz hatte, plötzlich wiederum in
Trümmer ging. Die alte Nebenbuhlerschaft Athens, als des wich=
tigsten Mitgliedes, kam neuerdings wieder, und in berechtigter Weise,
zur Geltung. Mit dem Jahre 476 trat der Bruch ein. Alle
strebsamen, beweglicheren und thatkräftigeren Elemente wandten sich
von Sparta ab, und übertrugen die Oberleitung an Athen.

Seitdem trat der Gegensatz der beiden Vormächte, feindlicher
denn je, an die Spitze der hellenischen Entwicklung. Die panhelle=
nische Conföderation zerfiel fortan in z w e i scharf gesonderte Bünde:
der p e l o p o n n e s i s c h e unter der Leitung S p a r t a s, und der
d e l i s c h e unter der Führung A t h e n s. Jener blieb unthätig und
überließ die Fortsetzung des Krieges fast ausschließlich den Athenern
und ihren Bundesgenossen.[1])

Die Stellung Spartas und Athens in ihrer beiderseitigen
Machtsphäre war eine sehr verschieden geartete.

In dem p e l o p o n n e s i s c h e n Bunde übte Sparta, das selbst
zwei Fünftel des Peloponnes besaß, die unbedingte Herrschaft über
das Ganze, mit Einschluß einer Reihe auswärtiger Bundesgenossen.

Es entzog sich der Bildung eines gemeinsamen permanenten Bundes= rathes; es wollte lieber befehlen, als daß es Rath annahm. Es erhob, da die gemeinsame kriegerische Action seinerseits aufgegeben war, zwar keine Steuern von den conföderirten Staaten; aber es blieb unablässig bedacht, die Verfassung derselben der seinigen gleich, d. h. aristokratisch = oligarchisch zu gestalten, um des Gehorsams in allen Dingen gewiß zu sein.

Der delische Bund dagegen, unter der Führung Athens, beruhte wesentlich auf der Grundlage gleicher Berechtigung. Jedes Glied desselben stand frei und selbstständig da, mit eigener Gesetz= gebung, Verwaltung und Rechtspflege. Athen war nur der Vor= stand des Bundes; der Sitz desselben nicht Athen, sondern die Insel Delos. Hier pflog die gemeinsame Tagsatzung ihre Berathungen: hier übte sie ihre bundesschiedsrichterlichen Functionen: und hier auch ward die Bundeskriegskasse aufbewahrt.

Der delische Bund war auf immer geschlossen und beschworen worden. Gerade die kleineren Staaten waren die eifrigsten Anreger desselben gewesen, weil sie von ihm allein Heil und Sicherheit vor den Angriffen des Auslandes, namentlich Persiens, erwarteten. Mit voller Einmüthigkeit war der Bund begründet, die Verfassung dessel= ben durch einen constituirenden Convent aller Mitglieder festgestellt worden. Nächst der Einrichtung der periodisch zu berufenden Bun= desversammlung, hatte man damals namentlich die militärischen und finanziellen Obliegenheiten geregelt. Aristides, der große und ein= hellig gefeierte Athener, war die Seele der ganzen Organisation ge= wesen. Er hatte dem constituirenden Convente einen Entwurf für die Vertheilung der Contingente und der Steuern vorgelegt, der als so billig und gerecht anerkannt ward, daß er sofort allseitige Annahme fand. Der Gesammtbetrag der Bundessteuern belief sich darnach jährlich auf 460 Talente oder etwa 690,000 Thaler. [*)]

Auch in Athen selbst war inzwischen das System der Gleich= berechtigung immer consequenter ausgebildet worden. Angebahnt durch Solon, fortgeführt durch Klisthenes, war es durch Aristides zu einem formalen Abschluß gediehen, indem durch ihn die Be= fähigung zu allen Staatsämtern auch auf die Klasse der ärmsten und geringsten Bürger ausgedehnt wurde. Neben dieser allgemeinen

politischen Gleichberechtigung bestand als selbstverständliches Zubehör
und als das stolzeste Palladium des staatsbürgerlichen Bewußtseins,
sowie der staatlichen Sicherheit und Freiheit, die allgemeine Wehr=
pflicht.

Der damalige Organismus des athenischen Staatswesens war
dem der heutigen schweizerischen Cantone sehr nahe verwandt. An
der Spitze stand als ausführende Gewalt ein Regierungsrath, das
Collegium der neun Archonten; neben ihm als berathende Instanz
der große Rath der Fünfhundert; die maßgebende Unterlage bildete
die souveräne Volksgemeinde, die Ekklesia, als die entscheidende Ge=
walt für Gesetzgebung und Beamtenwahl.

Innerhalb dieses Organismus rangen die Parteien nach Gel=
tung. Den Hauptgegensatz bildeten noch immer die aristokratische
und die demokratische Partei. Das Haupt der ersteren war Kimon,
der Sohn des Miltiades; das Haupt der letzteren Aristides. Trotz
der formalen Vollendung, welche die demokratische Entwicklung des
Staates durch Aristides gewonnen hatte, gab die aristokratische Partei,
in der Rückerinnerung an ihre frühere Größe, nimmer die Hoffnung
auf, die verlorene Herrschaft, wenigstens annähernd, wiederzuerlangen.
Und zu dem Ende suchte und fand sie eine auswärtige Stütze in
dem vollaristokratischen Sparta, hielt dasselbe hoch in Ehren, lieb=
äugelte mit ihm, und trat bei allen Anlässen für dessen Interessen in
die Schranken. Wegen dieser Sympathien mit der nebenbuhlerischen
Macht Athens, mit dem Spartiaten= oder Lakonenthum, erhielt sie
den bedenklichen Namen der Spartiatenfreunde, der lakonisirenden
oder der Philolakonen = Partei.

Als nun Aristides um den April des Jahres 467 starb, war
Niemand in Athen, der an Bedeutung, Ansehn und Einfluß dem
Kimon, dem Haupte der aristokratischen Partei, gleichkam. Das
Ruder des Staates schien unabweislich ganz in seine Hände fallen
zu müssen. Und nicht mit Unrecht war demnach einerseits eine
Stagnation und Reaction im Innern, andrerseits eine Restauration
der spartanischen Hegemonie auf Kosten der athenischen Machtstellung
zu befürchten. In der That hoffte Sparta nunmehr das Ueber=
gewicht, das es vor, während und nach den Freiheitskämpfen be=
sessen hatte, mit der Hülfe des ebenso willfährigen und lenksamen

als einflußreichen Sinnen wieder erringen und dauernd befeſtigen zu können.

Das war die Lage der Dinge, die Perikles vorfand, als er nach dem Tode des greiſen Ariſtides, damals etwa 26 Jahre alt, um den Mai 467 in die Staatslaufbahn eintrat. Es galt für ihn, nunmehr mit friſcher Kraft in die Entwicklung der Dinge ein= zugreifen, um jenen gefürchteten inneren und äußeren Eventualitäten mit allem Nachdruck zu begegnen.

---

3. Die Perſönlichkeit des Perikles. [3])

Es wäre eine eigene Aufgabe, einerſeits die mächtige und ein= drucksvolle Perſönlichkeit des Perikles, die Fülle ſeiner Eigenſchaften und Talente, den magiſchen Zauber und die Kraft ſeiner Beredt= ſamkeit in erſchöpfender Weiſe zu ſchildern, und andererſeits die böswilligen Verunglimpfungen zu zergliedern, womit er von Zeit= genoſſen überſchüttet ward, und denen es dennoch nicht gelang, ſein wahres Lebensbild zu verdunkeln. Was uns vor allem obliegt zu zeigen, iſt was er wollte und was er that. Doch dürfen wir uns jener Aufgabe nicht ganz entziehen.

Das Lebensbild des Perikles iſt insbeſondere durch gleichzeitige Komödienſchreiber entſtellt worden. Ihren Verläumdungen ſchloſſen ſich zunächſt Memoirenſchreiber an, wie der Dichter Jon von Chios und der Sophiſt Steſimbrotos von Thaſos, auf den wir zurück= kommen. Bald darnach haben auch einzelne Hiſtoriker wie Ido= meneus von Lampſakos und Duris von Samos aus Parteiſucht es nicht verſchmäht, das Bild des großen Atheners zu verzerren, und dergeſtalt dazu beigetragen, daß noch in der Folge Leichtgläubigkeit und Oberflächlichkeit den muthwilligen Scherzen der Komiker und den tendenziöſen Behauptungen verbitterter Schriftſteller ein unge= bührliches Gewicht beimaß. So wurde namentlich durch eine wahre Springfluth völlig unbegründeter Verunglimpfungen der Eindruck erzeugt, wie wenn Perikles die Verkörperung eines bodenloſen Ra= dicalismus, einer tyranniſchen Herrſchbegierde und einer ſchamloſen Frivolität geweſen wäre.

Dem steht nun aber vor allem das hehre Bild entgegen, das uns Thukydides von Perikles entwarf, ob er gleich nur die letzten Jahre von dessen Leben und Wirken berührte. Schon der bloße Name des Geschichtschreibers Thukydides erweckt die Vorstellung sittlicher Gerechtigkeit, unübertrefflicher historischer Treue und Unparteilichkeit. Und doch steht gerade bei ihm, trotz seiner conservativen Gesinnung, Perikles als das höchste Muster eines Staatsmanns da. Giebt er auch keinerlei Detail über die perikleische Verwaltung, mit Ausnahme der beiden letzten Jahre: so legt er doch von der gesammten, nahezu vierzigjährigen Wirksamkeit des großen Atheners das ehrendste Zeugniß in der Gestalt eines allgemeinen Urtheils ab.

„So lange, sagt er (2, 65), Perikles dem Staate vorstand, leitete er die Geschäfte mit Mäßigung, bewahrte des Staates Sicherheit, und erhob ihn zur bedeutsamsten Größe. Er war mächtig durch Würde und Einsicht, anerkannt der unbestechlichste Mann, der den großen Haufen mit Freimüthigkeit in Schranken hielt. Nicht er wurde durch das Volk geleitet, sondern das Volk durch ihn: weil er nicht durch ungebührliche Mittel zu seiner Macht gelangt war und daher auch nicht nach Gefallen zu reden brauchte, vielmehr bei seinem Ansehn selbst mit Heftigkeit widersprechen durfte. Nahm er wahr, daß die Athener zur Unzeit übermüthig waren, so stimmte er sie durch seine Reden zur Besorglichkeit herab; und wenn sie ohne Grund Besorgniß hegten, richtete er sie zum Selbstvertrauen empor. So fand dem Namen nach eine Volksregierung, in der That aber die Herrschaft des Ersten Mannes statt."

Dieses Zeugniß des Thukydides, dem Plutarch (Kap. 15) im Wesentlichen beipflichtet, muß der Leitstern unsers eigenen Urtheils, die Richtschnur der heutigen Forschung sein. Alles, was mit ihm in offenem Widerspruch steht, muß unbedingt verworfen, und aus dem Wust der Entstellungen nach jenem untrüglichen Maßstabe der Kern der historischen Wahrheit ausgeschält werden.

Aber auch andere Zeitgenossen stimmen in dem Urtheil über Perikles mit Thukydides überein. Xenophon, in seinen „Denkwürdigkeiten", nennt ihn gradezu den „großen Perikles"; und in seinem „Gastmahl" giebt Sokrates zu, daß dieser „voller

Kenntnisse" und der „beste Rathgeber des Vaterlandes" ge=
wesen sei.

Außerordentlich anerkennend lauten die Stimmen der aller=
nächsten Folgezeit. Kann doch selbst Platon, trotz seines Wider=
willens gegen das Staatsmännerthum, nicht umhin, in verschiedenen
seiner Dialoge dem Perikles das größte Lob zu spenden und ihn
als den „Ersten der Hellenen" zu bezeichnen. Isokrates, der
mit seinen Kinderjahren noch in die große Zeit hineinreichte, preist
in mehreren seiner Reden des Perikles „Weisheit", seine „vorzüg=
liche Beredtsamkeit" und „treffliche Volksleitung", seine „Gerechtig=
keit und Mäßigung", wodurch er den „größten Ruhm erlangt habe";
er sei es gewesen, der „die Burg", d. i. den Schatz, „mit Silber
und Gold angefüllt, und den Privathäusern Glück, sowie Wohl=
habenheit in Fülle gebracht"; denn „10000 Talente habe er nach
der Burg geführt", und „nie sei er auf seine eigene Bereicherung
ausgegangen, sondern habe sein Privatvermögen geringer hinterlassen,
als er es von seinem Vater überkommen." Auch Demosthenes,
in zweien seiner Reden, spricht mit Bewunderung von „Perikles"
und den übrigen Führern Athens, während der „45 Jahre", da
dieses „über die Hellenen geherrscht", d. i. in der Zeit von 476
bis 431. Ihnen, sagt er, sei es nur um das „Gemeinwohl",
nicht um „Gunst" zu thun gewesen. Sie haben nicht dem Volke
„nach Wunsch und Willen geredet oder ihm geschmeichelt." Sie
haben „an Gebäuden, an Verzierungen der Tempel und der Häfen,
so Vieles und Herrliches hinterlassen", haben „so prächtige und
große Werke der schönen Kunst errichtet, daß keinem Nachkommen
die Möglichkeit verblieben ist, sie zu übertreffen. Als da sind die
Propyläen, der Parthenon, die Schiffsarsenale, die Hallen und alles
Uebrige, was sie als Schmuck der Stadt uns hinterließen. Im
Privatleben dagegen waren sie mäßig und bescheiden, treu dem Cha=
rakter der Verfassung, so daß die Wohnungen derer, die damals
im höchsten Ruhme glänzten, um nichts schöner und prächtiger
waren, als das erste beste Nachbarhaus. Denn nicht in der Ab=
sicht, ihr Privatvermögen zu bereichern, verwalteten sie die Staats=
angelegenheiten, sondern Jeder war nur darauf bedacht, die Macht
des Staates zu vergrößern."

Wir könnten die Zeugniſſe dieſer und ähnlicher Art noch außer=
ordentlich vermehren; doch dürften die vorſtehenden als Grundlagen
und Ausgangspunkte vollkommen genügen.

Perikles war zu Athen, der Stätte ſeiner Wirkſamkeit, um
493 geboren. Er gehörte einem altabligen Geſchlechte aus dem
Stamme Akamantis und der Gemeinde Cholargos an. Ein Ur=
enkel des Orthagoriden Kliſthenes von Sikyon, Sohn des berühm=
ten Feldherrn Xanthippos, des Siegers über die Perſer bei Mykale,
war er durch ſeine Mutter Agariſte auch Großneffe des Alkmäoni=
den Kliſthenes, der die Gewaltherrſchaft der Piſiſtratiden in Athen
geſtürzt und der Verfaſſung ihren demokratiſchen Ausbau gegeben
hatte. Wenige Tage vor ſeiner Geburt hatte nach der Sage Aga=
riſte geträumt, ſie gebäre einen Löwen; und dieſer Traum galt
hinterher als Verkündigung ſeiner Größe.

In ſeiner äußeren Erſcheinung war Perikles nicht ohne Mängel.
Ein langer unförmlicher Kopf trug ihm vielfach das Geſpött ſeiner
Gegner ein. An Geſtalt und Ausſehn wurde er mit Piſiſtratos
verglichen; dieſem war er auch ähnlich in dem Wohllaut ſeines
Organes und in der anmuthigen Gewandtheit der Rede.

Mit dem Glanze ſeiner Geburt paarte ſich Reichthum. Daher
erhielt er eine ausgezeichnete Erziehung. Seine Lehrer in der
Tonkunſt, für die ſich eine frühzeitige Neigung in ihm entwickelte,
waren Pythokleides und Damon. Der letztere, ein Sophiſt, war
zugleich ſein Lehrer in der Staatskunſt und flößte ihm, wie es ſcheint,
die erſte Neigung für die demokratiſchen Grundſätze ein. Philoſophie
und Naturwiſſenſchaft, Dialektik und Redekunſt ſtudirte Perikles unter
der Leitung der beiden berühmteſten Meiſter ihrer Zeit; des Eleaten
Zenon und des bahnbrechenden Philoſophen Anaxagoras. Jener
war beſonders in hohem Anſehn durch die ſiegreiche Gewandtheit,
mit der er ſeinen Gegner auf dem Wege des Widerſpruchs in die
Enge zu treiben verſtand. Anaxagoras von Klazomenä, geboren
499, dem ſich der etwa ſechs Jahre jüngere Perikles in ſympathiſchem
Zuge alsbald mit der größten Hingebung und bis zur innigſten
Vertraulichkeit des geiſtigen Verkehres anſchloß, hatte eben den erſten
Schritt zu einer vernunftgemäßen Auffaſſung der Welt gethan.
Statt des blinden Zufalls oder der blinden Nothwendigkeit, ſetzte

er an die Spitze des Weltalls und als den Urgrund aller Ord=
nung die Vernunft, einen Alles durchdringenden und sondernden
Weltgeist. Der Stoff, lehrte er, bleibe; nur die Art der Zu=
sammensetzung verändere sich; die Entstehung bestehe in der Ver=
bindung, das Vergehen in der Trennung gewisser Stoffe; Jedes
müsse Theile von Allem enthalten, Alles in Allem sein: dem Stoffe
aber stehe gegenüber der Geist, als der Urheber aller Bewegung
und Ordnung. Die Götter der Volksreligion ließ er nur als
Allegorien gelten; die Gestirne waren ihm Weltkörper, gleich dem
unsrigen, aus Erde und Gestein; der Mond, behauptete er, um=
fasse Gefilde, Berge, Thäler und Wohnungen; die Sonne sei eine
große Feuermasse; der ganze Himmelsraum mit Gestein nach Art
der Meteorsteine angefüllt, das durch die rasche Umdrehung Halt
habe und nur im Fall der Störung niederstürze. Alle Wunder,
ohne Ausnahme, verwarf er; was man also nenne, sei jederzeit die
Wirkung von bestimmten Naturgesetzen; Sonnen= und Mondfinsternisse
würden durch das Dazwischentreten eines Weltkörpers bedingt; die
sogenannten Wahrzeichen bei Opfern erklärte er für ganz gewöhn=
liche, ordnungsmäßige und völlig bedeutungslose Erscheinungen.

Perikles, voll Bewunderung für Anaxagoras, eignete sich dessen
Lehren in selbstständiger Ueberzeugung an; sie hoben ihn weit über
alles Gemeine empor, sie veredelten seinen Charakter, sie verliehen
ihm die großartige Gewalt seines Wesens. So war das höchste
Product seiner Naturanlagen und seiner Erziehung: die Entfaltung
einer erhabenen Denkart und die ausgezeichnetste Befähigung zu
einem großen Staatsmann und Redner.

Trotzdem hegte Perikles in seiner Jugend eine große Scheu,
vor dem Volke aufzutreten; sei es aus Bescheidenheit oder, wie
man später meinte, aus Besorgniß vor dem Scherbengericht, wegen
seiner Aehnlichkeit mit dem Tyrannen Pisistratos oder wegen der
vornehmen Herkunft und des Reichthums seiner Familie. Ohne
Zweifel aber beherrschte ihn vor allem das Gefühl, daß neben
Kimon und Aristides kein Raum für einen ebenbürtigen Dritten
und Jüngeren sei. Hielten ihn dergestalt Scheu und Bedenken von
den Staatsgeschäften Anfangs fern, so widmete er sich dagegen mit
Eifer dem Kriegsdienst, erwies sich als tapfer und gefahrliebend,

und bildete sich zum Krieger und Feldherrn aus. So wurde er
befähigt, mit der Kraft des Geistes und des Wortes die Kraft der
That zu vereinigen.

Indessen blieb der innere Drang, der ihn zu den Staatsge=
schäften hintrieb, unüberwindlich; und nach dem Tode des Aristides
gab er ihm ohne weiteres Zögern nach. Dieser Moment seines
Hervortretens durfte als ein außerordentlich günstiger erscheinen. Denn
einerseits war ein ebenbürtiger Ersatz für Aristides an der Spitze
der demokratischen Partei unumgänglich erforderlich; und andererseits
weilte das Haupt der aristokratischen Partei, Kimon, meist als Feld=
herr außerhalb der Heimat im Felde. Mit Entschlossenheit er=
griff Perikles, nicht die Partei der Reichen und der Aristokraten,
der er durch seine Geburt angehörte, sondern die des Volkes und
der Armen; „gegen seine Natur" sagt Plutarch (Kap. 7) „die nichts
weniger als zur Volksherrschaft hinneigte." Doch trieb ihn dabei
weder gemeiner Ehrgeiz, noch gemeine Eifersucht gegen Kimon, noch
Furcht vor dem Volke. Jeder Gedanke an eine Verfolgung selbst=
herrischer Pläne, nach dem Muster der Pisistratos, lag ihm fern.
Allerdings war er überzeugt, daß, bei dem Ansehn Kimons innerhalb
der aristokratischen Partei, nicht in dieser und neben jenem Einfluß
zu erlangen sei, sondern nur ihnen gegenüber, nur als Vorkämpfer
der Demokratie. Aber nicht ein so äußerlicher Grund bedingte
seine Wahl. Einzig erfüllt von der Sehnsucht, für seines Vater=
landes Ruhm und Größe zu arbeiten, glaubte er vielmehr zu er=
kennen, daß das demokratische Princip in seiner vollen Verwirk=
lichung und dauernden Feststellung für den attischen Staat das
unerläßliche Ziel der Entwickelung, die nothwendige Bedingung der
Zeit sei. Daß Athen durch die festgegliederte und festgefügte Frei=
heit seiner Bürger allen hellenischen Staaten voranleuchte, war aber
auch zugleich und vor allem ein Postulat der großen weittragenden
Entwürfe, die er in Kopf und Herzen trug, und die ihn so un=
widerstehlich in die öffentliche Laufbahn trieben.

4. Die Entwürfe des Perikles.

Der Grundgedanke, der ihn leitete und der den Hebel seines ganzen Daseins und Wirkens bildete, war die Sehnsucht nach der Begründung einer panhellenischen nationalen Einheit. Die Invasion der Perser hatte die Gefahren der staatlichen Zersplitterung genugsam vor Augen geführt. Der Fortbestand des colossalen Perserreiches im Osten mit seiner allmächtigen absolutistischen Centralisation, und selbst im Hintergrunde der Aufschwung des makedonischen Königreiches im Norden, durften als permanente Bedrohungen der Sicherheit Griechenlands, und damit seiner Freiheit und seiner Existenz betrachtet werden. Es galt, durch ein Zusammenschaaren aller hellenischen Kräfte diese Existenz, diese Freiheit, diese Sicherheit fortan auf die Dauer vor der Ueberrumpelung großer Nachbarmächte, vor den Angriffen überlegener Heerschaaren zu wahren. Es galt einen Zustand zu schaffen, kraft dessen alle griechischen Staaten, statt sich gegenseitig in unaufhörlichen Kriegen zu entkräften und zu zerreiben, vielmehr mit einander in stetem Frieden leben und erstarken könnten. Es galt daher, einen ganz Hellas umfassenden Staatenbund, ein einiges Griechenland, unter der Führerschaft Athens, herzustellen. Es galt, mit anderen Worten, den schon vorhandenen engeren delischen Bund, unter Entwicklung seiner Competenzen, über das gesammte Hellas auszudehnen.

Auch der neue panhellenische Bund sollte sich ohne Zweifel wesentlich auf der Grundlage der Gleichberechtigung erheben, Athen aber der permanente Vorort desselben sein, und sowohl die Bundeskasse wie die von sämmtlichen Staaten zu beschickende Bundesversammlung dort ihren Sitz haben.[1]) Zu dem Ende schien sich die alsbaldige vorläufige Verlegung des Schatzes der bisherigen engeren Verbindung von Delos nach Athen, und die spätere eventuelle Errichtung eines Bundesgerichts in der attischen Bundeshauptstadt zu empfehlen. Vor allem aber gedachte er zu diesem Zwecke alle Absichten und Anstrengungen des attischen Staates auf die inneren Angelegenheiten Griechenlands zu concentriren; daher wollte er keine andere als eine nothgedrungene Thätigkeit desselben über die Grenzen des Hellenenthums hinaus zugelassen wissen. Daher sollte grundsätzlich kein Krieg mit dem Auslande ge-

führt werden, es sei denn zur Abwehr von Angriffen. Daher war
er überhaupt allen weitaussehenden Unternehmungen in der Ferne,
sei es in Persien oder Aegypten oder Sicilien, wie man sie ab und
zu erträumte, entschieden feind. Denn ein Beisammenhalten aller
Kräfte erschien ihm unerläßlich, um erst die hellenischen Stämme
selber zu einer einigen, großen und mächtigen Nation heranzubilden.

Das war der eigentliche Plan, das wahrhafte Lebensziel des
Perikles. Das war der einheitliche Grundkern seines ganzen Denkens,
die geheime und offene Triebfeder all' seines Trachtens und Wirkens,
die erhabene und großartige Idee, die ihn weit über seine Zeit
emportrug, und doch nur deshalb, weil diese mit dem Hinschwinden
der Angst vor neuen persischen Invasionen bereits wieder in ihren
allgemeinen nationalen Strebungen erschlafft war. Denn im Grunde
war doch jene Idee einerseits nur das Resultat der panhellenischen
Wünsche, die unmittelbar nach den Freiheitskriegen sich allüberall
kundgegeben hatten; und andererseits nur eine Veredelung längst
vorhandener hegemonischer Gelüste Athens.

Aus jenem Einen Grundkern entsprang nun augenfällig die
ganze Fülle der mannigfaltigen Entwürfe, deren Verwirklichung
Perikles nach und nach erstrebte und errang. Sie alle sind gleich=
sam die Blüthen und Früchte eines und desselben, des nationalen,
des panhellenischen Gedankens.[5])

Zunächst erwuchsen aus diesem ursprünglichen oder primären
Gedanken drei abgeleitete oder secundäre Entwürfe.

I. Die Absicht einer Niederringung Spartas. Denn der
Verwirklichung der nationalen Einheitsidee stand ja vor allem hin=
dernd der Dualismus Spartas und Athens, der Antagonismus des
peloponnesischen und des delischen Bundes entgegen. Griechenland
war thatsächlich in einen unversöhnlichen Gegensatz auseinandergeris=
sen. Um das Gestirn Spartas bewegten sich als Trabanten die
mehr continentalen, die aristokratischen und dorischen Elemente; um
das Gestirn Athens die mehr maritimen, die demokratischen und ioni=
schen Staatskörper; während die übrigen selbstständigen Gebilde mit
eigener isolirter Bewegung kometenartig jene beiden Brennpunkte um=
schwärmten. Sollte also die panhellenische Idee ausführbar sein,
so mußten nicht nur die kometenartigen Staatensplitter angezogen,

sondern auch die beiden bisherigen Brennpunkte der Bewegung durch einen alleinigen Mittelpunkt ersetzt werden. Und als diesen Mittel=punkt konnte sich Perikles nur Athen denken, nicht blos weil es seine Heimat, sondern zugleich auch, weil es in der That das begabteste, das bildungsreichste und freieste Cultur= und Machtelement der Na=tion war. Eine Einigung Griechenlands ohne Sparta lag, als eine unvollkommene, nicht in seinem Sinn; mit Sparta aber war sie nur dann ausführbar, wenn dieses von seiner bisherigen Höhe her=abgestürzt ward, sei es durch allmählige innere Schwächung oder durch einen rasch wirkenden äußeren Sturz. Daher die antispartiatische Ge=sinnung, wie sie Perikles bei allen Anlässen und unter allen Um=ständen bethätigte; daher auch seine Ahnung von der schließlichen Unvermeidlichkeit eines großen Entscheidungskampfes zwischen den beiden rivalisirenden Mächten; „ich sehe schon, pflegte er zu sagen, den Krieg vom Peloponnes heranschreiten."[6] So entwickelte sich eine Reibung von Gegensätzen, aus der die bewunderungswürdigste, zu=gleich aber auch die gefährlichste Zeit Griechenlands erwuchs.

II. Der zweite abgeleitete Plan war die Niederringung der Aristokratie in Athen. Denn, wollte Perikles um der natio=nalen Einigung willen Sparta gestürzt wissen: so mußte vor allem, in Athen selbst, diejenige Partei gestürzt werden, die es stets mit Sparta hielt, und deren Sympathien für dasselbe sogar angethan waren, sich bis zu verrätherischen Collusionen zu steigern. Diese lakonisirende Partei war aber eben die aristokratische. Sie daher erschien ihm als das nächste Hinderniß für das Emporkommen Athens an die Spitze von ganz Hellas; sie vor allem mußte mithin nieder=gerungen werden; und um sie niederringen zu können, mußte Perikles das demokratische Banner erheben. So bahnte sich eine zweite Reihe von gegensätzlichen Reibungen an, die, wie peinlich und bitter auch der Kampf sich gestaltete, doch überhaupt erst den glanz=reichen Aufschwung des perikleischen Zeitalters ermöglichte.

III. Der dritte abgeleitete Entwurf ging auf die geistige und künstlerische Erhebung Athens. Denn, sollte Athen in Aller Augen würdig sein, an der Spitze der gesammten hellenischen Nation zu stehen, so mußte es sich in allen Beziehungen als der Heerd des hellenischen Lebens und der hellenischen Cultur erweisen. Es durfte

nicht blos durch physische Macht allen anderen staatlichen Existenzen
überlegen sein; es mußte sich auch als die unbestreitbar höchste sitt=
liche Macht darstellen, als der erste Staat von ganz Griechenland
in Bezug auf Bildung und Intelligenz, auf Wissenschaft und Kunst.
Daher das Trachten des Perikles, Athen namentlich durch künst=
lerischen Glanz weit über das Niveau aller anderen Staaten und
Städte emporzuheben. Athen über Alles! Athen die Pulsader, das
Herz von Hellas! Das war seine Losung.

Zur Ausführung sowohl des ursprünglichen wie dieser drei
abgeleiteten Entwürfe bedurfte er aber des stetigen Willens und
der regen Kraft seiner Mitbürger. Er mußte das Volk für seine
Ideen gewinnen und begeistern; er mußte es an sich fesseln, es auf
alle Weise zu ermuthigen und zu ermuntern bedacht sein; er mußte
demnach die Consequenzen des demokratischen Prinzipes ziehen, und
den demokratischen Organismus des Staatslebens nach allen Rich=
tungen hin zu entwickeln und zu festigen trachten. Hierdurch wurde
eine neue Reihe abgeleiteter, gleichsam tertiärer Entwürfe bedingt,
die wir insgesammt unter dem Namen innerer Reformen zu=
sammenfassen können und müssen. Er beabsichtigte:

I. Sociale Reformen. Den Arbeitsfähigen sollte Arbeit,
den Armen Unterstützung, Allen Genuß und Bildung verschafft werden.

Die Gelegenheit zur Arbeit und zum Selbsterwerb sollte er=
wachsen aus den zu unternehmenden Bauten und Kunstschöpfungen,
aus der Beförderung von Handel und Gewerbe, aus der Vertheilung
von Ländereien, d. h. aus Landverlosungen oder Kleruchien.

Unterstützung sollte den Arbeitsunfähigen und den Arbeitslosen
gewährt werden mittelst öffentlicher Spenden an Brod, Mahlzeiten
und Geld. Suchte doch ihrerseits auch die reiche aristokratische
Partei sowohl durch Bauten wie durch private Wohlthätigkeit und
private Geldspenden Einfluß auf die Menge zu gewinnen, und sie
dergestalt an die aristokratischen Interessen zu fesseln. Dieser Weg
der privaten Gunstbuhlerei, auf welchem die meist unvermögenden
Führer der Demokratie nicht mit der Aristokratie zu concurriren
vermochten, sollte der letzteren fortan erschwert werden durch gesetz=
liche Ueberweisung des Armenwesens an die Staatskasse.

Allen sollte Genuß und Bildung zu Theil werden. Denn wie Athen allen anderen Städten Griechenlands, so sollten nach der Idee des Perikles auch alle Athener, um der panhellenischen Hegemonie würdig zu erscheinen, den übrigen Griechen voranleuchten an Bildung, Geschmack und Kunstsinn. Niemanden durften daher, um seiner Armuth willen, die Genüsse entzogen bleiben, welche angethan waren, jene Eigenschaften zu erziehen und zu entwickeln. Die großen Feste mit ihren musikalischen und oratorischen Aufführungen, wie die Panathenäen, die Dionysien und andere, gewährten Gelegenheit zu mannigfacher Bildung und Belehrung. Vor allem bot das Theater in reichstem Maße bildende Genüsse dar. Daher ging Perikles mit der Einführung des Freitheaters für die Armen um, d. h. mit der Einführung des Theorikons. Unter diesem Namen sollten Geld= anweisungen oder Geldvertheilungen von Staatswegen an die Unbe= mittelten bewirkt werden, um dafür Plätze im Theater zu kaufen. Eventuell mochten dieselben auch zu besseren Mahlzeiten oder zu Festopfern und damit verbundenen öffentlichen Speisungen verwandt werden. Die Theatertage fielen mit den Festtagen zusammen; der Eintritt ins Theater war für den Armen durch ein paar Obolen zu ermöglichen.

II. Politische Reformen. Hier handelte es sich in erster Linie um eine wesentliche Competenzbeschränkung des Areiopags. Dieses uralte und übermächtige Institut, eine Art Geheimen Obertribu= nals von durchaus aristokratischem Gepräge, war gleichsam Herr des Staates und zugleich ein Staat im Staate. Es stellte eine wunder= bare Verquickung und Verknorpelung von Attributen, eine fast unbe= grenzte Anhäufung von Competenzen, ein Monopol aller Oberaufsichts= rechte dar. Politische und richterliche Functionen spielten auf das Unge= hörigste in einander über und begründeten eine unnahbare, eine gleichsam absolute Gewalt. Einerseits war das gesammte Staats= wesen der Oberaufsicht des Areiopags unterstellt; ihm ausschließlich stand die Entscheidung über die Gesetzmäßigkeit aller Handlungen, die Censur aller Behörden sowie aller Einzelnen, und sogar die Censur der souveränen Volksgemeinde zu. Andererseits besaß er eine sehr ausgedehnte Gerichtsbarkeit, worin die Entscheidung über Mord nur einen Bruchtheil bildete. Seine lebenslänglichen Mitglieder

stellten eine Beamtenhierarchie dar, in die jeder Altregierungsrath
oder ausgediente Archon auf Lebenszeit eintrat, eine oligarchisch geglie=
derte und geschlossene souveräne Corporation, also eben eine Art von
Staat im Staate. Die oberste Controlbehörde bildend, und doch
selber unverantwortlich, vermochten die Areiopagiten überdies leicht
ihre Macht und ihre Machtvollkommenheiten mehr und mehr zu
vergrößern.

Die Scheu, dieses uralte Institut anzutasten, war um so größer
und allgemeiner, als es mit dem Heiligenschein religiöser Vollmacht
umkleidet erschien; denn allgemein war der Glaube, daß der Areio=
pag im Besitze geheimnißvoller Offenbarungen der Gottheit sei. So
hatte er den Sturz der alten Aristokratie, des Patriciates oder der
Eupatriden, unangefochten überlebt. In den Perserkriegen hatten sich,
Manchem unerwartet, die Areiopagiten durch Patriotismus rühmlich
hervorgethan, und dadurch ihre Stellung neuerdings gewahrt. Später
aber schwoll ihre Selbstsucht mächtig an; im Bunde mit der aristo=
kratischen Partei unter Kimon, gingen sie nur noch darauf aus, sich
und ihre Herrschaft zu verstärken. Ihre unbegrenzte Gewalt führte
mehr und mehr zum Mißbrauch derselben im Sinne der aristokra=
tischen Bestrebungen, und zur Schädigung der richterlichen Gerech=
tigkeit. In dem Maße daher, als die Demokratie sich ermannte,
sank denn auch der Nimbus des Areiopags; die heilige Scheu und
Ehrfurcht vor ihm schrumpfte zusammen. Als der Areiopag selbst
dies erkannte, griff er zu kleinlichen eigensinnigen Maßregeln und
Beschränkungen, um sich geltend zu machen; und hierdurch stieß er
vollends die Sympathien von sich ab. Er büßte die Würde ein, in=
dem er sich gereizt zeigte und, statt der neuen Zeit sich anzubequemen,
vielmehr zu pedantischen Chikanen seine Zuflucht nahm. Was ihn
aber besonders der demokratischen Partei verhaßt machte, das war ein=
mal das Bewußtsein, daß alle dem Fortschritt und der Reform
widerstrebenden Elemente in ihm ihren Stützpunkt fanden; und
andrerseits der nicht unbegründete Verdacht, daß er für verrätherische
Collusionen mit Sparta empfänglich sei, daß er den Rückhalt der
lakonisirenden Partei und den Heerd der spartiatischen Umtriebe bilde.

Die Absicht des Perikles war nun dahin gerichtet: die Haupt=
functionen des Areiopags von diesem abzuzweigen und an volksthümliche

demokratische Instanzen zu übertragen, aber unter Aufrichtung con=
servativer Garantien. Die politischen oder staatsrechtlichen Compe=
tenzen sollten ihm völlig abgenommen, die richterlichen wesentlich be=
schränkt werden. Perikles dachte an die Bildung eines selbstständigen
Control= und Cassationshofes, der seinerseits über die Gesetz=
mäßigkeit aller Akte der Behörden zu wachen habe; ferner an die
Errichtung eines selbstständigen Revisionshofes mit der Befugniß,
die Gesetzgebung zu regeln und zu überwachen; und endlich an eine
durchgreifende Erweiterung und Organisirung der Volksgerichtsbarkeit.

Denn gleichzeitig mit der Competenzbeschränkung des Areiopags
auf richterlichem Gebiete erzielte Perikles eine wesentliche Vermehrung
der Zahl und der Macht der durch das Loos ernannten Volksrichter
oder Heliasten; er verband damit die tiefblickende Absicht einer durch=
greifenden Trennung von Justiz und Verwaltung. In Bezug
hierauf bestanden in Athen mannigfache Mißstände. Namentlich waren
in den Inhabern der höchsten Regierungsgewalt die Functionen der
Verwaltung und der Justiz meist eng verbunden. Von den neun
Regierungsräthen oder Archonten, die sämmtlich richterliche Compe=
tenzen wenn auch von sehr ungleicher Bedeutung besaßen, führte
bekanntlich der erste, der Eponymos, das Präsidium bei collegialischen
Berathungen; der zweite, der Basileus, war Director der Cultusan=
gelegenheiten; der dritte oder der Polemarch, der formell das Militär=
departement verwaltete, entschied namentlich in Rechtshändeln mit
und zwischen Schutzgenossen; die sechs übrigen Regierungsräthe, die
Thesmotheten, übten sogar vorzugsweise richterliche Befugnisse aus.
Mißbräuche oligarchischer Natur, Nepotismus und Bestechlichkeit,
konnten unter solchen Umständen nicht ausbleiben. Um dieselben zu
beseitigen, sollten ein für allemal, mittelst einer umfassenden Gerichts=
reform, die richterlichen von den administrativen Befugnissen aus=
geschieden und an Volks= oder Schwurgerichtshöfe verwiesen werden.

Die Uebertragung sowohl der bisherigen Magistratsgerichtsbar=
keit wie der Mehrzahl der richterlichen Befugnisse des Areiopags an
Schwur= oder Volksgerichte setzte indeß eine so große Erweiterung
der Pflichten und Mühen des Volkes voraus, daß sich ferner die
Nothwendigkeit zu ergeben schien, zugleich mit der Gerichtsreform
einen Richtersold d. h. Diäten für die fungirenden Ge=

schworenen einzuführen. Denn ohne eine solche Entschädigung den
ärmeren Bürger seinem Gewerbe oder seinem Tagelohn zu entziehen,
wäre weder rathsam noch ausführbar gewesen; und doch mußte es
als wünschenswerth erscheinen, die richterlichen Functionen nicht ausschließlich dem vermögenderen Theil des Volkes zu überlassen.

Aber auch damit waren die Consequenzen der politischen
Reformidee des Perikles noch nicht erschöpft. Denn, sollte den
Bürgern als solchen eine so umfangreiche richterliche Befugniß eingeräumt, und mit der Ausübung derselben noch überdies eine Besoldung auf Staatskosten verbunden werden: so schien es ihm dringend
erforderlich, die Bürgerrechtstitel, die darauf Anspruch gaben, einer
unzweifelhaften gesetzlichen Feststellung zu unterwerfen. Die bisherigen Bestimmungen über das Bürgerrecht, an sich mangelhaft
und dehnbar, waren durch eine laxe Praxis ersetzt worden. Thatsächlich nahmen an der Ausübung des Bürgerrechtes nicht nur die
sogenannten Nothoi oder Bastarde Theil, d. h. die außerehelichen
Kinder eines Bürgers und einer Bürgerin, sowie diejenigen, die ein
Bürger mit einer Nichtbürgerin, sei es in oder außer der Ehe,
gezeugt; sondern selbst Metöken oder Niedergelassene und Fremde
waren seit Klisthenes schaarenweise in das Bürgerrecht eingedrungen.
Perikles beabsichtigte nun eine durchgreifende Sichtung und Läuterung dieser thatsächlichen Zustände, auf dem Wege einer legislativen
Reform des Bürgerrechts, kraft welcher nur die Söhne aus
rechtmäßigen Ehen von Bürgern mit Bürgerinnen das Bürgerrecht
besitzen, alle übrigen Kategorien aber davon ausgeschlossen werden
sollten. In dieser Beschränkung erblickte er eine Zügelung der
Demokratie, eine Bürgschaft der Mäßigung und Gerechtigkeit.

III. Militär- und Wehrreformen. Auf diesem Gebiet
galt es zunächst für Perikles, im Hinblick auf die voraussichtlichen
Kämpfe im Interesse der nationalen Einigungsidee, auf den schon
bestehenden Grundlagen der allgemeinen Wehrpflicht, der zweijährigen
Uebungszeit und der fünfundzwanzigjährigen Verpflichtung zum
activen Kriegsdienst, eine unbedingte militärische Ueberlegenheit der
Athener über jedweden Gegner, und eine Art permanenter Kriegsbereitschaft zu Lande und zur See herzustellen. Er wollte es dahin
bringen, daß auch zur Friedenszeit Flotte und Mannschaft jährlich

acht Monate hindurch im activen Dienste ständen, um durch Exercitien und Manöver ihre Kriegstüchtigkeit zu steigern. Sollte aber die athenische Kriegsmacht und damit die Bürgerschaft bereit sein, sich solchen Anstrengungen und Opfern zu unterziehen, um nicht nur für Athen, sondern für das gesammte Griechenland einzustehen; sollte sie für den künftigen panhellenischen Bund gleichsam die stehende Heeresmacht, den permanenten Kern des Bundesheeres bilden: so durfte es als billig erscheinen, auch hier den erhöhten Ansprüchen durch ein gewisses Maß an Geldentschädigung gerecht zu werden. Demnach dachte Perikles an die Einführung eines allge= meinen Dienstsoldes für Landheer und Flotte.

Daß die Entwicklung der Kriegsmarine, sowie des Seewesens überhaupt, dem Perikles von vornherein in hohem Grade am Herzen lag, kann nicht bezweifelt werden. Ebenso gewiß ist aber auch, daß er, gemäß den Mahnungen des Themistokles, ein Hauptaugenmerk auf die umfassende Ausbildung des Fortificationssystemes der Stadt und ihrer Häfen im Interesse der Defensive richtete. Themistokles hatte einerseits, trotz des fanatischen Einspruchs der Spartaner, die Befestigung der Stadt Athen durch eine Ringmauer von etwa einer Meile im Umfang, mit vielen viereckigen Thürmen und mindestens neun Thoren, durchgeführt; und ebenso andererseits die Befestigung der Häfen des Piräeus; die Ringmauer, welche diese auf der See- und auf der Landseite umschloß, hatte einen Umfang von anderthalb Meilen, eine Höhe von 30 Fuß, und eine solche Breite, daß zwei Frachtwagen einander ausweichen konnten. Nunmehr galt es nament= lich, durch ähnliche starke Befestigungsmauern eine fortificatorische Ver= bindung zwischen der Stadt Athen und den Häfen Piräeus, Munychia und Phaleron herzustellen, um jener, im Falle der Belagerung, Zuzug und Zufuhr aller Art vom Meere her zu sichern. Aus dieser strategischen Idee ging der Plan zu den „langen Mauern" hervor.

Das war der Inbegriff der perikleischen Entwürfe, gleichsam das Gewächs seiner Ideen, fußend auf Einer starken Wurzel, der nationalen Einheits= oder der panhellenischen Bundesidee, und aus= einander gefaltet in eine Mannigfaltigkeit der verschiedensten Triebe.

Von den Umständen, von der Lage und Entwicklung der Dinge mußte es abhängig sein, welche dieser Triebe zuerst Blüthen treiben, oder welche dieser Ideen zuerst in die Wirklichkeit übertreten sollten.

Perikles glaubte ohne Zweifel, bei der Verfolgung seiner Pläne auf die Unterstützung der hellenischen Sympathien zählen zu dürfen. Hatte sich doch das Bewußtsein der nationalen Zusammen= gehörigkeit schon seit drei Jahrhunderten entwickelt! Und kannte doch schon Hesiod den Begriff und das Wort Panhellenen! Perikles zählte aber um so mehr auf entgegenkommende Stimmungen, als er selbst unter den Eindrücken der nationalen Freiheitskriege und unter dem eifrigen Ringen panhellenischer Bestrebungen erwachsen war, und als der schon bestehende engere oder delische Bund durch den Grundsatz der Gleichberechtigung aller seiner Glieder sich auch dem Spröden zu empfehlen schien. Denn noch war ja die Vorstandschaft Athens in diesem engeren Kreise nicht in eine form= lose Herrschaft ausgeartet; noch hatte daher die Macht Athens nicht die Eifersucht und Furcht der kleinen Staaten erweckt; und noch hatte sein weittragender Name von seiner Popularität nichts ein= gebüßt.

Aber andererseits hingen doch auch die Sympathien oder wenigstens die Interessen der Peloponnesier immer noch fest an Sparta; und diese konnten daher, allem Anschein nach, nur dann für Athen gewonnen werden, wenn Sparta sich als ein unsicherer Schutz für sie erwies, oder wenn eine Entwicklung anzubahnen war, vermöge deren Athens Ansehn immer gewaltiger steigen, und dasjenige Spartas immer tiefer sinken mußte. In der Erwartung jedoch, daß eine solche Entwicklung nicht ausbleiben könne, nahm Perikles den Kampf gegen die alten Elemente auf; und in dieser Erwartung wurde er fortan die Seele des demokratischen Systemes in Athen.

5. Perikles als Redner.

Das Mittel seines Emporkommens und seines wachsenden Einflusses war nicht die Amtsgewalt, sondern die Macht der Rede.

Nicht daß Perikles nicht auch Staatsämter bekleidet hätte! Niemals allerdings während seines ganzen Lebens hatte er die Würde eines Archon inne, d. h. niemals traf ihn das Loos zum Eintritt in die eigentliche Regierungsbehörde. Wohl aber gelangte er auf dem Wege der Wahl zu anderen einflußreichen Aemtern. Vornehmlich wurde er mit der Zeit immer häufiger zum Strategen oder Feldherrn, d. h. zum Mitgliede des Collegiums der zehn Strategen oder des Kriegsrathes, gewählt. In dieser Eigenschaft nahm er dann nicht nur an der Leitung aller Militärangelegenheiten und eventuell an der Heerführung theil, sondern es stand ihm auch das Recht der Berufung außerordentlicher Volksversammlungen zu. Zum erstenmal, wie es scheint, bekleidete er dieses Amt im Jahre 461, nach Kimons Verbannung: aber erst seit 454 wurde er wieder= holt, und seit 445 alljährlich zum Strategen gewählt. Auch andere Wahlämter, wie namentlich das so wichtige des obersten Finanz= verwalters, oder dasjenige eines Bundesschatzmeisters, hat er, wie wir später sehen werden (Abschn. 12), nicht vor 460 bekleidet. Immerhin also war mit seiner Wirksamkeit als Volksredner während der ersten fünf bis sechs Jahre der Einfluß des Staatsbeamten noch gar nicht, und während der folgenden sechzehn Jahre nur ab und zu, nur in unzusammenhängender Weise verbunden.

Und dennoch hat Perikles ebensowohl vor wie nach erlangter Amtsgewalt, ebensowohl als Privatmann wie als Staatsbeamter, in Wahrheit den Staat regiert; regiert kraft der Wirkung seines Geistes und seines Wortes; regiert mit dem Ansehn eines Herrschers. Er erwuchs zum Haupte des Staates, weil er der lebensvolle Aus= druck dessen wurde und blieb, was bewußt oder unbewußt die Seele des Volkes bewegte.

Seine Zeitgenossen selbst bezeugen uns, welch' einen mächtigen Einfluß seine Rede auf alle seine Mitbürger, auf die souveräne Volksgemeinde auszuüben pflegte. Durch seine ganze Individualität war er zum Redner wie geschaffen. Plastisch war seine Erscheinung auf der Rednerbühne; bei keinem Affect der Rede wurde der Falten= wurf seines Gewandes gestört; seine Haltung war ruhig und ge= messen; seine Miene stets ernst, dem Lachen abgesagt; die Sprache würdevoll und erhaben wie seine Sinnesart, niemals durch einen muthwilligen oder gemeinen Witz entstellt; die Bewegung seiner Stimme, bei aller Energie des Ausdrucks, glitt sanft und harmonisch dahin. Alles dies brachte schon an sich einen zauberhaften Eindruck hervor.

Dazu gesellte sich nun aber die Gediegenheit des Inhalts seiner Reden. Sie waren stets, wie selbst der wortreiche Cicero sagt, fein, scharfsinnig, gedrungen und vollkräftig, mehr gehalt= als wortreich. Perikles liebte es nicht, seine Gedanken weit auszuspinnen; wohl aber, seinen Vortrag mit philosophischen Lehren zu würzen. Denn voll Geist, Wissen und Gelehrsamkeit, wußte er, der Schüler des Anaxagoras, die in den Schachten der tiefsinnigsten Metaphysik und Naturphilosophie erworbene Bildung leicht und spielend auf Gerichts= und Volksreden zu übertragen. Daraus vor allem er= wuchs, nach Sokrates, die Ueberlegenheit, die Perikles über andere Redner behauptete. Mit dem Gedankenreichthum paarte er die „Geschicklichkeit, je die geeignetste Art des Vortrags zu wählen, um jegliche Saite des menschlichen Herzens anzuklingen;" oder, wie Plutarch sich ausdrückt, die „Kunst, die Stimmungen und Leiden= schaften zu berechnen, um mit taktfestem Griff und Anschlag sie zu handhaben." Seine gefällige Darstellung, sagt Cicero, entzückte die Athener, die reiche Fülle erregte Bewunderung, die erschütternde Kraft seiner Beredtsamkeit Furcht. Selbst wenn er gegen die An= sichten seiner Mitbürger mit aller Strenge auftrat, oder rückhalt= los den Volksmännern widersprach, erschien seine Rede als volks= thümlich und fand Gehör. Die gleichzeitigen Komiker, obwohl sie ihn auf alle Weise schmähten, erkannten dennoch an: die Anmuth throne auf seinen Lippen und sei mit so großer Kraft verbunden, daß seine Worte in den Gemüthern seiner Zuhörer gleichsam einen Stachel zurückließen.

So war in der That seine Beredtsamkeit eine Zucht der Geister. Sie brachte ihm den Beinamen des Olympiers ein. Man sagte von ihm: er donnere und blitze von der Rednerbühne herab; er führe den Donnerkeil im Munde. Einer seiner bedeutendsten aristo= kratischen Gegner, der ältere Thukydides, erklärte einst dem König Archidamos von Sparta: „Wenn ich ihn niederringe, so behauptet er siegreich nicht gefallen zu sein, und beredet die sehenden Augen anders." So oft Perikles die Rednerbühne bestieg, betete er im

Stillen: „daß seinen Lippen nichts Ungeziemendes entschlüpfen möge."
Ganz unvorbereitet zu reden, weigerte er sich jederzeit.

Uebrigens war, wie aus der Charakteristik des jüngern Thukydides,
des Geschichtschreibers, und zugleich aus den Thatsachen hervorgeht,
die oratorische Wirksamkeit des Perikles theils eine vorwärtsdrängende
oder anfeuernde, theils eine zurückhaltende oder abmahnende. Bald
stachelte er zum Angriff gegen die Bollwerke der politischen Gegner
auf, oder begeisterte das Volk für den Ausbau des demokratischen
Systems in seinem d. h. im conservativen Sinne; bald wiederum
war er bedacht, wenn die Stimmung des Volkes ihm zu weit zu
gehen schien, sie zu zügeln und zu zähmen.

Dabei bewahrte er jederzeit als Redner eine gewisse Enthalt=
samkeit dem Volke gegenüber, um Sättigung zu verhüten. Er ver=
mied es, bei jeglichem Anlasse immer selbst aufzutreten; er sparte
sich gleichsam für die wichtigsten auf, indem er häufig, statt seiner,
befreundete Redner, seine Anhänger und Parteigenossen, in das
Treffen schickte.[7]

Da die Absicht des Perikles von vornherein dahin ging, die
aristokratische Partei zu bekämpfen und niederzuringen: so trat er
damit auch von vornherein in einen Gegensatz zu Kimon, dem
damaligen Leiter Athens und der Aristokratie. Er mußte sich noth=
wendig in all' seinem Wollen und Können, in allen seinen Be=
strebungen und Eigenschaften mit ihm messen. Er mußte den Ver=
gleich mit ihm nicht nur sich gefallen lassen, sondern unabweislich
hervorrufen. Dieser Vergleich aber fiel, bei objectiver Unparteilich=
keit, von des Gegners Kriegsglück abgesehen, nach allen Richtungen
hin zu seinem Vortheil aus.

---

6. Parallele zwischen Kimon und Perikles.

Die Familien des Kimon und des Perikles standen, wie es
bei ihrer historischen Vergangenheit und ihrer socialen Stellung nicht
anders sein konnte, mit einander in naher Bekanntschaft. Doch war
und blieb ihre gegenseitige Berührung nicht sowohl liebsamer als

unfreundlicher oder disharmonischer Natur. Zwar suchte Kimons
Schwester, Elpinike, geboren um 500, den an Jahren jüngeren
Perikles durch kokette Künste an sich und die Interessen ihres Hauses
zu fesseln; aber ohne Erfolg. Sie, die schließlich sich genöthigt sah,
einen Mann geringerer Herkunft mit Namen Kallias (nicht des Eupatriden
Hipponikos Sohn) um des Geldes willen zu heirathen, vermochte
schon deshalb nicht, zwischen den Familien ein Band der Harmonie
und der Vertraulichkeit zu weben, weil sie sowohl in sittlicher wie
in politischer Beziehung in hohem Grade eine Intriguantin war.

Ueberdies aber kann der feindliche Gegensatz zwischen Perikles
und Kimon fast als ein erblicher betrachtet werden. Denn schon
der Vater des Perikles, Xanthippos, war seiner Zeit gegen den Vater
des Kimon, Miltiades, als Ankläger aufgetreten. Die Naturen der
Söhne standen sich noch schroffer wie die der Väter gegenüber.

Kimon war im eigentlichsten Sinne des Wortes ein Haudegen,
vom Scheitel bis zur Zehe ein rauher Kriegsmann; dabei beschränkten
Geistes, ohne Erziehung und Bildung. Daher drängte es ihn im
Grunde nie zu etwas Anderem, als immer und immer nur zu
Feldzügen und Kriegsthaten hin. Perikles dagegen war seiner über-
wiegenden Neigung nach mehr Staatsmann und berechnender Politiker; mit den tiefsten Kenntnissen und Einsichten verband er das
feinste Gefühl und den feinsten Geschmack.

Kimon hatte sich seine sogenannten Auffassungen der äußeren
und der inneren Politik nach bloßen aristokratischen Erinnerungen
oder Vorurtheilen zurechtgelegt. Verhinderung demokratischer Neuerungen oder eines demokratischen Regimentes im Innern, sowie
Aufrechterhaltung des Friedens und Bündnisses zwischen den beiden
Großmächten Griechenlands, Sparta und Athen: das waren die
vorgefaßten und unverbrüchlich für ihn feststehenden Grundsätze, nach
denen er alles und jedes in seinem Werthe bemaß; denn einen
anderen Maßstab kannte er eben nicht. Perikles dagegen, aus-
gehend von einer mühsam durch langjähriges Lernen erarbeiteten
Ueberzeugung, war in Bezug auf die inneren Angelegenheiten, wenn
auch mit Mäßigung und stets nach conservativen Garantien trachtend,
ein entschiedener Vertreter des Fortschrittssystemes; nach außen aber,
kraft ebenso gewissenhaft errungener Ueberzeugung, ein Gegner des

bisherigen nationalen Dualismus und der eifrigste Verehrer der allgemeinen Hegemonie Athens.

Kimon wollte nicht dulden, daß Hellas, wie er sich ausdrückte, mit dem einen Fuße (d. i. Sparta) lahme, und daß Athen ohne seinen Gespan am Joche ziehe. So zog er sich den Vorwurf zu, „daß er die Größe Athens hinopfere zum Vortheile Spartas", ein Vorwurf, den selbst der Spartiatenfreund Kritias aussprach. Perikles dagegen wollte eben den Gespan ganz ausgespannt, und Hellas von Athen allein gezogen sehen.

Kimon ging, in Uebereinstimmung mit den Wünschen seiner Partei, darauf aus, durch stete Fortsetzung des Perserkrieges die Aufmerksamkeit des Volkes von den inneren Angelegenheiten abzulenken und dasselbe von Streitigkeiten mit Sparta abzuhalten. Perikles dagegen, gewillt den Aristides zu ersetzen und dessen Politik zu erweitern, sah die streifzugähnliche Fortführung des Kampfes gegen die Perser, die genugsam geschwächt, aber doch unvertilgbar waren, als zweck= und ziellos an, und hielt es für nothwendiger, alle Kraft zum Zwecke einer nationalen panhellenischen Politik zu sammeln.

Kimon, wie in politischen Dingen, war auch auf dem Gebiete der Religion und des Volksglaubens streng stabil und orthodox; Perikles dagegen, als getreuer Schüler des Anaxagoras, war religiös aufgeklärt, frei vom hergebrachten Aberglauben und bedacht, auch das Volk aufzuklären.

Kimon, trotz seines Aristokratismus, war derb plebejisch gesinnt und gesittet; Perikles, trotz seines Demokratismus, war von aristokratischen Sitten, vornehm und würdevoll in seiner Haltung.

Perikles war der Menge gegenüber zurückhaltend, ja gewissermaßen schroff; Kimon dagegen vertraulich, mit Jedem fraternisirend, für Jeden ein Kumpan.

Kimon liebte die Ausschweifungen der Tafel und die Unbeständigkeit der Liebe. Perikles dagegen war fast bis zum Uebermaß mäßig in Genüssen, beständig in seinen Neigungen, und von musterhafter Häuslichkeit; sein eheliches Verhälniß mit Aspasia trug, wie wir später näher sehen werden, indem es umflossen und befruchtet ward durch den Hauch der beiderseitigen edelsten Geistes=

bildung, das Gepräge einer unwandelbaren Treue, eines wunder=
bar häuslichen Sinnes, und einer fast romantischen Zärtlichkeit.

Das war, im Wesentlichen, der Charaktergegensatz der beiden
gegnerischen Parteihäupter. Er verlieh dem Ringkampf Beider eigen=
thümliche individuelle Formen und Nüancen.

Kimon hatte 480 mit Auszeichnung in der Schlacht bei Salamis
gefochten, und schon seit 476 eigenen Feldherrnruhm erworben. Er
hatte namentlich in den Jahren 470 bis 468 die Perser aus
Thrakien vertrieben, die Feste Eion erstürmt und die Insel Skyros
erobert, von der er die angeblichen Gebeine des attischen Stamm=
helden Theseus nach Athen überführte. Dieser patriotische Reliquien=
cult hatte ihm bei dem sagengläubigen Volke nicht minderen Dank
und Jubel, wie seine tapferen Thaten, eingebracht. Im Jahre
467, um den April, war er ohne Zweifel neuerdings ausgezogen,
sei es vor oder nach dem Tode des Aristides, um im Kampfe gegen
die Karystier seinen kriegerischen Thaten neue hinzuzufügen.

Damals nun, allem Anschein nach während der Abwesenheit
des Kimon, trat Perikles aus dem Privatleben hervor, entschlossen
seine Ideen ins Leben zu rufen. Er begann seine öffentliche
Laufbahn durch den Eintritt in den Klub der demokratischen Partei.

Dieser Schritt, der das Betreten der öffentlichen Rednerbühne
im demokratischen Interesse zur unmittelbaren Folge haben mußte,
erregte das größte Aufsehen, zumal innerhalb der Aristokratie. Es
war das erste entscheidende Zeichen des Abfalls, der erste thatsäch=
liche Bruch mit ihr.

7. Die demokratische Hetärie.

Das Klubwesen in Athen hatte schon seit längerer Zeit sich
entwickelt. Auch die demokratische Hetärie stand nicht mehr im ersten
Stadium ihres Daseins. Perikles, als er in sie eintrat, nahm
neben schon bewährten Führern Platz; namentlich neben Ephialtes,
dem ohne Zweifel der greise Aristides schon bei seinen Lebzeiten die
Leitung der Hetärie überlassen hatte, und mit dem Perikles sicher
zuvor schon näher bekannt war. Als Sprößling einer hocharisto=

kratischen Familie mußte Perikles nothwendig von vornherein in dem
Klub die hervorragendste Rolle spielen; allein, allem Anschein nach,
übte er sie zunächst nur in der Weise, daß er bestimmend auf dessen
Mitglieder und vor allen auf Ephialtes, als das eigentliche Haupt
der Partei, einzuwirken suchte, diesem aber öffentlich den Vortritt ließ.

Ephialtes, Sohn des Sophonides, war eine der bedeutend=
sten Persönlichkeiten des damaligen Athens, ein philosophisch gebildeter
Staatsmann, und der berühmteste Advokat seiner Zeit. Von materiellen
Mitteln, bei der Uneigennützigkeit in seinem Berufe, jederzeit ent=
blößt, erschien er desto reicher an moralischen und geistigen Eigen=
schaften. Er war unbestechlich bis zum Fanatismus, redlich und
gerecht bis zum Märtyrerthum. In diesen Tugenden wurde er
stets mit Aristides, dem früheren Haupte der Demokratie, seinem
ehemaligen vertrautesten Genossen, auf gleiche Stufe gestellt. Auch
im Kriege war Ephialtes so tüchtig, daß er den Ruhm seltener
Tapferkeit erwarb. Später, im Jahre 461/60, finden wir ihn
sogar als Feldherrn mit Perikles thätig und an der Spitze einer
Kriegsflotte von 30 Schiffen.[8])

Ueber den Adel seiner Gesinnung sind uns großartige Züge
überliefert. Seine Beredtsamkeit als Advokat war so wirksam, daß
jede Sache gewonnen oder verloren schien, je nachdem sie vor Ge=
richt ihn zum Fürsprech oder Gegner hatte. Als Staatsankläger
war er einst genöthigt, gegen den Vater eines seiner liebsten jüngeren
Freunde, des Demochares, aufzutreten. Standhaft und gewissen=
haft, wiewohl mit blutendem Herzen, führte er die Anklage und
die Verurtheilung des Vaters durch, weil er von dessen Schuld
überzeugt war.[9])

Um die Größe seiner Verdienste anzuerkennen und zugleich
seiner uneigennützigen Dürftigkeit abzuhelfen, veranstalteten einst seine
Freunde und Anhänger, an ihrer Spitze wahrscheinlich Perikles, eine
patriotische Subscription, welche 10 Talente oder etwa 15,000
Thaler eintrug. Aber als man ihm dies Geschenk überreichen wollte,
wies er es entschieden und mit bewunderungswerthen Worten ab.
„Die Annahme, sagte er, würde mich in den Fall bringen können,
entweder dankbare Rücksichten gegen euch zu üben auf Kosten der
Gerechtigkeit, oder rücksichtslos gerecht gegen euch zu sein auf Kosten

der Dankbarkeit; ich mag aber weder das Eine noch das Andere, weder ungerecht noch undankbar sein."[10] Fast bei allen Anlässen finden wir Ephialtes ausdrücklich als einen der makellosesten und musterhaftesten Charaktere dargestellt.

Perikles und Ephialtes waren oder wurden die innigsten Freunde; gleiche Anschauungen, gleiche Regierungsgrundsätze verbanden sie mit einander. Ephialtes war Anfangs der berühmtere, weil er früher und mehr wie Perikles hervortrat, und weil er als der eigentliche Vorkämpfer ihrer gemeinsamen Grundsätze erschien. Er war es, der, nach Platons spöttischem Ausdruck, als „Mundschenk" den Bürgern „die volle und lautere Freiheit kredenzte"[11]; er war es, der in den entscheidenden Versammlungen die Anträge stellte, während Perikles dieselben nur unterstützte. Ephialtes wurde daher auch von den Oligarchen am meisten gefürchtet und gehaßt. War er doch zumal von einer unerbittlichen Beharrlichkeit und Strenge, wenn es z. B. auf Rechenschaftsablegung oligarchischer Behörden oder auf Anklagen gegen solche ankam, die nach seiner Ueberzeugung die Rechte des Volkes gekränkt hatten. Mit ihm besprach ohne Zweifel Perikles auf das Eingehendste die Gesammtheit seiner Entwürfe; während aber Perikles selbst sie alle mit gleichmäßiger Liebe erfaßt hatte, widmete begreiflicher Weise Ephialtes, als demokratischer Jurist, eine besondere Vorliebe dem Plane der freiheitlichen politisch-juridischen Reform, der Schwächung des Areiopags und der Entwicklung der Schwurgerichte.

Von großem Ansehen und Einfluß in der Hetärie war damals auch, wie es scheint, Demonides von Oea, der Vater jenes Musikers Damon. Demonides zeigte sich vornehmlich voll Eifers für die socialen Reformen, namentlich für die Einführung öffentlicher Armenspenden und Festgelder.

Perikles, der in der Durchführung seines Systemes Schritt vor Schritt vorzugehen Willens war, begann naturgemäß mit dem, was er zunächst durchführen zu können die meiste Aussicht hatte. Und das waren eben die socialen Entwürfe.

———

Ringen zwischen Kimon und Perikles, die sociale Reform (467—462).

Kaum hatte Kimon, im J. 467, die Karystier überwunden, als im darauf folgenden Winter die Naxier sich erkühnten, vom delischen Bunde abzufallen. Die Niederwerfung dieses Aufstandes und die Eroberung von Naxos beschäftigte Kimon im J. 466 vollauf. Zur Strafe für ihre Abtrünnigkeit wurden die Naxier auf seinen Betrieb — es war das erste Beispiel dieser Art — aus Bundesgenossen zu Unterthanen herabgedrückt. Seitdem rüstete sich Kimon zu einer neuen großen Unternehmung gegen die Perser in Kleinasien, und um den März 465 lief er mit einer gewaltigen Flotte aus, um die Operationen in Karien zu beginnen.

Während dergestalt Kimon fort und fort im Felde frische Lorbeeren sammelte, galt er daheim unbestritten als der Herr der Menge. Durch seinen außerordentlichen, größten Theils auf seinen Kriegszügen erbeuteten Reichthum, hatte er sich zum großartigsten Wohlthäter der Armen emporzuschwingen vermocht. Seine Kassen gewährten reichliche Unterstützungen an Geld; den Bedürftigsten wurden tägliche Speisungen, Mittellosen Versorgung mit Kleidungsstücken zu Theil. Auf's höchste hatte sich seine Popularität gesteigert, als er von seinen Landgütern und Gärten jegliche Umzäunung wegnehmen ließ, und die Früchte derselben Allen preisgab.

Dennoch waren diese Maßregeln nicht sowohl der Ausdruck eines angeborenen Wohlthätigkeitssinnes, als vielmehr einer angelernten Gunstbuhlerei im Interesse der aristokratischen Partei. Sie kamen in ihrer Absicht, wie in ihrer Wirkung, der Bestechung oder der Verführung gleich. Dagegen konnten Ephialtes und Perikles, überhaupt die Führer der Volkspartei, nimmermehr aufkommen; dazu waren sie nicht vermögend genug; und überdies verwarfen sie im Princip jede Art und jeden Schein privater Gunsterschleichung. Sie trachteten daher ihrerseits um so eifriger, das Volk auf eine andere Weise für sich zu gewinnen, und zwar auf eine solche, die zugleich den aristokratischen Berechnungen Schach biete. Sie traten mit der Forderung auf: es sollten die Bedürfnisse der Armen, statt wie

3*

bisher durch die einseitige monopolartige Wohlthätigkeit einzelner Reicher, fortan vielmehr von Staatswegen befriedigt werden.

Daß Demonides von Oea für diese Forderung mit besonderer Lebhaftigkeit agitirt habe, kann nicht bezweifelt werden; wenn aber Aristoteles behauptete, daß Perikles sie auf Anrathen desselben ergriffen habe, so ist dies jedenfalls nicht so zu verstehen, als ob Perikles erst eines drängenden Antriebes dazu bedurft hätte. Denn um seine weitergehenden Entwürfe zu verwirklichen, mußte er ja vor allem der Mehrheit des Volkes gewiß sein; und um diese zu gewinnen, mußte er zunächst mit Maßregeln auftreten, die ebenso unzweifelhaft den materiellen Wünschen des großen Haufens, wie seiner eigenen politischen Ueberzeugung entsprachen. [12])

Und so wurden denn nunmehr in der That — wahrscheinlich im Frühling 465, als Kimon in Pamphylien den Persern gegenüberstand — die seit zwei Jahren vorbereiteten Neuerungen, die Einführung der öffentlichen Armenspenden und die Einführung der öffentlichen Schauspielgelder, des Theorikons, siegreich durchgesetzt. Den Reichen, und damit den Aristokraten, die bisher so gern ihre Glücksgüter zu Bestechungen der Armen verwandt, wurden dagegen anscheinend damals umfassendere und kostspieligere Verpflichtungen zur Stellung von Chören auferlegt.

Daß kraft dieser Erfolge allein Kimon aus dem Sattel seiner Macht gehoben werden könne, war zuversichtlich Perikles weit entfernt zu wähnen. Wirklich blieb denn auch Kimon, zumal er im Hochsommer als zwiefacher Sieger, zu Wasser und zu Lande, in der Schlacht am Eurymedon und als Eroberer des gesammten Chersones beutebeladen zurückkehrte, der gefeierte Held des Tages. Das Volk hatte die ihm Vortheil verheißenden Neuerungen gern von den Führern der demokratischen Partei angenommen, aber ohne deshalb seinem bisherigen aristokratischen Gönner und Wohlthäter den Rücken zu wenden. Nur ihm vielmehr übertrug es nach wie vor die wichtigsten, insbesondere die kriegerischen Missionen. Ihm wurde namentlich, als im Herbst desselben Jahres die Thasier, nach langem Streit mit Athen, von dem delischen Bunde sich lossagten, die Belagerung und Unterwerfung des abtrünnigen Inselvolkes anvertraut.

Diese neue kriegerische Aufgabe mußte von vornherein als eine in hohem Maße schwierige und zeitraubende erscheinen. Ueberdies ließ sie die Eventualität großer kriegerischer Verwickelungen mit den Thrakern und selbst mit Makedonien befürchten. Es wäre daher nicht unmöglich, daß Kimon damals, um inzwischen wenigstens die Perser in Unthätigkeit zu versetzen, diesen ankündigen ließ: er werde sich gern fernerer Feindseligkeiten gegen sie enthalten, wenn sie ihrer= seits sich von den Küsten in Kleinasien einen Tagesritt fernhielten und mit ihren Schiffen weder die Kyaneischen Inseln an der Bos= porusmündung noch die Chalidonischen im Südosten Lykiens über= schritten. Jedenfalls verhielten sich wirklich die Perser unthätig; die gefürchtete Erhebung in Thrakien unterblieb; und auch mit Ma= kedonien ließ sich der Zusammenstoß vermeiden. Dagegen nahm die Unterwerfung der Thasier in der That den langen Zeitraum von Ende 465 oder Anfang 464 bis zum Frühling 462 in Anspruch. Regelmäßig wurde Kimon in dieser Zeit zum Feldherrn wieder ge= wählt, und regelmäßig ihm sein Mandat für den thasischen Krieg erneuert. So erwies sich denn noch fort und fort sein Einfluß als ein entschieden überwiegender.

An diesem Einfluß scheiterten daher auch ohne Zweifel die nächsten weitergreifenden Absichten von Ephialtes und Perikles. Ein erster Versuch, den obrigkeitlichen Mißbräuchen zu steuern, mit Rücksicht auf das Archontat und den Areiopag, schlug völlig fehl. Aber grade dieser Fehlschlag drängte die demokratische Partei zu dem entscheidenden Beschluß, die obrigkeitliche Gewalt systematisch zu beschränken und dagegen die Gewalt des Volkes zu stärken, d. h. namentlich die administrativen und die richterlichen Befugnisse grundsätzlich zu schei= den und die Magistratsgerichtsbarkeit durch Volksgerichte, unter Ein= führung des Richtersoldes für die Geschworenen, zu ersetzen.

Dieser jetzt offen hervortretende Plan, der das Archontat und den Areiopag mit außerordentlicher Machtschwächung bedrohte, erzeugte die tiefste Aufregung in den gefährdeten Kreisen. Die aristokratische Partei war zu unnachgiebigem Widerstand entschlossen; und das per= sönliche Ansehn ihres populären Hauptes sicherte ihr vor der Hand in der That das Uebergewicht.

Das aber stachelte wiederum auf der demokratischen Seite die
persönliche Erbitterung gegen den übermächtigen Kimon; und die
heißblütigste Fraction derselben ließ sich verleiten, zum Zwecke seines
Sturzes, ihn nach seiner Rückkehr von Thasos, um den März 462,
des Landesverrathes anzuklagen. Er habe sich, lautete die Anklage,
durch den makedonischen König Alexander bestechen lassen, und in Folge
davon es aufgegeben, von Thasos aus das ränkevolle Makedonien,
wie man in Athen allseits erwartet, die Ueberlegenheit der attischen
Waffenmacht fühlen zu lassen.

Perikles, und zuversichtlich auch Ephialtes, billigte dieses Vor=
gehen nicht, das über das Ziel hinausschoß. Denn dieses bestand
nur in der Entfernung Kimons von den Staatsgeschäften; auf
Landesverrath dagegen stand die Todesstrafe. Und überdies war es
doch nicht wohl möglich, den Angeklagten einer zweifellosen Schuld
zu überführen. Allein der Proceß, einmal eingeleitet, mußte seinen
Gang nehmen, und Perikles selbst wurde dabei zu einem der Staats=
anwälte von Volkswegen bestellt. Er war demnach verpflichtet, seinen
Widerwillen gegen diese Angelegenheit zu überwinden und ausschließ=
lich das Staatsinteresse wahrzunehmen. Elpinike, erzählt man,
versuchte ihn mild gegen ihren Bruder zu stimmen. Perikles soll sie
lächelnd mit den Worten abgewiesen haben: „Du bist zu alt, Elpinike,
um so große Geschäfte zu machen." Wir lassen die Frage der
Wahrheit dieser Anekdote auf sich beruhen. Gewiß aber ist, nach
ausdrücklichem Zeugniß, daß Perikles einer Milderstimmung nicht
bedurfte, daß er unter allen Staatsanklägern der mildeste war, und
daß er nur einmal vor Gericht sich erhob, um formell seine Pflicht
zu erfüllen. Kimon, wie kaum anders erwartet werden konnte,
wurde freigesprochen. [13])

Aber auf eine unerwartete Weise bahnten sich grade um die=
selbe Zeit die allergünstigsten Chancen für die Durchführung der
perikleischen Entwürfe an. Es war, wie wenn es ihm gelingen sollte,
fast mit Einem Schlage den friedlichen Sturz der Gegenpartei,
den Sieg der politischen und militärischen Reformen, und die Er=
richtung eines panhellenischen Bundes zu bewirken.

9. Kimons Verbannung, die politische und militärische Reformgesetzgebung, und der nationale Einigungsversuch (462—459).

Im Sommer des J. 464 war Lakonien von einem furchtbaren Erdbeben heimgesucht und namentlich Sparta fast gänzlich zerrüttet worden. Nur an diesem gewaltigen Naturereigniß war der tückische Geheimbund gescheitert, den die Spartiaten eben damals mit den rebellischen Thasiern zum Zwecke eines Einfalls in Attika geschlossen hatten. Aber noch mehr! In unmittelbarer Folge des Erdbebens hatten die schwergedrückten Heloten und Messenier einen Aufstand unternommen, der, als dritter Messenischer Krieg, das zuvor so mächtige Sparta plötzlich in die bedrängteste Lage versetzte. Es war, wie wenn Sparta auf immer von seiner Höhe herabgestürzt werden sollte; denn es erschien gleicherweise gedemüthigt, gebeugt und geschwächt.

Durften diese Thatsachen schon an sich für Perikles den Ausblick auf günstige Eventualitäten der nächsten Zukunft eröffnen: so trugen die Verblendung und die Mißgriffe der aristokratischen Partei in Athen vollends dazu bei, eine rasche Wendung der Dinge herbeizuführen.

Die jüngste Verbitterung der Parteien, wie sie jener Hochverrathsproceß gegen Kimon veranlaßt hatte, war kaum im Abnehmen begriffen, als Sparta um den Mai 462 die Athener um Hülfe gegen seine aufrührerischen Unterthanen anging. Ohne Rücksicht auf die Sünden Spartas wider Athen, stellte Kimon, gedrängt durch die lakonisirende Aristokratie und seiner eigenen Neigung nachgebend, in der That den Antrag, die erbetene Unterstützung gegen die messenische Insurrection zu gewähren. Trotz des Widerspruches der demokratischen Opposition, trotz der dringenden Abmahnung von Ephialtes und Perikles, die nicht zur Wiederherstellung der nebenbuhlerischen Macht beitragen wollten, wurde der Antrag, wenn auch nicht ohne schwere Kämpfe, durchgesetzt.

Und so ging denn im Juli ein athenisches Hülfscorps von 4000 Hopliten, unter dem Oberbefehl des Antragstellers selbst, zur See nach Messenien ab, wo die Festung Ithome, das Hauptquartier der

Aufständischen, von den Spartiaten seit mehr denn Jahresfrist vergeb=
lich belagert ward. Die Belagerungskunst war den Athenern in weit
höherem Maße als den Spartiaten eigen, und eben deshalb hatten
diese die attische Hülfe so sehr ersehnt und so eifrig begehrt. Allein
kaum war dieselbe ihnen zu Theil geworden, als sich der Verdacht
in ihnen zu regen begann: es fehle den Athenern an gutem Willen,
und leicht könnten die unwilligen Helfer die Verblündeten des Auf=
ruhrs werden. Eine Reihe von kleinen Vorkommnissen mochte dies
Mißtrauen nähren und schärfen. Man witterte schon im Geiste aller=
hand Einverständnisse. Und da beschloß man denn nach einiger Zeit
kurzweg, sich der bedenklichen Helfer zu entledigen. Um den October
wurden die athenischen Hülfstruppen, unter dem Vorwande, daß man
ihrer nicht mehr bedürfe, allein unter allen Bundesgenossen Spartas
aus dem Lager vor Ithome heimgeschickt.

Dieses schnöde Verfahren, dieser der Ehre Athens angethane
Schimpf brachte blitzartige Wirkungen hervor; er empörte bis zum
Aeußersten die von Ithome zurückkehrenden bewaffneten Bürger; er
bewirkte einen plötzlichen und vollständigen Umschlag der Stimmungen
in Athen. Die im Volke zurückgebliebenen Reste des Unwillens
gegen Sparta, über dessen frühere feindselige Einverständnisse mit
Thasos, schwollen jetzt zu einem unbedingten Widerwillen an, der
sich naturgemäß auf den Veranlasser des neuesten Schimpfes, auf
Kimon, übertrug. Der Sturz desselben, der noch vor kurzem als
eine Unmöglichkeit galt, erschien plötzlich für die demokratische Par=
tei als ein leichtes Spiel. Und zugleich wurde er jetzt für sie aus
einem anderen Grunde zu einer unvermeidlichen Nothwendigkeit.

Denn während Kimons Abwesenheit im Peloponnes hatten
Ephialtes und Perikles die ersten Streiche gegen die Macht des
Areiopags gerichtet, d. h. eine Reihe von Anträgen zur Verkürzung
seiner Befugnisse, und zur Uebertragung derselben an demokratisch
organisirte Instanzen, beim Volke eingebracht. Und diese Anträge
waren von der Volksgemeinde in der That zu rechtsgültigen Be=
schlüssen erhoben worden, ohne daß indeß die Zeit hingereicht hätte,
sie praktisch in Ausführung zu bringen. Kaum war nun Kimon
von seinem kläglichen Hülfszuge auf dem Landwege heimgekehrt, als
er sofort darnach trachtete, nicht nur die gefaßten Beschlüsse wieder rück=

gängig zu machen, sondern überhaupt bei dem Anlasse das Uebergewicht der Aristokratie in dem Maße wiederherzustellen, wie es zur Zeit des Klisthenes bestanden hatte. Infolge dieser reactionären Umtriebe stieg die Parteierbitterung zu einer bedenklichen Höhe; die Demokratie sah in ihnen einen neuen zwingenden Grund, sich des gefährlichen Kimon schleunigst zu entledigen.

Während daher einerseits die Athener in ihrem Zorne gegen Sparta sich förmlich von dem alten Bünde mit ihm lossagten und dagegen nicht nur mit den Thessalern, sondern auch mit den Argivern, den Hauptfeinden Spartas, die engsten Allianzen schlossen: gingen andererseits wiederum die namenlosen Heißsporne der demokratischen Partei darauf aus, den Sturz Kimons auf dem Wege eines Processes herbeizuführen. Kimon wurde, mit Rücksicht auf jene Umtriebe, des beabsichtigten Attentates gegen die Verfassung angeklagt. Und wirklich erging diesmal gegen ihn das Schuldig. Zwar wurde nicht die Todesstrafe über ihn verhängt, vielmehr diese ausdrücklich durch eine Mehrheit von drei Stimmen, wie Demosthenes berichtet, verworfen; dagegen sah er sich zu einer Geldstrafe von 50 Talenten verurtheilt.

Durch dieses Urtheil wurde Kimon allerdings für den Augen= blick gedemüthigt, aber, bei seinem Reichthum und bei seinem Rechte in Athen und Attika zu verbleiben, keineswegs unschädlich gemacht. Deshalb hatten die eigentlichen Führer der Demokratie, wie Ephialtes und Perikles, sicher von vornherein auf den richterlichen Proceß keinen Werth gelegt; und deshalb säumten sie nunmehr nicht, ihrer= seits die wachsende Gereiztheit gegen Kimon wahrzunehmen, um die Unschädlichmachung des Letzteren und seiner Partei auf dem rein staatsrechtlichen Wege des Ostrakismos zu erzielen.

Die Verurtheilungen durch den Ostrakismos oder das Scherben= gericht, die immer nur auf zeitweilige Verbannung lauteten, hatten nicht die Bedeutung einer Strafe oder einer Schmach, sondern nur die einer politischen Zweckmäßigkeit oder Nothwendigkeit. Sie galten als die Schiedssprüche der öffentlichen Meinung zwischen zwei heftig ringenden Parteien; sie kamen einem Mißtrauensvotum gegen den unterliegenden Theil, und einem Vertrauensvotum für den siegenden gleich; sie sollten nur den friedlichen Rücktritt des einen aus der öffentlichen Wirksamkeit verbürgen, und dem andern freieren und friedlichen Spielraum zur Bethätigung gewähren; sie erschienen daher als ein glimpfliches Auskunftsmittel, um gefährlicheren Krisen, um blutigen Bürgerkriegen vorzubeugen; und sie bewirkten einen System= und Personenwechsel in der Leitung des Staates, ohne den zum Rücktritt und Exil Genöthigten irgendwie in seinem persönlichen Charakter oder in seiner Ehre zu verletzen.

Noch vor Ablauf des Jahres 462 wurde das Scherbengericht gegen Kimon beantragt; die große Mehrheit der abstimmenden Bürgerschaft sah in ihm jetzt nur den „Spartiatenfreund" und den „Volksverächter"; sie sprach über ihn — wahrscheinlich um den Januar 461 — die zehnjährige Verbannung aus. Damit fiel die Macht der Aristokratie zu Boden.

Nach der Beseitigung der Gegenpartei schritten Perikles und Ephialtes mit aller Energie an das Werk der Reform, und vor allem der politischen und Gerichtsreform. Das Jahr 461 muß als die eigentliche Epoche dieser neuen großartigen Reformgesetzgebung betrachtet werden, wiewohl sie in ihren ersten Anläufen bereits mit der zweiten Hälfte des Jahres 462 begann, und in ihren letzten Ausläufern erst mit dem Ende des Jahres 460 schloß, also im Ganzen eine Zeitspanne von drittehalb Jahren in Anspruch nahm. Sie umfaßte, in ihrer nunmehrigen Durchführung, einen vielgestaltigen Complex von Institutionen, deren mehrere durch ihr auffallend conservatives Gepräge sichtlich darauf berechnet waren, fortan allen aristokratischen Reactionsgelüsten, sowie der radicalen Neuerungssucht, jede Hoffnung auf Erfolg zu benehmen. Wir können die Summe der Reformen folgendermaßen gliedern:

1) Die Erweiterung der Schwurgerichte. Jährlich sollten fortan für die Ausübung der gesammten Rechtspflege 6000 Geschworene ausgeloost werden; 5000 für 10 Dikasterien oder Gerichtshöfe zu je 500; die übrigen 1000 um als Ersatzmänner einzutreten. Unter die verschiedenen Gerichtshöfe wurden die verschiedenen Arten der Rechtsfälle vertheilt. Dem Areiopag verblieb nur die Gerichtsbarkeit über Mordfälle; den obrigkeitlichen Personen, dem Archontat und dem großen Rath der Fünfhundert wurden die richterlichen Attribute ganz entzogen.

2) Die Einführung der Besoldung für die Geschworenen, des Dikastikon oder Heliastikon. Sie betrug für den einzelnen fungirenden Beisitzer täglich, nicht drei Obolen, wie Einige behaupten, sondern zunächst nur einen. Die Einführung dieser richterlichen Diäten verlieh ohne Zweifel in den Augen des Volkes der ganzen Reformgesetzgebung eine größere Annehmbarkeit.

3) Die Einsetzung eines Control= und Cassationshofes, d. h. des Hofes der Nomophylakes oder Gesetzeshüter. Er bestand aus 7 Mitgliedern und hatte die Aufgabe, für die Befolgung der bestehenden Gesetze Sorge zu tragen, eine Competenz der Oberaufsichts= gewalt, wie sie bisher eben dem Areiopag zustand. Die Mitglieder des Hofes nahmen in der Volksgemeinde und im großen Rath neben dem Präsidenten Platz. Sie hatten hier das Recht der jederzeitigen Intervention, um die Gesetze vor Angriffen und Verletzungen zu wahren, oder um gesetzwidrige Vorschläge und Maßnahmen abzuwenden. Ebenso stand ihnen das Recht zu, die einzelnen obrigkeitlichen Behörden zu gesetzmäßigem Verfahren anzuhalten, und überhaupt darauf zu achten, daß der Gang der öffentlichen Angelegenheiten, der Gang der Verwaltung, in steter Uebereinstimmung mit den bestehenden Gesetzen sei. Nach Ablauf ihres Amtsjahres traten sie in den Areiopag ein; und hierdurch wurde auch der aristokratische Kastengeist des letztern gebrochen.

4) Die Errichtung eines Gesetzgebungs= oder Revisionshofes, d. h. des Hofes der Nomotheten oder Gesetzesordner. Seine Bestimmung war, die legislativen Befugnisse der Volksgemeinde wie des großen Rathes im conservativen Sinne zu beschränken, indem ihm das Recht einer entscheidenden Mitwirkung bei der Abänderung der bestehenden Gesetze, und mithin die Stellung eines dritten Factors der Gesetzgebung zugewiesen ward. Seine Mitglieder wurden aus der Liste der 6000 Geschworenen ausgeloost und vereidigt; die Zahl derselben bestand je nach den Umständen aus 500 bis 1000. Dergestalt bildete dieser Hof gleichsam einen geschworenen Volksausschuß. Durch ihn wurde die Gesetzgebung fortan an gerichtliche Formen gebunden, d. h. er entschied über die Zulässigkeit der Abschaffung eines alten oder der Erlassung eines neuen Gesetzes in den Formen von Anklage und Vertheidigung. Der Antragsteller hatte seinen

Gesetzesvorschlag vor dem Hofe zu motiviren, und ein Staatssach=
walter das bestehende Gesetz zu vertheidigen; dann fällte der Hof
sein Urtheil.   Von ihm oder von seiner Sanction hing also jegliche
Gesetzesänderung unweigerlich ab, auch wenn Volks= und Raths=
versammlung bereits darüber einig waren.   Allgemeine Gesetze konnten
diese daher von sich allein aus nicht mehr erlassen, sondern nur noch
Psephismata oder Decrete für specielle Fälle.

5) Die Einführung des Rechtes der Klage auf Gesetzwidrigkeit
gestellter Anträge gegenüber den Antragstellern (der γραφὴ παρα-
νόμων).   Trotz jener Vorkehrungen nämlich, schien dennoch die
Möglichkeit vorhanden, daß bei der Lebhaftigkeit des Volkscharakters,
und bei seiner Empfänglichkeit für die Reize der Rede, ein Decret
oder ein Gesetz durchgehe, sei es im Rath oder in der Volksge=
meinde, oder selbst bei den Nomotheten, das nichts destoweniger
mit den bestehenden Gesetzen nicht im Einklang war, sie beein=
trächtigte und verwirrte.   Um nun den Staat vor derartigen
gesetzgeberischen Improvisationen, sei es reactionärer oder radicaler
Art, zu wahren, namentlich vor der Gefahr rasch improvisirter und
rasch angenommener Amendements, schien noch die weitere Vorkehr
erforderlich, daß man durch jenes Klagerecht jeglichen Antragsteller,
der im Rath oder in der Volksgemeinde oder vor den Nomotheten
auftrat, persönlich für seinen Antrag verantwortlich machte.   Jeder=
mann war dergestalt in seinem eigenen Interesse darauf angewiesen,
selbst dafür Sorge zu tragen, daß sein Vorschlag in keiner Weise,
sei es der Form, dem Inhalt oder der Tendenz nach, einen Wider=
spruch in die Gesetzgebung bringe; demnach auf allfällige Wider=
sprüche im Voraus aufmerksam zu machen; und endlich die Stellung
und Fassung seines Antrages nie zu improvisiren, sondern ihn eine
gewisse Zeit vor der entscheidenden Versammlung anzukündigen und
zu veröffentlichen.

In jedem Stadium, den ein Antrag durchlief, und nicht minder
auch nach seiner verfassungsmäßigen Annahme, war jene Klage
wegen gesetzwidriger Fassung oder gesetzwidrigen Inhalts gegen den
Antragsteller vor dem gewöhnlichen Schwurgerichtshof zulässig.   Ent=
schied das Gericht zu Gunsten des Klägers, so wurde einerseits der
Antragsteller in Strafe genommen, und andererseits der Antrag selbst

oder eventuell das darauf basirte Decret oder Gesetz für null und
nichtig erklärt. Die persönliche Verantwortlichkeit des Antragstellers
dauerte jedoch nur bis zum Ablauf eines Jahres nach Erhebung
seines Antrags zum Decret oder Gesetz; in jedem späteren Termine
hatte die Klage im Fall ihrer Begründung nur die Wirkung, daß
das Gesetz ungültig ward. Ein dreimal verurtheilter Antragsteller
verlor das Recht der Initiative auf immer.

Um nun endlich aber auch vor böswilligen Anklagen dieser Art
zu schützen, wurde der Kläger, dem entgegen das Gericht entschied,
nicht nur abgewiesen, sondern überdies in eine Geldstrafe von 1000
Drachmen verurtheilt, sofern nicht wenigstens ein Fünftel der
Stimmen des Gerichtshofes auf seiner Seite war.

Galt das Recht dieser Klage gegen die Antragsteller, nicht mit
Unrecht, als ein conservatives Palladium gegen gesetzgeberische Ueber-
eilungen: so knüpfte sich doch daran, wenigstens in späteren Zeiten,
ein großer Uebelstand. Denn da die bloße Erhebung der Klage
sofort die vorläufige Suspension des Antrags zur Folge hatte, so
konnte sie zur Handhabe von allerhand Umtrieben und Chikanen
werden, um die Annahme eines Antrages in einem gegebenen Zeitpunkt zu verhindern. [14])

6) Die Reform des Bürgerrechts. Wir haben schon oben
gesehen (Abschn. 4), daß eine gesetzliche Feststellung der thatsächlich
schwankenden Bürgerqualification die unerläßliche Consequenz der
Gerichtsreform war, und daher mit derselben Hand in Hand gehen
mußte. Demnach stellte ohne Zweifel noch in dem Reformjahre
461, oder doch im Beginn des Jahres 460, Perikles den Antrag,
daß nur diejenigen als athenische Bürger gelten und mithin das
Bürgerrecht ausüben dürften, deren Eltern beiderseits der Bürgerschaft angehörten, d. h. nur die ehelichen Kinder eines Atheners
und einer Athenerin. Der Antrag, sicher von Ephialtes auf das
kräftigste unterstützt, wurde angenommen; und demnach waren nunmehr vom Bürgerrecht grundsätzlich ausgeschlossen: nicht nur 1) alle
eingedrungenen Niedergelassenen oder Fremden, sowie 2) die Kinder
von Atheninnen mit Nichtathenern, sondern auch 3) die Kinder
von Vollbürgern mit Nichtbürgerinnen, selbst dann, wenn sie in
gesetzlicher Ehe gezeugt waren.

Die praktische Ausführung dieses neuen Gesetzes auf dem Wege der bloßen Klage gegen Einzelne, wegen gesetzwidriger Anmaßung des Bürgerrechts, wäre ebenso langwierig als unerquicklich gewesen. Vielmehr bedurfte es dazu nothwendig einer allgemeinen Revision der Bürgerrechtstitel. Und auf die Bewerkstelligung dieser Operation wirkte noch ein ganz besonderer Umstand fördernd und beschleunigend ein.

Seit 463 hatte sich nämlich Egypten von Persien losgerissen, und der von den aufständischen Egyptern erwählte König Inaros hatte um den Juni 462 die Unterstützung Athens nachgesucht, indem er alle nur möglichen Beweise den Dankbarkeit in Aussicht stellte. Die Athener waren damals, auf den dringenden Rath Kimons und um Persiens Macht durch Zerstückelung vollends zu schwächen, auf das Gesuch eingegangen und hatten eine mächtige Hülfsflotte nebst Landungstruppen nach Egypten gesandt. Zum Danke dafür überschickte Inaros jetzt, um den Juli 460, eine Ladung von 40,000 Scheffel Weizen zur Vertheilung an die athenischen Bürger. Und auch auf diese Vertheilung nun, die kein Zögern gestattete, sollte und mußte das kurz zuvor beschlossene neue Gesetz in Anwendung gebracht werden.

So kam es denn ohne Säumen zu einer durchgreifenden Reinigung der Bürgerstandsregister, kraft deren 14,040 oder 14,240 Bürger als solche anerkannt, gegen 5000 aber, oder 4760, als unberechtigt ausgeschlossen wurden. [15)

Von diesem Ausschluß aus dem Bürgerrecht wurden damals nothwendig auch die beiden ältesten Söhne des jüngst verbannten Kimon, Lakedämonios und Eleios betroffen, da deren Mutter, nach Stesimbrotos von Thasos, eine Arkadierin aus Kleitor war. Es wird erzählt, daß Perikles ihnen, wie dem Vater, unfreundlich gesinnt war, daß er ihnen ihre Herkunft von Mutterseite zum Vorwurf machte, und daß er sie als Ausländer und Fremdlinge, auch schon um ihres Namens willen, bezeichnet habe. Deshalb liegt auch allerdings die Vermuthung nahe, daß der Groll gegen Kimon dazu beitrug, den Perikles in seinem Eifer für die Durchbringung eines Gesetzes zu bestärken, das nothwendig zu dem für die Demokratie erwünschten Ergebniß führen mußte, die Söhne des Kimon aus der Bürgerliste gestrichen und damit voraussichtlich für die Zukunft unschädlich gemacht zu sehen. Doch hieße es viel zu weit gehen, wollte man mit Dacier diesen Gesichtspunkt als die eigentliche Triebfeder des Gesetzes betrachten. [16])

Um dieselbe Zeit, um 461/0, wurden auch allem Anschein nach wichtige militärische Reformen und strategische Maßnahmen theils ins Leben gerufen, theils angebahnt. Namentlich wurde wahrscheinlich jetzt der Dienstsold für Landheer und Flotte, das sogenannte Strategi= kon, durch Perikles eingeführt. Darnach erhielt der schwerbewaffnete Hoplit täglich 2 Obolen bis 1 Drachme, der Offizier das Doppelte, der Reiter das Dreifache, und dazu Verpflegung in Natur oder Geld; dem Marinesoldaten wurden im Durchschnitt 3, nur den Para= liten oder der Bemannung der Staatsschiffe 4 Obolen gewährt. Andererseits muß in dieser Zeit der Bau der langen Mauern bean= tragt, und wohl auch schon beschlossen worden sein, wenngleich die Vorbereitungen der Ausführung, wie wir später sehen werden, noch längere Zeit in Anspruch nahmen.

Das war der Hauptinhalt der Reformen und Maßnahmen jener merkwürdigen Epoche. Bei ihrer Einbringung der Anträge gingen Perikles und Ephialtes Hand in Hand; bei ihrer Empfehlung in der Volksgemeinde war der Letztere, zumal in dem Kampfe gegen den Areiopag, der eigentliche Bahnbrecher gewesen. Das dankbare Volk ließ es sich daher auch nicht nehmen, bei den allgemeinen Wahlen im Juni 461, den ersten nach dem Sturze Kimons, die beiden Häupter der Reform, seine neuen Lieblinge, Ephialtes und Perikles, zu Strategen zu ernennen.

Bei den blinden Verehrern des Alten dagegen, bei der aristo= kratischen Partei und den Freunden Kimons brachten jene einschneiden= den Neuerungen eine tiefe Mißstimmung, einen unversöhnlichen Groll hervor. Zu ihnen zählte doch eigentlich Aeschylos nicht. Seine Eumeniden, die freilich erst ein paar Jahre später in die Oeffent= lichkeit traten, legen wohl Pietät für den Areiopag an den Tag, ent= halten aber keine schmähende Klage; vielmehr offenbart er als echter Tragiker eine versöhnende Absicht, indem er den Trost verkündet, daß der dem Areiopag verbliebene Rest an Competenz ihm ewig verbleiben werde. Allein so mild dachten und sprachen die grundsätz=

lichen Widersacher der neuen Zeit nicht. Jedem Gedanken an Ver=
söhnung, zumal unter den unmittelbaren Eindrücken des Geschehens,
durchaus unzugänglich, verschrien sie die Neuerung als ein gottloses
Verbrechen und riefen unter sich die glühendsten Leidenschaften des
persönlichen Hasses und der persönlichen Rachsucht wach.

Und ihnen fiel denn auch ohne Zweifel der in jenen Schichten
verhaßteste Vorkämpfer der Reform, Ephialtes, zum Opfer; man fand
ihn eines Tages ermordet. Wahrscheinlich fällt dieser politische Mord
in den Herbstanfang des Jahres 460. Ein dichter Schleier ruht
über der That. Urheber und Thäter blieben anscheinend unermittelt;
nach einer vielverbreiteten Sage der nächsten Zeit wäre das Werk=
zeug ein gedungener Mörder, der Böoter Aristodikos, gewesen.
Für die oligarchische Partei war die Missethat von höchst ungünstiger
Wirkung; denn sie warf einen tiefen Schatten auf deren Ruf.
Dagegen stieg das Ansehn und der Einfluß des Perikles nun um
so höher. Kein Wunder daher, wenn dessen böswillige Gegner das
alberne Märchen erfanden und umhertrugen: Perikles selbst habe
den Ephialtes ermorden lassen, aus Eifersucht und Neid über dessen
Macht und Ruhm. Der Historiker Idomeneus nahm dies Märchen
gläubig auf. Aber vergebens! Die Behauptung war zu unvernünftig,
um zu irgend einer Zeit von Vernünftigen geglaubt zu werden.

Allerdings aber fiel nunmehr die Leitung des Staates, mittelst
der Leitung des Volkes, ganz dem Perikles anheim. Und nunmehr
geschah es auch, daß er mit unerschütterter, ja gesteigerter Thatkraft
den Versuch der Durchführung seiner nationalen Einigungsidee in
Angriff nahm.

Grote hat diesen höchst denkwürdigen Versuch in die Zeit nach
dem Abschluß des dreißigjährigen Waffenstillstandes, d. i. 445, ver=
legt; Curtius hält es für wahrscheinlich, daß er entweder dem dreißig=
jährigen Frieden von 445 oder dem fünfjährigen Waffenstillstande
von 450 sich anschloß; Duncker schreibt ihn dem Jahre 448 zu.
Dagegen hatte schon Otfried Müller ihn in die Zeit vor dem ersten
Kriege zwischen Sparta und Athen, d. i. vor 458, gesetzt; und in
wesentlicher Uebereinstimmung hiermit habe ich ihn meinerseits von
jeher, aus Gründen, die mir zwingend erscheinen, dem Jahre 460
zugeschrieben. Wenn Plutarch die Zeit des perikleischen Einigungs=

versuches durch die Worte andeutet „während die Lakedämonier anfingen über Athens Aufschwung sich beunruhigt zu fühlen": so paßt dies vortrefflich auf das Jahr 460, wie wir gleich noch näher sehen werden, aber weder auf 458, wo die Beunruhigung schon den äußersten Grad erreicht hatte und in den offenen Krieg überschlug, noch gar auf irgend einen späteren Zeitpunkt, wo vollends nicht mehr von einem Anfange der Beunruhigung die Rede sein konnte, und ein fast permanenter Kriegszustand eingetreten war. [17]

Die Lage der Dinge im Jahre 460 durfte in der That dem Perikles für die Ausführung seines panhellenischen Projectes überaus günstig erscheinen. Sparta, auf seine eigenen Angelegenheiten zurück= gezogen und noch immer aussichtslos mit dem helotischen Aufstande ringend, lag anscheinend ohnmächtig am Boden. Mit Mißtrauen blickte es auf seine Bundesgenossen, deren Treue zu wanken begann; mit Be= sorgniß und Eifersucht sah es, zum Theil auf seine eigene Kosten, die Macht der Athener fort und fort wachsen. Hatten doch diese innerhalb Jahresfrist, von Ende 462 bis Ende 461, nicht bloß die Thessaler und Spartas Erbfeinde, die Argiver, durch feste Bündnisse für sich gewonnen, sondern auch neuerlichst noch die Megarer bestimmt, von Sparta zu Athen, von dem peloponnesischen Bunde zu dem delischen überzutreten. Dieser Vorgang, der zunächst die Korinthier, die Vorposten und Vorkämpfer der peloponnesisch=spartiatischen Macht bedrohte, war schon allein angethan, in Sparta jene „Beunruhigung über den Aufschwung der Athener" hervorzurufen. Und um so mehr, als der Bundesvertrag zwischen Athen und Megara eine Militärcon= vention in sich schloß, kraft deren die Athener das Besatzungs= und Befestigungsrecht im gesammten megarischen Lande erwarben. Dem= zufolge hatten denn auch sofort die Athener Megara und Pagä mili= tärisch besetzt, und den Bau der langen Befestigungsmauern von Megara bis zum Hafen Nisäa mit solchem Nachdruck in Angriff genommen, daß dessen Vollendung mit Ende 460 oder doch mit An= fang 459 in Aussicht stand.

. So war denn Athen seinerseits, während Spartas Gewalt und Ansehn sichtlich schwand, in der That in einer ungewöhnlichen äußeren Machtentfaltung begriffen. Seine Flotten beherrschten das Mittelmeer bis gen Phönizien; sein Landheer kämpfte am Nil, vereint mit den

Aegyptern, erfolgreich gegen die Perser, obwohl Perikles auch diesen von Kimon angezettelten fernen Krieg als eine Kräftevergeudung ansah und nur Ehren halber, wenn auch ungern, fortführte.

Dagegen befand sich Athen, und das war die Hauptsache, während des Jahres 460 mit der Gesammtheit der griechischen Staatenwelt im Frieden.   Seine Bundesgenossenschaft war durch den Zutritt neuer und bedeutender Mitglieder an Zahl und Umfang beträchtlich vermehrt.   Der delische Bund, unter athenischer Leitung, stand materiell und finanziell in der Blüthe.   In keinem seiner Glieder regten sich in merkbarer Weise particularistische Trennungsgelüste; die früheren Executionszüge Kimons gegen abtrünnige Bundesgenossen, wie die Naxier und Thasier, schienen als warnende und abschreckende Beispiele zu wirken.   In vielen derselben waren aufrichtige Sympathien für Athen lebendig; man bewunderte dessen inneren und äußeren Aufschwung, und begrüßte ihn mit Freuden.   Von Seiten der eigent= lichen Bundesgenossen Athens brauchte also Perikles damals keinerlei Widerstand, sei es gegen Bundesreformen im Sinne der Centralisation, sei es gegen eine panhellenische Erweiterung des delischen Bundes, zu besorgen.   Aber auch in Betreff der übrigen nichtverbündeten Staaten durfte er hoffen, bei dem überall schwindenden Einflusse Spartas, fast ausnahmslos eine ebene Bahn, und nirgend unüber= windliche Hindernisse zu finden, wenn er mit der patriotischen Auf= forderung zur Begründung eines allgemeinen Bundes hervortrete.   In Athen selbst endlich, das mit allen lakonisirenden Stimmungen so gründlich gebrochen hatte, das sich nunmehr mit freudig stolzer Genugthuung in der Großartigkeit seiner Reformen, sowie in dem Glanze seiner äußeren Errungenschaften bewegte, und das mit frischer Siegeszuversicht in die Zukunft schaute — da konnte Perikles mit seinen Ideen auf einen fast allseitigen und unbedingten Beifall rechnen.

Nur zwei Anstände gab es: das waren die Bedenken über die eventuelle Haltung von Sparta und von Persien.

Ein unmittelbarer und energischer Widerstand schien indeß von Seiten Spartas, unter den gegebenen Umständen, kaum zu ge= wärtigen.   Ja es boten sich zwei Möglichkeiten für die Aussicht dar, daß es sich, wenn auch widerwillig, einer Einigung Griechenlands unter attischer Hegemonie fügen dürfte.   Noch immer sah sich ja

Sparta genöthigt, mit seinen eigenen Unterthanen in unentschiedenem Kampfe um seine Existenz zu ringen. Es war also einmal die Möglichkeit gegeben, daß es an diesem innern Kampfe in nächster Zeit, wenn auch nicht zu Grunde gehe, doch zu einem völlig widerstandsunfähigen Factor verkümmere, der die Anordnungen Mächtigerer sich werde gefallen lassen, dem Willen der Gesammtheit sich werde unterwerfen müssen. Andererseits aber konnte es auch geschehen, daß Sparta aus politischer Berechnung, um sich bei seiner inneren Bedrängniß vor der offenen Feindschaft Athens und damit vor einer vervielfachten Bedrohung seiner Existenz sicher zu stellen, sofort bereit war, aus der Noth eine Tugend zu machen und in die von Athen gewiesenen Wege mit guter Miene einzutreten. Angenommen indeß, daß diese beiden Möglichkeiten ausblieben, daß Sparta trotz allem zu einem entschlossenen thatkräftigen Widerstande sich aufraffte: so brauchte sich doch Perikles äußersten Falles, bei der außerordentlichen Ueberlegenheit der athenischen Macht, vor einem Kriege mit dem anscheinend so ohnmächtigen Sparta wahrlich nicht zu scheuen. Und die Gereiztheit der Athener gegen das letztere war ja bereits groß genug, um das Volk leicht bis zu kriegerischen Stimmungen und bis zu wirklichem Kriege vorwärts zu drängen.

Allein in diesem Fall hätte dennoch die Situation eine bedenkliche werden können, wenn Persien in der Lage war, eine Diversion zu unternehmen, sich auf Einmischungen und wohl gar auf eine Coalition mit Sparta einzulassen. Es kam also darauf an, ehe er zum Werke schritt, sich möglichst zu vergewissern, ob man vor An- und Eingriffen von dieser Seite her sicher sei. Daß Persien, angeblich gegen Aegypten, gewaltig rüste, war schon in der zweiten Hälfte des Jahres 461 eine unzweifelhafte Thatsache. Diese Rüstungen, die vorzüglich in Cilicien und in Phönizien ihren Heerd hatten, wurden auch in der ersten Hälfte des Jahres 460 eifrig fortgesetzt. Waren sie wirklich gegen Aegypten ausschließlich gerichtet, und fanden auf keinen anderen bedrohlichen Punkten, namentlich in den kleinasiatischen Küstenländern, keine feindlichen Truppenansammlungen statt: so fiel auch das letzte Bedenken hinweg, ob es nach Lage der Dinge zeitgemäß sei, die Frage einer nationalen Reorganisation Griechenlands in Anregung zu bringen.

4*

Mit der äußersten Vorsicht hatte daher Perikles in der letzten Zeit sein wachsames Auge auf die Vorgänge in Persien gerichtet. Nicht nur setzte er die kräftige Unterstützung Aegyptens jetzt auch aus dem Grunde fort, damit die Kräfte Persiens desto sicherer nach Aegypten abgelenkt und dort verzehrt würden; sondern er hatte auch persönlich in der zweiten Hälfte des Jahres 461, als erwählter Feldherr, an der Spitze von 50 Schiffen eine Recognoscirungsfahrt gegen die kleinasiatischen Küsten unternommen; und in der ersten Hälfte des Jahres 460 hatte sein College im Feldherrnamt, Ephialtes, diese Recognoscirung mit 30 Schiffen wiederholt. Beide hatten alle Gewässer und die Küsten bis jenseits der Chelidonischen Inseln im Süden Lykiens untersucht; und das Ergebniß war gewesen, daß, gleichwie zur Zeit des thasischen Krieges, und trotz der athenischen Kriegführung in Aegypten, nirgend Spuren persischer Rüstungen noch persische Kriegsschiffe zu gewahren seien. Gewann man dergestalt die Ueberzeugung, daß vor der Hand und, der höchsten Wahrscheinlichkeit nach, auf längere Zeit hinaus von Persien nichts zu befürchten sei: so sah man sich vollends in dieser Ueberzeugung bestärkt, nachdem die gesammten persischen Streitkräfte in Cilicien und Phönizien mit dem Sommer 460 wirklich nach Aegypten abgerückt waren.

Und so durfte denn Perikles getrost, und mit der zuversichtlichen Hoffnung auf ein volles Gelingen, an die Ausführung seines nationalen Vorhabens herantreten.

Als die erste Einleitung dazu hatte ihm wohl von jeher die Verlegung der delischen Bundeskasse nach Athen gegolten. Er bezweckte damit einerseits, Athen auch äußerlich zum Mittelpunkt, zunächst des engeren Bundes, zu erheben; und andererseits den kostbaren Schatz von nahezu 3200 Talenten (4,800,000 Thaler) unter die Obhut des leitenden Staates zu bringen. Daher hatte er denn schon seit 461, noch ehe die obigen Bedenken beseitigt erschienen, diese Angelegenheit mit Eifer betrieben. Ja es dienten ihm jene Bedenken als Hebel des Erfolges; er gebrauchte unverholen das Motiv, daß die Lage von Delos nicht angethan sei, den Bundesschatz unter allen Umständen vor einem Handstreich der Perser zu wahren; und er stützte sich thatsächlich auch auf die Erwägung, daß derselbe dort in einem eventuellen Kriege mit Sparta leicht unversehens eine Beute der Lakedämonier oder ihrer Bundesgenossen werden könne. Die legislative Durchführung des Planes war freilich mit vielen Schwierig= keiten und Weitläufigkeiten verknüpft, da es dazu nicht nur der Zu= stimmung der athenischen Volksgemeinde, sondern auch eines Bundes= beschlusses und mithin vielfältiger Einwirkungen auf die Bundesge= nossen bedurfte. Dennoch drang Perikles siegreich durch; um die Mitte des Jahres 460 war die Ueberführung des Schatzes von Delos nach Athen eine vollbrachte Thatsache. Und zu gleicher Zeit wurde Perikles selbst zum Bundesschatzmeister ernannt.

Das war die allgemeine politische Situation, als Perikles gegen den Schluß des Jahres 460, obwohl nunmehr durch die Ermordung des Ephialtes seines besten Helfers beraubt, allein und muthig zu dem entscheidenden Wurfe schritt: zu dem Versuche der Einberufung eines panhellenischen Nationalcongresses nach Athen. Gab es noch besondere heimathliche Gründe, die ihn bestimmten, nicht länger damit zu zögern: so waren dies ohne Zweifel in erster Linie die theilweise niedergedrückte Stimmung, welche inzwischen durch die Ausführung des Bürgerrechtsgesetzes, und der allgemein peinliche Eindruck, der neuerdings eben durch jene schnöde Mordthat hervor= gerufen worden war. Denn nichts durfte unter diesen Umständen geeigneter erscheinen, um rasch wieder aufzurichten und zu begeistern, als die Hinweisung auf ein gemeinsames großes Ziel.

Zur Motivirung des kühnen Unternehmens war die Angabe bestimmter äußerlicher Zwecke unerläßlich. Denn unmöglich konnte Athen unumwunden verkündigen, daß es die Abgeordneten sämmtlicher hellenischer Staaten und Colonien einberufe, um sich von ihnen die höchste Centralgewalt übertragen zu lassen. Es bedurfte der Vorlage bestimmter Propositionen als Anknüpfungsgegenstände der Berathung und Beschlußfassung. Hören wir denn, was Plutarch im Leben des Perikles (c. 17) über diese Angelegenheit berichtet.

„Während die Spartiaten anfingen, so erzählte er, durch Athens Aufblühen beunruhigt zu werden, stellte Perikles, das Selbstgefühl des athenischen Volkes noch höher zu steigern, den Antrag: alle Griechen, wo immer sie in Europa oder Asien wohnen, jeden kleinen wie großen Staat, auf einen Abgeordnetentag nach Athen zu berufen, zu gemeinsamer Berathung: 1) über die Wiederherstellung der von den Persern

verbrannten Tempel Griechenlands; 2) über die Erfüllung der zur
Zeit der Freiheitskriege für Griechenland gemachten Opfergelübde,
die man den Göttern noch schuldig sei; 3) über die Sicherung des
Meeres und der allgemeinen Schiffahrt; und 4) über die Sicherung
des Friedens."

Man sieht leicht ein, daß diese Zwecke sämmtlich angethan
waren, die Sympathien aller Staaten und Stände zu gewinnen;
daß ferner die beiden ersten, die geschickter Weise an das religiöse
Volksgefühl appellirten, dahin hätten führen können, auf gemeinsame
Kosten der Nation ganz Griechenland systematisch mit Kunstwerken
zu schmücken; und daß endlich die beiden letztangegebenen Zwecke gar
nicht ausführbar waren ohne die Errichtung eines dauernden Bundes
und einer gemeinsamen Executive, die dann nothwendig zur Anerkennung
der Hegemonie Athens von Seiten des gesammten Hellas führen mußte.

Der Antrag des Perikles wurde von der Volksgemeinde, augen=
fällig mit lebhaftem Beifall, angenommen und sofort, d. h. zu Anfang
des Jahres 459, ausgeführt. Die näheren Modalitäten der Aus=
führung giebt Plutarch also an: „Zwanzig Gesandte wurden abgeordnet,
jeder über funfzig Jahre alt. Fünf davon beschieden die Jonier und
Dorier in Asien und die Inselbewohner bis Lesbos und Rhodos;
fünf bereisten die Länder am Hellespont und Thrakien bis nach
Byzanz; fünf andere gingen gen Böotien, Phokis, nach dem Peloponnes
und von da durch Lokris nach Epirus bis Akarnanien und Ambrakia;
die übrigen endlich zogen durch Euböa (das also noch nicht unter=
worfen war) zu den Griechen am Oeta und am Malieischen Meerbusen,
den Phthioten, Achäern und Thessalern, — allen entbietend zu kommen
und Theil zu nehmen an den Berathungen zum Friedens= und
Bundesvereine Griechenlands."

Hier ist denn also, zum Ueberfluß, der Zweck der Gründung
eines dauernden panhellenischen Bundes ausdrücklich ausgesprochen.
Höchst denkwürdig bleibt die damit verbundene perikleische Idee einer
nationalen Repräsentation. Wäre sie zur Ausführung gekommen, so
hätte ein Nationalparlament von 500 bis 1000 Abgeordneten, die
natürlich überall vom Volke gewählt worden wären, in Athen getagt.
Dieses Parlament würde ebenso eine constituirende Versammlung für
Gesammthellas geworden sein, wie der Convent zu Delos unter

Aristides eine constituirende Versammlung für den delischen Bund gewesen war. Und es würde ebenso wie dieser zu der Einsetzung einer periodisch wiederkehrenden Bundesversammlung, nur einer viel großartigeren, geführt haben.

Zum Unheil für Griechenland jedoch kam die Idee nicht zur Ausführung, so daß es sich nachmals in seiner Zerrissenheit selbst zerfleischte, bis es kaum hundert Jahre nach Perikles eine Beute des macedonischen Auslandes ward. Ist uns gleich das Detail in dem Fortgang der Angelegenheit unbekannt: so wissen wir doch, daß sie in erster Linie an den energischen Gegenwirkungen des heftig aufge= brachten Spartas, und in zweiter an dem Particularismus einer Reihe von Mittel= und Kleinstaaten scheiterte. Nicht nur wies Sparta selbst die Einladung zurück, sondern es mahnte auch andere Staaten mit Erfolg ab, und schürte auf allen Seiten das Mißtrauen gegen den Ehrgeiz Athens. Daher schließt Plutarch seine nur allzukurze Dar= stellung mit den Worten: „Es wurde aber nichts aus der Sache, und die Staaten traten nicht zusammen, weil, wie es heißt, die Lacedämonier dawider waren und man das Anerbieten im Peloponnes zuerst ablehnte. Dennoch — fügt er hinzu — habe ich dies angeführt zum Belege für des Perikles umfassenden und großartigen Geist."

----

10. Der Ausbruch des ersten Rivalitätskrieges mit Sparta, das Fortificationsystem, und die Fusion der Parteien (459—457).

Sparta hatte sich über Erwarten schroff und zäh erwiesen. Aber noch mehr! Tief ergriffen von Eifersucht und Zorn, raffte es sich zu gewaltigen Kraftanstrengungen empor, um schleunigst der messenischen Insurrection völlig Herr zu werden und dergestalt freie Hand zu bekommen — zum Vernichtungskriege gegen das anmaßliche und herrschsüchtige Athen. Inzwischen aber stachelte es ringsum die Bevölkerungen zu tödtlichem Hasse, zum geharnischten Widerstand, zum offenen Waffenkampfe gegen den Nebenbuhler auf.

Die erste Absicht mißlang: Ithome hielt tapfer Stand und die Eigenkräfte Spartas in Schach. Nur zu gut dagegen gelang diesem die zweite Absicht, durch Aufstachelungen die Kräfte Anderer seinen Zwecken dienstbar zu machen. Hatte doch das kühne Vorgehen Athens vieler Orten, fern davon das Allgemeingefühl zu wecken, das Perikles anrief, vielmehr das Sondergelüst und die Sonderthümelei aus ihrem Behagen zu fieberhaften Besorgnissen aufgeschreckt. Ermuthigt durch die Einflüsterungen Spartas, lehnten nicht nur die peloponnesischen Verbündeten desselben, nicht nur Korinth, Epidauros und Aegina, sondern sicher auch Lokris und Doris, Böotien und Euböa, sowie ohne Zweifel noch andere Staaten, die Anträge Athens mehr oder minder hastig und entschlossen ab. Aber das bloße Scheitern des perikleischen Projectes genügte dessen streitbarsten Gegnern nicht; die Vermessenheit, dasselbe genährt und angeregt zu haben, sollte blutig gerächt und in einer Weise bestraft werden, daß den Athenern die Lust und die Macht vergehe, je wieder darauf zurückzukommen.

Jene streitbarsten und zugleich kampflustigsten Gegner waren in der ersten Hälfte des Jahres 459 die Korinthier, die Epidaurier und die Aegineten. Angefeuert durch Sparta, und unterstützt durch die Sympathien der übrigen gleichgesinnten Staaten, griffen sie wirklich seit der Mitte des Jahres zu den Waffen gegen die Athener, um unbewußt minder für sich selbst als für Sparta die Kastanien aus dem Feuer zu holen. Die Korinthier gingen heißblütig voran; waren sie doch schon durch die Besetzung und die eben vollendete Befestigung des benachbarten Megara von Seiten der Athener zu glühendem Hasse gegen die Letzteren angespornt worden. Die Aegineten, die sich gleichwie die Epidaurier dem Vorgehen Korinths anschlossen, gehörten von Rechtswegen dem delischen Bunde an; aber selbstständigkeitslüstern wie sie von jeher waren, hatten sie sich nie viel um den delischen Bundesrath gekümmert, und sich sogar schon wenige Jahre zuvor (465/4), zur Zeit des Abfalls der Thasier, so aufsässig gezeigt, daß ein Executionszug der Athener sie hatte bändigen müssen. Seitdem hatte sich ihr Groll gegen Athen zu einer wunderbaren Eifersucht und zu einem Größenwahn gesteigert, dem sie nunmehr den Zügel schießen ließen.

Wir unterlassen es, auf die Unternehmungen und die Geschicke dieser ersten Tripelallianz näher einzugehen. Es genügt zu sagen,

daß im Fortgang des Kampfes ohne Zweifel eine wachsende Bethei=
ligung der beiderseitigen Bundesgenossen stattfand, und daß die
Athener in dem ersten Jahre, von Mitte 459 bis Mitte 458, im
entschiedensten Vortheil waren. Abgesehen von dem ersten thatsäch=
lichen Zusammenstoß mit den Korinthiern und Epidauriern bei
Haliä, errangen sie im Sommer 459 über die peloponnesischen
Verbündeten die ruhmreichen Seesiege bei Kekryphaleia und bei
Aegina. Schon seit dem October war das letztere mattgelegt und
wurde von dem Feldherrn Leokrates belagert. Die Korinthier und
ihre Verbündeten richteten nun zwar ihre Angriffe unerwartet und
mit großer Energie auf das megarische Gebiet; aber ein neues
athenisches Heer unter dem Feldherrn Myronides nahm mit dem
Frühjahr 458 auch dort den Kampf erfolgreich auf und vertrieb
überall den Feind. So durfte denn Athen um die Mitte dieses
Jahres wohl hoffen, schließlich als Sieger aus dem Kampfe hervor=
zugehen und den Gegnern die Bedingungen dictiren zu können.
Augenfällig hatte auch Perikles damals von seiner Popularität noch
nichts eingebüßt; denn er muß, wie die Folgeereignisse lehren, aus
den Juniwahlen 458 als einer der nächstjährigen Strategen hervor=
gegangen sein.

Nunmehr aber gerieth Athen plötzlich in die größte Bedräng=
niß. Nicht nur, daß das athenische Hülfscorps in Aegypten nach
dem Siege der Perser bei Memphis sich auf der Insel Prosopitis
belagert sah! Nicht nur, daß andererseits von der Belagerung Aeginas,
die einen bedeutenden Aufwand an Kräften erforderte, noch immer
kein Ende abzusehen war! Nicht nur, daß die Behauptung des
megarischen Gebietes und seiner Befestigungen die athenischen Kern=
truppen unter Myronides fort und fort an einer bestimmten Stelle
gebannt hielt! Das Schlimmste war, daß sich jetzt auch der gefähr=
lichste unter allen Widersachern Athens mit unerwarteter Thatkraft
zu regen begann. Denn die zweite Hälfte des Jahres 458 führte,
ungeachtet der Fortdauer des messenischen Krieges, die directe Theil=
nahme Spartas an dem Kriege gegen Athen herbei.

Ein wichtiger Incidenzpunkt trug nicht wenig dazu bei, den
Ausbruch des offenen Kampfes zwischen Athen und Sparta zu be=
schleunigen. Das war athenischerseits die kräftige Inangriffnahme

der perikleischen Fortificationsentwürfe oder, mit anderen Worten,
der Bau der langen Mauern.

Perikles, der ja von Anfang an den Krieg mit Sparta heran=
rücken sah, hatte in der Durchführung des von ihm beabsichtigten
Befestigungssystemes die einzige Abwehr desselben auf dem Wege der
Abschreckung, und eventuell die beste Wappnung gegen dessen Wechsel=
fälle und Gefahren erkannt.

Der strategische Gedanke des Perikles, der zu dem Bau der
langen Mauern führte, war — wie wir schon sahen — eine
wesentliche Consequenz der Pläne des Themistokles, der mit so
nachdrücklichem Eifer die Befestigung des Hafengebietes betrieben
hatte. Diese verfehlte aber offenbar ihren Hauptzweck, wenn nicht
die Verbindung Athens mit den Häfen, und durch sie mit dem
Meere, gesichert ward. Denn nur die Sicherung der Zufuhr und des
Zuzuges vom Meere her konnte die Widerstandsfähigkeit und Sicher=
heit der Hauptstadt im Falle eines Landangriffes auf die Dauer
verbürgen. Die projectirten Mauern sollten, von der Stadt aus=
laufend, die Häfen Piräus und Phaleron einschließen; der nörd=
liche Schenkel erforderte eine Länge von nahezu einer Meile, der
südliche eine wenig geringere.

Zur Zeit des Kimon hätte dieses Project nimmermehr Aussicht
gehabt, durchzudringen. Sicher wurde daher der darauf bezügliche
Antrag erst nach dessen Verbannung, im Jahre 461, angeregt, und
aller Wahrscheinlichkeit nach auch eingebracht und angenommen. Der
Plan hatte indessen zahlreiche Mißstimmungen erweckt. Die Kategorien
der Unzufriedenen waren folgende gewesen: 1) die Aristokraten,
die einerseits als Philolakonen im Interesse und nach den Wünschen
Spartas jeder Befestigung Athens abhold waren, und andererseits
als die reichste und vornehmste Gesellschaftsklasse der Hauptstadt jede
nähere Berührung mit der Matrosenbevölkerung der Hafenstädte
scheuten; 2) die Grundeigenthümer außerhalb der Befestigungslinie,
die sich und ihr Eigenthum dem Feinde preisgegeben meinten, nicht
bedenkend, daß die Landgüter des Perikles selbst außerhalb derselben
lagen; 3) die athenischen Lokalpatrioten, denen die Zusammenziehung
ihrer Stadt mit anderen Ortschaften schon an sich ein Stein des
Anstoßes, eine Art von Verstädtigung war; 4) die Privatbesitzer auf

dem Bauterrain, die bei der Ausführung Expropriationen zu fürchten
hatten; 5) die finanzspröden Karger, die vor den Unkosten zurück=
bebten; und 6) endlich die Pedanten, die das Unternehmen bloß
wegen seiner großen und zahlreichen Schwierigkeiten als eine
Unmöglichkeitsphantasie ansahen und verwarfen.

Perikles wußte allmählig alle Schwierigkeiten zu überwinden.
Die Vorbereitungen des Baues nahmen indessen, wie es scheint,
zwei Jahre in Anspruch. Erst um die Mitte des Jahres 459,
nach dem Scheitern des hellenischen Bundesplanes und bei wachsen=
der Kriegsgefahr, wurde der Bau mit allem Nachdruck in Angriff
genommen. Aber eben deshalb stieg seitdem in Athen die Er=
bitterung der schrofferen Gegner des Perikles und seines Fortifications=
systemes bis zu dem Grade, daß die wüthendste Fraction der ohn=
mächtigen und lichtscheuen Philolakonen es wagte, sich mit den
Spartiaten in verrätherische Unterhandlungen einzulassen. Diese
verfolgten den doppelten Zweck, durch Spartas Hülfe die Sistirung
des Baues und den Sturz der Demokratie zu erwirken.

Eine schwüle Zeit gegenseitigen Argwohns und banger Un=
heimlichkeit ging dergestalt dem Ausbruch des unmittelbaren Krieges
zwischen Athen und Sparta voran. Dieser entwickelte sich folgender=
maßen.

Um den Juli 458 wurden die Dorier in Mittelgriechenland,
die es mit Sparta hielten, auf Grund besonderer Streitigkeiten von
den Phokiern, die den Athenern geneigter waren, mit Krieg über=
zogen. Da beschlossen die Spartiaten, den Stammesgenossen in
ihrem Mutterlande Doris Hülfe zu bringen. Mit einem Heere
von nahezu 12,000 Mann drangen sie unter Nikomedes, dem
Stellvertreter des unmündigen Königs Plistoanax, um den September
in Mittelgriechenland ein, zwangen die Phokier zur Herausgabe
ihrer dorischen Eroberungen, und schickten sich um den October
anscheinend zur Rückkehr an. Inzwischen lag es doch aber auf der
Hand, daß die Athener berechtigt waren, diesen Zug als eine ihnen
feindliche Diversion zu betrachten, ihm nach Kräften Hindernisse und
womöglich Verderben zu bereiten. Denn hatte Sparta auch nicht
direct den Athenern den Krieg erklärt, und war auch vielleicht das
Verhältniß zwischen Phokis und Athen nicht der Art, daß dieses

verpflichtet gewesen wäre, jenem beizustehen: so war doch das
spartiatische Heer wesentlich aus den Contingenten von Staaten
zusammengesetzt, die mit Athen im offenen Kriege lagen. Es zählte
nämlich, wie bei der Fortdauer des messenischen Krieges sehr erklärlich ist, nur 1500 schwerbewaffnete Spartiaten, und dagegen
10,000 Mann bundesgenössischer Truppen. Es kann also gar
keinem Zweifel unterliegen, daß sich unter diesen letzteren auch
Contingente der Korinthier, der Epidaurier und derjenigen peloponnesischen Bundesgenossen Spartas befanden, die sich im Verlaufe
der letzten fünf Vierteljahre den Waffen der Tripelallianz mehr oder
minder offen angeschlossen hatten.

Die Athener rüsteten daher in Eile ein Gegenheer, und waren
inzwischen bedacht, dem feindlichen Heere die Rückzugslinie zur See
und zu Lande zu versperren. Eine athenische Flotte eilte nach dem
korinthischen Meerbusen, um die Ueberfahrt zu verhindern; die verstärkten athenischen Besatzungen von Megara und Pagä bedrohten
die Landlinie durch Geranea. Nun hätte zwar dennoch das
spartiatische Heer bei seiner unzweifelhaften Ueberlegenheit die Rückkehr über die Landenge von Korinth, wenn auch mit Verlusten,
erzwingen können. Aber es war den Spartiaten offenbar gar nicht
darum zu thun; vielmehr zum Bleiben entschlossen, um den Angriff
der Athener herauszufordern und im offenen Felde abzuwarten,
erzielten sie durch den Schein des Rückzugs nur die Zersplitterung
der athenischen Streitkräfte; und als dies geglückt war, nahmen sie
wieder die doch so ungenügende Sperrung ihrer Rückzugslinien zum
Vorwand, um in Mittelgriechenland zu verbleiben und sich in
Böotien, in der unmittelbaren Nachbarschaft Athens, festzusetzen.

Das war der Moment, den die lakonisirenden Aristokraten
Athens ersehnt hatten und den sie wahrnahmen, um ihr Complott
zum Abschluß und ihre reactionären Zwecke in Ausführung zu
bringen: sie luden heimlich, aber unumwunden, das feindliche Heer
zu einem Einfall in Attika ein. Die im Bau begriffenen langen
Mauern gewährten noch keinen Schutz, waren zur Vertheidigung
noch durchaus unfähig und hätten der Zerstörungswuth der an-
bringenden Feinde widerstandslos preisgegeben werden müssen. Da
galt es denn für Perikles, nicht länger mehr mit einem vorbeugen-

den Gegenstoß zu zögern, obgleich das neue Heer noch unfertig und,
bei dem Mangel an attischen Kerntruppen, noch einer größeren Zahl
bundesgenössischer Contingente bedürftig war.

So rückten denn die Athener eiligst über die böotische Grenze
den Lakedämoniern entgegen. Bei Tanagra kam es, wahrscheinlich
in den letzten Tagen des November, zur entscheidenden Schlacht,
und die Athener erlitten eine unerwartete Niederlage. Zwar waren
sie Anfangs, bei einer Gesammtstärke von 14,000 Mann, den
Lakedämoniern an Zahl um etwa 2000 Mann überlegen; aber im
Fortgang des Kampfes kehrte sich dieses Verhältniß durch den verrätherischen Uebertritt der lakonisch gesinnten thessalischen Reiterei
vollständig um; und eben dieser so unerwartete Vorgang, der
natürlich sowohl den Schlachtplan wie die Schlachtordnung auf
athenischer Seite in Verwirrung brachte, gab den verhängnißvollen
Ausschlag. Perikles, der augenfällig das athenische Heer befehligte,
wußte, was auf dem Spiele stand — nicht nur seine eigene
politische Stellung, sondern auch die Zukunft seiner nationalen Entwürfe und der Fortbestand seiner schon vollbrachten Reformen, sowie
der demokratischen Principien überhaupt. Trotz allem setzte er die
Schlacht daher fort und gestaltete sie zu dem heldenmäßigsten Ringkampf; seines Lebens nicht achtend, leuchtete er selber Allen voran.
Aber vergebens! Die Lakedämonier behielten die Oberhand, die
Schlacht war und blieb verloren.

Die Eindrücke, welche diese Niederlage schon an sich in Athen
hervorrief, waren begreiflicherweise dem Ansehn des Perikles in
hohem Grade gefährlich. Sie mußten sich aber um so bedenklicher
gestalten, als ein eigenthümlicher Vorgang unmittelbar vor der Schlacht
alle Erinnerungen der kimonischen Ruhmeszeit wieder wachgerufen
hatte. Kimon selbst war nämlich, als die Krisis unvermeidlich geworden, aus seiner Verbannung an die attische Grenze geeilt, um
in das Heer seiner bedrängten Heimath einzutreten und sich durch
werkthätige Theilnahme an dem Kampf von dem Verdachte
spartiatischer Gesinnung im Sinne der Landesverrätherei zu reinigen.
Denn, in der That, eine Besiegung seiner Vaterstadt durch Sparta
in offenem Waffenkampfe hatte er doch so wenig wie die Mehrzahl
der athenischen Philolakonen je gewollt oder gewünscht. Er und

diese Mehrzahl seiner Parteigenossen hatten wohl eine innige Freund=
schaft mit Sparta, einen festen Anschluß an dessen politische Grund=
sätze, und daher allerdings eine blinde Hingebung an dessen Interessen
und Wünsche erzielt; aber im offenen Felde, auch wenn Spartiaten
ihnen gegenüberstanden, waren sie gemeint, im Gegensatz zu jener
kleinen Fraction der Ultras, ausschließlich Athener sein und bleiben
zu müssen. Und so hatte sich denn Kimon bei dem Vormarsch des
athenischen Heeres bewaffnet seinem Stamme angeschlossen. Allein
die Freunde und Anhänger des Perikles thaten dagegen Einspruch,
so daß er schließlich als ein „Verbannter" ganz zurückgewiesen
worden war. Seinen nichtverbannten Freunden dagegen hatte die
Theilnahme am Kampfe nicht verwehrt werden können; und sie
hatten denn auch in der Schlacht durch wetteifernde Tapferkeit, der
sie, wenn nicht sämmtlich, doch großentheils zum Opfer fielen, ein
glänzendes Zeugniß für ihre patriotische Hingebung, und damit zu=
gleich für die ihres zurückgewiesenen Führers abgelegt.

Dergestalt hatte sich Kimon auf die anerkennenswertheste Weise
in das Gedächtniß und in die Achtung seiner Mitbürger zurückge=
führt, während zugleich die Tapferkeit seiner Freunde den Groll
gegen seine Partei zum Schwinden brachte. Es war begreiflich,
wenn man nunmehr die Lichtpunkte in dem Bilde der Vergangenheit
mit den tiefen Schatten in der jetzigen Lage der Dinge verglich. Würde
nicht Kimon, durfte man sich fragen, diesen verderblichen Krieg mit
Sparta vermieden haben? Oder würde nicht der Ausgang der
Schlacht vielleicht ein ganz anderer gewesen sein, hätte Kimon, der
größte Feldherr seiner Zeit, der stete Sieger in so zahlreichen
Schlachten, das athenische Heer bei Tanagra befehligt? Und würde
man nicht hoffnungsvoller in die dunkle Zukunft blicken dürfen, wenn
Athen jenen Helden wieder in seiner Mitte habe, wenn der Parteien=
haß ein Ende nehme, und der Demokrat in Frieden und Eintracht
lebe mit dem Aristokraten?

Nun erst fand bei beiden Parteien die mahnende Stimme
Beherzigung, die Aeschylos acht Monate zuvor, im März 458, in
seinen Eumeniden von der Bühne aus hatte vernehmen lassen, als
er, die Lage der Gegenwart berührend, Allen eine edelmüthige und
gegenseitige Versöhnung empfahl. War nicht in seinem Sinne, so

durfte der Aristokrat sich fragen, die Schwächung des Areiopags, die Reform des gesammten Staatswesens, eine vollendete Thatsache, die sich nicht mehr rückgängig machen lasse? Hatte nicht ihr Vorkämpfer Ephialtes dafür genugsam und auf eine Weise büßen müssen, über die man wohlthue, durch einen milden und versöhnlichen Geist endlich vollends den Schleier der Vergessenheit zu ziehen? Und war denn nicht ebenso im Sinne des Aeschylos, so durfte seines Theils der Demokrat sich fragen, so viel von der Demokratie gewonnen worden, daß sie daran ein Genüge finden, in der Zertrümmerung des Alten innehalten, die Machtreste des Areiopags achten und schonen könne? War nicht einerseits der erreichte Aufschwung Athens hoch genug, und andererseits die von außen ihn umlauernde Mißgunst groß genug, um der grollenden Mißstimmung im Innern ein Ende, und eine gegenseitige Handreichung dringend wünschbar zu machen? Es war, wie wenn die Mahnung des Aeschylos: „Vergesset die Zwietracht der Vergangenheit und tretet der Zukunft in Eintracht entgegen", die noch im März nur tauben Ohren erklungen war, jetzt in den Herzen der Bürger wiederklang.

Und so tauchte denn plötzlich aus dem Gefühl der vermeintlich äußersten Gefahr des gemeinsamen Vaterlandes zunächst in einzelnen Theilen des Volkes die lebhafte Sehnsucht nach einem kräftigen Zusammenwirken Aller, nach einer edelmüthigen Aussöhnung der Gegensätze, und nach alsbaldiger Rückberufung Kimons auf. Diese Sehnsucht machte eine reißende Propaganda, und ehe man sich dessen versah, ging, trotz des schweren Unglücksfalles, ein wahrhafter Schwung der Begeisterung, mit dem Losungswort „Verschmelzung der Parteien", durch alle Schichten der attischen Bevölkerung.

Perikles — ich wiederhole dies Wort — wußte, was auf dem Spiele stand, und handelte darnach. Zwar war die drohende Gefahr keine äußerste und unmittelbare. Die Niederlage bei Tanagra war doch keine so vollständige gewesen, daß sie das athenische Heer vernichtet hätte. Die Lakedämonier ihrerseits hatten selber so große Verluste erlitten, und Sparta war zu kräftiger Fortführung des messenischen Krieges ihrer Mitwirkung so benöthigt, daß sie, fern davon einen Einfall in Attika zu unternehmen, vielmehr bereits, wie es scheint, am Tage nach der Schlacht sich zu einem viermonat-

lichen Waffenstillstand herbeiließen, kraft dessen sie noch vor Ablauf
des Jahres 458 in ihre Heimath zurückkehrten. Aber allerdings
bestand eine große Gefahr für die Zukunft. Denn wohlweislich be=
nutzten die Lakedämonier als Sieger die letzte Zeit ihres Aufenthaltes
in Böotien, um nicht nur dieses, sondern überhaupt die Staaten
Mittelgriechenlands, namentlich auch Lokris und Phokis, ihrem poli=
tischen System und ihrer Bundesgenossenschaft einzuverleiben. Ja
sie verpflichteten förmlich die Thebäer, indem sie ihnen zur Ober=
herrschaft über ganz Böotien verhalfen, zum Danke dafür sie in der
Kriegführung abzulösen und „den Athern in der Zwischenzeit keine
Ruhe zu lassen." Auch unterließen sie es nicht, einerseits den voll=
ständigen Abfall Thessaliens von dem athenischen Bunde zu befördern,
und andererseits auf ihrem Heimwege die offenen Theile des mega=
rischen Gebietes zu verwüsten, um dessen Bewohner für die athenische
Bundesgenossenschaft zu züchtigen und für die Zukunft in ihrer
Treue wankend zu machen. So war denn schon in nächster Zeit
ein Andrang der Böoter und ihrer Alliirten in Mittelgriechenland
zu gewärtigen. Und auf alle Fälle stand für das nächste Frühjahr,
d. h. nach Ablauf des Waffenstillstandes, ein gewaltiger Einfall der
Lakedämonier und ihrer ermuthigten und vermehrten Bundesgenossen
zu besorgen. Schon diese Aussichten und Besorgnisse waren daher
angethan, Perikles für den Umschwung der öffentlichen Meinung in
Athen empfänglich zu machen.

Ueberdies aber sah er sich in eine zwingende Alternative ge=
stellt; denn entweder mußte er der versöhnlichen Stimmung des
Volkes nachgeben und demnach die Mitregierung Kimons sich gefallen
lassen, oder er mußte gewärtig sein, falls er Widerstand leiste, das
Volk dergestalt dadurch zu erbittern, daß es ihn, und alles was er
vertrat, dem plötzlich ersehnten Kimon vollständig und bedingungslos
opfere. Da konnte ihm denn die Wahl, wenigstens äußerlich, nicht
schwer fallen: lieber die Gewalt mit Kimon theilen, als es ver=
schulden, daß sie ganz und ausschließlich ihm zufalle. Aber auch
innerlich fiel ihm diese Wahl, wiewohl der Anlaß für ihn ein
überaus schmerzlicher und peinlicher war, sicher nicht allzuschwer.
Hatte er doch nie gegen Kimon, trotz ihrer offenen politischen Feind=
schaft, einen unwürdigen persönlichen Haß gehegt! Und war nicht

dieſer ſein Gegner, kraft jener Beweiſe patriotiſcher Hingebung, jetzt auch in ſeinen Augen, wie in denen des Volkes, wenn nicht von allen, ſo doch von manchen Flecken gereinigt.

Dennoch ſchien es ihm geboten, ſich vor dem entſcheidenden Schritt der Haltung Kimons für die Zukunft zu verſichern. Eine heimliche Zuſammenkunft Beider, angeblich durch Elpinike vermittelt, führte wirklich in allen Punkten zu einer Verſtändigung. [18]) Welcher Art dieſelbe in ihren Einzelheiten geweſen, werden wir gleich näher prüfen; ihr Endergebniß aber war in der That die grundſätzliche Fuſion oder Coalition der ariſtokratiſchen und demokratiſchen Partei.

Erſt nach dieſer Transaction gab Perikles ohne weiteres Be= denken der allgemeinen Strömung nach. Er ſelbſt ſchlug nunmehr ein Decret vor, kraft deſſen, zu Anfang des Jahres 457, die Zurückberufung Kimons beſchloſſen ward.

11. Die gemeinſame Leitung Athens durch Perikles und Kimon (457—449).

Daß zwiſchen Perikles und Kimon, wie behauptet worden, eine förmliche Theilung der Gewalt in dem Sinne ſtatt gefunden habe, daß dem Erſteren die inneren Angelegenheiten, dem Letzteren die äußeren überwieſen worden wären, iſt mit Fug zu bezweifeln oder vielmehr, nicht in ſtrenger Wortbedeutung zu nehmen. Denn wäre Kimon Herr der auswärtigen Politik geweſen, ſo würde ſicher nicht der Ausgleich mit Sparta noch ſieben Jahre auf ſich haben warten laſſen.

Der Inhalt der Transaction, den jene Worte allzu knapp und unklar wiedergeben, muß nothwendig, gemäß den Umſtänden und Thatſachen, im Weſentlichen folgender geweſen ſein: 1) Kimon und ſeine Partei erkennen die in Athen durchgeführten Reformen als vollendete Thatſachen an, und verzichten darauf, ſie durch offene oder verſteckte Angriffe rückgängig zu machen. 2) Ebenſo wird von ihnen die Fortſetzung und Vollendung des Baues der langen Mauern ohne ferneren Widerſtand zugelaſſen. 3) Es wird dagegen von Perikles und ſeiner Partei keine neue Reform und kein neues Unternehmen von der Art jenes Mauerbaues dem Volke vorgeschlagen, ohne die vorherige Zustimmung des anderen Theiles. 4) Die auswärtige Politik wird von Perikles und Kimon gemeinsam geleitet; keine Kriegserklärung und keine Friedensschließung kann von dem einen Theile beantragt werden, ohne Zustimmung des anderen. 5) Perikles verzichtet auf jede Gegenwirkung, falls das Volk die Kriegsführung wiederum vorzugsweise dem Kimon übertragen, ihm die wichtigsten militärischen Missionen, wie ehemals, anvertrauen will. 6) Der gegen= wärtige Krieg mit Sparta und dessen Bundesgenossen wird fortgesetzt, so lange nicht jedem der Feinde Athens gegenüber, sei es durch einen allgemeinen Vertrag oder durch Separatverträge, ein durchaus ehrenvoller Friede zu erzielen ist.

Auch dieser letztere Punkt kann keiner Anzweifelung unterliegen. Für ihn zeugt schon genugsam die thatsächliche mehrjährige Fort= führung des Krieges. Zwar wird behauptet, und es ist auch sehr wohl möglich, daß unmittelbar nach der Schlacht bei Tanagra eine momentane Friedensstimmung in Athen Platz griff. Daß aber das Volk den Frieden um jeden Preis gewollt, daß an irgend einer Stelle die Vermittelung des Friedens als der eigentliche Zweck der Rückberufung Kimons und als die eigentliche Aufgabe des Letzteren betrachtet worden sei, ist durchaus irrig. Von der Nothwendigkeit der Fortführung des Krieges war das Volk, war Perikles, und war auch Kimon selber vollkommen überzeugt. Was diesen betrifft, so war er freilich von jeher einem Kriege mit Sparta abhold ge= wesen, und blieb es auch. Zur Zeit aber war die Ehre Athens in Frage gestellt; und überdies handelte es sich zunächst um eine Niederwerfung — nicht Spartas selbst, sondern der anderen über= müthigen Gegner Athens, die freilich Spartas Bundesgenossen waren. Daß man diese bändigen müsse, und um jeden Preis: darüber konnte auch Kimon nicht im Zweifel sein, wenn er gleich Sparta selbst möglichst zu schonen bereit war.

Das Bisherige dürfte genügen, um davon zu überzeugen, daß die Verständigung zwischen Perikles und Kimon nicht eine strenge Vertheilung der Objecte des Einflusses und der Machtbefugnisse erzielt haben könne, weil eine solche in der Praxis gar nicht durch= zuführen war. Es leuchtet ein, daß im Allgemeinen die Lage der

Dinge sowie das beiderseitige Maß von Versöhnlichkeit und Ver=
trauen bei jedem einzelnen Anlaß über die Haltung Beider und
über den Vortritt des Einen oder des Anderen entscheiden mußte.

Neben jenen prinzipiellen Feststellungen wurde aber ohne Zweifel
bei jener Transaction noch eine besondere Verabredung persönlicher
Natur getroffen. Denn auf Grund der Fusion und der Zurückbe=
rufung Kimons muß damals auch die Legitimirung der Söhne
desselben, als Ausnahme von dem Bürgerrechtsgesetz, beschlossen
worden sein. Später nämlich, im Jahre 434, finden wir sie in
der That im Besitze des Bürgerrechts und den Lakedämonios sogar
im Besitze der Feldherrnwürde, was eine vorangegangene Rehabili=
tirung nothwendig voraussetzt. Diese kann aber nur in Anerkennung
der Verdienste Kimons zugelassen worden sein. Und auch schon
deshalb darf jenes Gesetz nicht dem Jahre 445/44 zugeschrieben
werden, da nach dem Tode des Kimon zu einer Privilegirung seiner
Familie aus persönlichen Rücksichten kein Grund für Perikles mehr
vorhanden war. Wissen wir doch vielmehr, daß man grade seit
Kimons Tode dem Perikles Mißgunst gegen dessen Söhne vorwarf!
War dagegen, wie wir annahmen und erhärteten, jenes Gesetz im
Jahre 461/0, also bald nach Kimons Verbannung erlassen und
selbstverständlich auch auf dessen Familie angewandt worden: so
mußte die ehrenvolle Zurückberufung des Verbannten im Jahre
457 nothwendig die Legitimirung seiner Söhne zur Folge haben.
Ja, es würde nicht Wunder nehmen können, wenn Kimon dieselbe
bei jenen geheimen Transactionen als eine unerläßliche Bedingung
des Ausgleichs verlangt, und wenn Perikles sie, ebenso wie die
Rehabilitirung des Vaters, selber beantragt hätte.

Die nächste Folge der Coalition war ein begeisterter kriege=
rischer Aufschwung. Galt es doch jetzt für Alle, jegliche Gefahr
rasch zu beseitigen und die erlittene Charte glänzend auszuwetzen!
Gleich nach dem Abzug der Lakedämonier hatten die Böoter, gehor=
sam dem Auftrage Spartas, „den Athenern in der Zwischenzeit keine
Ruhe zu lassen," von allen Seiten her gewaltige Streitkräfte gesammelt,
womit sie einen Einfall in Attika zu unternehmen gedachten. Aber
Athen kam ihnen zuvor. Mit großer Rührigkeit war das bei
Tanagra überwundene athenische Heer reorganisirt und schließlich

5 *

unter den Oberbefehl des von Megara abberufenen Feldherrn
Myronides gestellt worden; sei es daß Kimon überhaupt noch nicht
zurückgekehrt, oder weil bis dahin begreiflicherweise seine Ernennung
zur Feldherrnwürde noch nicht hatte erfolgen können. Bereits gegen
Ende Januar 457 rückte Myronides über die Grenze, den Böotern
entgegen. Und Anfangs Februar, zweiundsechzig Tage nach der
Schlacht bei Tanagra, kam es zu einer noch unvergleichlich bedeu=
tungsvolleren Krise: zu der Schlacht bei Oenophytä. Die Athener
trugen über die weit überlegenen Heerschaaren der Böoter und
ihrer Bundesgenossen einen entscheidenden und überaus folgenreichen
Sieg davon. Denn jeglichen Nachdruck setzte Myronides daran,
um den Sieg bis auf das Aeußerste auszubeuten. Ganz Böotien,
dann auch Lokris und Phokis wurden binnen Jahresfrist von ihm
erobert und den Athenern unterworfen.

Diese großen Erfolge schreckten einerseits Sparta von jeder
directen Unternehmung gegen Athen zurück, und befestigten andererseits
in Athen, wenigstens äußerlich, die Eintracht der Parteien. Der Bau
der langen Mauern wurde so einmüthig und kräftig fortgesetzt, daß
er zu Anfang des Jahres 456 glücklich beendet war. Um dieselbe
Zeit fiel endlich auch die Insel Aegina, die Perikles den „Dorn im
Auge des Piräeus" nannte, in die Gewalt der Athener; alle Schiffe
mußten ihnen ausgeliefert werden, alle Befestigungsmauern wurden
geschleift, und die Aegineten als zinspflichtige Unterthanen dem attischen
Staate einverleibt.

Der Umstand, daß der Glücksumschwung noch ohne das Zuthun
des Kimon erfolgt war, daß man nicht ihm die plötzlichen großen
Erfolge zu danken hatte, brachte es mit sich, daß sein Einfluß nach
erfolgter Rückkehr doch weit geringer sich gestaltete, als ursprünglich,
und auch von Perikles selbst, erwartet wurde. Dazu kam, daß
bald darauf, zu Anfang des Jahres 456, der von Kimon einge=
brockte Aegyptische Krieg durch zwei Unglückskatastrophen endete:
durch die Vernichtung des athenischen Hülfsheeres auf der Insel
Prosopitis, und durch die Vernichtung einer athenischen Hülfsflotte
von 50 Schiffen am Mendesischen Vorgebirge. Dieser klägliche
Ausgang war wohl geeignet, die Stimmung gegen Kimon einiger=
maßen zu verbittern, und seinen Einfluß vor der Hand nieder=

zuhalten. Und so geschah es denn, daß auch die äußeren Angelegen=
heiten sich noch Jahrelang mehr nach dem Rathe des Perikles und
Anderer entwickelten, als nach dem seinigen. Der gefeiertste Held
des Tages war begreiflicherweise Myronides, der Sieger von
Oenophytä; und neben ihm erwuchs alsbald auch Tolmides zum
strategischen Liebling des Volkes.

Auf des Letztern Rath wurde um die Mitte des Jahres 456,
unter seiner Führung, eine große peloponnesische Seeexpedition in's
Werk gesetzt. Es galt, nunmehr Sparta in Bedrängniß zu ver=
setzen, von der Südseite her in das noch niemals verheerte Lakonien
einzufallen, und nach allen Richtungen hin den spartiatischen Bundes=
genossen zu Leibe zu gehen. Eine lange Reihe erfolgreicher Thaten
war die Frucht dieses Zuges. Zunächst eroberte Tolmides im süd=
lichen Peloponnes die lakonische Stadt Methone, nahm die lakonische
Hafenstadt Gythion, verbrannte die dortigen Schiffswerfte, und ver=
wüstete weit und breit das Land. Dann segelte er nach der West=
seite des Peloponnes, und bemächtigte sich der Insel Zakynthos
sowie aller Städte auf Kephallenia. Hierauf eroberte er in Aetolien
zum Schrecken der Korinthier das korinthische Chalkis, nahm an der
Nordküste des korinthischen Meerbusens das lokrische Naupaktos mit
seinem prächtigen Hafen in Besitz, und schuf dasselbe, zu dauernder
Bedrohung Korinths und des Peloponnes, in ein strategisches Boll=
werk der Athener um. Endlich landete er auf der Nordseite des
Peloponnes, besiegte die Sikyonier, die Bundesgenossen Spartas,
und lief, etwa Mitte 455, in den von den Athenern occupirten
megarischen Hafenort Pagä ein. Bald darauf fiel ihm noch eine
ergänzende Aufgabe zu. Die Messenier in Ithome schlossen endlich,
und damit erlosch der zehnjährige messenische Aufstand, mit den
Lakedämoniern einen Vergleich, kraft dessen ihnen freier Abzug aus
dem Peloponnes zugestanden ward. Die Athener ihrerseits beeilten sich,
ihnen Aufnahme und festen Wohnsitz in Naupaktos anzubieten; und
Tolmides erhielt den Auftrag, mittelst seiner Flotte die Uebersiedelung
zu bewerkstelligen, die denn auch sofort, um den Spätsommer erfolgte.

Inzwischen hatte auch Myronides seine Siegeslaufbahn fort=
gesetzt. Ein thessalischer Prätendent, Orestes, Sohn des vertriebenen
Dynasten Echekratidas von Pharsalos, bettelte in Athen um Wie=

bereinsetzung in seine väterliche Herrschaft. Diesen Anlaß ergriffen die Athener, um nunmehr auch die Thessaler für ihre Bundes= brüchigkeit in der Schlacht bei Tanagra und für ihren Abfall zu strafen. Von Böotien aus fiel Myronides, verstärkt durch Contingente der Böoter und der Phokier, in Thessalien ein, eroberte das ge= sammte Land mit Ausnahme von Pharsalos, und bewirkte überall die Rückkehr der vertriebenen Anhänger Athens. Mit der Wieder= einsetzung des Orestes, als eines dynastischen Prätendenten, kann es den Athenern kaum ein rechter Ernst gewesen sein. Zwar wurde Pharsalos belagert, aber die Belagerung wieder aufgehoben, so daß Orestes unverrichteter Dinge mit dem athenischen Heere wieder ab= ziehen mußte, als dieses gegen Ende des Jahres 455 den thessa= lischen Boden verließ. Freilich war auf einen festen Bestand des athenischen Einflusses in Thessalien nicht zu rechnen, aber die be= zweckte Züchtigung und Einschüchterung war doch vollbracht.

Myronides, der damals mindestens 54 Jahre alt war, scheint das Ende der thessalischen Expedition kaum überlebt zu haben; denn er verschwindet seitdem aus der Geschichte, und schon mit dem Beginn des folgenden Jahres, 454, sehen wir ihn in Böotien durch Tolmides ersetzt. Dagegen wurde nunmehr Perikles als Feldherr nach dem Peloponnes entsandt. Vom megarischen Hafen Pagä aus unternahm er einen siegreichen Feldzug nach Sikyonien, wo er auch auf lakedämonische Truppen stieß. Von dort schiffte er nach Akar= nanien hinüber, wo er eine Menge von Städten in seine Gewalt brachte; nur die Belagerung von Oeniadä führte nicht zum Ziel.

So stand denn Athen mit dem Ausgang des Jahres 454 auf der höchsten Höhe seiner äußeren Machtentfaltung. Es war jetzt nicht mehr blos die erste maritime, sondern zugleich auch unbestreit= bar die erste continentale Macht. Fast das ganze außerpeloponne= sische Griechenland war theils ihm verbündet, theils ihm unterthan, theils seinem Einfluß unterworfen; während seinerseits Sparta nun erst die Nachwehen seiner Schwächung durch den messenischen Auf= stand zu verwinden begann. Die Aussicht auf Verwirklichung eines panhellenischen Bundes unter attischer Hegemonie schien daher auf dem Wege eines kräftig fortgesetzten Krieges mit Sparta wieder näher gerückt.

Aber eben an dieser Eventualität lockerte sich allem Anschein nach die Coalition der Parteien. Denn in Bezug auf sie war keine Eintracht der Meinungen und keine Gemeinsamkeit des Handelns denkbar. Die lakonisirende Partei der Aristokraten, und mit ihr Kimon, wollte Sparta unter keinen Umständen fallen lassen.

Dazu kam, daß das Volk, gesättigt durch die großen Erfolge, und ermüdet durch die vieljährige Kriegführung, sich nunmehr wirklich nach Frieden sehnte. In Folge dessen mußte naturgemäß der Einfluß der Kimonischen Partei, weil auch sie den Frieden wollte, mehr und mehr steigen. Es ist daher nicht unmöglich, ja es spricht Vieles dafür, daß auf ihren Betrieb schon seit dem Ende der peloponnesischen Expedition des Perikles, d. h. seit dem Ende des Jahres 454, Verhandlungen mit Sparta angeknüpft wurden, und daß diese zunächst ein gegenseitiges Einverständniß über thatsächliche Unterlassung von Feindseligkeiten herbeiführten.

Jedenfalls wurde seit jenem Zeitpunkt, und augenfällig auf Veranlassung der Kimonischen Partei, der dem Namen nach fortbestehende Krieg gegen Sparta und die Peloponnesier nur mit äußerster thatenloser Lauheit betrieben, oder vielmehr thatsächlich eingestellt. Perikles sah sich zwar wiederholt zum Feldherrn gewählt, aber er wurde geflissentlich in ferne Gegenden entsandt; in das Jahr 453 fällt ohne Zweifel seine Chersonesische und seine Pontische Expedition. Und ebenso finden wir Tolmides in der gleichen Zeit mit abseitsliegenden Aufgaben in Böotien und in Euböa beschäftigt. So wurde dem perikleischen Hauptziel gegenüber offenbar der Fortgang der äußeren Erfolge mehr und mehr durch die Wirkungen der Fusion gelähmt. Spätestens im folgenden Jahre, 452, wurde Kimon in aller Form zu Friedensverhandlungen mit Sparta ermächtigt, während Perikles sich bescheiden mußte, den sehr unverfänglichen Antrag auf Absendung einer Kleruchie oder Militärcolonie nach Sinope zur Annahme und Ausführung zu bringen.

Trotz des Ansehens, das Kimon in Sparta genoß, und trotz seiner eifrigen Vermittelung kamen die diplomatischen Verhandlungen erst gegen Ende des Jahres 451 zum Abschluß. Wenn sie dergestalt über Jahr und Tag in Anspruch nahmen, ja möglicherweise, von den ersten Anknüpfungen an gerechnet, sich durch drei volle

Jahre hindurchſchleppten: ſo liegt die Erklärung dafür bei der
Hand. Sicher handelte es ſich zunächſt um einen Definitivfrieden;
denn dieſer lag vor allem in den Wünſchen Kimons und ſeiner
Partei. Als Grundbedingung deſſelben mußte aber Kimon noth=
wendig die Anerkennung der inzwiſchen von Athen gemachten Er=
oberungen verlangen; und zu dieſer Anerkennung konnte ſich Sparta
von ſeinem Standpunkt aus unmöglich verſtehen; es hätte ſich damit
auf immer die Gelegenheit verſchloſſen, Staaten wie Megara und
Aegina, Böotien und andere Theile Mittelgriechenlands wieder von
Athen unabhängig zu machen. Schon an dieſem einzigen Punkte
mußten alle Verſuche, Grundlagen für einen definitiven Frieden zu
gewinnen, wie viele Zeit und Mühe man auch darauf verwenden
mochte, ſchließlich ſcheitern. Und ſo mußte man ſich dann endlich
mit dem Abſchluß eines Waffenſtillſtandes zwiſchen den Athenern
und den Peloponneſiern auf die Dauer von fünf Jahren begnügen.
Gleichzeitig ſchloß Sparta mit den Argivern einen dreißigjährigen
Waffenſtillſtand ab. Das war der Ausgang des erſten Rivalitäts=
krieges zwiſchen Athen und Sparta.

Immerhin hatte Kimon durch dieſen diplomatiſchen Erfolg
einerſeits ſich das Uebergewicht des Einfluſſes in Athen geſichert,
und andererſeits freien Spielraum für die Wiederbelebung ſeiner
früheren Politik gewonnen. Obwohl er ſich ſoeben als Mann des
Friedens bethätigt und eben dadurch die Mehrheit des atheniſchen
Volkes für ſich eingenommen hatte, betrieb er doch alsbald mit faſt
leidenſchaftlichem Eifer die Wiederaufnahme des Krieges gegen die
Perſer, um dadurch die Athener, gleichwie ehemals, von feindſeligen
Verwickelungen mit Sparta abzuleiten und abzuhalten.

Und noch einmal wurde ſein Trachten durch den Erfolg ge=
krönt. Freilich hatten die Athener noch ſoeben nichts als Frieden
gewollt; und überdies ſchien der traurige Ausgang des letzten
Kampfes gegen die Perſer, des ſechsjährigen ägyptiſchen Krieges,
nicht angethan, zu einer Wiederholung einzuladen. Allein es konnte
Kimon und ſeinen Anhängern nicht gar ſchwer fallen, das Volk zu
bereden: Einmal ſei ein Krieg in den weitentlegenen Regionen Per=
ſiens doch ganz etwas Anderes als ein Krieg daheim in nächſter
Nähe Athens; jenem könne man wie einem Schauſpiel in aller

Ruhe und Behaglichkeit aus der Ferne zusehen; auch sichere grabe, nach der Gemüthsart der Menschen, ein ferner Krieg am ehesten den Frieden daheim. Ferner sei doch der schmähliche Ausgang des ägyptischen Krieges, statt abzuschrecken, vielmehr angethan, zu einem Rachezuge gegen Persien anzufeuern; die Ehre Athens heische es, für den Sieg der Perser in der Schlacht bei Memphis, für die Eroberung von Prosopitis, für die Niederlage der athenischen Flotte, eine glänzende Genugthuung zu nehmen. Allerdings habe Kimon den Anfangs glücklichen Krieg veranlaßt, aber nicht dessen klägliches Ende verschuldet; vielmehr treffe die Schuld die Athener selbst, die ja ihren besten Feldherrn damals, statt in den Krieg, in die Verbannung geschickt. Endlich sei auch wohl zu bedenken, daß Athen, das stets zum Heile von ganz Griechenland im Kampf gegen die Barbaren vorangegangen, sich nicht aus Selbstsucht auf sich allein zurückziehen und die Augen vor den Gefahren schließen dürfe, die von Persien her im Anzuge seien. Schritten doch neuerdings die Perser nach allen Seiten hin keck und herausfordernd vor! Hätten sie doch der Insel Kypros sich wieder bemächtigt! Und würden doch selbst in Kleinasien die hellenischen Städte neuerdings immer begehrlicher von ihnen bedrängt und bedroht! Auch sei man ja nicht ohne Helfer! Stehe doch der neue Prätendent Amyrtäus in Aegypten noch tapfer aufrecht! Ihm müsse man die Hand reichen, ihm Hülfe senden; ruhmvolle Siege, unter Kimons Führung, seien unausbleiblich.

Auf diese Weise mochten die Einwände von Gegnern der Unternehmung, wie es Perikles und seine nächsten Anhänger sicher waren, entkräftet und die beweglichen Gemüther der Athener gestachelt werden. Und so wurde denn in der That, noch in der ersten Hälfte des Jahres 450, die Erneuerung des Perserkrieges beschlossen und Kimon zum Oberfeldherrn gewählt.

Um den Juli lief er mit einer mächtigen Flotte von 200 Schiffen aus. Sein Hauptziel war die Eroberung von Kypros; 60 Schiffe entsandte er auf das Gesuch des Amyrtäus nach Aegypten. Es gelang ihm leicht, überall die zerstreuten persischen Schiffe und Flottenabtheilungen aufzufangen oder zu verjagen, und sich zum Herrn des Meeres zu machen. Ebenso wurde auch eine Reihe

kyprischer Städte nach kürzerer oder längerer Belagerung genommen,
namentlich Marion im Westen und Kittion im Süden der Insel,
wo Flotte und Landungsheer überwinterten. Um den März 449,
als der aufgehende Frühling, ebensosehr wie die ringsum eingetre=
tene Lebensmittelnoth, zu neuen Operationen in anderen Theilen der
Insel einlud, sah sich Kimon mitten in seiner Siegeslaufbahn vom
Tode ereilt. Anscheinend litt er an einer Wunde, die er bei der
Belagerung Kittions davongetragen, und eine hinzutretende Krank=
heit rieb vollends seine Lebenskraft auf.

Nach seinem Geheiß wurde den Mannschaften, um sie nicht zu
entmuthigen, sein Tod vor der Hand verschwiegen, und noch dreißig
Tage hindurch in seinem Namen der Oberbefehl fortgeführt, der
thatsächlich dem zweiten Feldherrn Anaxikrates zufiel. Dieser ver=
ließ alsbald Kittion, um auf der Ostseite der Insel die wichtigste
der kyprischen Städte, das feste und stark besetzte Salamis, zu er=
obern. Auf der Höhe desselben stieß er um die Mitte des April
auf die weit überlegene persische Flotte unter Artabazus, die mittler=
weile in den Häfen Phöniziens und Ciliciens ausgerüstet worden
war. Ein glänzender Sieg der athenischen Flotte zermalmte die
Seemacht der Perser, und versprengte ihre Trümmer nach den Hä=
fen, die sie entsandt. Anaxikrates folgte den Flüchtigen nordwärts
an die Küsten Ciliciens, wo inzwischen auch ein großes persisches
Landheer unter Megabyzus sich gesammelt hatte. Ohne Zögern
schiffte er seine Truppen aus, und erkämpfte auch zu Lande einen
glorreichen Sieg, dem er selbst zum Opfer fiel.

Nach diesen Ruhmesthaten, welche auf lange Zeit hinaus vor
störenden Angriffen der Perser sicherstellten, wandten sich Heer und
Flotte der Athener wieder nach Kypros, und begannen die Belage=
rung von Salamis. Schon hatte dieselbe etwa zwei Monate hin=
durch ohne wesentliche Erfolge ihren Fortgang gehabt, als plötzlich
von Athen her ein Befehl eintraf, der die gesammte athenische
Kriegsmacht sowohl von Kypros wie von Aegypten zurückberief.
Die Ursache dieser Abberufung war eine neue Wendung der Politik
in Athen, die zu einem Vergleich mit den Persern, und daher zu
einer Einstellung der Feindseligkeiten führte.

12. Der Demarcationsvertrag mit Perſien; der zweite Rivalitätskrieg mit Sparta; das Ende der Fuſion und die Machthöhe des Perikles (449—444).

Eine Kritik des ſogenannten Kimoniſchen Friedens wäre hier nicht am Orte. Nur ſo viel ſei bemerkt, daß die Hyperkritik bei dieſer Frage das Kind mit dem Bade ausgeſchüttet hat. Einen eigentlich „Kimoniſchen Frieden" hat es freilich weder nach der Schlacht am Eurymedon, noch nach der Schlacht bei Salamis in Cypern gegeben. Denn nach jenem Zeitpunkt dauerte der Krieg noch einige Monate fort, und hob nach zwei= bis dreijähriger Unterbrechung ohne Weiteres wieder an; in dieſem aber war Kimon ſelbſt ſchon todt.

Aber einerſeits kann Kimon, wie wir oben angedeutet, nach der Eroberung des thrakiſchen Cherſones und im Angeſicht der drohenden kriegeriſchen Verwicklungen mit den Thaſiern, Thrakern und Makedoniern, ſehr wohl den Perſern erklärt haben: daß er bereit ſei, die Waffen ruhen zu laſſen, falls dagegen die Perſer ihre Kriegsſchiffe jenſeits der „Kyaneiſchen Inſeln" im Norden und jenſeits der „Chelidoniſchen Inſeln" im Süden, ihre Truppen aber „400 Stadien" (10 Meilen) oder „einen Tagesritt" weit von der Küſte entfernt hielten. Gedanken der Art, daß nur Beſtimmungen ſolchen Inhalts einen dauernden Frieden mit Perſien ermöglichen könnten, lagen damals den Staatsmännern ſo augenfällig nahe und mußten ſich ihnen ſo natürlich aufdrängen, daß eine vielfache Be= ſprechung und Erwägung derſelben in engeren und weiteren Kreiſen zu Kimons Zeit gar nicht zu bezweifeln iſt, und gar nicht befrem= den kann. Und daraufhin konnte dann ſpäter ſehr leicht die Sage von einem damals durch Kimon wirklich dictirten Frieden entſtehen; um ſo leichter, als thatſächlich, wie wir ſahen, noch im Jahre 461/0 die perſiſchen Schiffe ſich nicht bis zu den Chelidoniſchen Inſeln heranwagten, und als ſechszehn Jahre nach der Schlacht am Eury= medon ein derartiger Pakt wirklich zu Stande kam.

Denn andererſeits kann es keinem Zweifel unterliegen — wenn nicht die allerbeſtimmteſten und allerunbefangenſten Zeugniſſe Lügen geſtraft werden ſollen, denen gegenüber das bloße „Schweigen"

des überknappen Thukydides (das verpönte argument um e silentio)
ohne die allergeringste Beweiskraft ist —, daß im Jahre 449 in
der That ein Vergleich im obigen Sinne zwischen Athen und Persien abgeschlossen ward. Allerdings nicht durch den todten Kimon,
was auch jene Zeugnisse gar nicht behaupten, sondern durch Perikles
und Kallias. Und allerdings handelte es sich nicht um einen eigentlichen Friedensschluß, der definitiv über den Besitz von Ländern und
Städten, über Hab und Gut, über die Ausübung streitiger Sou-
veränetätsrechte, über die Befugniß zur Erhebung von Tributen
und dergleichen mehr entschieden hätte; sondern lediglich um die
Ziehung einer Demarcationslinie, um einen einfachen Militärvertrag,
der nicht auf alle Zeiten hinaus einen endgültigen Frieden, sondern
auf unbestimmte Zeit einen Friedenszustand, einen modus vivendi
schaffen sollte. Die Lage der Dinge, aus der dieser Vergleich
erwuchs, und die jenen positiven Zeugnissen — wenn es dessen be-
dürfte — zur Bestätigung gereicht, war augenfällig folgende.

Die Nachricht von dem Tode des Kimon, wenn auch den
Truppen auf dem Kriegstheater zur Zeit verheimlicht, mußte selbstverständlich von seinem Nachfolger im Commando, von Anaxikrates,
unverweilt der athenischen Regierung übermittelt werden. Ende
März oder Anfangs April mochte sie in Athen eintreffen. Nichts
war natürlicher, als daß sie in Perikles und seinen Anhängern sofort die Hoffnung auf eine neue Entwicklungsphase seiner hellenischen
Politik wach rief. War doch nun das größte persönliche Hinderniß
derselben verschwunden! Was er auf Grund der unerwarteten Botschaft ohne Säumen zu erstreben habe, konnte ihm daher nicht
zweifelhaft sein. Nach wie vor erschien ihm ja jeder Angriffskrieg
gegen Persien als eine unfruchtbare und gefährliche Vergeudung attischer und hellenischer Kraft. Und Hellas einigen war ja nach ihm
das sicherste Mittel, Persien ein für allemal unschädlich zu machen.
Dem Kampf mit Persien also rasch ein Zie zu setzen, und neuerdings die ganze Macht Athens der nationalen Kräftigung zuzuwenden: das mußte nothwendig von diesem Augenblick an der dringendste
Gegenstand seines Trachtens und Handelns sein.

Den Persern ihrerseits war der neue Anprall der athenischen
Macht gegen ihre kyprischen und ägyptischen Provinzen im höchsten

Grabe ungelegen gekommen. Um jeden Preis wollten sie des Amyr=
täus Herr werden, und sich den Besitz von Kypros und Aegypten
wahren. Schon vor der doppelten Niederlage bei Salamis und
in Cilicien mochte sich in den persischen Staatsmännern der Ge=
danke regen, daß nichts geeigneter sei, jene Zwecke sicherzustellen, als
sich der unbequemen und gefährlichen Gegnerschaft Athens durch
irgend ein annehmbares Abkommen zu entledigen. Daß sie schon
damals Schritte in diesem Sinne gethan, ohne die Entscheidung der
Waffen abzuwarten, ist weder wahrscheinlich noch durch Zeugnisse zu
belegen. Nach jener zwiefachen Niederlage aber erhielten die persi=
schen Statthalter Artabazus und Megabyzus von Seiten des Königs
Artaxerxes den förmlichen Auftrag, einen Vergleich mit den Griechen
zu schließen. Sie schickten sofort zum Behufe der Unterhandlung
Gesandte nach Athen, die dort wahrscheinlich um die Mitte des Mai
eintrafen.

Wer könnte nun in Abrede stellen, daß es im offenbarsten
Interesse des Perikles lag, wenn er nicht sein ganzes Leben, seine
ganze Politik, sich selbst verläugnen wollte, Alles daran zu setzen,
um die Unterhandlungen zum Ziel zu führen. Das athenische Volk
aber konnte nach jenem glänzenden Doppelsiege, der das Ehrgefühl
so vollständig befriedigte, nicht gewillt sein, sich auf die Fortsetzung
des Krieges zu versteifen. Und so kam denn ein Vergleich zu Stande,
dessen Hauptbedingungen, wie sie uns in durchaus glaubwürdiger
Weise verbürgt sind, weit davon entfernt einer behutsamen Kritik
Zweifel zu erregen, vielmehr der Sachlage durchaus entsprechend
und für beide Theile gleich billig erscheinen. Denn keineswegs waren
sie so ausschließlich ehrenvoll für Athen und so über die Maßen
schmählich für Persien, wie die neuere Hyperkritik hat glauben machen
wollen, um Argumente für ihre verneinende Haltung zu gewinnen.
Sie bestimmten nach Diodor, d. h. Ephoros, und nach dem Text
in der Urkundensammlung des Krateros, der ein Bruder des Königs
Antigonos Gonatas war, im Wesentlichen Folgendes: Alle helleni=
schen Städte in Kleinasien sollen autonom sein, die persischen Sa=
trapen oder Truppenbefehlshaber sich nicht weiter als bis auf drei
Tagemärsche dem Meere nähern, und kein persisches Kriegsschiff die
Linie von Phaselis im Süden und die Linie der Kyaneen am

Bosporus überschreiten; dagegen sollen die Athener in kein Land,
das von dem Perserkönig beherrscht werde, Truppen entsenden.

Begreiflicherweise kam man also in Athen auf die Forderungen
zurück, die man schon zu Lebzeiten Kimons und vor vielen Jahren
besprochen und erwogen hatte; nur daß man die maritime Demarcationslinie im Süden, zum Nachtheil der Perser, von den Chelidonischen Inseln noch weiter ostwärts nach der Stadt Phaselis verlegte. Ob bei der continentalen Demarcationslinie, die mit dem
Küstensaum Kleinasiens parallel lief, das Abstandsmaß von drei
Tagemärschen im Verhältniß zu den früheren Ansprüchen als ein
erweitertes gelten muß, ist bei der Kürze des Textauszuges zweifelhaft; mindestens handelt es sich um 9, höchstens um 12 Meilen Ab-
stand. Daß die „Autonomie" der hellenischen Städte in Kleinasien
seit den Freiheitskriegen ein Schlagwort geworden war, das in der
Wirklichkeit nicht so viel besagte, als es in der Meinung der Menge
zu besagen schien, wußten die persischen Staatsmänner so gut wie
die athenischen. Die Automie jener Städte begriff nämlich nur im
eigentlichen Wortsinne die Selbstregierung, die sie damals meist
schon thatsächlich besaßen; aber nicht die Freiheit von der Tributzahlung, die trotz aller sogenannten „Befreiungen" nie zuvor aufgehört hatte, und auch fortan weder thatsächlich aufhörte, noch vertragsmäßig aufzuhören brauchte. Es lag die Tributzahlung sogar
im Interesse der kleinasiatischen Griechen selbst, denen es darum zu
thun sein mußte, als Industrielle, als Kaufleute und Rheder, mit
den Persern in gutem Einvernehmen zu stehen, und nicht überall
ihren Chicanen ausgesetzt zu sein. Ebenso verstand es sich für die
athenischen Staatsmänner wie für die persischen ganz von selbst, daß
jene Clausel die Thatsache nicht aufhob, kraft deren die hellenischen
Städte Kleinasiens eben in Kleinasien d. h. im „Gebiet des Perser-
königs" lagen. Es ist daher gar nicht zu verwundern, daß auch
nachmals noch die Athener, so gut wie die Perser, sich dieser oder
ähnlicher Ausdrucksweisen bedienten; so wenig wie es zu verwundern
ist, daß auch nachmals noch Tributzahlungen stattfanden.

Wenn dergestalt die Nachtheile des Vergleiches für die Perser
wesentlich darin bestanden, daß sie sich in diesen westlichsten Gebieten
zu Lande wie zur See eine militärische Demarcationslinie gefallen

laffen mußten: so war andererseits das Zugeständniß, das sie da=
gegen eintauschten, von einem so großen und so unmittelbaren Werthe
für sie, daß sie allen Grund hatten, auch ihrerseits mit dem Er=
gebniß der Unterhandlungen zufrieden zu sein.   Denn die letztange=
gebene Clausel, welche die Athener und ihre Bundesgenossen ver=
pflichtete, sich jeglicher Feindseligkeit gegen die vom Perserkönig be=
herrschten Länder zu entfalten, stellte Persien so lange als es ihm
beliebte, d. h. so lange es selbst die Bedingungen des Vergleiches
einhielt, vor allen Anfechtungen sicher.   Und die unmittelbarsten
Folgen des Vertrages fielen offenbar schwerer auf die Athener
zurück, als auf die Perser.   Diese nahmen auf allen Hauptpunkten
die militärische Stellung, die ihnen derselbe anwies, thatsächlich schon
ein; Jene aber mußten, ihm gemäß, Kypros und Aegypten sofort
räumen.

Nach dem Abschluß der Verhandlungen in Athen wurde Kallias,
der Sohn des Hipponikos, als Haupt einer Gesandtschaft an den
König Artaxerxes nach Susa geschickt.   Schwerlich handelte es sich
dabei noch um weitere Verhandlungen, sondern lediglich um Ueber=
bringung der athenischen und um Einholung der persischen Ratifica=
tion.   Daß diese wirklich ertheilt wurde, beweist, von den positiven
Zeugnissen abgesehen, die thatsächliche Abberufung der athenischen
Flotten von Kypros und Aegypten, sowie die fernere Thatsache, daß
auf lange Zeiten hinaus wirklich ein fester Friedenszustand zwischen
Griechenland und Persien eintrat.[19])

So hatte denn Perikles nach der Seite des Auslandes hin
Ruhe und Frieden gewonnen.   Es kam darauf an, sie im Inlande
zu verwerthen.

Eine Wiederaufnahme des Krieges mit Sparta lag nicht in
seinem Sinn.   Waren doch unersetzliche Jahre verloren gegangen!
Hatte doch Sparta volle Muße gehabt zu erstarken, und diese Muße
in der That auf das Beste verwandt!   Sollte ein letzter Entschei=
dungskampf zwischen beiden Mächten unerläßlich werden, so wollte
ihn doch Perikles so lange wie möglich und bis zu den günstigsten
Chancen hinausschieben.   Der so fruchtlos abgelaufene Rivalitäts=
krieg, der doch unter verhältnißmäßig so günstigen Umständen be=
gonnen und fortgesetzt worden war, hatte ihm die Ueberzeugung

gegeben, daß er nicht Alles auf Einmal erzielen dürfe. Er war daher
entschlossen, fortan in dem Ringen nach der panhellenischen Einigung,
das eins war mit dem Ringen gegen Sparta, nur schrittweise vorzu=
gehen. In erster Linie kam es ihm darauf an, alle diejenigen
hellenischen Staaten, die weder zu dem peloponnesischen, noch zu dem
delischen Bunde gehörten, auf friedlichem Wege zu diesem herüber=
zuziehen.

Dabei mußte er allerdings nach wie vor der wachsamen Eifer=
sucht und der feindseligen Gegenwirkungen Spartas gewärtig
sein. Aber es galt eben den Versuch, durch eine geschickte Politik
ihrer Herr zu werden. Wie, wenn man es dahin bringen konnte,
daß von Seiten beider Mächte jenen Staaten die Wahl des An=
schlusses an den einen oder den anderen Bund freigestellt würde?
wenn dergestalt jeder berechtigte Grund zu Eifersüchteleien in Weg=
fall käme? und wenn man die etwa dennoch eintretenden Reibungen
zwischen beiden Mächten lieber einem Schiedsgericht als dem Kriegs=
glück zur Entscheidung überließe? Damit hätte es dann freilich
vorerst keinen Einigen panhellenischen Bund gegeben; aber die ge=
sammte hellenische Staatenwelt wäre doch wenigstens in zwei Gruppen
aufgegangen, die vertragsmäßig gehalten waren, ihre Zwiste friedlich
zu schlichten. Perikles zählte unfehlbar darauf, daß die Bevölkerungen
der weitaus meisten jener Staaten, wenn nicht aller, lieber dem
demokratischen Athen als dem aristokratischen Sparta, lieber der de=
lischen Föderation gleichberechtigter Glieder als dem zwar lockeren
aber willkürlich geleiteten peloponnesischen Bunde, den Vorzug geben
würden. Schließlich konnte dann wohl, nach Zeit und Gelegenheit,
der groß gezogene attische Bund auch den kleineren peloponnesischen
absorbiren.

Freilich hatte Athen schon seit geraumer Zeit dem günstigen
Vorurtheil, daß es ihm nur um Gleichberechtigung zu thun sei,
vielfach entgegengehandelt. Es hatte nicht nur, was schon eine
Anomalie war, außerhalb des delischen Bundes eine Reihe von
Staaten nach dem Muster Spartas durch Eroberung als Unter=
thanenländer sich beigelegt; sondern es hatte auch abgefallene Glieder
des delischen Bundes, was eine noch bedenklichere Anomalie war,
nach vollbrachter militärischer Execution zur Strafe in dasselbe Unter=

thanenverhältniß versetzt. Allein die ersten und die meisten dieser
Akte, ja wahrscheinlich alle, waren durch den Einfluß Kimons, vor
461 und seit 457, unter Anrufung der Machtteilleit des siegbe=
rauschten Volkes bewirkt worden. Perikles war nicht gesonnen,
dieser letzteren unter allen Umständen zu fröhnen, noch das Ver=
halten Kimons sich zum Muster dienen zu lassen. Unterwerfungen
wie die von Naxos und Thasos war er sicher gewillt nach Kräften
zu vermeiden, weil sie vom Eintritt in den athenischen Bund ab=
schrecken konnten. Unterwerfungen wie die Böotiens und anderer
mittelgriechischer Staaten, die nur mit den äußersten Gewaltmitteln
und dennoch nur äußerst schwer im Zaume zu halten waren, mußten
ihm insbesondere deshalb bedenklich erscheinen, weil sie die Erhaltung
des Friedens in jedem Augenblick in Frage stellen konnten, und
überdies für die friedliche Propaganda der panhellenischen Ideen den
Raum beengten. Zur Zeit aber ließ sich an diesen thatsächlichen
Verhältnissen nichts plötzlich ändern; es konnte dies nur allmählig
und je nach den Umständen geschehen.

Eine vielfache Behinderung der perikleischen Absichten konnte
allerdings immer noch, wie durch Sparta, so auch in Athen selbst
durch die dem Namen nach noch fortbestehende Fusion der Parteien
erwachsen. Doch bot der Nachfolger Kimons als Haupt der Aristo=
kratie, der ältere Thukydides, dieser letzteren nichts weniger als einen
wirklichen Ersatz. Zwar war Thukydides viel gebildeter als Kimon,
ein echter Staatsmann und ein guter Redner; aber es stand ihm
doch nicht das ruhmreiche Heldenthum und das tiefgewurzelte An=
sehn zur Seite, wodurch der Einfluß seines Vorgängers so wesent=
lich bedingt, ja oftmals so unwiderstehlich gemacht worden war.
Und so durfte denn Perikles wohl hoffen, von dieser Seite her,
wenn auch Hemmungen, doch wenigstens keine unüberwindliche Oppo=
sition zu erfahren.

Da entbrannte plötzlich an der äußersten Machtgrenze Athens
ein Zwist zweier winziger Staaten, der wider alle Berechnung des
Perikles sofort den zweiten Rivalitätskrieg mit Sparta herauf=
beschwor. Es erwies sich dergestalt klar, daß der ärgste und wider=
wärtigste Feind der großen nationalen Bestrebungen die Vielheit
selbstständiger kleiner Staatsgebilde war, deren unberechenbare Lokal=

und Sonderpolitik nur allzuleicht die Berechnungen der allgemeinen
unmöglich oder zu Schanden machte.

Das neue Zerwürfniß wurde, seit dem Beginn des Jahres
448, durch den zweiten sogenannten „heiligen Krieg" veranlaßt,
kraft dessen die Delphier und die Phokier um das Besitzrecht am
delphischen Tempel stritten. Die Ersteren suchten und fanden eine
Stütze in Sparta, die Anderen in Athen.[20] Die Spartiaten waren
entschlossen, sich mit Waffengewalt der Delphier, die den Kürzeren
zogen, anzunehmen. Gewiß hat Perikles Alles aufgeboten, um den
Ausbruch des allgemeinen Krieges zu verhüten, und höchst wahr=
scheinlich hat er eine schiedsrichterliche Entscheidung empfohlen. Aber
Sparta, das auf seine neugestählte Kraft weidlich pochte, das den
fünfjährigen Waffenstillstand nur dem Kimon zu Gefallen geschlossen
hatte, und das darauf brannte, die von ihm nicht anerkannten Er=
oberungen Athens in Mittelgriechenland wieder rückgängig zu machen,
ließ sich nicht davon abbringen, ein Interventionsheer zu entsenden.
Durch dasselbe wurden die Delphier in den Alleinbesitz des Tempels
eingesetzt.

Damit war der fünfjährige Waffenstillstand, den Perikles am
liebsten verlängert gesehen hätte, nach kaum drittehalbjähriger Dauer
zerrissen. Die Ehre Athens heischte, die einseitige Intervention
Spartas nicht zu dulden, das befehlshaberische und herausfordernde
Verhalten desselben nicht gehorsam und gefügig hinzunehmen. Und
das verhehlte Perikles weder sich selbst noch dem Volke. Aber auch
jetzt noch suchte er das Aeußerste, den unmittelbaren Zusammenstoß
mit Sparta zu vermeiden. Er ließ weder, wie ehemals, die Rück=
zugslinie des spartiatischen Heeres bedrohen, noch warf er demselben
ein athenisches Heer entgegen. Er begnügte sich vielmehr, erst nach
dem Abzug der Lakedämonier aus Mittelgriechenland, sich als neu=
gewählter Feldherr an die Spitze eines athenischen Interventions=
heeres zu stellen und, an dem Orte des Streites angekommen,
seinerseits das delphische Heiligthum wiederum den Phokiern zu über=
geben.

Bald genug aber erwies sich, daß nun vollends kein Ausgleich
mehr möglich war. Unwiderstehlich bahnte sich eine überaus ent=
scheidungsreiche Krisis an.

Ganz wider Erwarten brach indeß nicht über Sparta, sondern
über Athen die Vollgewalt des Mißgeschicks herein. Sparta, das
seiner Gewohnheit gemäß darauf ausging, zunächst Andere ins Feuer
zu schicken und sich selbst im Hintertreffen zu halten, bemühte sich
mit Erfolg, die den Athenern seit der Schlacht bei Oenophytä unter=
worfenen Landschaften aufzuwiegeln. In Böotien kam es zu einem
Einfall der verbannten Oligarchen und, in Folge davon, zu einer
allgemeinen Schilderhebung, der sich die Emigrirten Euböas und die
Lokrer anschlossen. Das athenische Heer, unter Tolmides, das die
ersten Regungen des Aufstandes siegreich niedergeschlagen hatte, sich
alsbald aber von einem allgemeinen Brande umringt sah, war An=
fangs äußerst schwach. Rasch wurde es verstärkt; auch tausend Frei=
willige, die Blüthe der attischen Jugend, zogen ihm zu. Tolmides,
auf sein altes Kriegsglück vertrauend, war zum Losschlagen ent=
schlossen, obwohl seine Streitmacht noch immer unzulänglich erschien.
Perikles, des Tages bei Tanagra eingedenk, warnte und mahnte
dringend, die Zeit abzuwarten. Aber vergeblich! seine Warnungen
blieben unbeachtet. Tolmides wagte fast tollkühn die Schlacht bei
Koroneia, im Herbst 447; er wurde besiegt und fiel selbst in dem
blutigen Kampfe.

Unaufhaltsam entwickelten sich die Wirkungen dieser Nieder=
lage. Die nächste war, daß ganz Böotien geräumt werden mußte;
und damit war denn auch Lokris preisgegeben und Phokis geopfert.
Hierauf fielen, dem glücklichen Beispiel folgend, auch unzufriedene
Bundesgenossen ab; zuerst Euböa, im Frühjahr 446; dann, im
Sommer, sogar Megara, das bei seiner Erhebung von den Pelo=
ponnesiern, namentlich den Korinthiern, Sikyoniern und Epidauriern,
offen und betriebsam unterstützt ward.

Die ganze Macht Athens erschien mit Einem Male wie durch
einen Zauberschlag erschüttert und gebrochen. Dem Volke sank der
Muth. Nur Perikles, dessen prophetischer Warnruf unbeachtet ge=
blieben, verlor die ihm eigene Ruhe und Besonnenheit nicht. Nach
allen Seiten hin entwickelte er, neuerdings zum Feldherrn erwählt,
in der Kriegführung eine beispiellose Rührigkeit, um zu retten was
noch zu retten war, um wieder herzustellen und zu sichern; vor
allem bedacht, die unentschiedenen Bundesgenossen niederzuhalten und

die abgefallenen neuerdings zu unterwerfen. Die neue Gefahr, die
sich gegen Ende des Sommers in der Gestalt eines großen peloponnesi=
schen Heeres unter der Führung des Spartiatenkönigs Plistoanax
herannahte, wußte er mitten im Drange der Noth mit Erfolg ab=
zuwenden. Theils geschah dies, wie man sagte, durch Bestechung
des Königs und seines Rathgebers Kleandridas; theils durch ge=
schickte Verhandlungen, die offenbar die Aussichtslosigkeit eines Ge=
waltandranges gegen das uneinnehmbare Athen und, unter Ver=
heißung namhafter Zugeständnisse, die Zweckmäßigkeit einer friedlichen
Verständigung einleuchtend machten. Auch gelang es ihm, noch im
Herbst 446, Euböa wieder zu unterwerfen. Allein der Ansatz
festländischer Macht und Hegemonie blieb dennoch gebrochen.

Nicht mit Unrecht war Perikles geneigt, das Unheil großen Theils
den inneren Lähmungen durch die Fusion zuzuschreiben. Er war daher
entschlossen, sich nun vor allem, und ein für allemal, dieser inneren
Fessel zu entledigen. Dazu bedurfte er, sowie zur inneren Stärkung
und Sammlung überhaupt, in Uebereinstimmung mit den Wünschen
der immer noch entmuthigten Menge, des äußeren Friedens.

Und auch von diesem Gesichtspunkte aus betrieb er mit Eifer
die inzwischen durch Kallias, Chares und Andokides den Aeltern
fortgeführten Verhandlungen mit Sparta, und bewirkte, noch un=
mittelbar vor dem Ende des Jahres 446, den Abschluß eines dreißig=
jährigen Waffenstillstandes. Diesmal war es ohne Zweifel Athen,
das nicht den Definitivfrieden, sondern den Waffenstillstand wollte.
Denn es brachte, äußerlich betrachtet, große Opfer; es verzichtete
auf seine peloponnesischen Besitzungen und Eroberungen, namentlich
Trözen und Achaja, sowie auf diejenigen von Mittelgriechenland,
mit Einschluß von Megara.

In Wirklichkeit waren diese Zugeständnisse nicht so bedeutend, wie
sie erschienen. Man gab doch nur preis, was man bereits that=
sächlich und zur Zeit unwiederbringlich verloren hatte. Und die
meisten Verluste trafen Besitzthümer, die, wie namentlich Böotien,
immer in den Augen des Perikles als lästige und gefährliche ge=
golten hatten. Allerdings in die Preisgebung von Megara willigte
Perikles, gleichwie das Volk, nur widerwillig ein. Aber abgesehen
davon, daß auch sie schon eine vollendete Thatsache war, machte

Sparta ohne Zweifel gerade sie zur entscheidenden Bedingung. Und so gab Athen auch hierin nach. Seit dieser Zeit entwickelte sich der fast sprichwörtlich gewordene Haß zwischen Athen und Megara. Die Athener konnten diesem Nachbarstaate nimmer seinen schnöden und böswilligen Abfall verzeihen; und die schuldbewußten Megareer hetzten sich, um ihr Gewissen zu beschwichtigen, immer tiefer in den von Sparta geschürten und genährten Haß hinein.

Andererseits mußte nun aber Perikles jene Zugeständnisse im Interesse seiner oben dargelegten Politik auf das glänzendste zu verwerthen. Denn mittelst derselben rang er den Spartiaten zwei sehr wichtige Bestimmungen ab, die ganz und gar nicht nach ihrem Sinn und Geschmacke waren. Die erste ging dahin, daß es fortan allen griechischen Staaten, die weder in dem peloponnesischen noch in dem delischen Bunde inbegriffen seien, freistehen solle, sich ganz nach Gefallen einem der beiden Theile anzuschließen; und die zweite besagte, daß im Falle von Streitigkeiten nicht an die Waffengewalt, sondern an eine schiedsrichterliche Entscheidung appellirt werden solle.[21] So konnte denn Perikles hoffen, auf friedsame Weise das Verlorene wiederzugewinnen, und noch vieles Andere dazu; zugleich aber, die hellenische Welt mehr und mehr von den leichtsinnig angesponnenen Kriegen zu entwöhnen, wodurch sie sich unter einander selbst zur Schadenfreude der Barbaren zerfleischten.

Durch den dreißigjährigen Waffenstillstand anscheinend auf lange Zeit hinaus vor jeder ungebührlichen Hemmung vertragsmäßig sichergestellt, schritt Perikles im Innern ungesäumt zu einer Kündigung der Fusion. Der Parteigegensatz hatte nachgrade wieder eine Schärfe angenommen, die ein Zusammenwirken nicht mehr möglich machte. Bei allen Anlässen ging daher Perikles fortan ohne jegliche Rücksicht auf die Meinung der Aristokratie mit seinen Anträgen vor. Und bei allen diesen Anlässen trat ihrerseits die Aristokratie seinen Anträgen, auch den großsinnigsten und zeitgemäßesten, mit blindem Fanatismus entgegen. Selbst gegen den Plan zu jenen großartigen Kunstschöpfungen, die allein schon genügen, dem Wirken des Perikles unsterblichen Ruhm zu verbürgen, eiferte Thukydides in gehässigster Weise wie gegen nichtsnutzige Verschleuderungen des Staatsvermögens.

Die Reibungen und die gegenseitigen Anschuldigungen der bei=
den Parteielemente steigerten sich dergestalt binnen Jahresfrist bis zur
Unerträglichkeit. Das eine oder das andere schien, um des Ganzen
und um des Friedens willen, in seinem Hauptvertreter vom Schau=
platz des Handelns verschwinden zu müssen. Und so kam es denn
noch einmal, wahrscheinlich zu Anfang des Jahres 444, zu einem
Appell an die öffentliche Meinung, zum letzten entscheidenden Gange
vor dem schiedsrichterlichen Scherbengericht. Der Ausgang konnte
kaum zweifelhaft sein; Perikles blieb Sieger, sein Gegner Thukybi=
des wurde verbannt.

Seitdem stand Perikles im Staate fast auf der Höhe der
Alleinherrschaft. Noch mehr als funfzehn Jahre hindurch blieb das
Heft der Regierung, unter geringem Schwanken und mit ganz kurzer
Unterbrechung, in seiner Hand. Es waren, abgesehen von den
Katastrophen der letzten Zeit, die schönsten Jahre seines Lebens und
die fruchtbarsten seines Wirkens.

Mit dem Einfluß der Rede verband er nunmehr unausgesetzt
den Einfluß der Amtsgewalt. Regelmäßig von Jahr zu Jahr
wurde ihm das Feldherrnamt erneuert. In dem Collegium der
zehn jährlich gewählten Strategen führte er das Präsidium und die
ausschlaggebende Stimme. Er war der jederzeitige mit außerordent=
lichen Machtvollkommenheiten bekleidete Oberfeldherr. Als solcher
übte er in Kriegs= und Friedenszeiten den Oberbefehl zu Lande
und zur See, hatte über die Sicherheit des Staates zu wachen,
hob die Mannschaften aus, stand der Militärgerichtsbarkeit vor, und
stellte die finanziellen wie die legislativen Anträge in Bezug auf
das gesammte Kriegswesen und auf alles, was damit irgendwie im
Zusammenhange stand. Außerdem hatte er in erster Linie die aus=
wärtigen Angelegenheiten und die diplomatischen Verhandlungen mit
den fremden Staaten zu leiten. Und endlich stand ihm, um allen
diesen Aufgaben entsprechen zu können, das Recht zu, sowohl die
Volksgemeinde zu berufen, als bedenklich erscheinende Volksversamm=
lungen zu untersagen oder aufzulösen.

Diese oberfeldherrliche Macht des Perikles wurde dadurch noch
erhöht, daß er daneben wiederholt das vierjährige Wahlamt des
Finanzverwalters, Tamias oder Epimeletes, bekleidete. Nicht nur

sagen übereinstimmend Thukydides, Plutarch und Diodor im Allge=
meinen, daß mit seinem Feldherrnamte die gesammte Staatsleitung
verbunden gewesen sei, sondern der Letztere giebt überdies ausdrück=
lich an, daß er nicht nur 460 zum Bundesschatzmeister, sondern
namentlich auch um 439 zum Epimeleten bestellt ward; und Plutarch
versichert: Perikles habe seit 444, außer Heer und Flotte, auch die
„Einkünfte ganz in seiner Hand" gehabt. Als Epimelet übte er
die oberste verantwortliche Finanzdirection mit der Verpflichtung zu
periodischer Rechnungsablage, und mit dem Rechte, in Bezug auf
Einnahmen und Ausgaben Anträge zu stellen. Hierzu kam noch,
daß Perikles viele Jahre hindurch zugleich das Amt eines Vorstehers oder
Epistaten der öffentlichen Bauten versah, sowie dasjenige eines
Athlotheten oder Anordners der großen Feste.*²) Ueberdies aber
wurde er gelegentlich, wie wohl auch früher schon, mit besonderen
Aufträgen, wie der Fürsorge für die Kriegsbereitschaft und die Be=
festigungswerke, betraut.

Der außerordentliche Umfang seiner Amtsgewalt kann hiernach
für die Zeit seines Wirkens seit 444 nicht bezweifelt werden. Wie
aber verwandte er fortan diese hochangewachsene Amtsgewalt und
die tiefgewurzelte Macht seines persönlichen Einflusses?

Wohl lag die Hauptidee des Perikles, die der panhellenischen
Einheit, jetzt anscheinend unter den Trümmern ihres ersten Realisi=
rungsversuches begraben. Die Aussicht auf eine kriegerische Wieder=
aufnahme derselben hatte er sich mit vollem Bewußtsein durch den
dreißigjährigen Waffenstillstand möglicherweise Zeitlebens abgeschnitten.
Aber durch eben diesen Waffenstillstand hatte er den ersten Ziel=
punkt seiner modificirten Politik formell im Wesentlichen erreicht.
Nur war jetzt die Frage, nicht bloß, wie die bisher isolirten Staa=
ten bei der Wahl zwischen Athen und Sparta sich entscheiden, son=
dern auch, ob sie überhaupt eine Wahl treffen würden; denn das
ihnen zugesicherte Recht, nach Belieben wählen zu können, schloß
doch nicht die Pflicht ein, es thun zu müssen. Deshalb richtete
Perikles sein Hauptaugenmerk dahin, jene schwirrende Menge kome=
tenhafter Staaten durch geistige Anziehungskräfte für Athen zu ge=
winnen, bei ihnen und der gesammten Hellenenwelt moralische Er=
oberungen zu machen. Andererseits aber mußte er auch den Fall

vorsehen, daß durch Sonderthümelei und Sonderbündelei, durch un-
vernünftige Ränkesucht und hartnäckige Streitlust, selbst die besten
und friedlichsten Absichten gekreuzt würden; daß sogar die alte Eifersucht Spartas und der Peloponnesier, trotz des dreißigjährigen
Waffenstillstandes, plötzlich einmal wieder auflodere und das Schwert
aus der Scheide jage. Für diesen Fall mußte Athen bereit sein,
zu rechter Zeit, mit ganzer Kraft, und mit der Aussicht auf einen
vollen Erfolg den Entscheidungskampf wieder aufzunehmen. Er
wollte diesen nicht suchen, aber er wollte darauf gerüstet sein; ja
eine gewisse Ahnung sagte ihm, daß er eine solche Gewaltkrise, trotz
Vertrag und Schiedsgericht, dennoch sehr wohl, früher oder später,
erleben könne. Und so war er denn entschlossen, die Muße des
Friedens nicht nur zur Erweckung moralischer Sympathien, sondern
auch zu militärischen Vorkehrungen, und vor allem zur Kräftesparung
und Kräftesammlung zu verwenden.

Erstens zur Kräftesparung! Denn nur von dem nationalen Gedanken erfüllt, nur bedacht — wie Plutarch sich ausdrückt
— „die Macht Athens auf Griechenland zusammenzuhalten",
trat er fortan auf das Unnachgiebigste dem Eroberungsgelüste entgegen, welches zeitweise seine Mitbürger wie ein „Schwindel" erfaßte und sie, in übermüthiger Sucht nach Macht, Glanz und
Größe, den Besitz fremder Länder, bald Aegyptens oder Si-
ciliens, bald Etruriens oder Karthagos, leidenschaftlich erträumen und
erstreben ließ. Alle derartigen Pläne wurden von ihm, wie grundsätzlich bekämpft, so thatsächlich vereitelt. Mochten die fremden
Völker mit sich selber fertig werden, sich selbst regieren und orga-
nisiren! Als Athens Aufgabe erachtete er nach wie vor, nicht
die Einmischung in fremdländische Angelegenheiten, nicht die Ausdehnung der Herrschaft auf fremdländische Territorien, sondern einzig
und allein — die Organisirung Griechenland, des Gesammtgebietes
der hellenischen Nation. So „zügelte" er denn, sagt Plutarch,
jenen „ausschweifenden Geist, beschnitt ihm die unruhigen Flügel,
und verwandte die Macht vorzugsweise auf Erhaltung und Befestigung des vorhandenen Besitzes, indem er es schon als ein Großes
ansah, die Lakedämonier in Schranken zu halten und in Allem ihnen
entgegen zu arbeiten." [25])

Und eben deshalb, um daheim allen Eventualitäten der Zu=
kunft gewachsen zu sein, kam es ihm zweitens auf Kräftesamm=
lung an, d. h. auf Entwicklung der Kriegsbereitschaft, der An=
griffs= und der Widerstandskraft. Daher führte er die großen all=
jährlichen Uebungsfahrten der Flotte ein, woran die Bürger, um
die Schiffskunde zu lernen und einzuüben, in großer Zahl Theil
nehmen mußten, und dies um so eifriger thaten, da sie dafür als
Dienstthuende besoldet wurden. · Die Uebungsflotte bestand in jedem
Jahre aus sechzig Schiffen, und die Ausfahrt währte acht Monate.
Ferner legte sich Perikles, mit dem regsten persönlichen Interesse,
auf die Verbesserung der Kriegstransportmittel und der Angriffs=
waffen. Nicht nur ist sein Name auf das engste mit der Erfin=
dung besonderer Transportschiffe für Pferde (hippagi) verknüpft,
sondern er galt auch als der eigentliche Erfinder der Eisengriffe
(manus ferreae), die zum Entern feindlicher Schiffe dienten, sowie
der Reißhaken (harpagones), wodurch man die Pallisaden feind=
licher Verschanzungen niederriß. Die letzteren gehörten ohne Zweifel
zu denjenigen neuerfundenen Maschinen, die zum erstenmale im
Samischen Kriege (440) von Perikles angewandt, und wie ein
„Wunderwerk" angestaunt wurden. Als Techniker stand ihm dabei
der berühmte Ingenieur Artemon zur Seite, der seines Theils da=
mals die sogenannten Widder und Schildkröten, zum Niederwerfen
der Mauern, erfand. [24])

Endlich, um auch die Widerstandsfähigkeit Athens zu erhöhen,
betrieb er die weitere Entwicklung des Befestigungssystems, durch
Hinzufügung einer dritten langen Mauer, der sogenannten mittleren,
zwischen dem nördlichen Mauerschenkel, der zum Piräeus, und dem
südlichen, der zum Phaleron führte. Diese beiden äußeren Mauer=
linien waren, wie wir sahen, mit dem Anfang des Jahres 456
vollendet worden; die neue mittlere kann erst in den vierziger Jah=
ren zur Ausführung gekommen sein; denn Sokrates, der in jenem
Zeitpunkt kaum zwölf Jahre zählte, nahm nach eigenem Zeugniß
an der Volksgemeinde Theil, in der Perikles den Neubau in Vor=
schlag brachte. Mit der Leitung desselben wurde Kallikrates betraut.
Die vorbereitenden Stadien der Ausführung nahmen indeß allem
Anschein nach, gleichwie bei den älteren Mauern, eine ziemlich lange

Zeit in Anspruch. Denn der Komödiendichter Kratinos spöttelte über
das neue Werk: „Schon lange führt mit Worten es Perikles auf;
doch rückt es in der That nicht vor." Die strategische Bedeutung
dieser mittleren Befestigungslinie war die einer doppelten Verschan=
zung, gleichviel ob der Feind von Norden oder von Süden her
angriff; sie sicherte die Verbindung der Stadt mit dem Meere auch
in dem Fall, daß eine der beiden äußeren Mauerlinien vom Feinde
durchbrochen ward. [25])

Gleicherweise betrieb in den vierziger Jahren Perikles den
völligen Umbau der Hafenstadt Piräeus — ein Werk, das dem
genialen Architekten Hippodamos von Milet anvertraut ward. Auch
hier kam es selbstverständlich, bei der Gruppirung und der Zweck=
bestimmung der Neubauten, in erster Linie auf die Erhöhung der
Widerstandsfähigkeit, auf die Erleichterung der Flottenausrüstung,
der Verproviantirung und der Vertheidigung an. Zugleich aber
sollte, wie es denn wirklich geschah, die Zweckmäßigkeit die Trägerin
des edelsten Geschmackes, des künstlerisch Schönen sein. Und damit
leitet der Piräeusbau zugleich auf das dritte Gebiet des Strebens
hinüber.

Als das dritte Hauptziel des Perikles seit dem Waffenstillstand
erkannten wir die Gewinnung der moralischen Sympathien
von ganz Griechenland. Daher warf er sich fortan mit so rastloser
Energie auf diejenige Richtung des Schaffens, die er von jeher als
die wesentlichste moralische Bedingung für das Gelingen seiner na=
tionalen Grundbestrebung betrachtet hatte, und in der er deshalb
auch bisher schon, selbst in stürmischen Zeiten, nach Kräften ge=
wirkt: auf die intellectuelle und künstlerische Hebung Athens, als der
vermeintlichen künftigen Hauptstadt der gesammten hellenischen Welt.
Und hierbei, wie bei all' seinem ferneren Wirken, fand er den eif=
rigsten Bundesgenossen in seiner zweiten Gattin Aspasia.

13. Perikles und Aspasia.

Eine wunderbar einfache Lebensweise, strenge Sitten und häus=
liche Tugenden zeichneten den größten Staatsmann Athens während

seiner ganzen öffentlichen Laufbahn anerkanntermaßen aus. Nur
Einen Weg, sagt Plutarch, sah man ihn wandeln: nach dem Markt
und nach dem Rathhaus, dem Sitze der Behörden. Rastlos in
seiner Thätigkeit für den Staat, blieb er bis zu seinem vierzigsten
Jahre überhaupt unverheirathet, und entzog sich vor wie nachher
allen gesellschaftlichen Vergnügungen und Zerstreuungen außerhalb
seines Hauses. Einladungen zu Gastmälern lehnte er grundsätzlich
ab, selbst die seiner nächsten Freunde und Verwandten. In der
ganzen langjährigen Zeit seiner Staatsverwaltung machte er hiervon
nur eine einzige Ausnahme, nämlich bei der Hochzeit seines Vetters
Euryptolemos, der er jedoch nur bis zum Beginn des Trinkgelages
beiwohnte. Seine Absicht war dabei, es zu vermeiden, daß die
Würde, der Ernst und das Ansehn seiner öffentlichen Stellung
Schaden leide unter den Vertraulichkeiten und Ausgelassenheiten geselliger Lust.

In seiner häuslichen Zurückgezogenheit lag er mit unermüd-
lichem Eifer dem Studium der Wissenschaften und der Staatsver-
hältnisse ob, bereitete sich auf die Staatsgeschäfte und auf seine
Reden vor, oder beschäftigte sich mit den Entwürfen für die Kunstwerke, die Athen zu zieren bestimmt waren. Der schriftstellerischen
Thätigkeit versagte er sich. Angeblich fand man auch bei seinem
Tode nichts Schriftliches von ihm vor, außer den Gesetzentwürfen, die
er beim Volke noch durchzusetzen gedachte. Damit steht es nicht
nothwendig im Widerspruch, wenn später einige Reden des Perikles
schriftlich im Umlauf und noch zu Ciceros Zeit vorhanden waren.
Denn abgesehen davon, daß Perikles ohne allen Zweifel vielfach
kurze schriftliche Entwürfe zu seinen Reden gefertigt hat, die leicht
in andere Hände übergehen konnten, ist es auch vollkommen denkbar,
daß die eine oder andere von diesem oder jenem seiner Zuhörer
nachgeschrieben oder aus dem Gedächtniß aufgezeichnet worden sei.
Ohnedies würde man auch den perikleischen Reden des Thukydides,
was gewiß unzulässig ist, jeglichen Kern, jede Faser von Wahrheit
absprechen müssen. [26])

Ganz seinen Studien wie seinen großen Staatszwecken hingegeben, und um völlig ungestört ihnen nachleben zu können, überließ
Perikles die gesammte Verwaltung seiner Güter und seines Hauswesens

seinen treuen, mit seltener Liebe ihm anhänglichen Dienern, vornehmlich
seinem alten und strengen Hofmeister Euangelos, der das Vermögen
seines Herrn mit großer Sparsamkeit verwaltete. Zur Vereinfachung
der Verwaltung wurden die Erträge der Ländereien im Großen ver=
werthet und der Bedarf des Hauses auf dem Markte eingekauft.
Reizlos dem Gelde gegenüber, wie Plutarch wiederholt hervorhebt,
kannte Perikles die Sorge nicht, sein Vermögen zu vermehren, son=
dern nur die, es nicht aus Fahrlässigkeit zerrinnen zu lassen. Der
tägliche Aufwand seines Hauses war daher auf das Gemessenste ge=
ordnet; nirgend ein Prunken mit Ueberfluß; stets die Ausgabe nach
der Einnahme geregelt. Die Ueberschüsse wurden dazu verwendet,
in der Stille manchem verschämten Armen aufzuhelfen und nament=
lich dürftige Freunde, wie Anaxagoras, zu versorgen. Und so konnte
man ihm denn nachrühmen, daß er sein ererbtes Vermögen weder
vergeudet noch auch nur um eine Drachme vergrößert habe. [27])

Krieg Perikles dem herüber= und hinüberwogenden Gesellschafts=
leben abhold: so erholte er sich doch gern von seinen öffentlichen
Mühen in der Traulichkeit seines Hauses, im Kreise seiner Familie,
seiner Freunde und Mitarbeiter an dem Werke der Größe Athens.
Hier, in diesen kleinen geistvollen Cirkeln sproßten Tausende von
schöpferischen Ideen und Anregungen auf.

Und dabei war es nun eine höchst bedeutsame und folgenreiche
Fügung, daß der erhabene Geist des Perikles mit dem an Schwung
ihm ebenbürtigen der Aspasia zusammentraf und auf das innigste
zusammenwirkte.

Aber lange schicksalsreiche Windungen mußte Beider Leben
durchmessen, ehe ihre Bahnen in Eine verschmolzen.

Des Perikles erste Ehe, zu der er sich endlich um 453 hatte
überreden lassen, war eine Convenienzehe gewesen, geschlossen mit
einer nahen Anverwandten aus Familienrücksichten, und ohne Zweifel
auf Anstiften der beiderseitigen Angehörigen. Diese Frau war zuvor
schon mit dem berühmten Eupatriden Hipponikos, dem Sohne jenes
mehrmaligen Gesandten Kallias, vermählt gewesen, dem sie den nach=
her wegen seiner Verschwendung so vielbesprochenen Kallias geboren
hatte. Von Hipponikos geschieden und mit Perikles vermählt, gebar
sie diesem, wohl in den beiden nächsten Jahren, zwei Söhne: den

Xanthippas und hierauf den Paralos. Die Ehe gestaltete sich aber
so unglücklich, daß sie endlich um 449 mit beiderseitiger Einwilligung
wieder getrennt wurde. Die Kinder verblieben beim Vater, die
zum zweitenmale geschiedene Frau verheirathete sich sogleich wieder
an einen dritten Mann. Perikles aber, der nun erst, wie es
scheint, die Bekanntschaft der Aspasia machte, ihr näher trat und
sie wahrhaft lieben lernte, bot derselben, ungeachtet sie eine Fremde
war, um den Frühling 445, bald nach Abschluß des Waffen=
stillstandes, Haus und Hand. Aus dieser zweiten Ehe erwuchs ihm
im folgenden Jahre ein dritter Sohn: Perikles, genannt der Jüngere. [28])

Seit 447 lebte auch schon der damals dreijährige Alkibiades,
als Waise und Mündel, in seinem Hause. Dessen Vater Klinias
hatte in der Schlacht bei Koroneia den Tod gefunden. Die Mutter
Dinomache war mit Perikles Geschwisterkind; und in Folge dieser
nahen Verwandtschaft wurde der letztere zum Vormund bestimmt.
Dergestalt fiel, mit den Söhnen des Perikles selbst, auch Alkibiades
der Pflege und theilweise der Erziehung der Aspasia anheim. [29])

Aspasia, aus Milet, Tochter des Axiochos, augenfällig von
edler Abkunft und vermögend, schön und geistvoll, war eine der
seltensten Erscheinungen in ihrem Geschlecht. Mit den Reizen weib=
licher Anmuth und Liebenswürdigkeit verband sie die ausgezeichnet=
sten Eigenschaften des geistigen Strebens hochbegabter Männer.
Voll Empfänglichkeit für die Lehren der Philosophie und der Staats=
weisheit, voll Begeisterung für alles Hohe, Edle und Schöne, war
sie eine Sappho des denkenden Geistes, die weibliche Blüthe der
hellenischen Philosophie. Aus ihrer Heimath brachte sie schon die
Schätze der jonischen Philosophie mit nach Athen, und befruchtete sie
hier im geistigen Verkehr mit den attischen Philosophen und Staats=
männern, durch selbständiges Denken und Verarbeiten, bis zu eigener
productiver Schöpferkraft. Sokrates, wie wir noch näher sehen
werden, ist allerdings in der Philosophie, und zumal auf dem Boden
methodischer Beweisführung, im vollen Sinne des Worts ihr Schü=
ler gewesen.

Aber auch i h r Lebensbild ist vielfach, und viel plumper noch als
das des Perikles, entstellt worden. Die Quellen dieser in ihrem
Ursprunge theils scherzhaft übermüthigen, theils böswillig systema=

tischen Entstellung, waren erstens die Komödiendichter, namentlich
Kratinos, Eupolis, Hermippos und Aristophanes; zweitens die athe=
nischen Wüstlinge, die sich von der Schwelle Aspasias grundsätzlich
ausgeschlossen sahen und dafür durch üble Nachrede sich rächten;
drittens die politischen Gegner des Perikles und die weiblichen In=
sassen ihres Lagers, wie die gefallsüchtige und neidische Elpinike;
und endlich viertens feindlich gesinnte Anverwandte wie Kallias, der
Stiefsohn des Perikles, und Xanthippos, der leichtlebige Sprößling
desselben aus erster Ehe, der die Sparsamkeit und die Strenge des
Vaters als Knauserei und Lieblosigkeit ansah, und sie der Stief=
mutter zur Last legte. Es giebt kaum einen Schimpf, der sich nicht
aus diesen Quellen, wenn er auch selten oder nie ernst gemeint war,
über sie ergossen hätte.

Die schärfsten dieser Verunglimpfungen fassen sich in drei Mo=
mente zusammen, die, wie sich bei näherer Prüfung sofort erweist,
jeder sittlichen und historischen Berechtigung entbehren. Erstens hat
man sie als „Pallake" und „Porne" d. i. als „Concubine" be=
spöttelt; aber es waren das eben nur Spöttereien, darauf beruhend,
daß Aspasia eine Fremde und daher ihre Ehe mit Perikles in
der That nach attischem Recht, wie es Perikles selbst festgestellt
hatte, zwar nicht in sittlicher, aber in staatsrechtlicher Beziehung
dem Concubinate gleichgestellt war. Zweitens sagte man ihr nach,
daß sie ihrem Gatten „zu unzüchtigem Verkehr mit freigeborenen
Frauen Gelegenheit mache"; aber diese Anschuldigung wurde durch
schwurgerichtliches Erkenntniß Lügen gestraft. Drittens warf man
ihr wohl auch vor, daß ihre kunstgeübten Dienerinnen — nach da=
maliger Sitte waren sie namentlich im Flötenspiel geschult — un=
züchtige Weiber seien; aber abgesehen davon, daß diese Angabe auf
zwei ganz unlauteren Behauptungen ruht, die überdies erst nach
dem Tode der Aspasia sich hervorwagten — wer in aller Welt hat
je eine Herrschaft für den Sittlichkeitsgrad ihrer Dienerschaft verant=
wortlich gemacht!

Dagegen stellt sich, nach Maßgabe der gesammten Literatur des
Alterthums, die Thatsache heraus: daß Aspasia weder zu ihren
Lebzeiten, noch in den nächsten vier Jahrhunderten
jemals als „Hetäre" bezeichnet wurde. Vielmehr war der ursprüng=

liche Stamm der Ueberlieferung, der während dieses langen Zeit-
raums unverändert blieb, ausschließlich folgender: „Aspasia von
Milet war eine Sophistria, eine Lehrerin der Redekunst,
und später die Ehefrau des Perikles."

Erst fünf Jahrhunderte nach dem perikleischen Zeitalter, d. i.
im ersten Jahrhundert der christlichen Zeitrechnung, zogen leichtfertige
und kritiklose Schriftsteller aus jenen obigen drei Arten der zeitgenössischen Verunglimpfung den völlig unberechtigten Schluß: Aspasia
müsse vor allem eine Hetäre, überdies eine Bordellhalterin,
und vielleicht auch eine Kupplerin gewesen sein. Und sofort wurden
diese falschen Schlüsse als historische Thatsachen in die Welt und in
die Literatur geschleudert. Kein Wunder! War doch das erste Jahrhundert nach Chr., unter der eben begründeten römischen Kaiser-
herrschaft, vor allem auf sinnliche Genüsse und Reizungen, auf den
Kitzel skandalöser Geschichten lüstern! Zeichnete es sich doch eben
deßhalb besonders durch zahlreiche literarische Fälschungen, durch
untergeschobene Schriften und durch anekdotenhafte klatschsüchtige
Erfindungen aus! Um so eifriger waren unwissende und gewissenlose
Bücherfabrikanten bei der Hand, jene unberechtigten Schlüsse in Bezug auf die berühmte Aspasia zu ziehen und dann in obscönen
Sensationsschriften, über die „Hetären" oder über die „Wollust",
muthwillig und lügnerisch auszuspinnen. Dergestalt ward dem alten
ächten Stamm der Ueberlieferung ein frisches Pfropfreis fruchtbarer
Fälschung eingeimpft.

Wohl erhielt sich der alte ächte Stamm der Ueberlieferung
noch lange und bis tief in die byzantinische Zeit hinein. Aber
daneben gewannen die neuen Entstellungen immer mehr das Uebergewicht; wobei es denn auch geschah, daß auf Grund von Mißver-
ständnissen, falschen Auslegungen und Verwechselungen, oder auch aus
Skandalsucht, immer neue Lügen hinzuerfunden wurden. Namentlich
hat das Hetärenthum der jüngeren Aspasia, der Concubine des
jüngeren Cyrus, zu den wunderlichsten Verwechselungen mit der
perikleischen Aspasia, und zum Nachtheil der letzteren, Anlaß gegeben.

Wie sehr grade die Fülle und die Zuversicht dieser erst fünf
Jahrhunderte später ausgesponnenen Verläumdungen angethan

waren, auch die modernen Geister zu berücken und zu umstricken:
das bezeugt schon die Thatsache, daß die moderne Literatur aller
Nationen seit Jahrhunderten und bis auf den heutigen Tag, mit
ganz wenigen Ausnahmen, beharrlich an dem vermeintlichen Hetären=
thum der Aspasia festgehalten hat. Selbst ein Forscher wie Grote
steht nicht an, sie als „Buhlerin" zu bezeichnen und ohne Weiteres
zu den „Hetären" zu zählen. Oncken hält es sogar für möglich,
daß sie in der That einen „öffentlichen Harem feiler Dirnen" gehalten
habe. Und Curtius, obwohl es ihm sichtlich um eine gerechte Be=
urtheilung der Aspasia zu thun ist, vermag es sich doch nicht zu
versagen, sie nach dem Vorgange Plutarch's mit der Thargelia zu
vergleichen, d. h. mit einer vielberufenen Hetäre.[30])

Und doch, auch abgesehen von allem Anderen! Nicht eine
einzige wirkliche Thatsache ist uns überliefert, die einen unzüch=
tigen Wandel der Aspasia bezeugen könnte. Zahlreiche Thatsachen
dagegen, von vollkommener Beglaubigung, haben vielmehr umgekehrt,
wie sich später noch näher erweisen wird, den Ernst, die Sittlichkeit
und die Würde ihres Wandels theils zur unerläßlichen Voraussetzung,
theils zum unmittelbaren Gegenstande.

Achtbare und vornehme Bürgerfrauen, die nach attischer
Sitte nimmermehr die Schwelle einer Hetäre betreten durften,
die Gattinnen der angesehensten Männer, verkehrten nicht nur
mit ihr und in ihrem Hause, sondern schöpften auch aus ihrem
Umgange Genuß und Belehrung, Tugend und Weisheit.

Ob eine weibliche Persönlichkeit das Leben einer Hetäre führe
oder nicht, das wußte in Athen, bei den allbekannten Eigenthümlich=
keiten dieser Lebensweise, ohne Unterschied Jedermann; in dieser Be=
ziehung war daher keine Beirrung des öffentlichen Urtheils, kein
Erfolg einer Lüge möglich. Wenn mithin Aspasia, trotz aller
Schimpfsucht ihrer Feinde, niemals von ihren Zeitgenossen, nach
Maßgabe der vorhandenen Literatur, als Hetäre bezeichnet wurde:
so ist dies ein Beweis, daß diese Bezeichnung nur deshalb unterblieb,
weil sie notorisch keine Hetäre war.

Auch der Umstand, daß Aspasia fast stets mit dem Beisatz
„des Axiochos Tochter" erscheint, zeugt dafür, daß sie einerseits
einem edlen Hause, und andrerseits nicht dem Kreise der Hetären

angehörte; denn der stehende Zusatz des Vatersnamens war weder bei niederen Frauen noch vollends bei Hetären üblich.

Nur das Ergebniß eines mehrmals wiederholten und erschöpfenden Quellenstudiums hat mich zu der Auffassung geführt, die ich in ihren Grundzügen hier und im Folgenden niederlege; nicht aber etwa ein Vorurtheil irgend welcher Art. Wäre das Bild, das uns als dasjenige der Aspasia fast allgemein noch heut vorgehalten wird, ein wesentlich ächtes: gar vieles in seinen Zügen würde sich immer noch, wenn auch nicht rechtfertigen, doch entschuldigen lassen durch die Sitten der Zeit und des Volkes; namentlich durch den Aphroditecult, dem die Hellenenwelt als einer göttlichen Institution ergeben war, sowie durch den orientalischen Anhauch, der in Bezug auf die Stellung des weiblichen Geschlechts zu dem männlichen, aus Asien nach Griechenland herüberwehte. Allein nicht auf Entschuldigung des Geglaubten kommt es an, nicht auf die Erwägung, ob dies oder jenes nach Zeit und Umständen sittlich statthaft war oder nicht, sondern einzig und allein auf die Ermittelung des Wirklichen, auf die Frage, was wahr und was falsch ist. Und diese führt eben trotz allem und allem zu dem Resultate: daß das herkömmliche Bild der Ueberlieferung ein durch und durch gefälschtes ist. Der Genesis dieser Fälschungen ist unten eine besondere Erörterung gewidmet.[31]

Allerdings wissen wir nicht ausdrücklich, welche Beweggründe Aspasia von Milet nach Athen führten; ob Familienverhältnisse oder eigener unwiderstehlicher Drang. Ebensowenig ist es bekannt, ob sie mit oder ohne Vater und Mutter oder sonstige Angehörige übersiedelte. Doch ist nicht der geringste Grund zu der Voraussetzung vorhanden, daß ihr Vater Axiochos nicht zu den vielen Tausenden niedergelassener Fremder oder Metöken in Athen gehörte, und daß sie nicht daselbst im väterlichen Hause gelebt. Der seltene Name Axiochos spielt grade eine hervorragende Rolle in Athen und in der Geschlechtstafel des Alkibiades. Zwar stehe ich noch an, den Vater der Aspasia mit dem jüngern Sohne des älteren Alkibiades zu identificiren, obgleich derselbe recht gut dem Alter nach ihr Vater, der Geburt aber und dem Bürgerrecht nach ein Milesier sein konnte, da der ältere Alkibiades zur Zeit des Klisthenes verbannt worden war. Auf alle Fälle jedoch wäre es sehr wohl möglich, daß der Vater der

Aspasia einem athenischen Geschlechte angehörte, das, zur Zeit der
früheren Bürgerkämpfe nach Milet ausgewandert, nun in ruhiger
Zeit nach Athen zurückkehrte. War er in Milet eingebürgert gewesen,
hatte er eine Milesierin zur Mutter und eine solche zur Frau: so
verstand es sich von selbst, daß er in Athen nach dem perikleischen
Gesetz ein bürgerrechtsloser Fremder war, sowie seine Kinder, und
daß diese mit Athenern nur unebenbürtige Ehen schließen konnten.
Nichts würde übrigens der Annahme entgegenstehen, daß ihm selber
nachmals, gleichwie seinem Tochtersohne, Perikles dem Jüngeren, das
Bürgerrecht verliehen worden sei.

Gleichviel nun aber, ob Aspasia im Gefolge ihres Vaters oder
anderer Verwandter, oder ob sie alleinstehend die Uebersiedelung
unternahm: jedenfalls liegt es auf der Hand, daß nicht die Sinn=
lichkeit das Motiv sein konnte, das sie von Milet fort= und nach
Athen hintrieb. Denn die Sinnlichkeit blühte ja damals weit mehr
grade in der Heimath, die sie verließ, und in welcher Thargelia,
ihr angebliches Vorbild, als Buhlerin die glänzendste Laufbahn
durchmessen hatte. Was sie nach Athen hinzog, konnte allein der
Ehrgeiz ihres Geistes sein; derselbe Drang, der zuvor auch den
Philosophen Anaxagoras von seinem jonischen Heerde losgelöst hatte,
und der noch fortwährend die begabtesten Geister Joniens nach der
attischen Küste hinübertrieb; dasselbe stachelnde Bewußtsein, daß
Athen thatsächlich bereits der Brennpunkt des geschichtlichen und des
geistigen Lebens von Hellas geworden war. Wie Sappho zu den
dichtenden, so fühlte sich Aspasia zu den denkenden und forschenden
Geistern der Nation hingezogen.

Zwischen Athen und Milet insbesondere bestand der allerregste
geistige Wechselverkehr. Die Keime der attischen Philosophie waren
zuerst durch die jonischen befruchtet worden. Thales, Anaximander
und Anaximenes, die hervorragendsten Vertreter der jonischen Natur=
philosophie, hatten sämmtlich nach einander in Milet geblüht. An
ihnen hatte sich der große Geist des Anaxagoras von Klazomenä
herangebildet. Um dieselbe Zeit, da dieser die jonische Heimath ver=
ließ, um in Athen als Sophistes d. h. als Lehrer der Weisheit ein
neues System und eine neue Schule zu begründen: war in Milet
Aspasia geboren worden. Auch sie erwuchs, wie jener, in den Lehren

der jonischen Naturphilosophie, zu der offenbar ein frühzeitiger Hang
zum Denken sie hintrieb, und die dennoch ihrem selbstständig grü=
belnden Geiste keine volle Befriedigung gewährte. Mit Spannung
verfolgte sie ohne Zweifel die Entwickelung des neuen Vernunft=
systems, das ihr Landsmann Anaxagoras in Athen durch das Wort
verkündete; und mit Begier verschlang sie ohne Zweifel dessen epoche=
machendes Werk „Ueber die Natur." Seine Berühmtheit und der
Erfolg seiner Lehren war es sicher zumeist, was ihre Sehnsucht nach
Athen wach rief und ihrer Begeisterung für ein ähnliches Wirken
die Richtung gab. Es gelüstete sie, mit ihm und neben ihm als
Sophistria, als Jüngerin und Verkünderin der Weisheit aufzu=
treten.

Schaaren von Milesiern wanderten alljährlich nach Athen;
Viele derselben ließen sich dort dauernd nieder. Um 450, als Aspasia
zwanzig bis fünfundzwanzig Jahre zählte, wurde auch ihr berühmter
milesischer Landsmann, der Architekt und Städteerbauer Hippodamos,
auf Betrieb des Perikles nach Athen berufen, um, wie wir sahen,
den Neubau des Piräeus zu übernehmen. Bald darauf muß er
mit seiner Gattin, und seinem noch sehr jungen Sohne Archeptolemos,
ganz von seiner Vaterstadt Milet nach Athen übergesiedelt sein; denn
der Bau des Piräeus ist 448 bis 444 zu setzen. Aspasia war
ohne allen Zweifel mit Hippodamos näher bekannt. Denn abgesehen
davon, daß ihr beiderseitiges Leben bis dahin sich in der gleichen
Oertlichkeit abspann, war auch Hippodamos, gleichwie sie selbst, ein
Jünger der jonischen Naturphilosophie; ja auch er war ein Sophistes,
der seine Theorie vom Städtebau auf einer Weisheitslehre, auf
einem eigenthümlichen social=philosophischen Systeme begründete.

Und nun war die Zeit der Uebersiedelung des Hippodamos,
450—448, genau dieselbe, in der Aspasias Sehnsucht nach Athen
zum Entschlusse und zur That gedieh. Nichts liegt näher als die
Möglichkeit, daß Aspasia, mit ihrem Vater oder vaterlos, die Reise
nach Athen gemeinsam mit Hippodamos und seiner Gattin unternahm.
Wie dem aber auch sei: jedenfalls dürfen wir annehmen, daß sie
an ihnen beiden in Athen ihren nächsten Anschluß fand; daß sie dann
durch die Vermittelung des Hippodamos ihren klazomenischen Lands=
mann Anaxagoras persönlich kennen lernte; und daß dieser wiederum

7 *

sie einerseits mit seinem jüngsten Schüler Sokrates, und andererseits mit seinem ältesten Schüler Perikles bekannt machte. Im Jahre 448 war Aspasia 23 bis 27 Jahre alt; Hippodamos zählte deren 32, seine Gattin 27; Anaxagoras hatte das 52ste Lebensjahr, Sokrates das 20ste, und Perikles das 45ste erschritten.

Wer sich der Aspasia nahte, wurde von der seltenen Virtuosität ihres Geistes bezaubert oder doch gefesselt. Es konnte nicht fehlen, daß sie alsbald die Seele eines philosophischen Unterhaltungscirkels aller „Freunde der Weisheit" wurde, an dem ältere und jüngere Geister, gereifte und aufstrebende, Männer und Frauen, theilnahmen. In diesem Kreise begründete sie die eigenthümliche zwanglose Weise der philosophischen Belehrung, die Sokrates von ihr und Platon wie seine Mitschüler von Sokrates annahmen: die dialogische, oder die Gesprächsform.

So ist es denn eine nicht zu bezweifelnde Thatsache, daß Aspasia in Athen von vornherein, gleichwie später und unausgesetzt, grade mit den Koryphäen der Wissenschaft und des Staates verkehrte; mit einem Anaxagoras, einem Sokrates, einem Perikles und deren Freunden; und nicht eben nur mit Männern, sondern diese, wie Plutarch ausdrücklich sagt, „nahmen auch ihre Frauen in die Unterhaltungen mit." Zu denselben gehörte wohl auch die Gattin des Hippodamos, und sicher die Gattin des athenischen Feldherrn Menippos. Die Vorliebe für diese Art des auserlesensten geistigen Verkehrs blieb, so lange Aspasia lebte, ihr eigen. Nach dem Tode des Perikles gehörten zu ihrem Hauptumgange, wie einerseits Sokrates, so andrerseits namentlich der inzwischen zum Mann herangereifte Geschichtschreiber Xenophon und dessen Gattin.

Wer dürfte, Angesichts solcher Thatsachen, in ihr eine Lais oder Phryne wittern? oder sie nur vergleichen wollen mit einer Diana von Poitiers, einer Maintenon, einer Ninon? Eher dürfte man sie einer Staël oder Roland zur Seite stellen. Wie in jeder anderen, so auch in sittlicher Beziehung, stand sie unvergleichlich höher wie die berühmtesten Frauen der griechischen Vorzeit, und unvergleichlich höher wie ihre edle attische Zeitgenossin Elpinike, die Schwester des Kimon.

Allerdings brachte Aspasia das freiere Naturell und den freieren

von Joniens nach Athen herüber. Gewöhnt an die heimathlichen
Sitten, an den unbefangenen geselligen Umgang beider Geschlechter,
nahm sie keinen Anstand, auch in Athen sich offen und frei in der
Gesellschaft von Männern zu bewegen; im Gegensatz zu der strengeren
athenischen Sitte, die den Frauen den männlichen Umgang möglichst
zu meiden gebot. Nirgend aber, wie schon bemerkt, zeigt sich in
ihrem Verkehr auch nur die geringste beglaubigte Spur eines Be-
triebes unsittlicher Vergnügungen der Sinnlichkeit. Immer und
immer vielmehr waren es, nach den unbefangenen und unverfälschten
Quellen, geistige Impulse und Ideen, welche Philosophen und
Staatsmänner, Dichter und Künstler, in den Gesprächen mit ihr
empfingen und davontrugen. Feinheit, Scharfsinn und Geschmack
waren die Würzen ihrer Unterhaltung. Nach den Schilderungen
des Sokrates und seines Freundes und Schülers Aeschines zeichnete
sie namentlich aus: ein eminenter Verstand, eine vollständige Kenntniß
der öffentlichen Angelegenheiten, ein feiner politischer Takt, eine
schnelle Besonnenheit, und eine außerordentliche Schärfe des
Urtheils. 32)

Sokrates namentlich ist vorzugsweise in dem geistigen Umgange
mit Aspasia zu dem großen Philosophen erwachsen, als den wir
noch heut ihn verehren. Durch eine Fülle von Zeugnissen ist diese
Thatsache belegt. 33) Bei Platon nennt er selber die Aspasia seine
Lehrmeisterin, und fügt hinzu: er sowohl wie Perikles und viele
Andere hätten ihr zahlreiche geistige Anregungen, und allzumal die
Ausbildung in der Redekunst zu verdanken. Insbesondere war,
wie schon angedeutet, die sogenannte sokratische Methode des
Philosophirens, in Wahrheit die Methode der Aspasia, die
sie stets in Anwendung brachte, und die eben von ihr der an Jahren
jüngere Sokrates entlehnte.

Sokrates war selbstverständlich, als er in einem Alter von
19 Jahren Aspasia kennen lernte, noch nicht verheirathet; sein
Ehebund mit Xanthippe fällt erst Jahrzehnte später. Der geistvolle
und lebhafte Jüngling schloß sich, allem Anschein nach, der anmuth-
reichen philosophirenden Milesierin, nicht nur mit Bewunderung,
sondern auch mit innerer Neigung, mit Begeisterung an. Und es
verdient daher vollkommenen Glauben, wenn Hermesianax, der nach

350 v. Chr. blühte, im dritten Buch seiner Elegien sagte: „Welch'
eine Gluth entzündete in dem weisen Sokrates die zornige Kypris!
Aus der Tiefe seiner Seele verdrängte Sokrates die leichteren Sorgen,
so oft er in das Haus der Aspasia ging, um sich zu belehren;
und kein Ende fand er in ·den vielverschlungenen Uebergängen der
Unterhaltung." Aber nicht der leiseste Schatten von Unsittlichkeit
trübte dieses Verhältniß, das nur die Lästerzunge zu verdächtigen
und zu entstellen gewagt hat. Es war eben ein Verhältniß der
reinsten geistigen Hingebung oder, wie man später sich hätte aus=
drücken dürfen, ein Verhältniß platonischer Liebe. In der Unter=
haltung mit Aspasia suchte und fand Sokrates den höchsten Genuß;
sie war es, die seinem ganzen Wesen und Streben Maß, Richtung
und Ziel gab; sie war es, die auf ihn in der That wie auf
einen Schüler Einfluß übte, die er daher in allem Ernst und mit
vollem Recht seine Lehrerin nennen durfte, der er wetteifernd nach=
rang in der Schärfe des Denkens und in der Gewandtheit der
Rede, in der Anwendung der dialektischen Methode und in der kunst=
vollen Handhabung des Dialogs. Ihr verdankte er daher unstreitig,
wenn nicht Alles, doch das Meiste; durch sie wurde er in Wahrheit
was er war. Und nie ist die Dankbarkeit dafür aus seinem Herzen
und von seinen Lippen gewichen.

Als wenige Jahre später, 445, Aspasia die Gattin des Pe=
rikles ward, überzog unverkennbar eine trübe Wolke sein ganzes
Wesen. Hatte er auch schwerlich je daran gedacht, noch bei seiner
Jugend und seinen Verhältnissen daran denken können, seinerseits
der Gatte der Aspasia zu werden: so war es ihm doch wohl zu
Muthe, wie wenn ein Anrecht oder ein Besitz ihm entzogen sei.
Und konnte er auch nicht dem Drange widerstehen, den Verkehr mit
Aspasia fortzusetzen und daher so oft wie möglich die Unterhaltungs=
cirkel im Hause des Perikles zu besuchen: so stieß ihn doch von der
Person·des Letzteren ein Gefühl der Entfremdung ab, an dem man
den bittern Beigeschmack des Neides und der Eifersucht kaum ver=
kennen kann. Daher schwoll in seinem Urtheil und Ausdruck so
kräftig die Ader des Herben, des Spöttischen und Ironischen an,
die vielleicht ihm gar nicht angeboren war. Daher rührte ferner
zum guten Theil bei ihm, und durch ihn bei seiner ganzen Schule,

trotz aller Anerkennung der großen Bedeutung des Perikles, der auffällige Widerwille gegen das Staatsmännerthum und das Staats= rednerthum; es erschien ihm dasselbe als nahezu identisch mit der mehr und mehr entartenden Sophistik, und deshalb für die Ent= wicklung des Staates als ebenso bedenklich, wie es jene für die Entwicklung der Philosophie war. Daneben übte auf ihn die Ver= heirathung der Aspasia, allem Anschein nach, noch eine andere Wirkung aus, das war: die instinctive Verlängerung seines Jung= gesellenthums, und die spöttisch=stumpfe Resignation, womit er nachher seine Ehe wie eine Bürde trug.

Von der philosophischen Methode der Aspasia hat sich eine interessante Probe erhalten, die deren vollständige Identität mit der nachherigen sokratischen, und damit die Frage der Priorität über jeden Zweifel erhebt. Sie spielt auf dem Gebiet der Beweisführung durch Analogie und Induction. Nach den Aufzeichnungen des Aeschi= nes erzählte nämlich Sokrates selbst, wie Aspasia einst mit der Gattin des Xenophon und mit Xenophon selber sich folgendermaßen unterhalten habe.

„Sage mir doch, Frau Xenophon, wandte sich Aspasia an diese, wenn deine Nachbarin besseres Gold hat, als du hast, möchtest du das ihrige lieber haben, oder das deinige?" „Das ihrige", erwie= derte sie. „Und wenn sie Kleidung und sonstigen weiblichen Schmuck von größerem Werthe besitzt, als du besitzest, möchtest du den bei= nigen oder den ihrigen lieber?" „Freilich den ihrigen", antwortete sie. „Nun, fuhr Aspasia fort, wenn jene einen bessern Mann hat, als du hast, möchtest du deinen Mann lieber haben, oder den ih= rigen." Da erröthete die Frau. Jetzt fing Aspasia mit Xenophon selbst ein Gespräch an. „Sage mir doch, wenn dein Nachbar ein besseres Pferd hat, als das deinige ist, möchtest du dein Pferd oder das seinige lieber haben?" „Das seinige", antwortete er. „Und wenn er ein besseres Grundstück hat, als du hast, welches von beiden Grundstücken möchtest du dann wohl lieber haben?" „Natürlich das bessere", erwiederte er. „Und wenn er nun aber ein besseres Weib hat, als du hast, welches von beiden hättest du lieber?" Da stutzte denn auch Xenophon und schwieg. Nun sprach Aspasia zu Beiden: „Weil denn Jedes von euch mir auf das allein nicht geantwortet

hat, was ich im Grunde allein beantwortet wissen wollte, so will
ich euch sagen, was ihr Beide denkt. Du, Frau, willst den besten
Mann haben; und du, Xenophon, willst das auserlesenste Weib be=
sitzen. Wenn ihr es also nicht dahin zu bringen wißt, daß es
wirklich keinen bessern Mann und kein auserleseneres Weib auf der
Erde giebt, so werdet ihr fürwahr das am meisten wünschen, was
ihr für das Beste halten werdet, nämlich daß einerseits du der Gatte
des bestmöglichen Weibes seiest, und sie ihrerseits, daß sie mit dem
bestmöglichen Manne vermählt sei."

Dieser Gesprächsform, fügt Cicero seiner Uebersetzung hinzu,
bediente sich auch Sokrates besonders häufig. Eine Kritik, wie sie
Quintilian an diesem Gespräche übt, wäre hier nicht am Orte und
trifft auch nicht den Punkt, wie mir scheint, auf den es ankommt.
Uebrigens aber bezeichnet er ebenfalls die Methode der Aspasia als
die „sokratische."[34])

Auch sonst finden wir, daß Aspasia vortreffliche Ansichten über
die Ehe, in allen Beziehungen, hegte und vortrug. Sie erging sich
gern in Lehren darüber, wie Ehen gestiftet und nicht gestiftet werden
müßten; wie das Weib zur guten Hausfrau, Hausmutter und Haus=
hälterin erzogen werden könne; wie das eheliche Glück davon abhängig
sei, daß der Mann die Frau zu dem Niveau seiner Bildung herauf=
zuziehen wisse, und Aehnliches mehr.

So erzählt Xenophon in den Denkwürdigkeiten des Sokrates:
Dieser, von Kritobulos angegangen, für ihn Freunde zu werben und
demnach ihn bestens zu empfehlen, habe ihm erwiedert: „Aspasia
meinte einst zu mir, Freiwerberinnen trügen vortrefflich dazu bei,
gute Ehen zu stiften, wenn sie bei ihren Anpreisungen der Wahrheit
getreu blieben; sobald sie aber übertrieben oder lögen, stifteten sie
mit ihrem Lobe nur Unheil; denn die Folge sei keine andere, als
daß die beiden betrogenen Eheleute einander feind würden, und der
Stifterin ihrer Ehe noch obendrein." Sokrates fügte hinzu: „Diese
Ueberzeugung theile ich mit ihr, und glaube daher auch zu deinem
Lobe, Kritobulos, nichts sagen zu dürfen, was nicht der Wahrheit
ganz gemäß wäre."

In der Schrift Xenophon's über die Haushaltungskunst wird
zwischen Kritobulos und Sokrates die Frage erörtert: inwiefern eine

Hausfrau zum Emporbringen oder zur Schädigung des Hauswesens
beitragen könne, inwieweit dies von der Behandlungsweise und von
den Belehrungen des Mannes abhängig sei, und wie demnach eine
junge und unerfahrene Frau, die noch wenig gesehen und gehört,
durch den Mann selbst zur guten Hausfrau herangebildet werden
müsse. Sokrates stellte eine Reihe von treffenden Bemerkungen dar=
über auf, und behauptete, daß die Frau, „wenn sie eine tüchtige
Gehülfin im Hauswesen sei, ebensoviel als der Mann zum Glücke
des Hauses beitrage"; zugleich aber verwies er dringend an die
Unterhaltung mit Aspasia, die „über alles dies weit besser zu sprechen
verstehe, wie er." [35])

Wir wissen nicht, wann und wie Perikles die Bekanntschaft der
Aspasia gemacht. Wie außerordentlich groß aber seine Neigung zu
ihr gewesen sein muß, kann man schon daraus ersehen, daß er eben,
wenn auch gewiß nach schwerem Kampfe, schließlich keinen Anstand
nahm, um sie — die Fremde zu werben und sie als Gattin
heimzuführen. [36]) Denn mit wie vielen eigenen und fremden Vor=
urtheilen mußte er nicht brechen, um einen solchen Schritt zu thun!
Vor allem mit seinem stolzen Vorurtheil über den Werth des Voll=
bürgerthums, woraus sein tief einschneidendes und zahlreiche Inter=
essen verletzendes Bürgerrechtsgesetz hervorgegangen war. Sodann
mit dem Vorurtheil aller athenischen Matronen, die in Heiraths=
angelegenheiten nichts von einer Fremden und am wenigsten von einer
Jonierin wissen wollten. Ja, moralisch brach er und mußte er
brechen mit seinem eigenen legislativen Werke, mit jenem strengen
Bürgerrechtsgesetz, kraft dessen er selbst es veranlaßt hatte, daß
nunmehr in Bezug auf die rechtlichen Wirkungen seine Ehe mit As=
pasia einem bloßen Concubinate, und jeder etwaige Sproß dieser
Ehe einem unehelichen Kinde, einem Bastarde, gleichgestellt war.

Warf übrigens der Standpunkt der attischen Matronen den
Jonierinnen eine allzu große Freiheit im Benehmen gegen Männer
vor, so war doch jedenfalls eine Ehe, die auf näherer Bekanntschaft
beider Theile und daraus erwachsener gegenseitiger Neigung sowie
auf freier Wahl beruhte, werthvoller und heilsamer als die zahllosen
Convenienzehen, die in Athen unter dem Beirath von Vettern, Basen
und Tanten geschlossen wurden, ohne daß die betreffenden Theile

sich gegenseitig näher kennen, geschweige lieben zu lernen Gelegenheit gehabt hätten. Daher die Ueberfülle unglücklicher Ehen grade in Athen.

Perikles lebte mit Aspasia in ununterbrochen glücklicher Ehe. Ihr beiderseitiges Verhältniß beseelte eine innige und stets gleich= mäßige Zärtlichkeit. Nie, wird erzählt, ging er aus und nie kehrte er heim, ohne sie mit einem Kusse zu begrüßen. [37] Sein Haus war und blieb daher die trauliche Stätte, die er allen Gelagen, allen Gesellschaften außerhalb desselben vorzog. Aspasia übte auf ihn und seine Politik, auf seine öffentlichen Reden, auf seine Kunstideale und Kunstpläne eine, wenn auch nicht maßgebende, doch bedeutsame und bildnerische Einwirkung aus; sie war in Allem seine Beratherin. [38] Durch die nie versiegende Fülle ihres Geistes, ihrer Kenntnisse und Talente, blieb sie auch fort und fort die Seele der kleinen geist= reichen Cirkel, die nun in seinem bescheidenen Hause die Elite der attischen Gesellschaft vereinigten. Zugleich aber theilte sie mit Pe= rikles das hohe weitreichende Ansehn, welches ihm die Allmacht seiner politischen Stellung verlieh.

Kein Wunder daher, wenn sie aus allen diesen Gründen die Blicke des Neides auf sich zog, wenn man sie scheel ansah und immer maßloser verläumdete. Sie, die von den Besten als eine sittenreine Weise, als eine erhabene und beredtsame Denkerin ge= feiert wurde, sah sich andererseits von ergrimmten Gegnern oder leichtfertigen Lästerzungen nunmehr als Concubine verschrien.

Kein Wunder namentlich, wenn die Komödiendichter sich dieses Stoffes bemächtigten, um den Kitzel des Publicums zu erregen; wenn sie sich zweideutige Anspielungen und hämische Ausfälle gegen Aspasia erlaubten. Waren sie doch, ähnlich den Verfassern der modernen Possen, der modernen Witz= und Caricaturblätter, die privilegirten Spötter und Witzlinge, welche Götter und Menschen lächerlich zu machen befugt erschienen. Sie, die fort und fort den Sokrates und den Perikles dem Spott und Gelächter preisgaben, konnten sich auch kein Gewissen daraus machen, das Bild der Aspasia zur Caricatur zu entstellen. Wußten sie doch zudem, daß jeder Pfeil, der die Aspasia traf, zugleich deren Gatten verwundete, und schon deshalb den politischen Gegnern desselben ein Anlaß des Jubels war!

Es würde selbst nicht zu verwundern sein, wenn damals schon das Verhältniß des Sokrates zur Aspasia hämisch als ein unsittliches Liebesverhältniß dargestellt, oder dahin persiflirt worden wäre, als ob sie ihm Unterricht ertheilt habe in der Kunst zu lieben und Liebe einzuflößen. Doch tritt in der Literatur auch diese hämische Deutung erst Jahrhunderte später auf; und zwar auf Grund eines notorisch ihr untergeschobenen schmutzigen Gedichtes. [39])

Trotz seiner Allmacht vermochte Perikles, sowenig wie sich selbst und seine Freunde, sowenig auch seine Gattin vor den privaten Lästerzungen, oder vor dem muthwilligen Leumund der Komödiendichter, zu schützen. Denn Wort und Schrift war damals in Athen vollkommen frei; und spöttische Witzeleien, auch wenn sie in das Gebiet hämischer Schmähung fielen, galten so wenig für verdammungswerth, daß es vielmehr als ein feststehender und selbstverständlicher Grundsatz anerkannt war: Angriffe und Spott gegen bestimmte Personen seien selbst auf der Bühne, und sogar unter Namhaftmachung derselben, gestattet. Gab es auch schwerlich ein Gesetz, das diesen Grundsatz aussprach, so genügte doch schon das eingewurzelte Herkommen, ihn als unantastbar erscheinen zu lassen. [40])

So mußte es sich denn Perikles ruhig gefallen lassen, daß er von den Komikern als „der größte der Tyrannen" bezeichnet wurde; daß sie ihn wegen seines langgeformten Kopfes als „Meerzwiebelkopf" bespöttelten, als „Köpfeversammler" und „Hauptkerl", als „Zeus der Fremden Schutz und Hauptsegen" und als den „Tyrannen", dem Alles, „Macht, Friede, Gut und Glück Aller" anheimgegeben sei, und der „im Drange der Geschäfte dasitze und aus seinem elfschläfrigen Haupte lautes Getümmel ergehen lasse". [41])

Und gleicherweise mußte er es hinnehmen und ertragen, daß sie, auf Grund der rechtlichen Unebenbürtigkeit seiner Ehe, seinen Sohn Perikles als einen „Bastard" verhöhnten, und daß Aspasia von ihnen nicht nur mit einer Hera, einer Omphale, einer Helena und Dejanira verglichen, sondern gradezu auch als Concubine bespöttelt ward. [42]) Und doch blieb man hierbei noch nicht stehen.

Perikles war unfehlbar von strengen sittlichen Grundsätzen erfüllt. Als er im Jahre 440 mit dem Dichter Sophokles, der

zum erstenmale zum Feldherrn gewählt worden war, in See ging
und Sophokles die Schönheit eines anwesenden Knaben pries —
da that er verweisend den Ausspruch: „ein Feldherr müsse nicht
nur die Hände, sondern selbst die Blicke rein erhalten". [43]) Und
doch war Perikles seinerseits mindestens seit 446, vielleicht sogar
seit 454, ununterbrochen im Feldherrnamt. Stets zeigte er
sich mit seinem tiefernsten Wesen den frivolen Gesprächen abgewandt;
weshalb er ja so gern und so grundsätzlich die Tisch= und Trink=
gesellschaften mit ihren hergebrachten Ausgelassenheiten mied. Vor
allem und in allem war er bedacht, den sittlichen Anstand zu wahren
und wahren zu lassen. Er war, seiner ganzen Natur nach, von
Grund aus unfähig, ein lieberliches Weib, eine Hetäre, zu lieben
und zu heirathen. Auch hat die Mitwelt in der That, im Gegensatz
zu vielen anderen Persönlichkeiten, ihn niemals unnatürlicher Lüste,
und niemals der Hetärenliebe beschuldigt. [44]) Aber man suchte ihm
auf andere Weise beizukommen: man bezichtigte ihn der Verführung
freigeborener Frauen.

Denn vor dem Forum des lästerungssüchtigen Neides, des
gewissenlosen Hasses und der geklätschigen oder leichtgläubigen Einfalt,
war und ist nichts heilig. Sie ließen und lassen sich weder durch
die Aussprüche der Kritik noch durch die Erkenntnisse der Gerichte
zum Verstummen bringen. Und so überbot man sich denn auch
damals gegnerischer Seits, um Perikles, wie alles was mit ihm
zusammenhing, zu verdächtigen und herabzuziehen. Die Verläum=
dungen, statt im Verlaufe der Zeit zu verschwinden, wucherten nur
immer üppiger auf. Da stichelte man denn nun ganz offen, bald
daß Aspasia selbst, bald auch daß Phidias, und zwar in seiner
Werkstatt, dem Perikles edle Weiber verkuppele; da sollte dieser
bald mit der Frau seines Freundes, des Feldherrn Menippos, bald
früher schon mit der Schwester des Kimon, der Elpinike, unsittlichen
Umgang gepflogen haben; da sollte er sogar der Blutschande mit
seiner Schwiegertochter, der Frau seines Sohnes Xanthippos, schuldig
sein, — eine Verläumdung, die, wenn sie auch nicht ihren Ursprung
dem Stesimbrotos von Thasos verdankt, doch durch ihn später in
die Oeffentlichkeit gebracht wurde. [45]) Und so konnte sich denn sechs
Jahrhunderte später die läppische Behauptung des Athenäos

hervorwagen: Perikles sei „ganz der Liebeslust ergeben" gewesen. [46])
Die alte ächte Ueberlieferung, wie sie durch Antisthenes und Aeschines
vertreten wird, weiß nur von seiner Liebe zur Aspasia zu erzählen,
von ihrer Innigkeit und von ihrem ungeschmälerten Fortbestande bis
an das Ende seiner Tage.

Alle jene elenden Geiferauswürfe sind übrigens schon von
Plutarch, obwohl er sich selbst hin und wieder zu unkritischen Annahmen verleiten ließ, hinlänglich gerichtet worden. Er nennt sie
„willkommene Erfindungen für die Komiker, die sich in Zoten darüber ergossen", indem sie namentlich auf den Geflügelhof des Pyrilampos anspielten, dem als einem Vertrauten des Perikles nach-
gesagt wurde: er schicke den Weibern, deren Gunst dieser genieße,
Pfauen zu. „Doch, fügt Plutarch bei, was könnte uns an Leuten
von der Spötterzunft, die mit ihren Lästerungen gegen die Besseren
dem Neide des Pöbels, als einem bösen Dämon, bei jeder Gelegenheit Opfer brachten, noch befremdlich sein, wenn sich sogar ein
Stesimbrotos nicht entblödete, das abenteuerliche Mährchen gegen
Perikles von Blutschande mit seiner Schwiegertochter aufzubringen?
So wird es denn wohl dem Forscher überall schwer, die Wahrheit
zu ergründen, wenn der Nachwelt bei Erwägung der Thatsachen die
Zeit im Lichte steht; während die den Begebenheiten und Personen
gleichzeitige Geschichte die Wahrheit bald durch Neid und Haß, bald
durch Parteilichkeit und Schmeicheleien entstellt und verdreht."

----

14. Das Verbot des persönlichen Komödienspottes.

Wie aber kam es, wird man vielleicht fragen, daß so maßlose
Verunglimpfungen auf der Bühne geduldet wurden, wie sie zu Lebzeiten des Perikles von Kratinos, Teleklleides und Hermippos —
denn Eupolis trat erst in dessen Todesjahre auf —, gegen die
mächtigsten und angesehensten Personen ausgestreut wurden? Wußten
doch damals andere Komödiendichter, wie Krates und Pherekrates,
sich selbst ein Maß aufzuerlegen, und des gehässigen Spottes gegen
bestimmte Persönlichkeiten sich zu enthalten! [47]) Wenn diese Art des
persönlichen Spottes, wie wir sahen, auf dem Herkommen, auf bloß

thatsächlicher Uebung beruhte: warum that das souveräne Volk, das
doch so eifersüchtig über seine eigene Ehre wachte und keine Antastung
derselben zuließ, nicht von sich aus den Ueberschreitungen, sei es
durch Beschlüsse oder durch Kundgebungen des Mißfallens, Einhalt?
Eine solche Stimmung beim Volke voraussetzen, hieße den Charakter
desselben verkennen. Es war doch im Ganzen von sehr leichtlebiger
Natur; es kam ihm niemals ungelegen, sich auf Kosten Anderer
ergötzen zu können; ja es verlangte sogar diese Art der Belustigung,
ohne deshalb den verspotteten Personen gram zu sein, oder ihnen
gram zu werden. Und darum trugen auch jene Spötter lichten
Beifall und Ruhm davon, während Nichtspötter, wie Krates und
Pherekrates, im Schatten der Neutralität verblieben.

„In Komödien das Volk zu verspotten und zu schmähen —
sagt ein Zeugniß der Zeit —, das gestatten die Athener nicht; aber
wenn Jemand einen einzelnen Bürger schmähen will, so hindern
sie es nicht, weil der Verspottete meist nicht dem eigentlichen Volke
oder dem großen Haufen angehört, sondern ein Reicher oder Vornehmer oder Mächtiger ist. Nur wenige von den Armen und dem
eigentlichen Volk werden in der Komödie verhöhnt, und auch diese nur
wegen ihrer Großthuerei oder wegen ihres Strebens, mehr sein und
mehr haben zu wollen als Andere im Volke, so daß das letztere
sich auch dann nicht ärgert, wenn derartige Leute dem Spott verfallen". 48)

Wenn dergestalt das Volk nicht der geeignete Factor war, den
Verläumdungen der Bühne entgegenzutreten: warum machte nicht
Perikles selbst, wenn er doch sich, Aspasia und seine Freunde rein
wußte, und als natürlicher Beschützer Aller, dem allzu dreisten Ge-
bahren ein Ende?

Dies für möglich erachten, hieße den Charakter der handelnden
Personen verkennen. In Bezug auf die unbedingte Freiheit des
Wortes, selbst wenn es sich in Schmähungen bewegte, stand das
damalige Athen genau auf derselben Stufe wie die heutige Republik
der Vereinigten Staaten von Nordamerika. Und wie so mancher
berühmte Präsident dieser letzteren, trotz des edelsten Charakters,
sich den schamlosesten Verläumdungen und Schimpfreden preisgegeben
sah, ohne die geringste Abwehr dagegen zu unternehmen, vertrauend

auf die Gerechtigkeit der Geschichte: so hat auch Perikles nie einen
Augenblick daran gedacht, Schimpf und Verläumbung anders als
mit den Waffen der Verachtung zu bekämpfen; in der gerechten Er=
wartung, daß die Nachwelt nicht sein und der Seinigen Bild nach
den Spöttereien der Komödie bemessen und färben werde. Die
Schwierigkeit, eine Grenze zwischen Freiheit und Frechheit des
Wortes festzustellen, schien überdies die Pflicht aufzuerlegen, aus
Achtung vor der Freiheit, und um nicht den geringsten Anlaß zu
ihrer Gefährdung oder Beeinträchtigung zu geben, lieber auch die
Frechheit in den Kauf zu nehmen. Wie Perikles selbst durch den
rückhaltlosesten Freimuth dem Volke gegenüber sich auszeichnete: so
ließ er auch ohne Scheu denselben Freimuth gegen sich selbst, gegen
seine Stellung und Person in Anwendung kommen, auch da wo das
freie Wort die Grenzen des Anstandes und der Wahrheit, die er
selbst stets innehielt, weit überschritt. Und schwer ist es zu sagen,
was ihm besser anstand: jener eigene Freimuth oder diese Ertragung
fremder Rücksichtslosigkeit.

Zwar wurde grade in der Zeit, da Perikles auf der höchsten
Höhe seiner Macht stand und Jegliches durchzusetzen im Stande war,
ein großer Anlauf gemacht, um ein für allemal den Komödienspott
zu verbieten, und damit die Freiheit der Komödie zu unterdrücken.
Aber dieser Versuch ging nicht von ihm aus, sondern von einer
ganz anderen Seite, von der religiösen Reactions= oder der ortho=
doxen Priesterpartei. Und er wurde berechneter Weise unternommen
während der Abwesenheit des Perikles auf dem Samischen Feldzuge,
im Jahre 440; denn anwesend würde Perikles die Freiheit der
Komödie ebensowenig durch Andere haben antasten lassen, als er sie
je selbst angetastet hat.

·Das Vorhandensein und die Wirksamkeit der orthodoxen Priester=
partei, sowie mithin auch die Vorgänge, die wir in Betreff derselben
hier und später zu erwähnen haben, sind leider selbst von Historikern
wie Grote völlig übersehen worden. Eine scharfe Beleuchtung dieses
Gebietes verdanken wir dem Philologen Theodor Bergk.[49])

Die religiöse Aufklärung, die in den Kreisen des Anaxagoras
und des Perikles zu Hause war, hatte sich mehr und mehr den ge=
bildeteren Klassen des Athenischen Volkes mitgetheilt. Eben deshalb

hatte die Komödie sich auch ihrer bemächtigt, um durch Spötteleien über die altväterische Orthodoxie den aufgeklärten Theil des Publicums zu reizen und zu ergötzen. Die rechtgläubige Priesterpartei, die es für ihre Aufgabe hielt, der religiösen Aufklärung und dem Vernunftglauben entgegenzuarbeiten, nahm auch an diesem Verhalten der Komödie Anstoß und war entschlossen, es zu bekämpfen. An ihrer Spitze standen zwei angesehene Priester und Wahrsager, Lampon und Diopeithes.

Den Ausschlag gaben zwei neue scharfe Angriffe des Komödiendichters Kratinos. In seinen Thrakerinnen verspottete er den priesterlichen Aberglauben, und in seinen Trapetiden den Priester Lampon selbst. Nun war das Maß voll. Auf den Betrieb der beiden Parteihäupter wurde durch Antimachos bei der Volksgemeinde die Annullirung des bisher geltenden Grundsatzes, d. h. das Verbot des persönlichen Komödienspottes beantragt. Da der Anhang der orthodoxen Pristerpartei tief in die Schichten sowohl der grundsätzlich conservativen Aristokratie wie der ungebildeten und abergläubigen Volksmenge hineinreichte: so glückte der kühne Wurf, und das Verbot gegen die Komödie ward zum Beschluß erhoben. [50]) Denn wollte auch der orthodoxe Theil der Bevölkerung sich ebensowohl wie der aufgeklärte an politischen Spöttereien ergötzen — in religiösen Dingen folgte er blindlings dem Einfluß und den Losungen der Priester.

Zum erstenmal hatte dergestalt die religiöse Reaction dreist ihr Haupt erhoben, und gleich im ersten Anlauf hatte sie einen glänzenden Triumph davongetragen. Es war damit, wie nicht übersehen werden darf, jene Linie der Entwicklung begonnen, die, als Ausfluß orthodoxer Unduldsamkeit, nachmals den Anaxagoras sowie andere Philosophen zu Falle brachte, und in der Verurtheilung und dem Tode des Sokrates ihre beklagenswerthesten Früchte trug.

Perikles, von seinem Feldzuge 439 zurückgekehrt, war nicht gesonnen, diese Vorgänge anzuerkennen, sondern entschlossen, die Unterdrückung der Komödienfreiheit und damit jenen Triumph der Priesterpartei rückgängig zu machen. Aber mit großer Vorsicht bereitete er offenbar die Stimmungen des Volkes auf seine Absichten vor. Denn erst im Jahre 437 trat er rückhaltslos mit dem Antrage auf, jenes Verbot gegen den Komödienspott wieder aufzuheben. Wirklich gelang es ihm, damit durchzubringen. [51]) Die wichtigste politische Folge davon war eine wachsende Entzweiung zwischen ihm und der orthodoxen Priesterpartei. Aber ebenso denkwürdig war eine andere Folge: Perikles, indem er neuerdings die Komödie von allen Fesseln befreite, hat eben dadurch die glänzende Erscheinung des Aristophanes möglich gemacht, damit zugleich aber auch dessen leichtsinniges, wiewohl schwerwiegendes Gespött auf seine eigene Person und auf Aspasia. [52])

Es zeugt gewiß von einer überaus großsinnigen Denkweise, daß Perikles selbst, im Interesse der unumschränkten Freiheit und Geistescultur, jene Schleusen des Spottes wieder öffnete, deren Ergüsse ihn, als die hervorragendste Persönlichkeit Athens, nothwendig am meisten treffen, bespritzen und überschütten mußten.

Aber Perikles achtete dessen nicht. Für die Angriffe der Rede- und der Komödienfreiheit suchte er Entschädigung in der unerschütterlichen Achtung aller Besseren, in dem engeren Kreise seiner Freunde, in den geselligen Cirkeln seines Hauses, und vor allem in seinem unbeirrten, kräftigen und segensreichen Wirken.

Und dahin nun, in die Kreise seines näheren Umganges, und in die mächtig erweiterte Stätte seines Wirkens, wollen wir ihn jetzt begleiten.

15. Der Gesellschaftskreis des Perikles und der Aspasia.

Die geistvollen Cirkel, die sich um Perikles und Aspasia sammelten, und deren Brennpunkte sie selber bildeten, verfolgten in ihren geselligen Unterhaltungen vornehmlich drei hohe Ziele, oder diese Ziele beherrschten das Gespräch, machten deren Gegenstand und Inhalt aus. Dies waren: einmal, die Veredelung der Demokratie im politischen Leben; ferner die philosophische Läuterung des religiösen Bewußtseins, und endlich die ästhetisch literarische und künstlerische Bildung. [53])

Zu dem engsten Freundeskreise gehörten namentlich die Philosophen Anaxagoras, Zenon, Protagoras und Sokrates.

Mit seinem Lehrer Anaxagoras blieb Perikles unausgesetzt auf
das innigste befreundet; mit ihm verkehrte er anscheinend am häu=
figsten; bei ihm suchte er in allen Dingen, auch in Staatsange=
legenheiten, Rath. Dagegen unterstützte ihn Perikles in allen mate=
riellen Nöthen. Denn Anaxagoras, obwohl von vornehmer und
reicher Familie, hatte Haus und Güter im Stich gelassen, um, un=
bekümmert um irdischen Besitz, nur seinem begeisterten Forscherdrange
zu leben. Perikles verdankte ihm das ganze Gepräge seines Wesens.
Die Philosophie des Anaxagoras war in ihm gleichsam Fleisch,
dessen Theorie in ihm Praxis geworden. Wie Anaxagoras die Ver=
nunft, den Geist, als den Ordner des Kosmos, als den Urheber
alles Rechten und Schönen durch seine Lehren feierte: so hatte es
sich Perikles gewissermaßen zur Aufgabe gestellt, der geistige Ordner
des politischen Kosmos, des attischen Staates zu sein, und zum
Urheber alles Rechten und Schönen innerhalb der hellenischen Welt
zu erwachsen. Ein stolzes Selbstgefühl war ihm dabei gewiß nicht
fremd; aber es gründete sich auf dem Bewußtsein, daß alle seine
Zwecke durchaus sittlicher oder ethischer Natur, selbstlose und edle
seien. Daß Anaxagoras im Sinne religiöser Aufklärung auf Pe=
rikles mächtig einwirkte, daß er ihn vor vielen abergläubischen An=
sichten der Zeit wahrte, ist eine unzweifelhafte Thatsache. [54]) Die
Ueberzeugungen, die in dieser Beziehung Anaxagoras vertrat, und
wegen deren er bei der orthodoxen Priesterpartei Anstoß erregte,
ja schließlich, wie wir noch sehen werden, bis auf den Tod verfolgt
wurde, waren schon denjenigen sehr nahe verwandt, für deren Ver=
tretung nachmals Galilei auf ähnliche Weise litt und Kepler sowie
Kopernicus den priesterlichen Verfolgungen ausgesetzt waren. Die
Haltung des Anaxagoras in der Gesellschaft war, wie die seines
großen Schülers, eine stets ernste. „Nie hat man gesehen, heißt
es bei Aelian, daß er gelacht oder nur gelächelt habe."

Von dem früheren geistigen Verkehr des Perikles mit dem elea=
tischen Philosophen Zenon, haben wir schon gesprochen. Diesem
Meister der Dialektik verdankte er besonders jene Kunst, durch ge=
schickten Widerspruch den Gegner niederzuringen, die der von Pe=
rikles so vollständig niedergerungene Gegner, der ältere Thukydides,
so betroffen anstaunte. Das intime Verhältniß zwischen Perikles

und Zenon dauerte ohne Zweifel fort. Dafür zeugt u. A. die Thatsache, daß der Letztere jederzeit auf das eifrigste für den Ersteren Partei nahm. Wenn die würdevolle Haltung und der tiefe Ernst des Perikles als Ziererei und Hoffahrt getadelt wurden: so forderte Zenon die Tadler auf, sich ihrerseits auf gleiche Weise zu zieren, weil schon die äußerliche Manier des Edlen unvermerkt Liebe und Angewöhnung pflanze. [55])

Der persönliche Umgang des Perikles mit Protagoras, der beim Abschluß des Waffenstillstandes etwa 35 Jahre zählte, ist uns verschiedentlich bezeugt. Beide stritten gern und lebhaft mit einander über philosophische Fragen. Ihre Vertraulichkeit erstreckte sich aber zugleich über Familienangelegenheiten und häusliche Sorgen. Nach Platon zu urtheilen, wurde Protagoras auch von Perikles zum Lehrer seiner beiden älteren Söhne bestellt. Ein weiteres Bindemittel zwischen beiden war die innige Freundschaft des Ersteren mit seinem Altersgenossen Euripides. An der Disputirmethode des Protagoras nahm schon Mancher Anstoß, weil er sich zu sehr in scheinbaren Wahrscheinlichkeiten gefiel, und dadurch der Entartung der Sophistik Vorschub leistete. Mit seinen Lehren aber bewegte er sich im Großen und Ganzen in derselben Denkweise wie Anaxagoras. Auch er erkannte in dem orthodoxen Götterglauben keine dem philosophischen Denken entsprechende Thatsache; und unfehlbar sprach er schon damals im geselligen Gespräche unverholen die Zweifel an der Existenz der griechischen Götterwelt aus, die ihm nachmals Verderben brachten, als er sie in einer besondern Schrift näher ausführte. Wahrhaft tiefsinnige Aussprüche führen sich auf Protagoras zurück. So der weise Satz „der Mensch · ist das Maß aller Dinge", den Platon nachher so unweise bespöttelt hat, daß man fast versucht sein könnte, an seiner Autorschaft des Theätet zu zweifeln. Wenn im Jahre 443 Protagoras mit der Ausarbeitung des Grundgesetzes für die neue Colonie Thurioi betraut ward, so kann dies nur auf Veranlassung des Perikles geschehen sein, und würde ebenso sehr neuerdings sein intimes Verhältniß zu diesem, wie seine Betheiligung an der Gründung von Thurioi selbst, beweisen. [56])

Sokrates stand, als der dreißigjährige Waffenstillstand abgeschlossen wurde, im dreiundzwanzigsten Lebensjahr, also in seiner

erften jugendlichen Mannesblüthe. Als Bürger unterstützte er seitdem,
und ohne Zweifel ununterbrochen, durch fein Votum in den Volks=
versammlungen die Politik des Perikles; doch wurde er, wie wir
nicht mehr auszuführen brauchen, in feinem Denken und Empfinden
nicht sowohl durch den zurückhaltenden Perikles, als vielmehr durch
die lebhafte und entgegenkommende Haltung der Aspasia bestimmt.
Ohne Zweifel war er ein eifriger Befucher des Haufes. Er wird
als einer der liebenswürdigsten und witzigsten Gefellschafter gefchildert.
Voll artiger Einfälle, würzte er jederzeit das Gefpräch durch feine
mehr und mehr fich entwickelnde und im Ganzen mehr wohl= als
übelgelaunte Jronie. Kraft derfelben bildete er den intereffanteften
Gegenfatz zu Perikles, der, feinerfeits ohne den mindeften Anflug
von Humor, dennoch auch im Freundeskreife grade durch den tiefen
Ernft feiner Worte den größten Einfluß bewahrte. [67])

Eine zweite Gesellschaftskategorie bildeten die staatsmännischen
und parlamentarifchen Parteigenoffen des Perikles. Dahin gehörte
ohne Zweifel in früherer Zeit namentlich Ephialtes, fowie Demo=
nides von Cea, fein Helfer bei den focialen Reformen, die derfelbe
bei feinem hohen Alter wohl nicht allzulange überlebte. In fpäterer
Zeit Metiochos, der ihm ebenfalls vorzugsweife in focialen Fragen,
befonders in Bezug auf Armenverforgung, aber auch in militärifchen
Verkehrsangelegenheiten beiftand; ferner Charinos, den er mehrfach
die befchloffenen Anträge, namentlich das Decret gegen Megara, vor
dem Volke vertreten ließ; endlich Menippos, der Feldherr, deffen
er fich in rein militärifchen Dingen als Rathgebers oder Helfers
bediente, und dem wir mit feiner Gattin zugleich im Haufe des
Perikles begegnen. Die Stellung des Redners Antiphon zu dem
Letztern fcheint keine gefellfchaftlich nahe gewefen zu fein; dagegen
müßte Lyfias, gleich feinem Vater, ihm fehr nahe geftanden haben,
wenn er 458 geboren ward und nicht vor 430 nach Thurioi zog.

Jnwieweit die Hiftoriker der Zeit in die damaligen Verkehrs=
kreife des Perikles hineinreichten, ift fchwer zu ermitteln. Daß He=
robot nicht ·außerhalb derfelben verblieb, foweit er fich in Athen auf=
hielt, ift in hohem Grade wahrfcheinlich. Dafür fpricht die unge=
meine Verehrung, die er in feinem Werke für Perikles zur Schau
trägt. Ift es doch, indem er den Stammbaum der Alkmäoniden

entwickelt, als ob er dies nur deshalb thut, um schließlich in Perikles
das höchste und bewundernswertheste Product dieses Geschlechts, den
größten Mann des Jahrhunderts und gleichsam den ersehnten Heil-
bringer Griechenlands zu begrüßen![58] War er doch ferner mit
Sophokles, der dem Perikles so nahe stand, eng befreundet! Und
als dieser letztere in der ersten Hälfte des Jahres 443 dazu
schritt, an der Stelle des verrotteten Sybaris die neue großartige
Colonie Thurioi zu gründen, unter der technischen Leitung des berühmten Baumeisters Hippodamos: da schloß sich auch Herodot dieser
Coloniegründung Athens mit einer Begeisterung an, die dafür zeugt,
daß es ihm nicht nur um ein neues Domicil zu thun war, sondern auch
um Unterstützung der Pläne und Werke seines gewaltigen Zeitgenossen.

Daß der Historiker Thukydides den Perikles persönlich und
überaus genau kannte, wird keiner seiner Leser je bezweifelt haben.
Es fragt sich nur, ob es zur Sammlung dieser genauen Kenntniß
genügend war, Perikles bei öffentlichen Anlässen zu sehen und zu
hören, oder ob es nicht dazu eines unmittelbaren Verkehrs mit ihm
bedurfte. Ein solcher aber, wenn er irgend einen Ertrag abwerfen
sollte, konnte nicht in zufälligen Begegnungen auf der Straße oder
auf dem Amtsbureau, sondern mußte im Hause des Perikles selbst
gesucht und gefunden werden. Zwar hat man auch dem Historiker
Thukydides gewisse aristokratische Vorurtheile minder freilich nach-
gewiesen als zugeschrieben. Allein einmal war er eine unvergleichlich
viel mildere und bildsamere Natur in der Politik wie der ältere
Thukydides, und daher nicht wie dieser voller Feindschaft, sondern
im Gegentheil voller Anerkennung und Hochachtung für Perikles.
Und andererseits war und blieb ja trotz allem auch Perikles eine
wesentlich aristokratische Natur; seine demokratische Reformpolitik trug
manche auffallend conservative Züge, die selbst Gegner der Demokratie bei einiger Unbefangenheit anheimeln konnten; und überdies ist
es eine Thatsache, wie wir bald sehen werden, daß Perikles auch
Vertreter abweichender Parteirichtungen, so lange sie ihm nicht offen
und feindlich entgegentraten, ohne Bedenken bei sich empfing. Ob
Thukydides davon Gebrauch machte, vermögen wir freilich nicht endgültig zu entscheiden. Doch spricht dafür einerseits noch die Angabe,
daß er gleichwie Perikles ein Schüler des Anaxagoras gewesen sei;

und andererseits die Thatsache, daß wir ihn unmittelbar nach Er=
reichung des feldherrnfähigen Alters von 30 Jahren als Feldherrn
gewählt und als solchen 440 im Samischen Kriege beschäftigt sehen.
Denn nicht der ältere Thukydides, der damals Verbannte, kann bei
diesem Anlaß gemeint sein. Die Feldherrnwürde konnte aber zu
jener Zeit nur erlangen, wer dem Perikles genehm war.

Der dritte hervorragende Geschichtschreiber, Xenophon, der nach=
herige Feldherr, befand sich dazumal erst in seinen Jugendjahren.
Freilich kann er darum doch im Hause des Perikles verkehrt haben,
wo er in dessen Söhnen und in Alkibiades nahezu gleichaltrige Ge=
nossen fand. Wenn er aber, wie wir schon sahen, sammt seiner
Gattin einen äußerst vertrauten Umgang mit Aspasia pflog, so kann
dies natürlich erst nach dem Tode des Perikles geschehen sein.

Auf alle Fälle entnahmen die genannten drei Historiker sämmt=
lich die Antriebe zu ihrem literarischen Schaffen aus dem unmittel=
baren und ihnen sichtbaren Wirken des Perikles, aus den großarti=
gen Entwicklungen, die seine gewaltige Persönlichkeit nach allen
Richtungen hin schuf.

Von den Vertretern der Poesie stand Sophokles, das glänzendste
Gestirn der dramatischen Dichtung, in der engsten Beziehung zu
Perikles. Beim Beginn des dreißigjährigen Waffenstillstandes 53
Jahre alt, war er bereits großer dichterischer Triumphe theilhaftig
geworden. Eben hatte er mit seiner Antigone die höchste Höhe der
Meisterschaft erklommen, als er in Anerkennung dessen zum Feld=
herrn ernannt wurde, und 440 mit Perikles an der Leitung des
langwierigen Krieges gegen Samos Theil nahm. Wir sahen schon,
wie vertraulich sie miteinander am Bord des Schiffes verkehrten;
im folgenden Jahre kamen beide gemeinsam zurück. Obwohl nun=
mehr den Sechzigern nahe, war auch Sophokles immer noch ein
ungemein angenehmer und liebenswürdiger Gesellschafter; während
er als unbeholfen galt in allen Fällen, wo es auf ein Handeln
ankam.[59]

Eben so wenig kann an dem näheren Umgange des Perikles
mit Euripides, der beim Abschluß jenes Waffenstillstandes 35 Lebens=
jahre zählte, gezweifelt werden. Denn auch er war, gleich wie Perikles,
ein Schüler und Freund des Anaxagoras. Mit beiden war er ver=

wandten Geistes; in seiner Haltung ernst, und selbst finster. Seinen
ersten dramatischen Sieg feierte er um 441. Der tragischste der
tragischen Dichter genannt, war er in seiner Empfindungsweise weicher
und, allem Anschein nach, zartfühlender als sein älterer Kunstgenosse
Sophokles. Euripides galt als ein warmer Freund der Frauen,
aber als ein Feind der Hetären.[60])

Am nächsten an den Gesellschaftskreis der Philosophen schlossen
sich, wie es scheint, die Träger der bildenden Künste an. Phidias
namentlich (geb. um 487) war, gleich wie Anaxagoras, ein wahrhafter Busenfreund des Perikles und überdies der vertrauteste Rathgeber desselben in allen künstlerischen Angelegenheiten. Wir werden
auf dieses innige Verhältniß noch später die denkwürdigsten Streif-
lichter fallen sehen. Im Allgemeinen kann es keinem Zweifel unterliegen, daß in der Blüthezeit der Verschönerung Athens Perikles
und Phidias fast tagtäglich mit einander geschäftlich conferirten und
gesellig verkehrten. Und an diesem Verkehr waren zuverlässig auch
die übrigen hervorragenden Vertreter der bildenden Künste, wie
Iktinos, Kallikrates, Mnesikles und Andere, vielleicht auch Polygnot,
trotz seiner Freundschaft mit dem verstorbenen Kimon, betheiligt.
Ebenso die berühmtesten Musiker, wie Damon und Pythokleides, die
Lehrer des Perikles; und ferner jener geniale Städtebaumeister Hippodamos, der Landsmann der Aspasia, der Hauptvertreter der Physik
und der architektonischen Wissenschaft, der eben damals so kunstgerecht
und schön die Hafenstadt Piräeus erbaute.

Daß der große Astronom Meton, der in dieser Zeit den nach
ihm benannten neunzehnjährigen Kalendercyklus, offenbar unter der
Protection des Perikles, berechnete und feststellte; daß der große
Arzt Hippokrates, der sich mehrmals, und namentlich auch zur Zeit
der sogenannten Pest, zu Athen aufhielt, im Hause des Perikles
verkehrt habe, läßt sich zwar voraussetzen oder errathen, aber nicht
beweisen.

Vollkommen sicher ist es, daß Perikles auch mit angesehenen
Gewerbtreibenden in freundschaftlichem Umgange lebte; wie denn namentlich der Geflügelhändler Pyrilampos ausdrücklich zu seinen Vertrauten gerechnet ward. Das Bindemittel war aber auch in diesem
Falle ohne Zweifel, trotz der frivolen Erfindungen der Komiker,

lediglich das Verständniß und die Theilnahme für die hohen Zwecke,
die im Hause des Perikles gehegt und gepflegt wurden. Ein anderer
Vertreter der Industrie, Lysikles, der Schafzüchter und Schafhändler,
der nachherige Volksführer, scheint ebenfalls schon damals im Hause
des Perikles, wiewohl noch anspruchslos, verkehrt zu haben.

Es ist sogar Thatsache, daß Perikles selbst entschieden hetero=
genen Elementen den Zutritt gewährte, so lange der Widerstreit
geselliger Erörterung nicht in offene und öffentliche Feindseligkeit
umschlug. Dahin gehörte namentlich jener Priester Lampon, der
Anfangs zur Erreichung seiner Ziele, zur orthodoxen Gängelung der
Menge, offenbar das demokratische Fahrwasser und den Anschluß
an den so überaus populären Perikles als das fördersamste er=
achtete. Daher ließ ihn denn auch dieser noch in der ersten Hälfte
des Jahres 443 bei der Frage über die Gründung der Colonie
Thurioi unbedenklich vorantreten. Erst als drei Jahre später Lam=
pon die Abwesenheit und das volksthümliche Ansehn des Perikles
mißbrauchte, um die Beschränkung der Komödienfreiheit durchzusetzen,
trat der Bruch ein, in Folge dessen sich Lampon mehr und mehr
zum geharnischten Vorkämpfer der Orthodoxie und zum Gegner des
Perikles entpuppte. Es ist nicht zu verkennen, daß er schon zuvor
sich gern gesprächsweise im Kampfe der religiösen Meinungen mit
Anaxagoras rieb, aber eben deshalb auch grade mit ihm am meisten
sich verfeindete.[61])

So war denn das Haus des Perikles und der Aspasia der
Mittelpunkt aller geistigen und künstlerischen Bestrebungen Athens.
Hier vereinigten sich die Koryphäen der Philosophie und der Wissen=
schaft überhaupt, die Elite der Dichter, der Architekten, Bildhauer,
Maler und Musiker. Hier ruhten in der That, wie Wieland sagt,
„die Staatsmänner im Schooße der Musen und der Grazien aus.‟
Hier holten sich die Philosophen frische Antriebe zur Entwicklung
ihrer Systeme und ihrer Methoden. Hier fanden Künstler, wie
Phidias, reiche Gelegenheit, sich für alles Edle und Schöne, für
die höchsten Ideale der Kunst, und für ihre eigenen großartigen
Schöpfungen zu begeistern. Hier erlauschten Dichter wie Sophokles
und Euripides Gedanken und Motive, um ihren Erzeugnissen die
erste Grundlage, das weitere Gedeihen oder die letzte Feile zu geben;

und Redner fanden hier in dem Schwunge der belebten und geist=
reichen Unterhaltung die Wege zur Beschwingung ihrer Redekunst.
Es war der Sammelpunkt der schönen Geister und der besten Ge=
sellschaft von Athen; in ihm zu verkehren galt als ein Ziel des
Ehrgeizes, das Viele erstrebten, und dessen doch immer nur Wenige
sich rühmen durften. Es war zugleich aber auch der höchste geistige
Centralpunkt des gesammten Alterthums. Denn aus dem Innern
dieses Hauses gingen die zündenden Funken des Genies, alle Im=
pulse des Geistes, alle Strahlen der Kunst hervor, welche nicht nur
Athen verherrlicht, sondern auch die ganze Welt bis auf den heuti=
gen Tag befruchtet haben. Aus ihm erwuchs jene Blüthenfülle des
Schönen, wodurch die Localcultur Athens zur Nationalcultur von
Hellas, und damit zur höchsten Culturstufe der Menschheit im Alter=
thum überhaupt erhoben ward.

16. Die moralische, geistige und künstlerische Hebung Athens.

Mit verstärktem Nachdruck, sahen wir, stellte sich Perikles seit
dem Abschluß des Waffenstillstandes am Ende des Jahres 446, und
insbesondere seit der Verbannung des ältern Thukydides im Jahre
444, die Aufgabe der intellectuellen und künstlerischen Erhebung
Athens, welche die moralische, in den Augen aller Griechen, zur
nothwendigen Folge haben mußte.

Schon in der Periode von 467 bis 456 hatte das Aufblühen
der Künste und der Wissenschaften begonnen, und in der Zeit von
456 bis 444 hatte es bereits an Vertiefung und Ausdehnung be=
trächtlich gewonnen. Es machte sich wahrnehmbar durch eine fort=
schreitende Ansammlung und durch ein steigendes Zusammenwirken
hoher geistiger und künstlerischer Kräfte. Die eigentliche Blüthezeit
des perikleischen Zeitalters umfaßte jedoch den Zeitraum von 444
bis auf den Beginn des peloponnesischen Krieges.

In diesem Zeitraum gipfelte das Ineinandergreifen und Zu=
sammenwirken der schaffenden Kräfte; ihr Wetteifer erreichte den höch=
sten Grad. Wie Zenon, Anaxagoras und Sokrates neben einander

auf attischem Boden wandelten und ihre philosophischen Ideen aus=
tauschten: so begegneten sich an der Spitze zahlreicher Künstlerschaa=
ren die Heroen der Bildhauerkunst, der Architektur und der Malerei,
in der Feier ihrer Triumphe. War Sokrates und die sokratische
Schule, d. h. die Blüthe der griechischen Philosophie, recht eigentlich
ein Erzeugniß des perikleischen Zeitalters, und verdankt die Blüthe
der Geschichtschreibung, vertreten durch Herodot, Thukydides und
Xenophon, gleicherweise diesem Zeitalter mit seinen tausendfältigen
Anregungen ihr Dasein: so war nicht minder auch die Blüthe der
dramatischen Poesie, vorzugsweise durch Sophokles verkörpert, durch
den Schwung der perikleischen Verwaltung gezeitigt worden. Denn
neben Äschylos trat erst seit 468 Sophokles, und Euripides sogar
erst seit 455 auf. Die Zeit des Perikles bezeichnet den Uebergang
von der äschyleischen Tragödie zur sophokleischen und zur euripideischen.
Während der Stern des Äschylos unterging, erhob sich schon der
des Sophokles zum Zenith empor, und tauchte der des Euripides
über dem Horizont auf. Im Jahre 468 führte Äschylos seine
„Sieben gegen Theben" auf; zehn Jahre später seine „Orestie",
und zwei Jahre darauf, 456, erlosch mit seinem Leben seine Kunst.
Der jugendliche Sophokles hatte 468 seinen ersten Bühnensieg ge=
feiert, und seitdem entfaltete er sich, das alte Gestirn verdunkelnd
oder vielmehr überstrahlend, zum schönsten und farbenreichsten Me=
teor der Poesie. Während Äschylos dem Perikles, bei aller Mäßigung,
fremd und abgewendet dastand, verhielt sich Sophokles zu diesem
als vollberechtigter ebenbürtiger Freund, und schloß sich Euripides
demselben unfehlbar mit jugendlicher Hingebung und Verehrung an.
Beiden sind zuverlässig von Seiten des Perikles zahlreiche Auf=
munterungen zu Theil geworden.

Wie das perikleische Zeitalter die Blüthezeit der alten Komödie
war: so rief es auch eine prächtige Nachblüthe des alten Epos her=
vor. Während Herodot die Geschichte der Freiheitskriege gegen die
Perser in Prosa niederschrieb, verherrlichte sie Chörilos von Samos
in einem großen Heldengedicht, das ihm überall in Hellas, und vor
allem in dem entzückten Athen, Ruhm und Bewunderung ein=
brachte.

Noch stellte damals die Philosophie im Wesentlichen den In=

begriff der Wissenschaften dar. Dennoch aber nahmen einzelne Fächer, wie Astronomie, Medicin und Jurisprudenz, einen selbstständigen und mächtigen Aufschwung. Während die beiden ersteren in Meton und Hippokrates ihre Koryphäen feierten: war die letztere durch die perikleischen Reformen zu einer unentbehrlichen Wissenschaft, und als solche zu einem Gemeingut des Volkes erwachsen. Die zahlreichen Schwurgerichtshöfe, mit ihrem öffentlichen und mündlichen Verfahren, feuerten zum Anbau der Sprachlehre und der Beredtsamkeit an. Der Rhetor Antiphon ging als ein leuchtender Stern in der gerichtlichen Beredtsamkeit auf; und bald folgten ihm Andere wetteifernd nach. Rhetoren und Sophisten waren damals noch ehrenwerthe Namen, weil ihre Träger dem Namen selber Ehre machten. Auch Sokrates war ein Sophist im edlen Sinne des Wortes, und darf in keiner Weise nach den Wolken des Aristophanes oder nach den Eindrücken, die deren Witz hervorruft, beurtheilt werden.

Auf allen Gebieten des attischen Geisteslebens, in allen Wissenschaften und Künsten ohne Unterschied fand damals gleichzeitig ein überaus mächtiges und fast zauberhaftes Anzucken der Geister und der Talente statt. Aber Ein Gebiet ist es doch vorzüglich, das der bildenden Kunst, welches immer und immer wieder die höchste und die ungetheilteste Aufmerksamkeit für sich in Anspruch nimmt. Denn auf dem Altare der bildenden Kunst allzumal entzündete sich ein heiliges vestalisches Feuer, das noch fortbrannte, als Athen in Trümmer sank, und das nie erlöschen wird, so lange die Welt steht.

Die Koryphäen der bildenden Kunst, unter und neben denen selbst wieder eine große Reihe berühmter Meister wirkten, waren in der Architektur: Phidias, Iktinos, Kallikrates, Mnesikles, Karöbos, Metagenes und Xenokles; in der Sculptur: Myron, Phidias und Polyklet; in der Malerei: Polygnot, Mikon, Nikias, Panänos, Agatharchos, Zeuris, Timagoras und Apolloboros.[62]

Unter ihrem Vortritt und Walten nahm die Kunst im perikleischen Zeitalter den ihr eigenthümlichen Charakter an. Es war der der Naturtreue in ihrer feinsten und reinsten Durchbildung, der Erhabenheit und Würde, der Majestät und Anmuth, der Freiheit und Beweglichkeit. Die Kunst emancipirte sich auf attischem Boden von der Autorität und dem Typus, durch die sie im Orient beherrscht ward. Wie sich der Staat durch den freien lebendigen Geist des volksthümlichen Princips aus den Fesseln der alterthümlichen aristokratischen Steifheit gelöst und zur Harmonie von Freiheit und Gesetzlichkeit hindurchgebildet hatte: so arbeitete sich auch gleichzeitig die Kunst aus den steifen Formen des hergebrachten schematischen Typus, aus dem Starren zu frischer mannigfaltiger Lebendigkeit heraus, und gestaltete sich zur höchsten Harmonie von Kunstgesetz und künstlerischer Freiheit. In der Architektur wurde nicht nur die Verschmelzung der beiden hellenischen Bauweisen, der jonischen und dorischen, in höchster Vollendung durchgeführt, sondern auch das Kunstgesetz der Schwellung erfunden und, worauf wir zurückkommen werden, mit der zauberhaftesten Wirkung angewandt. In der Sculptur kam die Wellenlinie zu der freien Bethätigung, die ihr gleicherweise kraft des Naturgesetzes und kraft des Schönheitsgesetzes gebührt; mit der steifen geradlinigen Zeichnung des orientalischen, des ägyptisch-assyrischen und des alteinheimischen äginetischen Styles wurde vollständig gebrochen. Die Künste erzeugen sich selbst, die eine erwächst aus der anderen. Dieser Proceß der Zeugung schuf die gewichtigsten Wendepunkte. Die Architektur, die Mutter der bildenden Künste, emancipirte ihre älteste Tochter, die Sculptur, zu voller und freier Selbstständigkeit, dergestalt, daß diese ihre Lebensbedingung nicht mehr in dem Zusammenhange mit dem Gebäude, oder in der Abhängigkeit von ihm zu suchen genöthigt war. Die jüngere Tochter der Architektur, die Malerei, blieb jedoch wesentlich noch von ihr abhängig. Die Farbe, und mit ihr die Polychromie, bildete das decorative Element der Bauwerke und der mit ihnen verbundenen Sculpturen. In ihren wesentlichsten Leistungen kam die Malerei nicht über Wand- und Deckengemälde hinaus; in ihren Zwecken und in ihren Mitteln war sie noch beschränkt. Wie weit der Decorationsmaler Agatharchos in der Behandlung der Perspective, und der Maler Apollodoros in der Berechnung von Licht und Schatten vorschritt, ist heut nicht mehr zu ermessen.

Jene Koryphäen waren es nun, die unten dem kühnen Vorantritt des Perikles, und unter dem Beistande ihres begeisterten Kunstgefolges, die großartige Kunstblüthe der Jahre 444 bis 431 emportrieben. Und diese Kunstblüthe im engeren Sinne war es

besonders, welche die Localcultur Athens, den panhellenischen Ziel=
punkten des Perikles entsprechend, zur Nationalcultur von ganz Hellas
erhob. Durch sie eben sollte ja Athen des höchsten moralischen An=
sehns in Griechenland theilhaftig werden; durch sie zur natürlichen
Hauptstadt der gesammten Nation, zum Mittelpunkt des griechischen
Gefühls= und Gedankenlebens und, wie zum höchsten Repräsentanten
der politischen Freiheit, so auch zum leuchtenden Vorbilde des Ge=
schmacks auf der Bahn des Schönen erwachsen. Seine Ideen nach
dieser Richtung hin hat Perikles zum Theil in seiner berühmten
Leichenrede nach dem ersten Feldzug des peloponnesischen Krieges
dargelegt.

Die Oberleitung aller öffentlichen Bauten und Kunstunter=
nehmungen in Attika wurde, auf Empfehlung des Perikles, dem
Phidias übertragen, so daß auch die größten Baumeister und die
berühmtesten Künstler, denen die Specialleitung der einzelnen Werke
anvertraut ward, unter seiner Direction standen. Dennoch war die
eigentliche Seele des ganzen Kunstgetriebes Perikles selbst. Er war
es, der alle die großen Bauentwürfe, alle Pläne zu den gefeierten
Kunstwerken seines Zeitalters vor das Volk brachte und ihre An=
nahme durchsetzte. Er war es, der als erwählter Epistat oder Vor=
steher der öffentlichen Bauten am meisten und unausgesetzt Sorge
trug für den glücklichen und raschen Fortschritt der Werke, wie für
den frischen Muth und das Wohlbefinden der Künstler und ihrer
Jünger selbst. Als einst einer der fleißigsten Künstler, am Bau der
Propyläen, durch einen Fehltritt von der Höhe herunter fiel und,
von den Aerzten aufgegeben, elend darnieder lag, sann Perikles in
seinem schmerzlichen Mitgefühl Tag und Nacht auf Heilmittel, durch
deren Hülfe es ihm endlich gelang, wie man sagt, den Verunglückten
wieder herzustellen. Ob wirklich ein Traum dabei im Spiele ge=
wesen, ist Nebensache. Zum Andenken aber an dieses Ereigniß
stiftete Perikles selbst auf der Akropolis die eherne Bildsäule der
heilkräftigen Athene.

Wollen wir von dieser denkwürdigen Kunstepoche eine wenn
auch nur dürftige Uebersicht und Anschauung gewinnen: so müssen
wir uns das Bild Athens in dieser Zeit vor Augen führen.

17. Die Kunstblüthe Athens und ihre Wirkungen. [63])

Die Ausläufer des Kithäron bedingten die Natur der Halb=
insel Attika, die ein nach Süden zugespitztes Dreieck bildet, und
deren Areal 40 Quadratmeilen beträgt. Zwischen dem Pentelikon
und dem Hymettos, den durch ihren Marmor und Honig berühmten
Berghöhen, lag Athen mit seiner Akropolis, am Flüßchen Ilyssos.
Ostwärts breitete sich die marathonische Ebene aus; westwärts die
athenische, eine deutsche Meile weit bis zu den Häfen. Die eigent=
liche Stadt, nach Platon „die größte aller hellenischen Städte", hatte
über eine Meile im Umfang; mit Einschluß des Gebietes der lan=
gen Mauern und der Häfen betrug jedoch der Umfang vier Meilen.
Athen zählte 10,000 Häuser und 180,000 Bewohner, während der
ganze Canton eine halbe Million Seelen umschloß. [64])

Versetzen wir uns nun in die nächste Zeit vor dem Ausbruch
des peloponnesischen Krieges, und begeben wir uns auf eine Wan=
derung nach Athen, als zeitgenössische Fremdlinge, wie sie damals
tagtäglich, vom Lande und vom Meere her, nach der Weltstadt zu=
sammen strömten! Dort eine Woche, ja nur einen Tag, in der
Blüthezeit des Perikles zu verleben, galt allen Griechen als ein
hochzuersehnender Genuß und als eine beneidenswerthe Erinnerung
für das ganze Leben. Die Gesammtfülle der Eindrücke empfing,
wer von der Seeseite sich nahte, und in einem der Häfen landete.

Hier zunächst bot sich die Gelegenheit, die drei Hafenorte selbst:
Piräeus, Munychia und Phaleros zu besichtigen, die von den äußer=
sten Schenkeln der langen Mauern umschlossen wurden. Sie waren
vor allem reich an Schiffswerften, Docks, Arsenalen und Magazinen,
die sicher größtentheils oder ganz auf Betrieb des Perikles herge=
richtet und erbaut waren. Auf sie allein sind nicht weniger als
1000 Talente oder anderthalb Millionen Thaler verwandt worden.
Besonders einladend war die prächtige lange Halle, welche das Ufer
schmückte und aus fünf großen Säulengängen bestand. Einen Theil
davon bildete die Stoa Alphitopolis, die von Perikles herrührte.
Daran reiheten sich weiterhin mehrere Theater, die vornehmlich der
Erholung und dem Genusse der Matrosenbevölkerung gewidmet
waren. Endlich eine großartige Getreidehalle, im Piräeus gelegen

uno von Perikles erbaut.[65]) Und dabei überall das ungemein rührige Treiben der schiffskundigen und gewerbreichen Bevölkerung, wie es vornehmlich den Haupthafenplatz Piräeus belebte! Dieser, mit seinen neuen schöngeformten Straßenlinien von Hippodamos kunstgerecht angelegt, hinterließ ohne Zweifel bei jedem Besucher einen ebenso wohlthuenden als stachelnden Gesammteindruck.

Und dann der Gang, der Ritt oder die Fahrt, zwischen den merkwürdigen Befestigungsmauern, welche die Häfen mit Athen verbanden!

Inmitten zahlreicher Privathäuser und öffentlicher Anlagen tummelte sich hier auf der großen Verkehrsstraße das rege Menschengewühl herwärts nach den Häfen, hinwärts nach der Stadt und dem Markte und der weitragenden Akropolis, zu Fuß, zu Wagen und zu Roß. Dort sah man zahlreiche Träger mit Lasten; hier Karren mit Pferden oder Eseln bespannt, fortführend allerhand Waare, Gemüse und Obst; zur Zeit der Hauptbauten lange Züge von Lastwagen und Lastthieren, beladen mit Baumaterial aller Art. Da konnte man auch wohl Gelegenheit finden, jenen weltberühmten alten und ausgedienten Esel zu begaffen, der, trotz seiner Pensionirung von Staatswegen, es sich nicht nehmen ließ, als Freiwilliger seine Genossen tagtäglich zu begleiten.

Endlich, nach etwa anderthalbstündigem Marsche, langte man, beim Areshügel vorüber, auf dem Markte des Kerameikos an. Er war der Hauptmarkt der Stadt und das erste Ziel der Neugier des Touristen, gleichviel, ob er von den Häfen oder von nordwärts herein kam. Denn er war das physiologische Centrum von Athen, der Tummelplatz des öffentlichen Verkehrs, die Pulsader des athenischen Lebens, das Herz von Attika. Hier durfte der Fremde auch hoffen, dem Gründer der Größe Athens, dem Perikles selbst zu begegnen und ihn von Angesicht zu Angesicht zu schauen; denn Perikles wallfahrtete ja selbst tagtäglich auf den Markt. Hier lagen zunächst, auf der Westseite, die großen öffentlichen Gebäude: das Rathhaus und das Metroon mit dem Staatsarchiv, der Tempel des Apollon Patroos, die Königs- und die Zwölfgötterhalle; jenseits, auf der Ostseite des Platzes, breitete sich die Stoa Poikile aus. Auf dem Markte selbst fesselten das Auge die langen Reihen von Geflechtbuden, die

Läden der industriellen Verkäufer, und die Tische der Wechsler oder
Trapeziten.   War ·doch der Markt sowohl die finanzielle, wie die
mercantile und politische Börse.   Hier balancirte der Curs und die
Agiotage der Münzen.   Denn, stiegen und fielen auch hier noch keine
Speculationspapiere, wie an unseren modernen Börsen: so strömten
doch auf dem Markte von Athen aus allen Theilen Griechenlands,
aus aller Herren Länder, aus der ganzen civilisirten Welt, wie die
Reisenden, so die fremden Münzen zusammen und unterlagen, weil
sie meist nur bei den Wechslern unterzubringen waren, den mannigfaltigsten Schwankungen der Curse.

Das Hauptleben entwickelte sich am Vormittag.   Dann war
der Markt das Stelldichein aller Klassen, nicht nur der gewerblichen
und handeltreibenden Gesellschaft, sondern auch der politischen, der
künstlerischen und wissenschaftlichen Lebewelt.   Dann entspann sich ein
Treiben, ähnlich dem Boulevardleben moderner Hauptstädte.   Die
reizende Lage und Umgebung, die Gewißheit Freunde und Bekannte
zu treffen, die Gelegenheit alles nur Erwünschte und Denkbare bei
einander zu finden, trieb Einheimische und Fremde zu Tausenden
hin.   Hier konnte jede Grille und jeder Comfort der Modewelt,
wie jeder Bedarf des ernsten und des praktischen Lebens befriedigt
werden.   Hier luden ringsum die herrlichsten Spaziergänge zum
Verweilen ein.   Ueberall fand das fromme Herzensbedürfniß Tempel
und Altäre.   Ueberall boten sich der Neugier oder dem Wissensdrange
die mannigfaltigsten Objecte, dem Auge des Kunstliebhabers die Ge=
nüsse der bildenden Kunst, Statuen, Gemälde und architektonische
Zierden dar.   Vor dem Sonnenstrahl konnten sich vereinsamte und
gemeinsame Lustwandler, scherzende und philosophirende, in schattige
Alleen, Arkaden und Hallen flüchten, oder sich da und dort gemäch=
lich hinstrecken auf eine Ruhebank.

Der Markt gewährte nicht nur den An= und Einblick hervor=
ragender öffentlicher Gebäude, sondern zugleich auch den Ausblick
auf einige andere Hauptpunkte der Stadt; oder es waren doch leicht
von hier aus die letzteren auf Ausflügen zu erreichen.   Am weitesten
südwärts erhob sich der Hügel der Pnyx, der welthistorische Schau=
platz der athenischen Volksgemeinde mit seinem halbkreisförmigen
Bau, die Rednerbühne in den Fels gehauen.   Daneben zeigte sich

die sogenannte Sternwarte Metons, d. h. das Heliotropion, das dieser, zur Erprobung seines neuen Kalenders, mit staatlicher Genehmigung hier errichtet hatte. Näher am Markte, in südwestlicher Richtung, ragte der Hügel des uralten Areopag mit dem Tempel der Erinnyen empor, während von Südosten her, magisch lockend, die Akropolis herüberschaute, die mehr und mehr zum großartigsten, zum schönheitsreichsten Tempel- und Kunstmuseum der Welt sich gestaltet hatte.

Ehe wir aber zu den Schöpfungen der Burg emporsteigen, machen wir noch einen raschen Abstecher zu den auf der Ostseite des Marktes gelegenen Kunstwerken. Eine besondere Anziehungskraft übte hier das Theseion, jenes Heiligthum, wo die angeblichen Gebeine des attischen Stammhelden Theseus beigesetzt waren, die Kimon von der Insel Skyros heimgebracht; der Bau desselben war von diesem um 468 begonnen, aber erst nach seiner Rückkehr aus der Verbannung, 457, vollendet worden. Am längsten aber lohnte es sich in der Stoa Poikile oder der Gemäldehalle zu verweilen, die Peisianax, der Schwager Kimon's, erbaut und Polygnot mit einem Prachtgemälde geschmückt hatte, das sich auf den trojanischen Krieg bezog. Diese Stoa war allmählig unter den Händen der Maler zu einer Art historischen Nationalmuseums, zu einer Bildergallerie erwachsen, welche die griechische und zumal die attische Geschichte, von dem Kampf des Theseus mit den Amazonen bis herab auf die Marathonische Schlacht und auf die Kämpfe Athens mit Sparta, darstellte.

Endlich stehen wir am Fuße der Akropolis, vor den Prachtterrassen, die zu den Propyläen und zum Plateau hinaufführen. Nur hier, auf der Westseite ist der Berg zugänglich; seine Länge, von Ost nach West, beträgt 1150 Fuß; seine größte Breite nur 500.

Den Aufgang bildete eine emporsteigende Fläche, die indeß nicht in ihrer ganzen Breite gestuft war; die Prachttreppen nahmen vielmehr nur die beiden Seiten ein, während in der Mitte ein geebneter Bahnweg für die Processionen reservirt blieb. Denn das ästhetische Gefühl der Athener würde beleidigt worden sein durch den Anblick einer Procession, die sich kippend und wippend auf Stufen bewegt. Oben empfingen den Ankömmling die fünfthorigen Propyläen, aus

pentelischem Marmor, mit zwei Flügelgebäuden und einer Säulen=
halle. In fünf Jahren, von 437—432, waren sie unter der Spe=
cialleitung von Mnesikles ausgeführt worden. Das Hauptgebäude
in einer Frontausdehnung von 68 Fuß breitete sich mit seinen
Flügeln, deren rechter oder nördlicher eine Gemäldegallerie, Poikile
oder Pinakothek enthielt, einladend dem Emporsteigenden entgegen;
und die geräumige prächtige Halle mit ihrem bewunderungswürdigen
Deckwerk gewährte ihm Erholung und Sammlung. Das war die
glanzreiche Vorbereitung für den Anblick der Weihestätten und Bild=
werke, die das Plateau der Akropolis schmückten.

Zunächst zog, alle anderen Eindrücke zurückdrängend, auf der
höchsten Plateform, 300 Fuß von den Propyläen entfernt, der
wunderbar schwebende säulenreiche Bau des Parthenon, von weißem
pentelischen Marmor, die überraschten Blicke des Beschauers auf
sich. Bestimmt zur Feier der großen panathenäischen Nationalfeste
und zur Aufnahme des Schatzes, war er innerhalb zehn Jahren, von
448 bis 438, unter der Specialleitung von Iktinos, neben dem auch
Kallikrates und Karpion genannt werden, ausgeführt worden, während
Phidias ihn gleichzeitig mit den prächtigsten Sculpturen geschmückt hatte.
In seiner Höhe maß er 65 Fuß, in der Front 101, in der Tiefe 227 1/2,
auf der oberen Stufe. In der Front zählte er 8 Säulen, auf den
Seiten je 17. Bis zum Jahre 1687 unserer Zeitrechnung war
er fast ganz unversehrt. In dem genannten Jahre aber wurde er
durch eine venetianische Bombe nicht unbeträchtlich beschädigt, und
seit 1801 durch Lord Elgin in unverantwortlicher Weise geplündert.

Die Säulen des Parthenon, 34 1/4 Fuß hoch mit Einschluß
des Capitäls, waren durchweg cannelirt. Den Hauptschmuck bildeten
die weltberühmten beiden Giebelfelder, 11—12 Fuß hoch, mit ihren
zahlreichen colossalen Statuen, von Phidias und seinen Schülern
ausgeführt; ferner die 92 Metopenbilder, 4 Fuß hoch und in här=
terem Styl gehalten; und endlich die Friesbilder, 3 1/3 Fuß hoch,
welche um die äußere Wand der Zelle herumliefen und die Fest=
züge der Panathenäen darstellten. Ueberall waren Farbentöne und
Vergoldungen, sowie Wand= und Deckengemälde angebracht. Im
Grunde der Cella befand sich die berühmte Colossalstatue der Athene,
aus Elfenbein und Gold von Phidias gefertigt, 47 Fuß hoch. Der

Werth des auf sie verwendeten Goldes betrug allein nach der An=
gabe bei Thukydides 40, nach der des Philochoros 44 Goldtalente,
d. i. 774,000 oder 851,000 Thaler.

Der Gesammteindruck, der den Beschauer des Parthenon un=
willkürlich beschlich und nothwendig beschleichen mußte, hatte etwas
Zauberhaftes und Bezauberndes. Man bebte nicht staunend zurück,
wie beim Anblick der orientalischen, assyrischen und ägyptischen Bau=
colosse, man war entzückt vor Bewunderung. Selbst das Massige
erschien hier zum Anmuthigen und Gefälligen, zum wahrhaft Edlen
und Schönen verklärt; und das Viele in der Zusammensetzung zu
einem idealen Ganzen von eigenthümlicher Individualität verschmol=
zen. Denn der Eindruck war einerseits nicht der einer lastenden
Schwere, sondern einer schwebenden, lebenathmenden Leichtigkeit; und
andererseits nicht der einer Aneinanderreihung oder Aufeinander=
schichtung von Gliedern, sondern einer einheitlichen Geschlossenheit,
eines Ineinandergeschmiegtseins aller Theile. Und worauf beruhte
dieser Eindruck? Einmal auf der anmuthigen Gestaltung der Säulen,
die sich schwellend verjüngen; auf den gefälligen Decorationen; auf
der Abnahme des Säulendurchmessers und der Säulenabstände in
den erhöhteren Säulengruppen des Pronaos und Posticums, wo=
durch eine belebte und wohlthuende Wirkung erzielt wurde. Dann
aber vorzüglich auf zwei höchst denkwürdigen Thatsachen.

Die eine bestand darin, daß alle großen Horizontallinien, auf=
wärts von denen des Stufenbaues bis hinauf zu denen des Ge=
bälkes, nicht in gradliniger Starrheit, sondern in leise emporgewölb=
ter Curve gebildet waren. An den Schmalseiten ist die Krümmung
verhältnißmäßig stärker als an den Langseiten, an den Stufen
stärker als an den Gebälken. Die Höhe der Krümmung auf eine
Länge von je 100 Fuß beträgt für die Stufen der Schmalseite
0,225, für die der Langseite 0,156; für das Gebälk der
Schmalseite 0,171, und für das der Langseite 0,135. Kraft dieser
weichen und mannigfach nüancirten Schwellung der Horizontallinien
wurde offenbar dem Tempelgebäude ein lebensvoller Schwung, ein
poetischer Hauch verliehen, und in sofern nach dieser Richtung hin
das höchste Ideal des Schönen erreicht.

Durch die zweite denkwürdige Thatsache wurde insbesondere

9 *

der Eindruck des einheitlichen Ineinandergeschmiegtseins aller Theile,
und damit das höchste Ideal auch in dieser anderen Richtung er=
reicht. Sie bestand darin, daß die Verticallinien aufwärts leise nach
innen geneigt sind, dergestalt, daß das Ganze wie von einem pyra=
midalen Anflug umwoben ist. Diese Neigung nach dem Inneren,
dieses Rückstreben gegen die Masse des Gebäudekörpers zeigt sich
sowohl in den Säulenstellungen wie in den äußeren großen Flächen
des Gebälkes; wogegen den kleineren Platten, als eingefügten Gliedern,
in belebendem Wechsel wieder eine gewisse Selbstständigkeit, nämlich
eine entgegengesetzte, eine leise vorwärts gewandte Neigung gegeben
ward.

Wie beim Parthenon, so wurde die aufwärts gerichtete Schwellung
der großen Horizontallinien auch bei den Propyläen angewandt.
Grundsätzlich unterblieb die Schwellung an den Stufen der Portiken,
weil sie in der Mitte durch den Bahnweg unterbrochen waren; aber
sie findet sich an den großen Linien des Gebälkes, und zwar in ge=
nauem Verhältniß zu dem Gebälk der Schmalseite oder der Front
des Parthenon.

· So ward durch die feinste ästhetische Berechnung der Gesetze
der Erscheinung die lebendigste Wirkung für das Ganze des archi=
tektonischen Werkes erstrebt. Und der Erfolg war ein unübertroffener,
ja ein unerreichter. Wurden doch schon im Alterthum zahlreiche
Nachahmungen der Propyläen und des Parthenon versucht; aber sie
alle blieben hinter den Originalen zurück.

Die Erfindung des Princips der Höhenschwellung weist übrigens
in die zweite Hälfte des sechsten Jahrhunderts zurück. Aber erst
die perikleische Zeit entwickelte dies eigenthümliche Schönheitsgesetz,
und brachte es weithin in Aufnahme. Man findet es angewandt bei
dem von Pisistratos begonnenen, aber erst viel später vollendeten
Tempel des olympischen Zeus; dann bei dem Peripteraltempel zu
Segesta, und beim Poseidontempel zu Pästum. In der späteren
Zeit gerieth es wieder völlig in Vergessenheit.[66])

Nördlich vom Parthenon erhob sich nachmals der Bau des
Erechtheion; angefangen um 429, vollendet 409. Doch war das
Project ohne Zweifel eine Hinterlassenschaft des Perikles; schon voll=
ständig festgestellt und vom Volke genehmigt, da man gleich nach

seinem Tode zur Ausführung schritt. Es war ein Doppelheiligthum, umfassend den Tempel der Athene Polias und den des Poseidon Erechtheus. Hier wurden die werthvollsten Reliquien des Local= cultus: der heilige Oelbaum der Athene, der heilige Salzbrunnen, das heilige uralte Holzbild (ξόανον) der Pallas u. a. mehr, aufbe= wahrt. Statt der Säulen wurden an der Südhalle Karyatiden angebracht, welche attische Jungfrauen im panathenäischen Festanzuge darstellten.

Zwischen den Propyläen und dem Parthenon stieg die colossale eherne Statue der Pallas Promachos empor, ebenfalls von Phidias gefertigt, und so weit über alle Gebäude der Burg hervorragend, daß Helm und Lanzenspitze schon auf dem Meere von Sunion her sichtbar waren. Aber auch außerdem barg die Akropolis eine große Menge von Bildsäulen und Denkmälern. Phidias allein hatte vier Statuen der Athene für die Burg gefertigt; außer den beiden oben erwähnten noch zwei von Bronze. So vereinigten sich mit den herr= lichsten Werken der Architektur die schmuckreichsten Zierden der Bild= hauerkunst.

Welche Fülle des Genies und der Talente gehörte dazu, solche Pracht zu schaffen! In der That: was Sokrates und seine Schule für die Philosophie, was Sophokles für die dramatische Dichtung, das war Phidias für die Bildhauerkunst, Iktinos für die Architektur, Polygnot für die Malerei, und Perikles für das Ganze.

Die Kunstglorie Athens im perikleischen Zeitalter war aber mit dieser Pracht der Akropolis noch keineswegs erschöpft. Vor allem gehörten noch dazu, in dem engeren Kreise der Stadt selbst, das neue Theater und das Odeion.

Südlich von der Akropolis, am Ende der Dreifußstraße, erhob sich das steinerne Theater des Dionysos, berühmt auch später noch als eins der schönsten Theater der Welt. Der Bau in seinen ein= zelnen Theilen währte ungemein lange und erlitt große Unterbrechun= gen. Er begann schon um 500, wurde aber in seinen oberen Theilen erst geraume Zeit nach dem Tode des Perikles vollendet, nämlich unter Lykurg zwischen 344 und 328. Lange war dieses Theater ein Muster. Ueberhaupt ging der Theaterbau von Athen aus, ver= breitete sich aber sehr rasch über ganz Griechenland. Den Ruf, an

Schönheit und Ebenmaß das erste zu sein, erwarb sich das Epidaurische des Polyklet um 418.

Eins der interessantesten Bauwerke, die dem Perikles ihre Ent= stehung verdankten, war das Odeion, östlich von der Akropolis und dem Dionysostheater, gebaut wahrscheinlich seit 443. Denn, mit Rücksicht auf das Scherbengericht vom Jahre 444, spottete Kratinos in den Thrakerinnen: „Da kommt er ja, der Jupiter Meerzwiebel= kopf, Perikles, das Odeion auf seinem Schädel hoch erhöht, nachdem er die Scherbenklippe vorüber ist.“ Es war ein bedecktes Theater, angeblich geformt nach dem Muster des persischen Königszeltes, mit einem runden schirmförmigen Giebeldache, das, wie es hieß, aus den Masten und Segelstangen persischer Schiffe gebildet war. Alles, scheint es, war auf die Akustik berechnet. Denn das Odeion war, zunächst mit Bezug auf die panathenäischen Feste, für musische Wettkämpfe bestimmt. Der Zuhörerraum, in amphitheatralischen Sitzen aufsteigend, und mit vielen Säulen geschmückt, war auf 3000 Per= sonen berechnet. Perikles selbst hatte für das erste Musikfest zur Feier der Panathenäen das Programm festgestellt und fungirte bei der Ausführung als erwählter Preisrichter. Es war ein Instru= mental= und Vocalconcert; es agirten Blase= und Saiteninstrumente; die Wettkämpfe galten der Flöte, der Cither oder Laute, und dem Gesang. Seitdem blieb das perikleische Odeion der Ort für die Aufführung aller Musikfeste, und wurde das Muster aller ähnlichen Bauten zu gleichen Zwecken. So hat uns die angeborene Vorliebe des Perikles für Musik und die besondere Kennerschaft, die er sich darin unter der Leitung seiner genialen Musiklehrer Damon und Pythokleides erworben, mit der Erfindung der Odeen bereichert.[67]

Hier halten wir inne; denn es ist nicht unsere Aufgabe, Athen und seine Umgebungen als solche zu beschreiben. Was diese letzteren betrifft, so kann man nicht zweifeln, daß Perikles seine Sorge eben so sehr der Akademie, wie dem Lykeion, zugewandt haben werde. Jenes Gymnasium, nordwestlich von Athen gelegen, wo bald darauf Platon lehrte, mit seinen köstlichen Gärten, Platanen= und Oel= pflanzungen, mit seinen Springbrunnen und Lustgängen, mit seinen zahlreichen Heiligthümern, Altären und Statuen, war schon von Kimon gehegt und gepflegt worden. Das Gymnasium im Lykeion, südöstlich von der Stadt, der nachmalige Lehrsitz des Aristoteles, umringt von schönen und schattigen Hainen, war von Perikles selbst, d. h. auf seinen Antrag und unter seiner Vorsteherschaft, erbaut worden.

Auch die übrigen Theile von Attika hat er mit Bau= und Kunstwerken geziert. Den Pallastempel zu Sunion hat er erdacht und ausgeführt; den Nemesistempel zu Rhamnus wahrscheinlich be= gonnen. Sein Hauptwerk, außerhalb Athens, war aber der berühmte Tempel zu Eleusis, der Demeter und ihren Mysterien geweiht. Es war ein Bau von außerordentlicher Pracht und Geräumigkeit, mit inneren und äußeren Propyläen, nach dem Muster der athenischen. Unter der Oberleitung des Iktinos wurde er von Koröbos begon= nen und, nach dessen Tode, von Metagenes fortgesetzt; die gewölbte Kuppel vollendete erst Xenokles.

Der Geist der attischen Kunst eroberte schnell ganz Hellas. Man bewunderte dessen Leistungen; man beeiferte sich, ihm nachzu= streben. So erstanden denn auch anderwärts namhafte und groß= artige Kunstwerke: in Argos und Phigalia, in Tegea und Nemea, in Jonien und Sicilien. Alle diese außerattischen Kunstwerke wur= den an Glanz und Majestät übertroffen durch den Zeustempel zu Olympia, der 435 vollendet wurde und seinen Hauptruhm der Zeusstatue des Phidias verdankt. Dieses colossale Standbild, das der Meister erst 432 beendete, maß, obwohl in sitzender Stellung, 40 Fuß Höhe; der Untersatz 12 Fuß. Durch wohlberechnete Per= spective erschien der olympische Zeus noch höher, als er in Wirklich= keit war; hätte er sich aufgerichtet, sagte man, er würde das Dach des Tempels zertrümmert haben. Die nackten Theile an ihm waren aus Elfenbein, Haar und Gewand von Gold, jede einzelne Gold= locke sechs Minen schwer, d. h. 300 Louisd'or im Werth. In der einen Hand hielt er ein Scepter, vielfarbig, von verschiedenen Me= tallen; auf der andern eine Siegesgöttin, gleichfalls von Elfenbein und Gold. Das goldene Gewand war mit Blumen geschmückt; der Thron, zusammengesetzt aus Elfenbein, Gold, Ebenholz und Steinen, hatte einen reichen Zierrath an Statuen, Reliefs und Malereien; ebenso der Fußschemel und der Untersatz. Der olympische Zeus galt als das Wunder der Kunst, als das meisterhafteste der Meister= stücke des Phidias, als der höchste Gipfelpunkt, den die Plastik er=

stiegen. Der Ausdruck des Bildes war ideal und gedankenvoll; es war der allmächtig herrschende, überall siegreiche Gott, in huldvoller Erhörung menschlicher Bitten. Dem Meister sollen die Verse der Iliade 1, 528 ff. vorgeschwebt haben:

> Also sprach und winkte mit schwärzlichen Brauen Kronion,
> Und die ambrosischen Locken des Königs, sie wallten ihm
> vorwärts
> Von dem unsterblichen Haupt; es erbebten die Höh'n des
> Olympos.

Der Eindruck war der Art, daß man den Gott leibhaftig gegen= wärtig zu sehen glaubte, daß man bei seinem Anblick Sorge und Leid vergaß, und daß für unglücklich galt, wer dahinstarb, ohne ihn gesehen zu haben. Ihn zu schauen war daher auch Jahrhunderte hindurch das Ziel der Wallfahrten; und noch unter Kaiser Julian strömten zumal die Künstler dahin. Später nach Constantinopel geschafft, wahrscheinlich unter Theodosius, fand er daselbst eine Stätte im Palast des Lausos, wurde aber bei dem Brande unter Leo I. im Jahre 476 nach Chr. vernichtet. Das war das Jahr, in welchem Rom und mit ihm das antike Weltalter zu Grabe ging. In dem= selben Zeitmoment, da die classische Welt die Führung der Geschichte an die christlich=germanische abgab, sank das höchste plastische Product des classischen Weltgeistes in Trümmer und Asche.

In der perikleischen Zeit hatte der mächtige Aufschwung der Kunstblüthe nach allen Richtungen hin mannigfache verwandte Fort= schritte im Gefolge. Wir erwähnen nur einiger Momente. In Olympia, wo Phidias seinen höchsten Triumph gefeiert, wurde auch zuerst die kunstgerechte Form der Schranken eines Hippodrom aus= gebildet, wahrscheinlich durch einen Genossen des Phidias, durch Kleötas. Andererseits erfand oder entwickelte Demokritos den Ge= wölbebau, und stellte überdies, gemeinsam mit Anaxagoras, um 453, Forschungen über die Theaterperspective an. Ueberhaupt kam ein philosophischer Untersuchungsgeist über die Kunst. Die Proportions= lehre und Harmonielehre fand ihren Hauptausdruck im Kanon des Polyklet, der die ganze Wissenschaft seiner Kunst, das Gesetz des Ebenmaßes im Organismus, zu einer mustergültigen Theorie ent= wickelte. Um 440 entfaltete sich auch, mit der gegenseitigen Abklärung der dorischen und der jonischen Säulenordnung, das korinthische Ca=

pitäl mit seinen freieren und reicheren vegetabilischen Formen, an=
geblich von Kallimachos erfunden, Anfangs aber nur vereinzelt
angewandt. Endlich wurde auch unter Perikles, wie wir genugsam
sahen, die Kunst des Städtebaues durch Hippodamos ausgebildet.
Wie der Piräeus, so erhielt auch durch ihn die Kolonie Thurioi,
und zuvor schon Rhodos, kunstgerecht angelegte Straßen. Als höchste
Aufgabe galt dabei die Symmetrie und, wo es zulässig, die theater=
ähnliche amphitheatralische Ausführung des Baues. Mit Hyppo=
bamos wetteiferte theoretisch der große Astronom und Hydrauliker
Meton.

Die Bewunderung der attischen Kunstblüthe, wie sie weithin
die Welt der Zeitgenossen erfaßte, vererbte sich auch weit herab durch
die Jahrhunderte bis auf die späteste Nachwelt.

Wenige Jahrzehnte nach dem perikleischen Zeitalter sagte Iso=
krates in seinen Reden: „Perikles schmückte die Stadt dergestalt
mit Tempeln und Kunstwerken und allem Anderen, daß noch jetzt
die Besucher derselben sie für würdig halten, nicht nur die Hellenen,
sondern auch alle anderen Völker zu beherrschen. Diejenigen unter
den Hellenen, die den Athenern freundlich gesinnt sind, sagen offen,
daß Athen allein eine Stadt sei, alle übrigen dagegen nur Dörfer,
und daß es mit Recht die Hauptstadt von Hellas genannt
werde." Athen sei in Wahrheit der „angenehmste und sicherste
Aufenthalt;" denn es sei die „Schützerin der Künste", der „Sitz
der Weltweisheit und der Redekunst", die „Vorsorgerin für alle
Bedürfnisse des Lebens;" der Piräeus bilde den „Stapelplatz für
ganz Hellas, wo alles zu erhalten, Jegliches zu beschaffen" sei;
Athen biete „die meisten und die schönsten Schauspiele, die mannig=
faltigsten Gesellschaften und Wettkämpfe nicht nur der Schnelligkeit
und der Stärke, sondern auch der Rede und des geistigen Schaffens."
Daher „die Menge der herbeiströmenden" Besucher; denn Athen
sei „für die Ankömmlinge eine permanente Festversammlung."

Etwa ein Jahrhundert nach Perikles behauptete Demosthenes,
wie wir schon angeführt: „So prächtig und so großartig seien die
Werke der schönen Kunst", die jenes Zeitalter errichtet habe, daß
„keinem Nachkommen die Möglichkeit verblieben sei, sie
zu übertreffen."

Mit Entzücken schildert noch im zweiten Jahrhundert n. Chr.
Pausanias die Eindrücke, die er in Athen von dem künstlerischen
Schaffen der perikleischen Zeit empfangen; und nach bestem Ver=
mögen sucht er die zahlreichen und glänzenden Erzeugnisse dieser
staunenswerthen Schöpferkraft dem Leser vor Augen zu führen.
Aber vor allem denkwürdig ist doch das Urtheil, das Plutarch, sechste=
halb Jahrhunderte nach Perikles, gefällt hat.

„Als sich die Werke erhoben, sagt er, weithin glänzend in ihrer
Größe und in den reizenden Umrissen unnachahmlich schön: da war
bei dem Wettstreite der Meister, sich in der Vortrefflichkeit ihrer
Kunstleistungen zu überbieten, die Schnelligkeit das größte Wunder.
Denn während man von manchem einzelnen Werke gedacht hätte, es
werde in vielen Menschenaltern kaum zu Stande kommen, gewann
vielmehr Alles in der Blüthezeit einer einzigen Staatsverwaltung
seine Vollendung. Und doch soll Zeuxis, als er den Maler Agatharch
sich des schnellen, leichten Gemäldefertigens rühmen hörte, gesagt
haben: „bei mir geht es langsam.“ In der That, die Leichtigkeit
und Geschwindigkeit im Hervorbringen ist an sich kein Bürge für
den bleibenden Gehalt und die vollendete Schönheit eines Werkes;
wogegen die auf den Fleiß des Hervorbringens verwandte Zeit sich
bei der Erhaltung des Hervorgebrachten durch die Dauer verzinst.
Um so bewunderungswürdiger sind die zugleich für lange Dauer
und doch in kurzer Zeit gefertigten Werke des Perikles. An Er=
habenheit nämlich machte Alles schon von Anbeginn den Eindruck
des ehrwürdigen Alters; durch den blühenden Reiz des Schönen ist
es bis auf diese Stunde jung und neu. So webt ein urfrisches
Leben darin, fort und fort sein Ansehn von der Zeit unberührt
erhaltend, als wären die Werke von einem ewigen Frühlingshauch
und nie alternder Seele durchdrungen.“

Aber die Schöpfung aller dieser Kunstwerke hatte auch weitere
bedeutsame Wirkungen für das attische Staatsleben selbst. Ungemein
wurde namentlich dadurch die gewerbliche Thätigkeit erhöht. Mächtig
blühten, wie aus Plutarch erhellt, außer den Künsten der Architektur
der Bildhauerei und Malerei, und in Verbindung mit ihnen empor:
die Gewerbe der Steinmetzen und der Schmiede, der Goldarbeiter
und der Elfenbeinmaler, der Färber, der Sticker und Schnitzer;

nicht minder die der Zuträger und Lieferanten; zur See die der Kauffahrer, der Rheder, Schiffer und Steuerleute; zu Lande die der Wagner, der Pferdehalter und Fuhrleute, der Seiler, Sattler und Leineweber, der Wegemeister und Bergleute; jeder Meister hatte seine Rotte Gesellen und Handlanger. So vertheilten und verbreiteten die einander bedingenden Geschäfte den Wohlstand in alle Klassen der Gesellschaft. Alte Erwerbszweige wurden in Schwung gebracht, neue geschaffen. Tausende von arbeitsfähigen, aber zuvor arbeits= losen und dürftigen Bürgern erhielten Beschäftigung und auskömm= lichen Unterhalt. Daher sagte denn Perikles selbst von diesen Werken: „ihr Werden bringe Wohlstand für den Augenblick, ihre Vollendung Ehre für die Ewigkeit. Jegliche Kunst ermunternd, jede Hand in Anspruch nehmend, allerlei Bedürfnisse erzeugend, würden sie zu Erwerbsquellen für die ganze Stadt, die dergestalt zugleich sich nähre und verschönere."

Und diese glanzreichen Verschönerungen dienten ja überdies be= absichtigtermaßen dazu, den Kunstsinn des gesammten athenischen Volkes zu bilden, und das patriotische Selbstbewußtsein in allen seinen Gliedern zu heben. Mußte doch in jedem Einzelnen das Gefühl der stolzesten Genugthuung rege werden Angesichts der Be= wunderung, die ganz Hellas, willig oder unwillig, den Kunstbe= strebungen Athens zu zollen nicht anstand! Und durfte doch dieser ungeheuere Erfolg des attischen Kunstaufschwunges, diese Bewunderung des gesammten Griechenlands, die Aussicht nähren, daß Athen es am Ende doch noch, mittelst dieses moralischen Uebergewichtes, auch zur politischen Führung von ganz Hellas bringen werde!

Die Gesammtkosten aller perikleischen Bauwerke in und um Athen sind von Leake auf 3000 Talente oder 4 1/2 Millionen Thaler geschätzt worden. Diese Schätzung ist aber offenbar, obwohl das Geld damals allerdings einen außerordentlichen Werth hatte, viel zu niedrig gegriffen. Denn der Bau der Propyläen, freilich mit ihrem mannigfaltigen und großartigen Zubehör, kostete allein, nach der competenten Angabe Heliodor's, der ein Werk von 15 Büchern über die Akropolis schrieb, nicht weniger als 2012 Talente, d. i. 3 Millionen und 18,000 Thaler. Dazu kommen nun aber noch, außer dem Bau der mittleren Mauer, bloß an kostspieligeren Kunst=

bauten: der Parthenon, das Odeion, die Bauten im Piräeus —
abgesehen von den Schiffshäusern, die ohne Zweifel früher erbaut
wurden und allein 1000 Talente kosteten; ferner der Fortbau des
Dionysostheaters, das Lykeion, die Tempel zu Eleusis, Rhamnus
und Sunion. Hiernach schätze ich die Gesammtkosten der perikleischen
Bau= und Kunstwerke seit 448 auf 6300 Talente oder nahezu 9$\frac{1}{2}$
Millionen Thaler, — eine Summe die, nach dem heutigen Geld=
werth bemessen, sich auf das Drei= und Vierfache vergrößern würde.
Die Periode vor 448 ziehe ich hier nicht in Betracht; ihr gehört,
außer dem Bau der Schiffshäuser, namentlich der Bau der beiden
langen Mauern an, deren Kosten auf 500 Talente veranschlagt
werden dürfen, aber schwerlich allein aus Staatsmitteln hergestellt
wurden. [68])

So gewaltig auch alle diese Ausgaben waren: so standen
sie doch keineswegs mit den Einkünften Athens in einem
Mißverhältniß. Denn die gesammten Jahreseinkünfte Athens an
Bundes= und Landessteuern betrugen vor dem peloponnesischen
Kriege, nach Xenophon, nicht weniger als 1000 Talente.

Davon erwuchsen 600 Talente aus den Steuern oder den
Matricularbeiträgen der Bundesgenossen, die im Gründungsjahr des
Bundes, 476, nur 460 Talente betragen hatten. Die Hebung der
Einnahmen war nicht bloß eine Folge des Herabsinkens rebellischer
Bundesgenossen zu tributpflichtigen Unterthanen, und des freiwilligen
Loskaufs der unmittelbaren Militärleistungen mittelst einer jährlichen
Bauschsumme und auf Grund specieller Militärconventionen, sondern
auch, namentlich seit 445, eine Folge des Hinzutritts neuer Bundes=
genossen. Die Ueberschüsse der Bundessteuern flossen natürlich in
den Bundesschatz, der in Folge der Zunahme jener Conventionen
mehr und mehr, und seit 440 immer ausschließlicher die Bedeutung
eines Staatsschatzes gewann. Der Bestand des Bundesschatzes bei
seiner Uebersiedelung nach Athen im Jahre 460 betrug nicht 8000
Talente, wie Diodor auf Grund einer nachweisbaren Verwechselung
sagt; aber auch nicht 1800, wie Böckh und Andere auf Grund
einer irrigen Berechnung meinen; sondern er muß sich, nach einem
Ueberschlage sowohl der früheren wie der späteren Einnahmen und
Ausgaben, auf etwa 3200 Talente belaufen haben, wie wir schon

oben angaben. Seitdem wuchs er bis zum Jahre 438 auf 9,700 Talente an. Es war dies der höchste Stand, den er überhaupt erreichte. Denn während der folgenden sechs Jahre wurde er wegen der außerordentlichen Ausgaben für die Propyläen und die anderen gleichzeitigen Bauten, sowie für den Krieg mit Potidäa, bei der Unzulänglichkeit der laufenden Einnahmen, durch allmählige Zuschüsse im Betrage von 3700 Talenten auf 6000 herabgemindert.

Die übrigen 400 Talente der von Xenophon bezifferten Jahres= einkünfte Athens bezeichneten im eigentlichen Sinne das attische Landes = oder Staatseinkommen. Sie erwuchsen aus Zöllen und Abgaben verschiedener Art, Hafen= und Marktgefällen, Personen= und Gewerbesteuern; aus dem Ertrage der Silberbergwerke von Laurion und der thrakischen Goldbergwerke; aus den Pächten der Staats= domänen und Staatsbesitzungen aller Art; aus Gerichts= und Straf= geldern und Aehnlichem mehr. Die strenge und haushälterische Finanzverwaltung des Perikles hat sicher auch bei den Jahresbudgets dieser rein attischen Staatseinnahmen, den ordentlichen Ausgaben gegenüber, beträchtliche Ueberschüsse zu erzielen verstanden. Diese wurden ohne Zweifel sofort auf die Bauten verwandt oder gingen als Restbestände in die folgenden Etats über.

Beziffert man die Staatsüberschüsse im Durchschnitt auf 100 Talente jährlich, wozu man gewiß berechtigt ist und wozu die Ueber= schläge nöthigen: so wären einerseits für die Bauten der Jahre 461—449 etwa 1300 Talente aus Staatsmitteln verfügbar ge= wesen, d. h. mindestens 200 unter dem Bedürfniß; und anderer= seits für die Bauten der Jahre 448—432 etwa 1700 Talente, d. h. 4600 weniger als dazu erforderlich waren. Diese letztere Summe muß also theils aus den laufenden Bundeseinnahmen der genannten Jahre, theils durch Zuschüsse aus dem Bundesschatz be= stritten worden sein. Es spricht Alles dafür, daß Perikles nicht eher als im Jahre 445, dem Hauptjahr seines Ringens mit Thukydides dem Aelteren, Baubeiträge aus den Bundesgeldern beim Volke be= antragte; daß er ferner bis zur Beendigung des Parthenon im Jahre 438 sich mit einer mäßigen Jahresquote von etwa 100 Talenten aus den laufenden Bundeseinnahmen begnügte; und daß er erst seit dem Beginn des kostspieligen Propyläenbaues im

Jahre 437, und im Hinblick auf die noch ausstehenden großen
Restzahlungen für den Parthenon, unmittelbare Zuschüsse aus dem
Schatze beanspruchte.

Bekanntlich ist dem Perikles gleichzeitig und nachmals vielfach
ein Vorwurf daraus gemacht worden, daß er die Gelder der Bundes=
genossen zur Verschönerung Athens verwende oder verwandt habe.
Gegen diese Vorwürfe hat sich Perikles stets siegreich in seinen Reden
vertheidigt. Er suchte nachzuweisen, daß Athen rechtlich den steuer=
pflichtigen Bundesgenossen gar nicht für die Verwendung ihrer
Gelder verantwortlich sei; denn diese würden kraft der Verträge
von ihnen gezahlt, um dagegen von dem Bunde d. h. von Athen
gegen alle Feinde geschützt zu werden; das Geld gehöre mithin nicht
dem Geber, der dafür Schutz empfange, sondern dem Empfänger,
wofern er das leiste, wofür er es empfange; wenn man also für
die Zwecke des Krieges genugsam sich rüste, so sei es statthaft und
löblich, den Ueberfluß zur Vermehrung des „zeitlichen Wohlstandes"
und zu „ewiger Ehre" zu verwenden. Diese Gründe würden indessen
zu einer Rechtfertigung nicht ausgereicht haben, wäre nicht, wie wir
noch näher sehen werden, eine immer vollständigere Zerrüttung der
ursprünglichen Grundlagen des delischen Bundes eingetreten.

Auf alle Fälle wird man nicht behaupten dürfen, daß die
Verwaltung unter Perikles finanziell nachtheilig oder gar eine ver=
schwenderische gewesen wäre. Freilich haben ihn dessen seine persön=
lichen und politischen Feinde beschuldigt. Und freilich sind ihrem
Beispiele darin nachmals auch einige querköpfige Philosophen und
Staatsmänner gefolgt; namentlich der berühmte Leiter Athens in
den Jahren 317 bis 307, Demetrios von Phaleron, der alle Aus=
gaben für den Bau von Theatern, Säulenhallen und Tempeln
höchlichst mißbilligte, und insbesondere das „viele Geld" beklagte,
das Perikles auf die Propyläen verschwendet habe. Vielmehr aber
wird man immer wieder bekennen müssen, daß alles, was auf jene
Zwecke verwandt worden, eine mustergültigere Verwendung nicht hätte
finden können, und daß Perikles mit verhältnißmäßig Geringem über=
aus Großes und wahrhaft Unvergängliches schuf.

So hatte denn Perikles die Zielpunkte des ethisch Erhabenen
und des ästhetisch Schönen erreicht. Er hatte die sittliche, intellectuelle

und künstlerische Erhebung Athens, den dritten seiner secundären Entwürfe, auf das Vollkommenste verwirklicht. Wie aber verhielt es sich mit dem Grundgedanken, der ihm zu allem und allem der Antrieb gewesen? Er war, so schien es, inzwischen verdorrt.

---

18. Hinwelken der panhellenischen Bundesidee.

Fast in eben dem Maße, wie jener Kunstaufschwung sich vollzog, sah Perikles in der That die Aussicht auf Verwirklichung seines nationalen Grundgedankens mehr und mehr, und unerwartet, dahinschwinden.

Die Clausel des dreißigjährigen Waffenstillstandes, worauf er so viele Hoffnungen gebaut, versagte zwar nicht ihren Dienst, aber ihr Erfolg entsprach doch jenen Hoffnungen nicht. Der Particularismus der unabhängigen, und grade aller größeren Staaten wollte nichts von einem Anschluß an den delischen Bund wissen; nur kleine Staaten flüchteten sich aus Aengstlichkeit in ihn hinein. Auch Platäa schloß sich aus alter Anhänglichkeit sofort wieder an; aber das übrige Böotien blieb abgewandt, obwohl es in sich selbst an Zerrissenheit und Uneinigkeit krankte. „Die Böoter, sagte Perikles, gleichen den Steineichen; diese zerstören sich selbst, und also auch die Böoter." Im Ganzen umfaßte die Suprematie Athens damals etwa 300 Staaten und Städte. [69])

Der rasch aufleuchtende Glanz Athens flößte allerdings wohl Bewunderung, aber darum noch keine tiefgehende und opferbereite Neigung ein; ja er hatte — seltsam genug — kraft des aufwogenden Neides eher moralische Verluste als moralische Eroberungen zur Folge. Man begann blind zu hassen, was Einem zu groß war um es klar zu würdigen. So stieß Athen vielfach ab, grade indem es anzuziehen gedachte.

Hierzu gesellte sich die Thatsache, daß wirklich die alte Eifersucht Spartas und der Glieder des peloponnesischen Bundes alsbald wieder erwachte und emsig beflissen war, durch böswillige Ausstreuungen, Einflüsterungen und Hetzereien, auch die Anhänglichkeit der alten Bundesgenossen Athens zu unterwühlen. Fast wetteifernd

rangen diese darnach, sich ihr Bundesverhältniß, weil sie es nicht
lösen konnten, zu erleichtern; bald kam es dahin, daß die Mehrzahl
von ihnen, auf Grund besonderer Conventionen, kein Schiff und
keine Mannschaft mehr stellte und lieber erhöhte Matricularbeiträge
zahlte. Die ersten Vorgänge dieser Art hatten schon unter Kimon
und auf dessen Betrieb stattgefunden. Daß Perikles auf ihre Vermehrung bereits seit 460 hingewirkt habe, ist weder erweisbar noch
wahrscheinlich. Allerdings aber hatte er seit 445, sowohl wegen der damaligen Empörungen und Abfallsgelüste, als wegen des wachsenden
Geldbedarfs, ein begreifliches Interesse, die Streitkräfte und die
Finanzen ganz in seine Gewalt zu bekommen. Doch scheint er bis
zum Ausbruch des Samischen Aufstandes noch geschwankt zu haben.
Das athenische Volk dagegen war zu jeder Zeit eitel genug, um
zu jeder Zeit das neue System zu fördern. Und doch mußten dergestalt, dem Föderationsprincipe entgegen, die Bundesgenossen mehr
und mehr zu bloßen Schutzgenossen, und selbst zu willenlosen
Hörigen herabsinken! Und doch konnte es andererseits eben so wenig
ausbleiben, daß sich der Widerwille gegen die Naturalleistungen auf
die Steuerzahlungen übertrug, und daß man dieser bald ebenso wie
jener ledig zu werden trachtete.

Die Herabgleitung gleichberechtigter Bundesgenossen zu abhängigen und steuerpflichtigen Schutzverwandten und die Herab-
drückung abgefallener Mitglieder zu attischen Unterthanen, die ebenfalls auf die Politik und die Initiative Kimon's zurückzuführen war,
bezeichneten übrigens nicht die beiden einzigen Weisen der Verschiebung und Entartung des Bundes. Denn ein drittes Moment der
Verschiebung seiner ursprünglichen Grundlagen war allerdings die
von Perikles selbst bewirkte Verlegung des Bundesschatzes nach
Athen.

Wohl war in dieser letzteren an und für sich noch keineswegs
nothwendig der Keim einer Entartung gegeben. Sollte und konnte
sie doch dazu dienen, vielmehr die Entwickelung des Bundes zu begünstigen! Hatte sich doch Samos, das bedeutendste Bundesglied
nächst Athen, ohne Anstand herbeigelassen, seinerseits zuerst die Verlegung zu beantragen! War dieselbe doch mit voller und allseitiger
Zustimmung der Bundesgenossen vor sich gegangen, und im Jahre

454/3 durch einen neuen Bundesbeschluß sanctionirt worden, der in aller Form die Schirmherrschaft des Bundes von dem delischen Apollon auf die attische Burggöttin Athene übertrug! Auch hatte sich darüber, mindestens bis zum Jahre 445, nirgend eine auffällige oder gar bedenkliche Spur von Reue gezeigt.

Aber einmal hatte doch die Verlegung des Schatzes noth= wendig auch die Verlegung der periodischen Bundesversammlungen nach Athen im Gefolge gehabt, und dieses um so leichter kraft der dauernden Handhabung der Vorstandschaft und der Executive einen immer fühlbareren Einfluß, eine immer unwiderstehlichere Macht ge= wonnen. Ferner war doch seitdem, und trotz der Beibehaltung des Collegiums der Hellenotamien oder „Hellenenschatzmeister“, die Bundesfinanzverwaltung in Wahrheit eine athenische geworden; und jede einläßliche Controle derselben von Bundeswegen, obwohl man mit Recht dem Perikles persönlich ein unbedingtes Vertrauen schenken durfte, wurde doch mit der Zeit zum Leidwesen der Betheiligten grabezu unmöglich. Im Grunde standen nunmehr, während es sich ursprünglich um eine gemeinsame Kriegführung gegen die Perser ge= handelt hatte, die Contingente und die Steuern der Bundesglieder den Athenern zu jedweder Unternehmung kriegerischer oder militä= rischer Natur, die sich als im Interesse der gemeinsamen Sicherheit liegend qualificiren ließ, zu unbedingter Verfügung. Und dies konnte allerdings zu Mißbrauch führen.

Dazu kam, daß das neidische Sparta, weil es sich keines Kriegsschatzes erfreute und daher fast bei jedem Kriege sehr leicht in Geldverlegenheit gerieth, in der Zeit zwischen 445 und 440 insbesondere auch zu dem Zwecke nach Kräften wühlte, um in den Bundesgenossen Athens die Reue über jene Verlegung des delischen Schatzes zu heller Lohe anzufachen. Diese Lohe gedachte es dann als Lockerungsmittel oder, geeigneten Falls, als Sprengmittel gegen den delischen Bund zu verwenden.

Und so entwickelte sich denn wirklich bei den Bundesgenossen Athens in immer zahlreicheren und höheren Schwingungen das Mißtrauen, die Eifersucht und der Unwille. Man war oder stellte sich besorgt über die Art der Verwendung der Steuern, über die Athen — so klagte man — lediglich von sich aus verfüge. Man vernahm, daß viele Athener, und unter ihnen die einflußreichsten, eine Verwendung der Steuern zu anderen als militärischen Zwecken für vollkommen zulässig erachteten; und als Perikles wirklich Zuschüsse aus denselben für Kunstbauten beantragt und erlangt hatte, setzte man wohl voraus, daß diese jährlichen Zuschüsse noch viel beträchtlicher seien, als officiell angegeben ward. Der Unwille ging da und dort in förmlichen Haß über; bei immer mehreren seiner Bundesgenossen wurde Athen gradezu unpopulär. Einzelne kleinere Uebergriffe Athens, die durch den Drang der Umstände entschuldbar waren, vermehrten die Oppositionslust; und zwar um so ungehemmter, je weniger man noch Grund hatte, den früheren gemeinsamen Feind, die Perser, zu fürchten. Vom heimlichen Murren kam es zu offener Widersetzlichkeit. Die Kühneren hielten die vertragsmäßig zu liefernden Steuern oder die Contingente an Mannschaften und Schiffen zurück. Die berechtigte executorische Strenge Athens steigerte alsdann die Gereiztheit. Nur die Kühnsten indeß wagten gradezu mit Losreißung vom Bunde zu drohen.

So blieb denn schon in den ersten fünf Jahren seit dem dreißigjährigen Waffenstillstand eine Reihe trüber politischer Erfahrungen, die nothwendig das Föderationsprincip immer mehr gefährdeten, dem Perikles nicht erspart. Und so begann die Wurzel seiner ganzen Wirksamkeit merkwürdigerweise zu derselben Zeit innerlich abzusterben, da sie äußerlich jene prachtvollen Blüthen trieb. Die Sehnsucht, ganz Griechenland unter einem einheitlichen föderativen Banner zu vereinigen, erwies sich ihm selbst augenfällig mehr und mehr als eine Illusion.

Die nächste Folge seiner trüben Erfahrungen war wohl ein Gefühl der Enttäuschung, das ihn beschlich, und ein Gefühl des Unmuths, das sich unwiderstehlich seiner bemächtigte. Wurden doch seine besten Absichten hochmüthig gemeistert, böswillig entstellt und trotzig gekreuzt! Eine weitere Folge war unverkennbar ein gewisser Beigeschmack von Herbigkeit, der seine politische Haltung durchdrang, und der das Verhältniß Athens zu seinen bisherigen Bundesgenossen verbitterte. Es war eine tief tragische Wendung, daß Perikles, indem er sah, wie vergeblich sein Streben blieb, die delische Conföderation unter Athens Vorstandschaft über das gesammte Griechen=

land auszudehnen, in seinem Mißmuth hierüber instinctiv zu einer immer strafferen und überstraffen Centralisation innerhalb des be= schränkten Bundes sich hindrängen ließ. Es war wie wenn er, der anfangs alle Staaten durch Milde zu gewinnen gehofft, daran ver= zweifelnd, nunmehr durch Strenge wenigstens das schon Gewonnene desto fester beisammen halten wollte. Das Verhalten alter Bundes= genossen kam ihm darin nur allzu sehr entgegen. Durch ihre Opposition, durch ihr Mißtrauen, durch ihre von eigener und fremder Eifersucht angezettelte Aufsässigkeit, wurde er zu immer herberen Gesinnungen, zu immer schrofferen Maßregeln vorwärts getrieben. In eben dem Maße als sich im delischen Bunde, ver= steckter oder offener, eine centrifugale Bewegung zu regen begann, wandelte sich das föderalistische Streben des Perikles in ein unita= risches um. Und in eben dem Maße als der Bundesbestand sich in Bröckel zersetzen zu wollen schien, schickte Athen sich an, die Bröckel als Eigenthum aufzusaugen.

Den Hauptwendepunkt bildete der berühmte Aufstand von Samos im Jahre 440. Die Samische Seemacht war die nächst= größte neben der athenischen; das Gelingen jenes Aufstandes hätte die Seeherrschaft und damit die Hegemonie Athens nicht nur in Frage gestellt, sondern vernichtet.

Perikles hatte nie dem Grundsatz einer gewaltsamen Demo= kratisirung der Bundesgenossen gehuldigt, war nie auf Einmischungen oder Eingriffe in ihre inneren Verfassungsangelegenheiten bedacht gewesen; im Gegensatz zu dem aristokratisirenden Sparta hatte er vielmehr stets die Politik befolgt, der natürlichen Entwickelung freien Lauf zu lassen. So war denn auch damals in Samos, von Athen unbehelligt, eine durchaus aristokratische Regierung am Ruder. Diese gerieth im Verlaufe des Jahres 441 in einen immer heftigeren Streit mit Milet, über den Besitz von Priene, und statt, wie es sich gebührte, eine Bundesvermittlung nachzusuchen, griff sie Anfangs 440 zu den Waffen, um auf eigene Hand Milet mit Krieg zu überziehen. Ordnungsgemäß rief Milet den Schutz Athens an; diesen zu gewähren, war Perikles und das Volk verpflichtet; es be= durfte dazu nicht der Befürwortung Aspasias, auf deren Rechnung der parteiische Geschichtschreiber Duris von Samos die ganze Schuld

10*

dieses Krieges setzte. Wie Milet, so rief auch die demokratische Partei in Samos selbst die Intervention der Athener an. Dennoch ließ sich Perikles, der gern das Aeußerste vermieden hätte, in dem bundes= mäßigen Gange nicht beirren; ein Schiedsspruch sollte den ganzen Streit schlichten. Allein in ihrer Leidenschaft und in ihrer Antipathie gegen Athen lehnten die Machthaber von Samos die Unterwerfung unter ein Schiedsgericht kurzweg ab. Und nun erst, um die Früh= lingszeit, schritt Athen mit 40 Schiffen unter Perikles' Führung zu einer bewaffneten Intervention.

Eine solche Wendung hatten die Samier offenbar nicht er= wartet; überrascht und unvorbereitet, leisteten sie keinen nennens= werthen Widerstand. Die Folge war nun begreiflicherweise die Einsetzung einer demokratischen Regierung, ferner die Wegnahme von Geiseln und die Einlegung einer athenischen Besatzung. In wenigen Tagen war der Umschwung vollbracht, und die Executions= flotte kehrte nach Athen zurück. Perikles hatte bei diesem Anlaß auf das glänzendste seine Unbestechlichkeit bewährt, indem er alle Geldangebote der samischen Oligarchen und ihres Freundes Pisuthnes, des persischen Statthalters von Sardes, zurückwies.

Kaum indeß war die athenische Flotte wieder heimgekehrt, da erhob sich die samische Aristokratie, jetzt ohne Zweifel durch den particularistischen Stolz der Masse unterstützt, mit Ingrimm zu einer siegreichen Gegenrevolution, proclamirte offen die Losreißung von Athen und dem delischen Bunde, riß Byzanz ebenfalls zum Aufstand fort, und wandte sich um Hülfe einerseits an Persien, andererseits an Sparta und dessen Verbündete. Persien jedoch, trotz der zweideutigen Haltung des Pisuthnes, hatte nicht Lust den Vertrag von 449, bei dem es sich wohlbefand, zu brechen und be= wahrte trotz aller allarmirenden Gegengerüchte, die Neutralität. In Sparta erklärte sich zwar eine große Partei für thatkräftige Unterstützung der Empörung und für einen offenen Bruch mit Athen. Schließlich bewirkte indeß Korinth, daß die Entscheidung ver= neinend ausfiel, unter Berufung auf die Rechtsbeständigkeit des dreißigjährigen Waffenstillstandes und auf das natürliche Recht jedes Bundes, seine widerspenstigen Mitglieder zu strafen.

So auf sich allein angewiesen, unterlag der Aufstand sowohl

in Samos wie in Byzanz, aber doch erst nach einem überaus hart=
nädigen Ringen; denn Samos hatte sich zu den äußersten Kraft=
anstrengungen aufgerafft. Perikles, der um den Juli mit Sophokles
und acht anderen Feldherren an der Spitze von 60 Trieremen zum
Kampfe ausgezogen war, mußte immer neue und beträchtlichere Ver=
stärkungen an sich ziehen, um der Aufgabe gewachsen zu sein. Im
Ganzen stießen allmählig in drei Abtheilungen noch weitere 100
athenische Schiffe zu ihm, von Chios und Lesbos aber erst 25 und
dann 30, so daß das Gesammtaufgebot sich auf 215 Schiffe belief.
Die Erfolge waren Anfangs bei der Unzulänglichkeit und Zersplitte=
rung der athenischen Streitkräfte, trotz des Seesieges bei Tragia,
schwankender Natur. Endlich aber mußten die Samier, nach neun=
monatlicher Belagerung, gegen die Mitte des Jahres 439 auf die
Bedingung völliger Unterwerfung unter Athen capituliren. Sie
wurden genöthigt, ihre Schiffe auszuliefern, ihre Mauern zu schleifen,
und in bestimmten Fristen die Kriegskosten zu zahlen. Um die
gleiche Zeit wurde auch Byzanz wieder unterworfen.

Zurückgekehrt, hielt Perikles beim Leichenfest in der Vorstadt
Kerameikos, als vom Volke gewählter Festredner, seine berühmte
Leichenrede auf die im Kriege gegen Samos Gefallenen. Ihre
Wirkung war eine so gewaltige, daß er zum Danke dafür förmlich
gekrönt ward. Leider hat sie sich nicht erhalten; aber Stesimbrotos
von Thasos und Aristoteles haben uns ein paar Gedanken derselben
aufbewahrt. Das Vaterland ob seiner schweren Verluste beklagend
sagte er: „Der Staat, der die Blüthe seiner Jugend im Kriege
verloren, ist wie das Jahr, der des Frühlings entbehrt." Und die
Gefallenen betrauernd und preisend äußerte er: „Die Gestorbenen
sind unsterblich gleich den Göttern. Diese sehen wir zwar nicht von
Angesicht; aber die Ehren, die ihnen dargebracht werden, und
die Segnungen, die sie uns ihrerseits darbringen, bezeugen uns, daß
sie Unsterbliche sind. Das gleiche aber ist der Fall mit denen, die
für das Vaterland starben." [70]

An der thatsächlichen und officiellen Neutralität Persiens in
dieser Zeit ist nicht zu zweifeln, obwohl Thukydides ungenauerweise
den Perikles von seinem Streifzuge nach Karien einfach „zurück=
kehren" läßt, ohne ausdrücklich zu sagen, daß er die persische Flotte,

womit die Gerüchte drohten, nirgends gefunden habe. Das private
zweideutige Verhalten des Pisuthnes in Sardes involvirte keine
Verletzung, geschweige einen Bruch des Vertrages von 449. Ob
Perikles dieses zweideutige Verhalten des persischen Statthalters
zum Gegenstand einer Reclamation gemacht oder es vorgezogen habe,
ein Auge zuzudrücken, läßt sich nicht mehr ermitteln. Samos wurde
übrigens, trotz der Unterwerfung unter die Oberhoheit Athens,
später dennoch wieder oligarchisch. Den empörungslustigen Bundes=
genossen war indeß ein heilsamer Schrecken eingeflößt.

In den panhellenischen Berechnungen des Perikles hatte eine
so grundsätzlich auffässige Stimmung begreiflicherweise nie eine Stelle
gefunden. Durch diese neueste Erfahrung ging vollends sein Glaube
an einen bereitwilligen und opferfähigen Gemeinsinn in Trümmer.
Tiefer denn je verstimmt, war er entschlossen, jeder Gefahr eines
Auseinanderfallens der athenischen Macht auf das Rücksichtsloseste
entgegenzutreten und vorzubeugen. Und in sofern arbeitete er selbst
nunmehr daran, daß Athen aus einem leitenden Bundesvorstande
immer entschiedener zum Beherrscher einer Gruppe unterthäniger
und höriger Staaten erwuchs. Denn mehr und mehr gewann
fortan in ihm die Ueberzeugung Kraft, daß ein solches Conglomerat
kleiner oppositionslustiger Bundesgenossen doch nicht sowohl durch
Beschlüsse einer Bundesversammlung, als vielmehr nur durch Be=
fehle der Centralgewalt, d. h. Athens, zu leiten sei. Oder mit
anderen Worten: es schien ihm für den Bund nur noch diejenige
Form möglich zu sein, die bereits Thales empfohlen hatte und nun
auch wahrscheinlich schon Herodot empfahl; nach beiden nämlich sollte
der Vorort eben der Herrscher, und die zugewandten Städte nur
abhängige Glieder sein. [71] Die Folgen waren: zunächst eine
immer massenhaftere Umwandlung der kleineren Bundesorte in
zinspflichtige Dependenzen; ferner das völlige Eingehen der immer
mehr zusammenschmelzenden Bundesversammlung, oder doch das
Herabsinken derselben zu einer immer wesenloseren Formalität; end=
lich die vertragsmäßige Nöthigung für die Abhängigen wie für die
Unterworfenen, ihr Recht, nicht bei einem Bundesschiedsgericht,
sondern bei den gewöhnlichen athenischen Gerichtshöfen zu suchen. [72]
Das Schlußergebniß aber war, daß beim Ausbruch des peloponne=

fischen Krieges nur noch drei Bundesgenossen eine wirkliche Selbst=
ständigkeit und das verkümmerte Recht der Mitberathung besaßen,
nämlich Chios, Mytilene und Methymna.

Mit dieser zunehmenden Auflösung der Grundlagen des delischen
Bundes nahm auch die Auffassungsweise des Perikles in Bezug auf
das Bundesfinanzrecht an Kraft und an Wirkung zu. Nun vollends
setzte sich in ihm, und auf das Folgenreichste, die Ueberzeugung fest:
wenn man den Schutzstaaten das gewähre, wofür sie ihren Tribut
leisteten, so habe Athen auch das Recht, frei über die Schutzgelder
zu verfügen; es sei den unterworfenen Gliedern, Schutzbefohlenen und
Unterthanen keine Rechenschaft schuldig, da sie eben nur Geld, nicht
aber Mannschaften und Schiffe für die gemeinsamen Zwecke stellten.
Damit verhalte es sich nicht anders, wie wenn Jemand, der für
seine Dienste einen Lohn oder Sold empfangen, selbstverständlich
das Recht habe, diesen Lohn oder Sold nach Gutdünken zu ver=
wenden. Statt daher Athen anzuklagen, müsse man ihm vielmehr
dankbar sein, wenn es an den Kriegsrüstungen so viel durch weise
Verwaltung erübrige, und diese Erübrigungen nicht auf nichtsnutzige
Dinge vergeude, sondern zur Ehre von ganz Griechenland ver=
wende.[73] Hiernach erklärt es sich, wenn Perikles seit dem Aus=
gange des samischen Krieges, und insbesondere seit 437, die Ver=
wendung von Bundesgeldern auf die attischen Kunstbauten in immer
ausgedehnterem Maße in Antrag und Ausführung brachte.

Ein Hauptmittel, um den Einfluß auf die Bundesgenossen,
die Unterworfenen und Schutzverwandten sicher zu stellen, waren
die sogenannten Kleruchien oder Landverlosungen. Während sie
einerseits als Ableiter des Pauperismus oder dazu dienten, die
ärmeren attischen Bürger mit Grundbesitz auszustatten, schufen sie
andererseits in allen Theilen der griechischen Welt Wachposten und
Stützpunkte athenischen Einflusses und athenischer Macht. In der
perikleischen Zeit wurden auf diese Weise 1000 attische Bürger im
thrakischen Chersones angesiedelt, 500 auf Naxos, 250 auf Andros,
600 in Sinope, andere auf Lemnos, Imbros, Skyros und Euböa.
Ueberdies wurde auch die eigentliche Coloniengründung nicht ver=
nachlässigt. Außer Thurioi, das 443 unter dem Vortritt des
Priesters Lampon und unter hervorragender Betheiligung von Pro=

tagoras und Herodot gegründet wurde, erwuchs namentlich auch, im Jahre 437, das nachmals so berühmte Amphipolis.

---

19. Rückwirkung nach innen; Andrang der Gegenparteien.

Der unerfreuliche Gang der Bundesangelegenheiten konnte nicht wohl umhin, in doppelter Beziehung auf die inneren Angelegenheiten Athens zurückzuwirken.

Einmal übertrug sich die Verstimmung des Perikles ob des Dahinwelkens seiner Grundidee, zum Theil und unwillkürlich, auch auf die Auffassungs= und Behandlungsweise innerer Differenzen. Andererseits bewirkten die Bundeszerwürfnisse eine Ermuthigung und einen Anwachs der inneren Opposition.

Während die radicale Partei, geführt von Kleon, auf dem Boden der Verfassung immer weiter gehende Forderungen stellte, nahm Perikles, den gemäßigt demokratischen Standpunkt behauptend, eine streng abwehrende Haltung an. Kleon z. B. schmeichelte dem Volke: die Richterdiäten müßten auf das Doppelte und Dreifache erhöht werden, und auch die Mitglieder des großen Rathes, ja alle Theilnehmer an der Versammlung der Volksgemeinde müßten Diäten erhalten. Dem war und trat Perikles offen entgegen. Und diesen Widerstand verwertheten wiederum seine Gegner zu bös= willigen Anschuldigungen, um ihn zu Fall zu bringen oder doch das Sinken seiner Popularität zu bewirken. Er entziehe sich, klagten sie ihn an, den Wünschen des Volkes; er nehme einen königlichen Ton an; er wolle sich zum Tyrannen aufwerfen; seine Anhänger seien neue Pisistratiden.[74]

Mit den radicalen Demagogen, die, wie Kleon, darauf aus= gingen, zunächst durch Schmeicheleien beim Volke Terrain zu ge= winnen, machte die vergangenheitslüsterne und immer noch auf die Wiederkehr besserer Tage hoffende Aristokratie alsbald gemeinsame Sache. Verschrieen jene den Perikles im günstigsten Fall als einen Stabilen, so sah diese ihn nach wie vor als einen Volksverführer an. Das Haupt der aristokratischen Partei war seit 434 neuer=

bings der ältere Thukydides, wie Satyros bezeugt; mit dem ge=
nannten Jahre war seine Verbannungszeit abgelaufen; sofort nach
seiner Rückkehr nahm er die frühere feindselige Stellung gegen
Perikles wieder ein.

Die buntesten und gradezu entgegengesetzten Vorwürfe wurden
fortan gegen Perikles geschleudert. Man warf ihm Stolz vor, an=
maßende Manieren, Hochmuth und Geringschätzung gegen Andere,
wogegen Kimons Benehmen loyal und gemüthlich gewesen sei; sein
Ernst, hieß es, sei bloße Ziererei und Hoffahrt. Nun tadelte man
auch seine Zurückgezogenheit; denn „die wahrhafte Tugend sei um
so schöner, je genauer man sie sehe". Mit verstärktem Nachdruck
begeiferte man seine Bauunternehmungen; unaufhörlich wurde die
Anschuldigung wiederholt: er verschleudere die Staatseinkünfte und
das Bundesvermögen; das Volk sei erst in Mißcredit und üblen
Ruf gekommen, seit der Bundesschatz von Delos nach Athen verlegt
worden. Jetzt trat man ferner den Koth der sittlichen Verun=
glimpfung gegen ihn und Aspasia, gegen Phidias und andere seiner
Getreuen, mit frivolem Behagen breit. Jetzt warf man ihm, unter
einem Wust von Erdichtungen, und im Hinblick auf das Jahr 446,
die vom Volk gebilligten geheimen Geldabfindungen der Spartaten=
häupter vor. Die Aristokraten insbesondere klagten, daß er die
vornehmen Familien zurücksetze, und das Volk demoralisirt habe
durch Soldverleihungen, Schauspielgelder und Landverlosungen; denn
dadurch werde Nüchternheit und Arbeitsamkeit in Unbändigkeit und
Verschwendungssucht verwandelt. Immer aber kehrte man von
beiden Seiten zu dem Vorwurfe selbstherrischer Gelüste zurück. 75)

Dennoch würden die politischen Parteien der Aristokraten und
der Radicalen ihm nichts haben anhaben können. Denn jede für
sich war zu schwach, und voll Mißtrauen gegen die andere.

Da erhob sich nun aber auch, seit 437, mehr und mehr noch eine
dritte Partei gegen ihn, jene Partei der religiösen Reaction, deren
Verdict gegen den Komödienspott er eben damals zu Fall gebracht.
Die Orthodoxie machte seitdem rückhaltlos Front gegen die
neuernde Vernunfterkenntniß, wie sie von dem Kreise des Perikles
und der Aspasia, von Anaxagoras sowie von Protagoras und
Sokrates vertreten ward. Das Denkwürdigste dabei war jedoch, daß

die religiöse Reactionspartei der Kitt werden sollte, der die beiden
extremen staatlichen Parteien der Aristokratie und der Demagogie,
trotz ihres inneren Gegensatzes, verband. Die religiöse Parteiung
begann die politische zu durchkreuzen, zu zersetzen und zu einem
neuen Parteiconglomerate zu verschmelzen.

Es kann keinem Zweifel unterliegen, daß die Erschütterung
der Stellung des Perikles sich zum Theil eben dadurch erklärt, daß
er und sein Anhang mit der religiösen Reactionspartei mehr und
mehr in Conflicte gerieth; während grade die Radicalen, wie Kleon
und Consorten, klug genug waren, ihrerseits diese Partei zu schonen,
ja ihr den Hof zu machen, und sie dergestalt fort und fort zu
eigennützigen Zwecken gegen Perikles und dessen Freunde zu be=
nutzen. Den Orthodoxen war der Anhang des Perikles nicht als
politische, sondern als Aufklärungspartei ein Dorn im Auge. Die
Demagogen umgekehrt bekämpften ihn nicht als Aufklärungs=, sondern
nur als politische Partei. Aber Kleon und Genossen erkannten es
als ihren Vortheil, bei ihrer eigenen Schwäche, eine Allianz mit
der Orthodoxie, die in der Menge wie in der Aristokratie ihre
Wurzeln hatte, nicht zu verschmähen, und demnach eine Sympathie
mit der religiösen Reactionspartei zu erheucheln.

Die Hetärien der Radicalen und der Aristokraten, fortan durch
die hierarchischen Umtriebe in Athem gesetzt, gewannen eine neue
Lebendigkeit und Thätigkeit. Die Spitze derselben kehrte sich bei
beiden übereinstimmend gegen die Machtstellung des Perikles,
ungeachtet die Ausgangspunkte durchaus verschiedene waren und
blieben. In den Augen der Aristokraten galten die Cirkel des
Perikles zugleich in politischer und in religiöser Beziehung als eine
Coterie verderblicher Neuerer; die Radicalen dagegen haßten sie als
Gegner der schrankenlosen Freiheit, als Halbe und Helfershelfer der
Reaction; während die Priesterpartei ihrerseits sie lediglich als eine
Clique von Aufklärern, Ketzern und Gottesläugnern befehdete. So
fiel der Geifer von allen Seiten auf sie. Eine Coalition der drei
Gegenparteien bahnte sich an; eine Katastrophe schien früher oder
später bevorzustehen.

Während dergestalt der öffentliche Horizont sich zum Nachtheil
des Perikles verdüsterte, war ihm auch im Schooße seiner Familie

ein schmerzliches Unglück erwachsen: die bereits angedeutete Ent=
artung und Feindschaft seines ältesten Sohnes Xanthippos. Dieser
war schon früh in eine lasterhafte Richtung hineingerathen. Der
sparsame und geregelte Hausstand des elterlichen Hauses, der seinen
liederlichen Neigungen sich hindernd entgegenstellte, entwickelte in ihm
einen Aerger, der sich bis zum Ingrimm und zum Hasse steigerte.
Selbst verschwenderischer Natur, vermählte er sich mit einer jungen
Frau, die auch ihrerseits großen Aufwand liebte. Es kam dahin,
daß er seinen Vater förmlich betrog, ihn hinterging, Anleihen in
dessen Namen heimlich erhob. Perikles war unerbittlich, wies den
Gläubiger ab, und leitete sogar einen Proceß gegen ihn ein. Seit=
dem zumal begann Xanthippos offen und feindselig seinen Vater zu
verlästern, gegen ihn und gegen seine Stiefmutter Aspasia als
Verläumder aufzutreten. Er war ohne Zweifel die Quelle mancher
Schmähungen, die gegen beide auftauchten. [76] So gesellte sich für
Perikles der häusliche Kummer zu dem öffentlichen Mißgeschick.
Doch hielt jenem noch sein häusliches Glück, und diesem noch sein
stolzes Selbstbewußtsein die Waage.

20. Anbahnung und Ausbruch des peloponnesischen Krieges, die Katastrophen und der Untergang des Perikles.

Unter solchen Umständen bahnte sich der peloponnesische oder der
dritte Rivalitätskrieg an. Die treibende Ursache desselben war
natürlich die fortdauernde Eifersucht und Nebenbuhlerschaft zwischen
Athen und Sparta. Den Hauptanlaß aber gab ein im Jahre 435
zwischen Korinth und Kerkyra wegen des Besitzes von Epidamnos
ausgebrochener Krieg. Die Kerkyräer hatten zwar um den Mai
eine Seeschlacht gewonnen und sich in den Besitz von Epidamnos
gesetzt. Als sie sich aber im folgenden Jahre durch gewaltige
Rüstungen der Korinthier bedroht sahen, suchten sie die Bundesge=
nossenschaft und die Hülfe Athens nach. Bisher nämlich weder dem
peloponnesischen noch dem delischen Bunde angehörig, machten sie

jetzt von der Clausel des dreißigjährigen Waffenstillstandes Gebrauch,
der jedem unabhängigen Staate freistellte, sich nach Belieben an den
einen oder den andern Theil anzuschließen. Nun hieß freilich, unter
den gegebenen Umständen, für Kerkyra Partei nehmen soviel wie
der Möglichkeit eines Krieges mit Korinth und demnach mit Sparta
sich aussetzen; denn Korinth war ja eins der einflußreichsten Glieder
des peloponnesischen Bundes. Dennoch gingen die Athener auf das
Gesuch der Kerkyräer ein, das Perikles entschieden befürwortete, in=
dem er die Meinung aussprach: „auf die Länge könne man doch
nicht dem Kriege entgehen."

Um Ende Juli 434 ging eine athenische Observationsflottille
von 10 Schiffen nach dem jonischen Meere und dem korinthischen
Meerbusen ab, und zwar unter Lakedämonios, dem Sohne des
Kimon. Die geringe Zahl der Schiffe hat nichts, wie man gemeint,
mit der Antipathie des Perikles gegen die Söhne Kimon's zu
schaffen. Es handelte sich zunächst lediglich um eine Demonstration,
um die Kundgebung der thatsächlichen Theilnahme für das nunmehr
bundesgenössische Kerkyra, und es kam daher durchaus nicht auf
die größere oder geringere Stärke der Flotte an. Durfte man sich
doch der Hoffnung hingeben, kraft dieser immerhin ernsten Kundgebung
die Korinthier von weiterem Vorgehen abzuschrecken, also dergestalt
die Wiederaufnahme des Krieges ganz zu hintertreiben! Und in
diesem Falle hatte dann Athen einen bedeutsamen Bundesgenossen
an Kerkyra ohne einen Schwertstreich gewonnen.

Und in der That wurden die Korinthier doch stutzig gemacht;
sie wagten nicht loszuschlagen, sie verstärkten ihre Rüstungen, sie
zögerten neuerdings ein ganzes Jahr. Endlich aber nahmen sie doch
den Kampf wieder auf, und die athenische Flottille, welche ihren
Posten inzwischen nicht verlassen hatte, betheiligte sich nunmehr an
der Seeschlacht bei Sybota, im September 433. Der Verlauf der=
selben war für die Kerkyräer nicht günstig, aber das plötzliche Er=
scheinen einer zweiten athenischen Flotte von 20 Schiffen setzte dem
Kampf ein Ende. Die letztere war, auf die Kunde von dem Aus=
laufen der korinthischen Seemacht, schleunigst unter Glaukon und
Andokides der ersten Escadre nachgesandt worden. Die Folge dieser
Verwickelungen war, daß die erbitterten Korinthier wiederholt über

das Verhalten Athens bei Sparta Beschwerde führten und immer stürmischer zum allgemeinen Kriege hindrängten.

Einen zweiten Anlaß zum peloponnesischen Kriege gaben die Zerwürfnisse zwischen Athen und Megara. Dieses war in jeder Weise bemüht gewesen, durch feindselige Akte und Chikanen gegen den größeren Nachbarstaat seine nunmehr gut spartiatische Gesinnung kundzugeben; und es hatte noch neuerdings in jeder Weise eine eifrige Parteinahme für Korinth geflissentlich zur Schau getragen. Auf Veranlassung des Perikles rächte sich dafür Athen durch ein Decret, welches den Bewohnern Megaras unter den strengsten Strafan= drohungen allen Verkehr und Handel mit den von Athen abhängigen Märkten und Häfen untersagte. In Folge dessen vereinigte Megara seine Klagen gegen Athen in Sparta mit den Beschwerden Korinths.

Dazu kam drittens die Unzufriedenheit der Unterthanenstädte und Bundesgenossen Athens, deren manche, wie Aegina, erst heimlich und dann immer offener, Sparta zum Kriege anfeuerten. Das ungeduldige Potidäa ging sogar noch einen Schritt weiter. Eine korinthische Colonie, aber den Athenern tributpflichtig, verweigerte die von Athen geforderte Schleifung seiner Mauern, und erklärte schließlich im Frühjahr 432 offen seinen Abfall, nachdem ihm für den Fall, daß es von Athen bekriegt würde, Sparta eine Diversion gegen Attika zugesagt. Obwohl von Korinth unterstützt, wurden die Potidäer um den August in offener Schlacht besiegt und immer enger eingeschlossen.[77])

Sparta diplomatisirte, entschied aber zu Gunsten Korinths, Megaras und Potidäas. So fing der Krater des hellenischen Dualismus neuerdings gefährlich zu dampfen an.

Perikles war dem Kriege nicht abgeneigt, weil er in Folge seiner Erfahrungen seit dem Waffenstillstand, und zumal zur Zeit des Ab= falls von Samos, einen Entscheidungskampf mit Sparta bereits lange wieder als unvermeidlich betrachtete. Sparta seinerseits war demselben nicht abgeneigt, weil es sehnlichst wünschte und hoffte, Athen von seiner Höhe wieder herabzustürzen. Zunächst versuchte es jedoch, durch die Intrigue zum Ziel zu kommen. Es galt, Pe= rikles persönlich zu stürzen und die philolakonische Aristokratie wieder in Athen ans Ruder zu bringen. Eine Fraction dieser letzteren

ließ sich in der That neuerdings in Collusionen mit Sparta ein,
und gab diesem den Rath, zum Zwecke der Beseitigung des Perikles,
die Sühnung der alten Blutschuld zu begehren, die an den Alkmäoniden und somit auch an dem Hause des Perikles hafte. Es
handelte sich um die Ermordung der Anhänger des Usurpators
Kylon, die an den Altären der Burg, vor nahezu 170 Jahren,
verübt worden war. Wirklich stellte Sparta in Athen das Verlangen, daß, den Forderungen der Religion gemäß, der Frevel
gegen die Göttin gesühnt, d. h. der Frevler oder sein Haus vertrieben werde. Mindestens durfte Sparta hoffen, durch dieses Verlangen den Perikles in den Augen der Athener als einen Stein
des Anstoßes, als ein persönliches Hinderniß des Friedens in
Mißcredit zu bringen. Die Widersacher des Perikles in Athen, soweit sie nicht im Einverständnisse waren, blickten schadenfroh auf die
Verlegenheit dieser Situation. Zwar waren die Athener damals noch
viel zu stolz, um auf die Forderung einer fremden Macht schmählich
ihren Führer fallen zu lassen. Sie ertheilten die bündige Antwort:
die Spartiaten sollten nur ihre eigenen Frevel sühnen. Aber die
Berechnung blieb nicht erfolglos; die Anklage hatte doch einen
Stachel zurückgelassen; das Ansehn des Perikles war noch mehr
erschüttert, und seinem Sturze, auf anderem Wege, war vorge-
arbeitet. [78])

Auf anderem Wege! Inzwischen hatte nämlich die Coalition
der drei ihm feindlichen Parteien schon festere Gestalt angenommen,
und auch bereits begonnen, ihn von allen Seiten zu umgarnen.
Verderben brütend umkreisten ihn seine Widersacher, wie die Geier
ihre Beute. Indeß wagten sie noch nicht, unmittelbar ihm selbst
zu Leibe zu gehen; vielmehr richteten sie zunächst ihre wüthenden
Angriffe auf seine Freunde und Anhänger, auf die Personen seiner
vertrautesten Umgebung. Die Form dieser Angriffe war die gerichtliche Anklage und Procedur, die Zeit derselben das Jahr 432 und
die nächstangrenzenden Monate. [79])

Zuerst, so scheint es, warf sich die Coalition, geführt von den
Häuptern der orthodoxen Priesterpartei, Lampon und Diopeithes,
denen die Führer der aristokratischen und der radicalen Partei, Thuky-
bides der ältere und Kleon, als Secundanten zur Seite gingen,

auf den Heros der religiösen Aufklärung, auf Anaxagoras. Lampon
hatte persönlich mit Anaxagoras manchen Zwist gehabt. Schwerlich
konnte er diesem die Art vergeben, wie derselbe ihm einst bei einer
Wahrsagung entgegengetreten war. Kurz vor der Verbannung des
älteren Thukydides war dem Perikles ein Widderkopf mit Einem
Horne inmitten der Stirn vom Lande gebracht worden. Lampon
erklärte sofort: das sei ein Wunder und bedeute, daß die Macht
auf den Einen übergehen werde, bei welchem das Wahrzeichen ge=
sehen worden. Anaxagoras aber verspottete ihn: das sei kein
Wunder und bedeute nichts; auch jede Abweichung von einem
Naturgesetz beruhe auf Naturgesetzen. Er zerlegte den Schädel und
wies nach, wie das Gehirn seine Höhlung nicht erfüllt, sondern ei=
förmig zugespitzt aus dem ganzen Kasten auf die Stelle zusammen=
geflossen sei, wo nun die Wurzel des Hornes aufsaß. Anaxagoras,
bei den Erklärungen, die er gab, hatte den Beifall und die Lacher
auf seiner Seite gehabt. Der beschämte und verspottete Lampon
aber trug ihm diesen Auftritt mit um so größerer Bitterkeit nach,
als bald darauf Thukydides wirklich gestürzt und die Macht auf den
Einen, Perikles, übergegangen war, dergestalt daß er sich durch
die Ereignisse selbst in seiner Auffassung des Wunderglaubens und
der Wahrsagekunst gerechtfertigt wähnte.

Auch die Aufhebung des Spottverbotes gegen die Komödie
im Jahr 437, wodurch der Bekämpfung des Aberglaubens und der
priesterlichen Orthodoxie auf der Bühne wieder Thür und Thor
geöffnet worden, hatte den Zorn der Priesterpartei in erster Linie
auf Anaxagoras, als den ketzerischen Rathgeber des Perikles, leiten
müssen; und dieser Zorn war um so größer, als Lampon und
Diopeithes persönlich jenes Verbot veranlaßt hatten und daher durch
die Aufhebung desselben auch persönlich getroffen und verletzt worden
waren. Ohne Zweifel aber waren inzwischen noch manche andere
Reibungen auf dem Boden des religiösen Bekenntnisses hinzuge=
treten.

Das Vorgehen der Coalition gegen Anaxagoras, unter dem
Vortritt der orthodoxen Priesterpartei, nahm nun folgenden Gang.

Zunächst stellte Diopeithes den allgemeinen Antrag: Es solle
als Staatsverbrecher Jeder belangt werden, der die Landesreligion

verläugne oder neue Lehren über die himmlischen Dinge vortrage.
Das Volk, durch die Coalition bearbeitet, ging in seinen abergläubisch
orthodoxen Neigungen auf diese Umtriebe ein, und nahm den An=
trag an.

Nunmehr, auf Grund dieses allgemeinen Beschlusses, erhoben
Diopeithes, als Vertreter der religiösen Reaction, und Kleon, als
Haupt der radicalen Demagogie, gemeinsam die Anklage auf Atheis=
mus oder auf Götterverachtung (Asebeia) gegen Anaxagoras. Kleon
machte ihm u. A. zum Verbrechen, daß er behauptet: die Sonne sei
eine Feuermasse. Thukydides, als Vertreter der aristokratischen Par=
tei, unterstützte die Anklage auf Götterfrevel, schuldigte ihn aber über=
dies des Medismus, d. h. medischer oder persischer Gesinnung, und
mithin des Verrathes an. Es versteht sich von selbst, daß diese Be=
schuldigung keinen anderen thatsächlichen Anhalt hatte, als die An=
tipathie des Perikles und seiner Freunde gegen eine Fortsetzung der
Perserkriege, die andererseits stets von den Aristokraten erstrebt ward.

Ueber den weiteren Verlauf weichen die Angaben ab. Gewiß
ist, daß Anaxagoras von Gerichtswegen eingekerkert wurde. Das
leicht erregbare Gemüth der Menge wurde täglich und stündlich von
den Agitatoren bearbeitet und künstlich fanatisirt. Das Schlimmste
war zu befürchten, das nachmalige Schicksal des Sokrates schien
dem Anaxagoras bevorzustehen. Perikles war außer sich vor Schmerz
und Zorn, zugleich aber entschlossen, seinen geliebten Freund und
Lehrer um jeden Preis zu retten. Und wirklich gelang es ihm, den=
selben wenigstens der äußersten Verfolgung zu entziehen. Nach den
Einen geschah dies durch Veranstaltung einer heimlichen Flucht. Nach
Anderen trat Perikles selbst vor das Volk und vertheidigte seinen Lehrer
mit Wärme und Kühnheit. Er richtete an die Menge, heißt es, die
Frage: „Was man denn ihm (dem Perikles) selber in seinem Leben
zum Vorwurf zu machen habe?" Und als er von allen Seiten
durch die Antwort „Nichts" unterbrochen wurde, fuhr er fort: „Nun
denn, und ich bin doch der Schüler jenes Mannes! Lasset also ab,
durch unbillige Verläumdungen verführt, ihm an's Leben zu gehen,
sondern gebt ihm vielmehr, meinem Rathe folgend, die Freiheit!"
Dergestalt habe er wirklich die Freilassung durchgesetzt. Wieder
Andere geben zwar ebenfalls zu, daß Anaxagoras wieder freikam,

aber erst nachdem er zu fünf Talenten Strafe und zum Exil ver=
urtheilt worden. Und doch ward selbst dieses Urtheil noch, als ein
mildes, auf Rechnung des Mitleids gesetzt, das die Altersschwäche
des Philosophen bei den Richtern erregt habe. Jedenfalls wird es
richtig sein und ist mit allen von einander abweichenden Angaben ver=
träglich, daß Perikles ihn unter sicherem Geleite aus der Stadt und über
die Grenze beförderte. Anaxagoras ließ sich in Lampsakos nieder, wo
er auf das Ehrenvollste aufgenommen ward.

Nun besteht aber noch die weitere Angabe des Satyros, daß
Anaxagoras abwesend, also in contumaciam, durch das Gericht
zum Tode verurtheilt worden sei. Ist dies begründet, und das De=
tail spricht dafür, so muß entweder wirklich eine heimliche Entweichung
vor dem Urtheilsspruch vorausgesetzt werden; oder, was keineswegs
unwahrscheinlich ist, der Proceß wurde alsbald nach der Entlassung,
und nun erst durch Thukydides, den Satyros ausdrücklich als Ur=
heber des Todesurtheils nennt, auf Grund einer erweiterten Anklage
wieder aufgenommen. Möglich, daß die Richter sich schließlich zu
einem Urtheil verleiten ließen, das ja physisch den Anaxagoras doch
nicht treffen konnte, moralisch aber den Perikles treffen sollte und traf.
Als Anaxagoras, heißt es, von dem Todesurtheil Kunde empfing,
habe er ruhig gesagt: „Längst hat die Natur jene (die Richter) und
mich zum Tode verurtheilt.“ Eben so gelassen soll er bei der Nach=
richt von dem Tode seiner beiden Söhne, die ihn im Freundeskreise
traf, gesagt haben: „Ich wußte, daß ich Sterbliche gezeugt.“ Er
starb 427, in Alter von 72 Jahren. Die Lampsakener hielten sein
Andenken heilig und feierten es durch Feste; sie setzten ihm einen
Altar, gewidmet „dem Geiste“ oder „der Wahrheit“, und eine Grab=
schrift, die ihn pries als den, „der bis zu der Wahrheit äußerstem
Ziele gelangte und himmlischer Ordnung vertraute.“ [80])

Schlimmer noch als dem Anaxagoras erging es dem Phidias.
Im Jahre 437 hatte dieser seine berühmte Statue der Athene von
Elfenbein und Gold zur Vollendung gebracht. Seitdem war er an der
Colossalstatue des Zeus zu Olympia beschäftigt gewesen, von wo er
432 nach Athen zurückkehrte. Da schleuderten die Gegenparteien ihren
wohlüberlegten Wurf gegen ihn. Denn an ihm, auf dessen Werth=

thätigkeit die Herrlichkeit Athens beruhte, der der unentbehrliche Helfer
des Perikles war und daher Alles bei diesem galt, wollten sie, wie
Plutarch sagt, die Probe mit dem Volke machen, ob und wie es den
Perikles selbst gegebenen Falls richten würde. Sie bestimmten einen
Gehülfen des Phidias, Menon, als Ankläger seines Meisters auf=
zutreten. Menon, als Schutzflehender, mit einem Oelzweig in der
Hand, erschien auf dem Markte an einem Altar, und erbat sich
Sicherheit, um ungefährdet den Phidias entlarven zu können. Er
beschuldigte ihn, bei jenem Standbilde der Athene Unterschleife an
Gold gemacht zu haben. Sofort wurde die Untersuchung einge=
leitet; allein Phidias wußte sich glänzend zu rechtfertigen. Auf den
Rath des Perikles hatte er das Gold an der Statue dergestalt ein=
gefügt, daß es, für den Nothfall eines Krieges, ohne Schädigung der=
selben herausgenommen werden konnte; und die Waage erwies seine
Unschuld.

Durch dieses Mißlingen nur zu verstärktem Ingrimm gereizt,
ruhten die Gegner nicht. Vielmehr erhoben sie nunmehr, ohne Zweifel
unter erneuter Vorschiebung des Menon, gegen Phidias die Anklage
der Götterverachtung, weil er in der Centaurenschlacht auf dem Schilde
der Göttin sein und des Perikles Bildniß angebracht habe; sich selbst
nämlich hatte er in der Gestalt eines steinschleudernden kahlköpfigen
Alten, den Perikles in der prächtigen Figur eines speerwerfenden
Helden dargestellt. Phidias wurde gefänglich eingezogen. Vergeblich
war alles Bemühen des Perikles, ihm die Freiheit wieder zu verschaffen.
Noch aber war der Tag der Untersuchung nicht herangekommen, als
man ihn plötzlich todt in seinem Kerker fand. Einige sagen, daß er
an einer Krankheit starb; Andere behaupten an Gift, das ihm die
Feinde beigebracht, sei es um Perikles noch mehr zu verdächtigen, oder
weil sie dennoch dessen Rettungsversuche fürchteten. Fast unglaublich
klingt es, daß der Angeber Menon mit der Abgabenfreiheit belohnt
wurde; von der Gereiztheit der Parteien aber zeugt es, daß man
polizeiliche Vorkehrungen für seine Sicherheit traf. [81]

Man kann wohl den tiefen Schmerz des Perikles nachempfinden,
als der treueste Genosse und Förderer seiner Wirksamkeit ihm auf
so entsetzliche Weise entrissen ward! Und doch hatte er damit noch
nicht den bittern Kelch bis auf die Hefe geleert. Nunmehr sollte

das Angriffsziel seiner Gegner die treue und geliebte Gefährtin seines Lebens werden.

Denn eben damals war es, daß Aspasia durch den Komödien= dichter Hermippos, hinter dem sicher die Coalition stand, zugleich der Götterverachtung und der Kuppelei angeklagt wurde. Es lag auf der Hand, daß damit schon in unmittelbarerer Weise ein Stoß gegen Perikles gerichtet werden sollte; ganz abgesehen davon, daß nach der Anklage er selbst es gewesen wäre, dem Aspasia freie Weiber verkuppelt hätte. Worauf der Vorwurf der Asebeia sich bezog, wenn nicht auf ihre Lehren und Aussprüche, ist unfindbar; und eben dieser Umstand hat nachmals die wunderlichsten Erfindungen veranlaßt. Aspasia ver= achtete die Anklage wie die Kläger. Sie erschien nicht vor Gericht. Pe= rikles aber, als ihr natürlicher Vertreter oder Kyrios, führte ihre Vertheidigung vor den Richtern mit der ganzen Wärme seiner Liebe, mit der Kraft der Entrüstung, und mit der Entschlossenheit des guten Bewußtseins. Es kann ihn nur ehren, wenn bei der Vergleichung zwischen dem Einst und Jetzt, in dem Hinblick auf die Verworfenheit dieser maßlosen Intriguen, und im Gefühl dessen was ihm Aspasia war, ihn eine Rührung beschlich, die ihm Thränen abpreßte. Aeschines sagt: „er habe bei diesem Anlaß viele und mehr Thränen vergossen, als da sein eignes Leben und Vermögen auf dem Spiele stand.“ Es ist dies eben ein Zeugniß dafür, daß des Perikles Liebe zu seiner Gattin unvermindert bis an sein Lebensende fortbestand. Die Richter ehrten seine Gefühle. Sie waren sittlich noch nicht so tief gesunken, um sich zu Mitschuldigen seiner ergrimmten Gegner und ihrer frechen Umtriebe herzugeben. Wir kennen schon den Erfolg: Aspasia wurde von dem Gerichtshof freigesprochen. Es war ein Triumph zugleich der Beredtsamkeit und der Gerechtigkeit. [82])

Aber seine Feinde ließen den Muth nicht sinken. Vielmehr schritt grade jetzt die Coalition zu dem Versuche, ihn selbst zu stürzen. Schon längst hatte man ihn öffentlich der Verschwendung der Staats= gelder geziehen. Jetzt wagte man, einer förmlichen Anklage näher zu treten. Drakontides setzte in der Volksgemeinde den An= trag durch: Perikles solle über die von ihm verausgabten Staats= gelder vor dem Fünfziger=Ausschuß des großen Rathes, den soge= nannten Prytanen, Rechenschaft geben; die Richter aber sollten ihre

Abstimmung feierlich am Altare vollziehen. Durch Hagnon, der auf diesem feierlichen Wege religiöse Bedenken der Richter gegen eine verurtheilende Stimmabgabe fürchtete, wurde das Decret dahin abgeändert: daß die Untersuchung durch 1500 Richter geführt werden, und die Abstimmung nach gewöhnlichem Brauch durch Einlegung der Stimmsteinchen in die Urne erfolgen solle. Man ließ es augenfällig absichtlich unbestimmt, ob es dabei auf eine Kläge wegen Veruntreuung, oder wegen Bestechung, oder endlich wegen Gesetzesverletzung abgesehen sei. Denn wäre eine bestimmte Anklage gestellt worden: so hätte Perikles sofort von seinen Aemtern suspendirt werden müssen, was nicht geschah. Die Gegner gingen also mit großer Vorsicht zu Werke, um nicht durch Ueberstürzung die öffentliche Meinung vor den Kopf zu stoßen.

Es ist übrigens nicht glaublich, daß es sich um eine generelle Rechenschaftsablegung handelte. Denn es bestand ja eine regelmäßige amtliche Rechenschaftsablegung aller Finanzbehörden nach Ablauf der Amtszeit; und die Volksgemeinde hatte ja regelmäßig bis dahin ohne Anstand die Decharge ertheilt. Ueberdies wurden alle Finanzgeschäfte, wenngleich Perikles der oberste Finanzvorstand war, collegialisch behandelt oder waren doch einer mehrfachen collegialischen Controle unterworfen. Den Finanzvorstand, der selbstverständlich an die Gesetze und die Geldbewilligungen des Volkes gebunden war, controlirte zunächst der buchführende und contrasignirende Secretär oder „Gegenschreiber", der in jeder Prytanie, d. i. durchschnittlich alle 35 Tage, dem großen Rath eine Uebersicht der Einnahmen und Ausgaben vorzulegen hatte. Der allgemeinen Kassenverwaltung stand das Collegium der Schatzmeister der Göttin oder Verwalter der heiligen Gelder der Athene vor; den Bundesfinanzen insbesondere das Collegium der Hellenotamien, ohne deren Zuthun keine Zahlung aus Bundesgeldern möglich war; und die Gesammtheit aller Einnahmen und Ausgaben wurde endlich, allem Anschein nach seit der Verlegung des Schatzes nach Athen im Jahre 460, mindestens aber seit 454/3, und ohne Zweifel auf Veranlassung des Perikles selbst, durch ein aus Logisten und Euthynen (Calculatoren und Revisoren) zusammengesetztes Collegium, das der Dreißigmänner, als Oberrechnungshof in letzter Instanz geprüft. Auf Grund dieser

Superrevision beruhte ohne Zweifel die jedesmalige Volksdecharge. Es leuchtet also ein, daß das Verlangen der Ablegung einer Generalrechenschaft von Seiten des Perikles, die doch nichts anders hätte sein können als eine Wiederholung und Zusammenstellung der schon sanctionirten und veröffentlichten Specialberichte, ein völliges Unding gewesen wäre. Außerdem aber würde das Resultat einer derartigen Generaluntersuchung, unter der Voraussetzung wirklich begangener Unregelmäßigkeiten oder Fahrlässigkeiten, nicht nur den Perikles, sondern auch jene drei Collegien und zumal die oberste Controlbehörde getroffen haben. Damit aber hätte man den Zweck verfehlt, der einzig darauf abzielte, Perikles selbst und allein bloßzustellen.

Ebensowenig kann es sich aber um eine Rechnungsablegung über den Propyläenbau handeln, wie man nach Valerius Maximus schließen könnte. Denn diese muß ordnungsgemäß in dem vierjährigen Rechenschaftsbericht des Finanzvorstehers erfolgt sein, also Ende 434 oder Anfang 433, wenn dieses Amt wirklich um die Mitte jedes dritten Olympiadenjahres anfing und endete. Auch ist es nicht unwahrscheinlich, daß Perikles als Finanzvorsteher ebenso für jedes Archontenjahr einen besonderen Rechenschaftsbericht abzulegen hatte, wie der fünfjährige Bauvorstand für die Propyläen, von dessen erstem und viertem Jahresbericht sich ja noch Fragmente erhalten haben. Und hiernach würde der letzte ordnungsmäßige Finanzbericht, sowie der letzte Baubericht über die Propyläen, schon um die Mitte des Jahres 432 erfolgt sein. Bei den Anträgen des Drakontides und Hagnon dagegen handelte es sich augenfällig um eine ausnahmsweise oder außerordentliche Procedur, die überdies erst um den Anfang 431 eingeleitet sein kann, da sie durch den Ausbruch des Krieges unterbrochen wurde.

Aller Wahrscheinlichkeit nach war es daher bei dieser letztern nur auf die Specification gewisser Ausgabetitel abgesehen, die bis dahin, auf die bloße Autorität von Perikles hin, ohne Specificationsforderung von den Kassenverwaltungen ausgezahlt, von dem Oberrechnungshof in Bausch und Bogen für gut befunden, und von der Volksgemeinde ebenso in Bausch und Bogen bei der Decharge sanctio-

nirt worden waren. Ein solcher Ausgabetitel, und höchst wahr=
scheinlich der einzige, war die Rubrik, wie wir heut sagen würden,
für „geheime Ausgaben", oder, wie es damals hieß, für „noth=
wendige Ausgaben" (τὸ δέον). Dieser Ausgabetitel hatte jedenfalls
wenigstens Einmal eine Rolle gespielt, nämlich in dem Büdget des
Jahres 446/5. Er war als ein Bauschquantum von 10 Talenten
seiner Zeit vom Volke genehmigt worden. Man hatte damals aus Dis=
cretion keine Specificirung von irgend einer Seite her verlangt, weil
man allseits unter der Hand wußte, daß Perikles als Feldherr
durch diese Summe die spartiatischen Großen, insbesondere, wie man
sich zuflüsterte, den König Plistoanax und seinen Rathgeber Klean=
dridas, zur Umkehr bewogen und dergestalt den Staat vor der In=
vasion gerettet habe. Daß dieser Titel seitdem ein stehender ge=
worden sei, ist wenigstens insofern zu bezweifeln, als es seit dem
Waffenstillstand an neuen Anlässen fehlte, um auf Sparta durch
Bestechungen oder Gratificationen einzuwirken, und als für die An=
nahme, daß dies nach anderen Seiten hin geschehen sei, nicht der
geringste Anhalt, nicht die geringste Spur einer Andeutung vor=
handen ist. Aber trotzdem würde allerdings die jährliche Wieder=
kehr des Titels keinem Zweifel unterliegen, wenn Theophrast und
Andere mit der Behauptung recht hätten, daß Perikles sich bei jenem
Anlaß verpflichtet habe, nicht nur Einmal, sondern jedes Jahr je
10 Talente nach Sparta fließen zu lassen. Eine solche Verpflich=
tung auf eine bestimmte Reihe von Jahren hat in der That viel
Wahrscheinlichkeit für sich.

Und so kann denn die Intrigue gegen Perikles kaum auf et=
was Anderes gerichtet gewesen sein, als auf den Posten für „noth=
wendige Ausgaben," sei es daß derselbe nur Einmal, in dem Büd=
get des Jahres 446/5, oder daß er seitdem regelmäßig in jedem
Jahresbüdget auftrat. Die Feinde des Perikles kannten, nun der
Bruch so weit gediehen, keine Discretion mehr; und eine Compro=
mittirung gewisser Personen in Sparta konnte ihnen unter den ge=
gebenen Umständen sogar nur willkommen sein. Was sie also
eigentlich begehrten, war eine nachträgliche Specification jenes Aus=
gabetitels. Denn jegliches Resultat mußte anscheinend nothwendig
Perikles zu Fall bringen; sei es daß er die Specification versagte,

oder daß er nur ausweichende und daher ungenügende Belege bei=
brachte, oder endlich daß er zwar die Richtigkeit der Ausgabe, damit
zugleich aber auch das Vergehen der von ihm geübten Bestechung
nachwies, und überdies der verletzten Ehre Spartas gegenüber sich
an der Spitze Athens unmöglich machte.

Für alles dies zeugt nicht nur eine Reihe entlegener aber posi=
tiver Angaben, sondern auch der Umstand, daß der Ausdruck „für
nothwendige Ausgaben" ein Stich= und Witzwort der Komiker auf
der Bühne ward. So erklärt Strepsiades in den Wolken des Ari=
stophanes (B. 859): „er habe seine Schuhe verthan zu — noth=
wendigen Ausgaben!" Die Widersacher des Perikles sprengten
natürlich aus: der fragliche Ausgabetitel habe nur dazu gedient, die
Unterschleife und Veruntreuungen zu decken, die derselbe im Einver=
ständniß mit Phidias sich habe zu Schulden kommen lassen.

Es versteht sich von selbst, daß Perikles frei von Schuld und
Schuldbewußtsein war. Wir wissen ja, daß Thukydides und andere
Zeitgenossen, gleichwie die Nachwelt, an ihm grade vor allem den
unbescholtenen Wandel, die Redlichkeit und Unbestechlichkeit, sowie
überhaupt die Unempfänglichkeit für Geldinteressen hervorhoben.
Dennoch aber mußte er durch die nunmehrige Rechenschaftsforderung
begreiflicherweise in große Verlegenheit gerathen. Durch die Ge=
nehmigung jener „nothwendigen Ausgaben" von Seiten des Volkes
oder durch die verfassungsmäßig ertheilte Decharge war er be=
rechtigt gewesen, sich vor jeder nachträglichen Zumuthung der Rechen=
schaftsablegung gesichert zu halten. Bei der Natur der Verwendung
jener Ausgaben standen ihm sicher jetzt so wenig wie zuvor hin=
reichende Quittungsbelege zu Gebote. Und unmöglich konnte er in
einer so delicaten Angelegenheit mit einer rückhaltslosen Veröffent=
lichung aller einschlägigen Thatsachen hervortreten, die nur ange=
than gewesen wäre, ohne allen Nutzen und Zweck nach allen Seiten
hin einen bedenklichen Staub aufzuwühlen. Nichtsdestoweniger legte
er ohne Zweifel sofort Hand an, um, wenn auch nicht einen förm=
lichen Rechenschaftsbericht, doch seine Rechtfertigung, soweit es die
Sachlage und die Pflichten der Politik gestatteten, schriftlich vorzube=
reiten. Doch ehe noch jenem Decrete Folge gegeben werden konnte, trat
der Krieg dazwischen und drängte die Angelegenheit in den Hintergrund.

Perikles hatte natürlich sehr oft von Amtswegen ordnungs=
mäßige Rechenschaft abzulegen als Finanzvorstand alle vier Jahre
um den December oder Januar, als Strateg, und wahrscheinlich
auch als Finanzvorstand, in jedem Jahre um den Juni. Bei einem
Anlaß der Art und, wie behauptet wird, als es sich um die Rech=
nungsablegung wegen des Propyläenbaues handelte, also spätestens
um die Mitte des Jahres 432, hatte der jugendlich leichtsinnige
Alkibiades, der damals noch im Hause seines Vormundes lebte, ein
leckes und frivoles Wort fallen lassen. Als er in das Gemach des
Perikles hineinstürmen wollte, wurde er vor der Thür abgewiesen
und auf sein Fragen bedeutet: „Perikles habe jetzt keine Zeit, er
sei mit der bevorstehenden Rechnungsablegung beschäftigt.“ „Bah!“
rief Alkibiades, indem er davonging, „er thäte besser sich damit zu
beschäftigen, wie er nicht Rechnung ablegen wolle.“ Dieser frühere
Vorfall wurde nunmehr ausgemalt und ausgebeutet, ja sogar un=
mittelbar auf den obigen Fall der geforderten außerordentlichen
Rechnungsablegung zu Anfang des Jahres 431 bezogen, ungeachtet
damals Alkibiades gar nicht mehr in Athen anwesend war, sondern
mindestens seit Mitte 432 bei Potidäa mit Sokrates im Felde
stand. Nunmehr wurde die Sache so dargestellt, wie wenn Alki=
biades mit Perikles selbst gesprochen und ihm, wie ein weiser Lehrer
dem einfältigen aber lernbegierigen Schüler, jenen „guten Rath“
ertheilt habe. Den habe denn auch Perikles buchstäblich befolgt und,
um sich der Rechnungslegung zu entziehen, das Kriegsfeuer
angefacht. So zurecht gestutzt diente die Anekdote dazu, den Leiter
der athenischen Politik neuerdings zu verdächtigen. [83])
    Den wirklichen Ausbruch des Krieges führte der Gang der
Dinge in Betreff Potidäas herbei. Als Athen dieses fort und fort
eingeschlossen hielt, stellte Sparta eine Art von Ultimatum auf,
welches forderte: 1) die athenischen Truppen sollten von Potidäa
zurückgezogen; 2) Aegina's Selbstständigkeit wieder hergestellt; 3) das
Handelsverbot gegen Megara zurückgenommen werden. Diesen drei
Forderungen wurde dann später noch eine vierte hinzugefügt, welche
die Anerkennung der Selbstständigkeit aller griechischen Staaten und
damit die Auflösung des athenischen Bundes begehrte.
    Perikles war entschlossen, falls Sparta von diesen Forderungen

nicht zurückgehe, den Krieg anzunehmen; und zwar aus folgenden
Gründen: 1) weil er ihm, in Ermangelung jener Voraussetzung,
ohne schmachvollste Beeinträchtigung der Ehre Athens unvermeidlich
erschien; 2) weil er in der That, obwohl dies nur ein nebensäch=
licher Gesichtspunkt war, als Ableiter der inneren Unzufriedenheit
und Parteizerrissenheit dienen konnte; und 3) weil er noch einmal
für ihn die Hoffnung aufleuchten ließ, eine große glänzende Zukunft
Athens in Griechenland zu erleben. Denn im glücklichen Falle,
d. h. durch Ueberwindung des stolzen Spartas, durfte Perikles hoffen
eine Basis zu gewinnen, vermöge deren sein bisher vereitelter Plan
einer einheitlichen panhellenischen Gliederung, zum Wohle Griechen=
lands und zum Ruhme Athens, doch noch zur Verwirklichung ge=
langen könne. Wenigstens war diese Verwirklichung nur einzig
noch auf dem entscheidenden Wege des Krieges denkbar.

In einer glänzenden Rede erklärte sich daher Perikles gegen
die Forderungen Spartas. Seine abweisenden Vorschläge wurden
in der That angenommen, zugleich mit dem Anerbieten, Sparta
gegenüber, die bestehenden Differenzen durch ein Schiedsgericht oder
durch eine Rechtsentscheidung zu friedlicher Lösung zu bringen. Dies
war ganz den Bedingungen des dreißigjährigen Waffenstillstandes
gemäß; und Perikles wahrte mithin auch in diesem Punkte vollständig
die Vertragstreue. Darauf ging aber Sparta nicht ein, brach
vielmehr die Unterhandlungen ab, und rüstete eifrig zum Kriege.
Der dreißigjährige Waffenstillstand war noch kaum zur Hälfte ab=
gelaufen. Die vorherrschende Stimmung in den Staaten war im
Ganzen unverkennbar zu Gunsten Spartas, weil die bisherige
athenische Herrschaft im engeren Bunde nicht mit Unrecht als drückend
erschien, und weil Sparta in seinem Ultimatum nachträglich als
lockendes Ziel des Kampfes schlauerweise die Beseitigung dieses
Druckes, die „Selbstständigkeit aller hellenischen Staaten" oder, wie
man sich auch ausdrückte, die „Befreiung Griechenlands", proclamirt
hatte. Eine dumpfe Spannung ging dem Ausbruch voraus; man
erinnerte sich alter Weissagungen, die nichts Gutes ahnen ließen. 84)

Inzwischen suchten beiden Theile ihre Kräfte zu concentriren.
Um Athen schaarten sich, trotz aller Gegenmachinationen Spartas,
Thessalien, Akarnanien, die Messenier in Naupaktos, Platäa, die

Mehrzahl der Inseln des ägäischen Meeres, Kerkyra, Zakynthos
und die Mehrzahl der Colonien in Kleinasien, am Hellespont und
in Thrakien. Um Sparta der gesammte Peloponnes mit Ausnahme
von Argos und Achaja, die sich für neutral erklärten; ferner Megara, Böotien, Phokis, Lokris, Leukas, Ambrakia und Anaktorion.

So war Hellas in zwei Hälften getheilt, die kampfbegierig
einander gegenüberstanden und durch den Zusammenstoß sich gegenseitig zu zermalmen drohten.

Mit dem Frühling 431 wogte der Krieg auf, dessen Einzelheiten, von Thukydides so anschaulich geschildert, wir begreiflicherweise unberührt lassen. Die Peloponnesier fielen zu Lande in
Attika ein; die Athener zur See in den Peloponnes, und im Herbst
zu Lande unter Perikles in Megaris. Die Erfolge waren nicht ent-
scheidend, die Kräfte standen im Gleichgewicht. Perikles, mit wunder-
barer Umsicht alles beachtend und leitend, war unermüdlich im Beschwichtigen und Anfeuern, im Glätten der Stimmungen, im Versöhnen und Belehren. In dem gefährdeten Theile Attikas besaß er
reiche Ländereien; und da er mit dem Spartiatenkönig Archidamos
in Gastfreundschaft stand, so sah er voraus, daß dieser sie schonen
werde, gleichviel ob in guter oder böser Absicht; um daher sowohl
jedem Verdacht wie jedem Neide zu entgehen, übertrug er sie als
Schenkung dem Staate. [85] Nur mit Mühe vermochte er die Athener, sich auf die Vertheidigung ihrer Mauern zu beschränken und
dadurch das Ziel des feindlichen Einfalls zu vereiteln. Als am
3. August eine Sonnenfinsterniß eintrat, fand er Anlaß die erschreck-
ten Gemüther zu belehren, daß der Mond zu gewissen Zeiten vor
die Sonnenscheibe treten müsse. [86]

Noch einmal flackerte hell die Begeisterung für Perikles in
Athen auf, als er für die im ersten Jahr Gefallenen seine berühmte,
von Thukydides ihrem wesentlichen Inhalte nach erhaltene Leichenrede hielt. Nach der Angabe des Sokrates bei Platon hätte Aspasia
am Tage zuvor im vertraulichen Gesellschaftskreise der Freunde des
Hauses die Grundgedanken auseinandergesetzt, die nach ihrer Meinung
in der Rede enthalten sein müßten. Die Kritik dieser Angabe gehört
nicht hierher; die bloße Möglichkeit ihrer Aufstellung zeugt aber

schon zur Genüge für die geiſtige Virtuoſität Aspaſias und für ihr
intimes Zuſammenwirken mit Perikles. [87])

Der Frühling des zweiten Kriegsjahrs, 430, brachte nach der
Weiſe der damaligen Kriegführung neuerdings einen Einfall der
Peloponneſier in Attika und eine Expedition der Athener nach dem
Peloponnes. Die letztere befehligte Perikles ſelbſt. Mit dem
erſteren kam zugleich in Athen jene furchtbare Peſt zum Ausbruch,
die Thukydides in ihren Erſcheinungen und Verheerungen ſo er=
greifend geſchildert hat. Es war ein typhöſes Fieber mit Ausſchlag,
das meiſt nach kurzem Verlauf zum Tode führte.

Da wandte ſich, bei der Rückkehr der peloponneſiſchen Expe=
ditionsflotte, wie in plötzlicher Raſerei die ganze Aufregung des Volkes
gegen Perikles. Die Verzweiflung der Menge wurde von ſeinen
Feinden klüglich ausgebeutet. „Er,‟ hieß es jetzt, „ſei der Urheber
alles Unheils, des Krieges und der Peſt.‟ Dieſe wahnſinnigen
Vorwürfe berührten Perikles wohl ſchmerzlich; aber er hegte keinen
Groll, ſondern nur Mitleid. Am meiſten verdroß ihn, daß durch
ſeine Widerſacher, und während ſeiner Abweſenheit, das Volk ſich
hatte zu Friedensverhandlungen verleiten laſſen, die indeß erfolglos
geblieben waren. Noch einmal wußte er den Sturm durch eine
glänzende Rede in der Volksgemeinde zu beſchwören. In dieſer
Rede imponirte, neben dem zuverſichtlichen Bewußtſein der Unſchuld,
beſonders der Ausdruck der Würde, des Stolzes und der Entrüſtung.
So bändigte er die Launen der Menge. Die Volksgemeinde ſtand
von dem verzagten Vorhaben ab, Friedensgeſandte nach Sparta zu
entſenden, und beſchloß, den Krieg energiſch fortzuführen. [88])

Aber es war dies, perſönlich genommen, der Triumph eines
Momentes. Alsbald zogen ſich die Wetterwolken gegen ihn wieder
zuſammen. Die Coalition hörte nicht auf, wider ihn zu wühlen
und bearbeitete mit Erfolg einen Theil des Volkes. Kleon, Sim=
mias und Lakratidas, ſcheint es, ſchloſſen ein Triumvirat zu ſeinem
Sturze. Nunmehr wurde er von dieſen Gegnern, auf Grund der
früheren Anträge von Drakontides und Hagnon, förmlich wegen
ſchlechter Verwaltung der Staatsgelder angeklagt. Die nächſte und
ſelbſtverſtändliche Folge dieſer förmlichen Anklage war die vorläufige
Suspendirung des Perikles von ſeinen Staatsämtern, und insbe=

sondere vom Feldherrnamte. Diese Suspendirung wurde aber eine
definitive und rechtskräftige, als der Gerichtshof ihn wirklich ver=
urtheilte, und zwar zu einer Geldbuße von 15 Talenten oder
22,500 Thalern, während anscheinend die Kläger eine Buße von
50—80 Talenten oder 75—120,000 Thalern beantragt hatten.
Den Gang des Processes und die Motive des Urtheils kennen wir
nicht. Die verhängte Buße war aber, aller Wahrscheinlichkeit nach,
gewissermaßen ein theilweiser Schadenersatz für jene nicht specificirten
„nothwendigen Ausgaben".

So war denn die Gerechtigkeit gebrochen und die Rachgier ge=
stillt. Es ist zwar nicht zu übersehen, wie der Rhetor Aristides
sehr richtig hervorhebt, daß die verurtheilenden Richter „nur der so
und so vielste Theil aller Athener" waren und nicht „das ganze
Volk." Allein das Rachegeschrei hatte doch das Wohlwollen be=
täubt, die Minderheit die Mehrheit zum Schweigen gebracht.[89])

Den politischen Sturz des Perikles, der in der ersten Hälfte
des Juni erfolgte, begleitete Schlag auf Schlag häusliches Unglück.
Die Pest raubte ihm durch den Tod zunächst seinen ältesten Sohn
Xanthippos, ohne daß eine volle Versöhnung hätte voraufgehen
können; dann seine theure Schwester, und die meisten seiner Anver=
wandten und Freunde. Doch verläugnete er auch bei diesem bei=
spiellosen Mißgeschick die Erhabenheit seines Geistes und die Größe
seiner Seele nicht. Er unterdrückte mit Standhaftigkeit den tiefen
Schmerz, und man sah ihn selbst am Grabe seiner Angehörigen
nicht weinen. Da ergriff aber der unerbittliche Tod auch den
zweiten seiner Söhne, seinen Liebling Paralos. Und nun schien
ihm das Herz zu brechen. Als er dem Todten den Kranz aufsetzte,
übermannte ihn der Jammeranblick; laut schluchzte er auf und ver=
goß einen Strom von Thränen, wie niemals in seinem Leben.
Dies momentane Ueberfließen seines Schmerzes stand aber nicht im
Widerspruch mit der auch bei diesem Anlaß ihm nachgerühmten
Standhaftigkeit. Denn rasch sich fassend und überwindend, trug
er auch dieses herbste Leid in stiller Trauer und Ergebung.[90])

Bei dem Anblick eines so maßlos sich gipfelnden persönlichen
Unglücks kam in dem leidenschaftlichen, aber edelgearteten und gut=
müthigen Volke eine plötzliche Gefühlsreaction zum Durchbruch. Das

durch fremde Intriguen und durch augenblickliche Launen zurückge-
drängte Wohlwollen für Perikles arbeitete sich wieder empor und,
mächtig aufwogend, spülte es in immer breiterer und unwiderstehlicher Strömung alle Spuren eigener und alle Hemmnisse fremder
Mißgunst hinweg. Dazu kam, daß seit der Verurtheilung des Perikles alle öffentlichen Angelegenheiten theils in's Stocken, theils in
die trostlosesten Wege gerathen waren. Mit dem Commando der
Flotte und des Heeres, die Perikles von der peloponnesischen Expedition zurückgeführt hatte, waren andere Strategen, namentlich
Hagnon, um die Mitte des Mai betraut worden; aber ihre Unternehmungen gegen die Chalkidier und gegen Potidäa schlugen fehl;
mehr als der vierte Theil der Mannschaften erlag der Seuche; und
nach etwa 40 Tagen, Ende Juni oder Anfangs Juli, kehrte Hagnon
unverrichteter Dinge heim. Da war dem Volke zumuthe, wie wenn
doch Niemand im Stande sei, ihm für Perikles einen Ersatz zu
bieten. Man vermißte die Größe, die man muthwillig gestürzt,
und sehnte sie reuig zurück.

Die neuen ordnungsmäßigen Feldherrnwahlen standen damals
in kürzester Frist bevor. Denn das neue Archontenjahr begann diesmal mit dem 21. Juli 430, und die Neuwahlen wurden jederzeit
in den letzten Tagen des alten Jahres, also diesmal um den
17. Juli vollzogen.

Eben weilte, an dem Wahltage, Perikles in einsamer Zurückgezogenheit mit seinem Herzenskummer, als plötzlich und hastig
Alkibiades zu ihm hereinstürmte mit der Nachricht, daß man ihn
wieder zum Feldherrn gewählt habe, und zwar unter außerordentlichen Ehrenerweisen, und daß eine vollständige Wendung der Dinge
eingetreten sei. Es klang für ihn fast unglaublich; waren doch nur
etwa fünf bis sechs Wochen seit seinem Sturze verflossen!

In der That hatte das Volk, durch die Reue erfaßt und geleitet, von sich aus die unbedingte Wiederherstellung des Perikles beschlossen; und die erste Frucht dieses Stimmungswechsels war eben
dessen Wiedererwählung zum Feldherrnamte, mit einer Machtvoll-
kommenheit wie er sie kaum je zuvor besessen; die „Leitung aller
Geschäfte" wurde ihm übertragen. Von diesem Augenblicke an sah
er sich mit Volksgnaden förmlich überschüttet. Es erschienen bei ihm

Deputationen, die, im Namen des Volkes, förmlich Abbitte thaten und ihm das tiefste Bedauern über die jüngste Verurtheilung ausdrückten. Aber noch mehr! Durch das von ihm selbst früher veranlaßte Bürgerrechtsgesetz, wonach nur diejenigen Bürger sein konnten, deren beide Eltern zu Athen eingebürgert gewesen, war ja sein ihm einzig noch übrig gebliebener Sohn Perikles, als von einer Nicht-Athenerin geboren, des Bürgerrechts verlustig. So anstößig es nun auch war, ein zum Nachtheile so Vieler angewandtes Gesetz im Interesse des Antragstellers selbst außer Kraft treten zu lassen, so bewog doch das Mitleid mit dem Mißgeschicke des Perikles jetzt die Volksgemeinde, den Sohn der Aspasia, gleichwie einst die Söhne des Kimon, ausnahmsweise zu legalisiren. Demgemäß wurde dem Vater gestattet, ihn auf seinen Namen in die Bürgerschaft einschreiben zu lassen. [91])

Das war der letzte Lichtblick in dem Leben des Perikles. Denn obwohl seine erneute und mächtig belebte Popularität nunmehr, nach jenem kurzen Schwanken, eine feste und dauernde blieb, so vermochte er doch nicht, ihrer froh zu werden. Ein schleichendes Zehrfieber, nicht die Pest, ergriff ihn bald nach seiner Wiederwahl, und verhinderte ihn, mit vollem und verjüngtem Nachdruck in das öffentliche Leben einzugreifen. Etwa ein Jahr nach dem Beginn seines Kränkelns erfolgte sein Tod, Ende September 429, in seinem 65. Lebensjahr. Als er auf dem Sterbebett, von den ihm noch verbliebenen Freunden umringt, durch diese in trostspendender Weise an seine große Vergangenheit, an seine neun Siege und seine vielen Trophäen erinnert wurde, sagte er abwehrend zu ihnen: „Mich wundert, daß ihr rühmt was einerseits vielen Heerführern gelungen ist, andrerseits auf Rechnung des Glückes fällt. Das Schönste aber, und was die Hauptsache ist, vergesset ihr; dies nämlich, daß kein athenischer Bürger je um meinetwillen ein Trauerkleid angelegt hat." [92])

Alle Machinationen gegen Perikles hatten sich als vergebliche erwiesen. Es war wie wenn er, der Heros, nur dem Schicksal, nur dem Götterstrahl erreichbar sei.

Von seinen Zielen hatte er die meisten, vor allen aber Eins erreicht: Athen war durch geistige Zeugungskraft und durch künst= lerischen Glanz über alles emporgehoben, zur ersten Stadt von Griechenland, zum Gipfel aller Geistescultur gestaltet worden. Aber sein Grundziel hatte er nicht erreicht: Athen war, trotz des intellectuellen, künstlerischen und moralischen Uebergewichtes, nicht zur alleinigen Großmacht Griechenlands, nicht zum Mittelpunkt und Haupt eines panhellenischen Bundes erwachsen. An dem Streben nach diesem nationalen Grundziel ging er fatalistisch und tragisch zu Grunde.

Allein, wenn Perikles im Ringen nach seinem Ziele unterging: so war es darum doch noch keine Nothwendigkeit, daß auch das Ziel selbst mit ihm und in ihm zu Grabe getragen ward. Es wäre allem menschlichen Dafürhalten nach erreicht worden, hätte entweder Perikles den Krieg, oder seine Politik ihn selber überlebt. Das war auch die Meinung vieler Zeitgenossen, namentlich des Historikers Thukydides. Er erzählt, Perikles habe erklärt: „Wenn die Athener sich während des Krieges ruhig halten, ihre Sorgfalt auf die Seemacht verwenden, ihr Gebiet nicht durch Eroberungen vergrößern und die Stadt selbst nicht auf das Spiel setzen: so werden sie Sieger bleiben." Thukydides pflichtet diesem Aus= spruch bei, preist die „richtigen Vorausberechnungen" des Perikles in Betreff der „Macht des Staates," seinen „richtigen Blick in die Zukunft," und legt offen seine eigene zuversichtliche Ueberzeugung dar, daß die Athener unbedingt, ja „sogar ganz leicht die Ober= hand in dem Kriege behauptet" haben würden, wenn sie die Grund= sätze des Perikles befolgt hätten. Statt dessen aber hätten sie „von alledem das Gegentheil gethan"; hätten „allerlei Staatsunterneh= mungen" begonnen, die „nur dem Ehrgeiz und der Gewinnsucht Einzelner" dienen konnten, und „deren Mißlingen" dem Kriege eine für Athen „nachtheilige Wendung" geben mußte; auch hätten die Nachfolger des Perikles, indem „Jeder den Anderen den Rang ab= zulaufen strebte", ganz im Gegensatz zu Perikles die Staatsge= schäfte der Willkür des Volkes preisgegeben, und dergestalt „viele Fehler", namentlich und beispielsweise auch die „Expedition nach Sicilien" verschuldet. [93])

Thukydides war also offenbar der Ueberzeugung: daß Athen zweifellos als Sieger aus dem Kampfe mit Sparta hervorge= gangen sein würde, wenn Perikles selbst den Krieg bis an's Ende hätte leiten können, oder wenn seine leitenden Ideen ihn überdauert hätten. Der „Sieg" Athens in diesem Kampfe aber, wer könnte es läugnen, wäre gleichbedeutend gewesen mit der Erreichung des perikleischen Grundzieles, mit der Verwirk= lichung der panhellenischen Einheit oder der Hegemonie Athens über das gesammte Griechenland. Auch hieran also, an dieses Grundziel und dessen Erreichung hat Thukydides mindestens so fest geglaubt wie Perikles selbst, auch wenn er es nicht für gerathen erachtete, gescheiterter Pläne näher zu gedenken. Und nicht darum einmal sah er das Scheitern dieses Zieles als eine Nothwendigkeit an, weil Perikles darüber zu Grunde ging, sondern nur deshalb, weil die Nachfolger des Perikles an staats= männischer Befähigung diesem nicht glichen und es nicht verstanden, dessen Wege zu wandeln.

Eben diese Unfähigkeit und Unebenbürtigkeit der nachfolgenden Staatsleiter ist es auch gewesen, die in den Augen der Mit= und der Nachwelt die Bedeutung und Größe des Perikles noch schärfer aus dem Gewirr der Erscheinungen abhob. Durch die Trostlosig= keit und Entartung derselben offenbarte sich erst recht deutlich, was und wieviel er für Athen gewesen war.

Sagen wir es kurz: Perikles und der attische Staat seiner Zeit waren gewissermaßen Eins, oder in Eins verwachsen gewesen. Wie Perikles sich in den Staat, so hatte der Staat sich in Perikles hineingelebt. Der Staat war gleichsam sein Körper geworden, der nun, als Perikles gestorben, der Seele entbehrte und der Verwitte= rung entgegenging. „Als Perikles gestorben war, sagt Thukydides, wurde sein richtiger Blick in die Zukunft noch mehr anerkannt." Und Plutarch bemerkt: „Der Gang der Ereignisse ließ die Athener den Perikles bald empfindlich und lebhaft vermissen. Denn die im Leben sein Ansehn, weil es sie verdunkelte, unerträglich gefunden, bekannten nach seinem Hintritt, als sie es mit anderen Rednern und Volkshäuptern versuchten, unverholen: ein gemäßigterer und großartigerer Charakter habe nie gelebt."[94)]

Trotz alledem wird man nicht behaupten dürfen, daß Perikles in jeder Beziehung mängellos gewesen sei. In die Anklagen seiner zeitgenössischen Tadler vermögen wir freilich nicht einzustimmen. Eins aber läßt sich auf alle Fälle nicht verkennen: daß die herrische Färbung, die allmählig seine engere Bundespolitik annahm, doch nicht so unvermeidlich war, wie Manche meinten oder noch heute meinen; und daß eben durch sie die Anziehungskraft des delischen Bundes einen schwer zu ersetzenden Abbruch erlitt.

Kein antikes Grabdenkmal, wie es von so vielen unbedeutenden Persönlichkeiten des Alterthums uns hinterlassen blieb, bezeichnet heute noch die Stätte, wo Perikles im Tode ruhte. [95] Dafür aber blieb uns in den Prachtbauten der Akropolis das schönste Angedenken seines Ringens hinterlassen. Als die ewigen Denkmäler seiner Größe und seines Ruhmes, als die ewigen Zeugen seines erhabenen Sinnes für alles Edle und Schöne, blicken sie noch heut über alle Länder und Völker hin — nicht als Denkmäler seines Todes, sondern als Denkmäler seines Lebens, seines lebendigen Schaffens und Wirkens; größer und würdiger als es ein Monument seines Todes zu sein vermöchte.

Millionen beschauen im Bild oder in der Wirklichkeit die Propyläen und den Parthenon. Nicht Jeder aber ist sich bewußt, daß sie nicht blos Zeugen derjenigen Ziele sind, die Perikles wirklich erreicht hat, sondern zugleich auch Zeugen dessen, was er ersehnte und erstrebte ohne es zu erreichen.

Von den näheren Freunden des Perikles erlitten nach seinem Tode namentlich noch zwei die Verfolgungen Derer, die des Perikles Gegner gewesen waren. Protagoras wurde als Verächter der Götter, Damon als Tyrannenfreund zur Verbannung verurtheilt.

Aspasia trat naturgemäß in das Zwielicht des Witwenstandes zurück. Sie lebte ohne Zweifel nach wie vor in dem Hause des Perikles, zugleich mit ihrem damals noch minorennen Sohne, der ja der einzige Erbe desselben war. Zu ihrem vertrautesten Umgange gehörten seitdem, und bis an's Ende, Sokrates und der Historiker Xenophon mit seiner Gemahlin. Wollte sie vor weiteren persönlichen Verfolgungen sicher sein, so bedurfte sie der Gunst und des Schutzes

einflußreicher Staatsmänner der neuen radicalen Aera. Ehe Alki=
biades ihr in dieser Beziehung eine Stütze werden konnte, bot sich
ihr der nunmehrige radicale Volksführer Lysikles, dessen wir schon
in dem Ueberblick der perikleischen Gesellschaftskreise gedachten, aus
Achtung vor ihrer geistigen Bedeutung, als Schützer und Besorger
ihrer geschäftlichen Angelegenheiten dar; und sie lehnte diese Theil=
nahme begreiflicherweise nicht ab. So gehörte denn auch Lysikles zu
dem kleinen Kreise, mit dem sie noch verkehrte.

Ernste Zeitgenossen haben Aspasias Verkehr mit diesem Demagogen
und Vertreter der Großindustrie in sittlicher Beziehung nie im Ge=
ringsten verdächtigt. Der Sokratiker Aeschines sagt nur, daß Lysikles
„durch den Umgang mit Aspasia aus einem mittelmäßigen Kopfe
der erste Mann Athens geworden sei". Die leichtsinnigen Komiker
bemächtigten sich aber auch dieses Verhältnisses zu boshaftem und
zweideutigem Gespött. Sie witzelten: Lysikles sei der Poristes d. h.
der Lieferant der Aspasia. Das war um so anzüglicher, als es in
Athen eine Behörde gab, die officiell den Namen „Poristen" führte
und für die Beschaffung außerordentlicher Geldmittel Sorge zu tragen
hatte. Platon, der Komiker, ging noch weiter, indem er in seinen
„Poeten" eine höchst zweideutige Phrase gebrauchte, die einmal be=
deuten konnte: „Aspasia machte den Lysikles zum gewaltigen Redner,
und hatte ihn seitdem zum Poristen" d. i. Geldlieferanten;
andrerseits aber auch: „Aspasia machte den Lysikles zum gewaltigen
Redner, und hatte von ihm den Poristes." Dieses doppelsinnige
Witzwort verführte dann später lebende Scribenten zu der lächer=
lichen Annahme: Aspasia habe von Lysikles „einen Sohn mit Namen
Poristes" gehabt, und demnach zu der weiteren Erfindung: Aspasia
sei „mit Lysikles verheirathet" gewesen. Diese wunderlichen Combi=
nationen spuken unbegreiflicherweise noch in der heutigen Geschicht=
schreibung fort. [96])

Da Lysikles schon 428 starb, kaum ein Jahr nach dem Tode
des Perikles, so wäre seine Bekanntschaft mit Aspasia, wenn sie
erst in ihrem Witwenstande begonnen hätte, eine zu kurze gewesen,
um den Ausspruch des Aeschines und die politische Entwicklung des
Lysikles unter Aspasias Einfluß zu erklären. Und schon deshalb
ist es mehr als wahrscheinlich, daß Lysikles bereits zu Lebzeiten des

Perikles, und ehe er noch die radicale Färbung enthüllt hatte, in dem Hause desselben verkehrte. Wann Aspasia starb, wissen wir nicht; jedenfalls aber lebte sie noch lange nach dem Tode des Ly=sikles, wie der Umgang mit Sokrates und Xenophon bezeugt.

Der Sohn des Perikles und der Aspasia, Perikles der Jün=gere, der letzte seiner Söhne, nahm gegen den Ausgang des pelo=ponnesischen Krieges, im Jahre 405, ein äußerst tragisches Ende. Er war einer jener athenischen Feldherren, die in der Schlacht bei den Arginusen die peloponnesische Flotte glänzend besiegten. Dennoch aber wurden dieselben insgesammt angeklagt, verurtheilt und hinge=richtet, weil sie durch einen Sturm sich hatten abhalten lassen, die gefallenen Bürger aufzusuchen und zu bestatten. 97) So endete des größten Atheners Geschlecht.

———

II.

Der Nika-Aufstand unter Justinian.

———

Nebst einem Plan von Constantinopel.

1. Der Schauplatz der Begebenheiten.

Das byzantinische Reich bewegte sich auf der Bahn eines stetigen, wiewohl langsamen Verfalles. An sittlicher Verderbniß kam ihm kaum vorher oder nachher eine staatliche Erscheinung gleich. Der Boden seiner Lebensthätigkeit war dergestalt unterwühlt, daß in dem Vordergrund der Dinge selten eine Spur von Tugend, und noch seltener eine Regung von Freiheitsgefühl zu entdecken war. Die eine und die andere erloschen unter dem Druck eines orientalischen Despotismus und unter den Zerrüttungen, welche die Unbeständigkeit der Thronfolge nach sich zog. Aber aus dem Schutt des Sittenruins wucherte desto üppiger die Abenteuerlichkeit der Romantik hervor.

Es war zur Zeit des Kaisers Leo, in der zweiten Hälfte des fünften Jahrhunderts, als einst drei junge Bauernbursche, den Brodsack über die Schulter geschlagen, zu einem der Westthore von Constantinopel hereinwanderten. Sie hatten ihren ärmlichen Herd in Illyrien oder Dardanien (der heutigen Bulgarei) verlassen, um sich in der großen Welt zu versuchen und einem besseren Loose nachzujagen. Von schlankem und kräftigem Körperbau, gedachten sie in der kaiserlichen Leibgarde Dienste zu suchen. Der Eine von ihnen hieß Justin. Er war zu großen Dingen bestimmt, ohne ihnen gewachsen zu sein. Eine Schule hatte er nie besucht; es gab deren keine in seiner Heimat. Die elementaren Künste des Lesens und Schreibens waren für ihn Ausgeburten unzugänglicher Gelehrsamkeit. Aber er hatte einen offenen Verstand und einen geheimen Instinct; er war pfiffig und dreist. Sein Lebtage war er wohl nicht in einer großen Stadt gewesen. Constantinopel, die kaiserliche Residenz, der Nabel der Erde, die glückliche Nebenbuhlerin Roms, die schönste Stadt der ganzen Welt, wie ihre Einwohner behaupteten, mußte die mächtigsten Eindrücke auf ihn erzeugen, als er gaffend

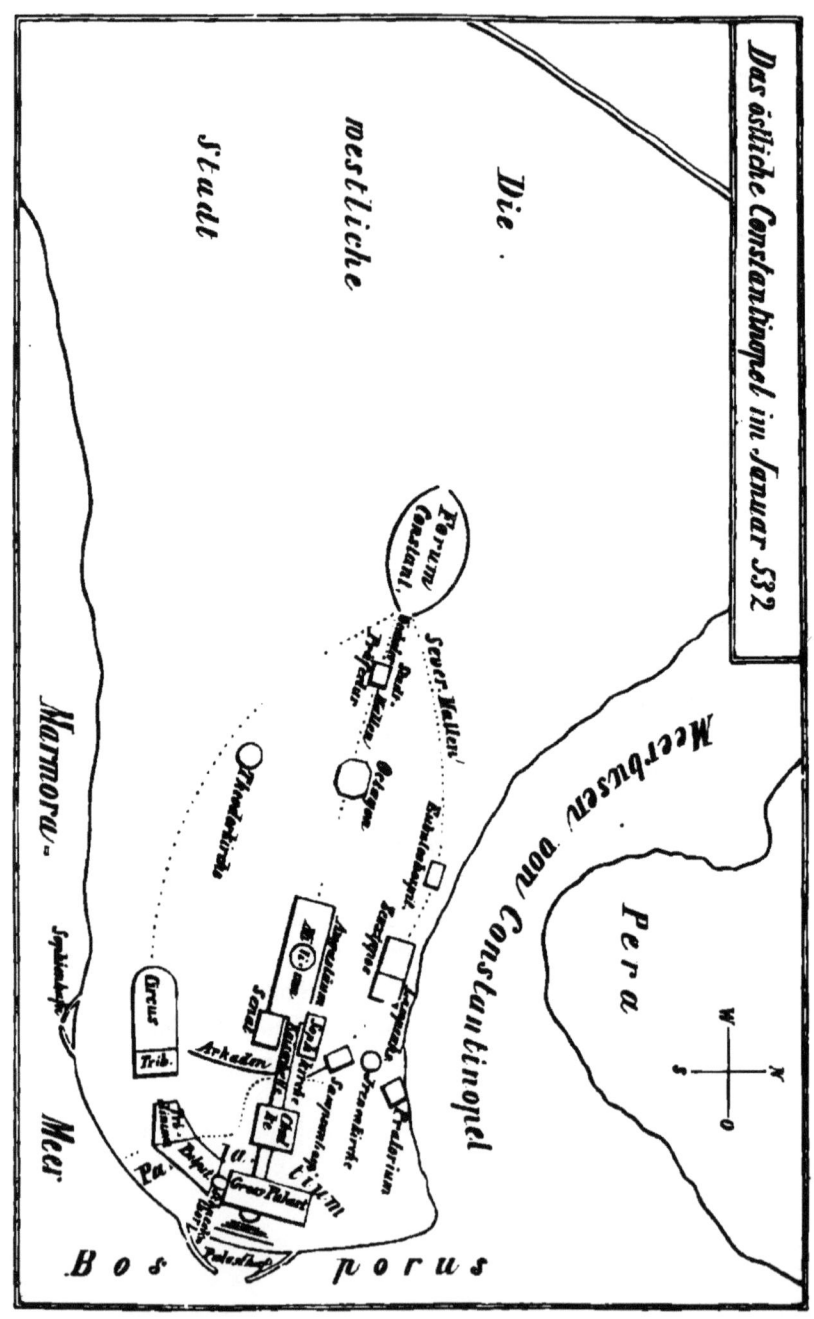

Das östliche Constantinopel im Januar 532

und staunend ihre Straßen durchschlenderte. Es lohnt sich, ihn im Geiste zu begleiten, sei es, um seine Eindrücke nachzuempfinden, oder um den Schauplatz der späteren Begebenheiten kennen zu lernen.

Die Bevölkerung Constantinopels, schon damals größer als diejenige Roms, überstieg eine halbe Million. In der Form einer Landzunge streckte sich die Stadt von Westen nach Osten in das Meer, nordwärts durch den Hafen oder den Meerbusen von Con= stantinopel von der Vorstadt Pera getrennt, südlich von dem Mar= morameer und östlich von dem Canal oder dem Bosporus bespült. Um sie in ihrer ganzen Länge zu durchwandern, waren gegen zwei Stunden erforderlich. Ihre Breite, im äußersten Westen $^7/_4$ Stun= den betragend, nahm nach Osten zu ziemlich regelmäßig ab, und konnte an der schmalsten Stelle in 25 Minuten durchschritten wer= den. Die Osthälfte der Stadt war die bei weitem interessantere, reich an den mannigfaltigsten Prachtgebäuden und Denkmälern, der wichtigste Schauplatz der inneren Revolutionen, der Straßenkämpfe und grauenhafter Feuersbrünste.

Fast genau in der Mitte der Stadt lag das Constantinische Forum, da wo ehemals die Mauern und Thore des alten Byzanz gestanden. Es war ein colossaler Marktplatz von länglich runder Gestalt, rings von einer zweistöckigen Säulengallerie umgeben; zwei große einander gegenüberstehende Triumphbogen bildeten den west= lichen und östlichen Eingang. Zahllose Statuen, theils von Marmor, theils von Erz, schmückten die Säulenhallen, die Triumphbogen und den Platz selbst. Zu den anziehendsten Denkmälern des letztern gehörte ein sehr schönes und wohlerhaltenes Thor aus der Zeit des alten Byzanz; in der Mitte des Forums, bei dem Brunnen, erhob sich die Gruppe Daniels mit den Löwen. Die Hauptzierde aber war eine mächtige Porphyrsäule, von deren schwindelnder Höhe das colossale Standbild Constantins des Großen herabschaute, das die moderne Kunst aus einer alten Statue Apollon's durch Umformung des Kopfes gewonnen hatte; zu dem Sockel der Säule führten Stufen empor.

Von dem östlichen Triumphbogen des Forums konnte man auf drei verschiedenen Wegen zu dem kaiserlichen Palast am Bosporus gelangen.

Der eine führte in einem nördlichen Bogen durch die Severia=
nischen Säulenhallen am Hospital des Eubulos, dem Severusbade,
dem Lampenhause, der Kirche der heil. Irene und dem großen
Hospital des heil. Sampson vorüber.   Den großartigsten Eindruck
machte hier das Severusbad, auch Alexanderbad und Zeuxippos
genannt.   Es ruhte in der Gestalt eines Vierecks auf vier Säulen=
gallerien; ein Vorhof bildete den Zugang.   Das Innere umschloß
nicht nur die öffentlichen von Severus angelegten Bäder, sondern
auch ein seit Constantin begründetes Museum oder Antikenkabinet
von unvergleichlicher Pracht.   Der Luxus der Ausstattung und der
Glanz der dargestellten Künste wetteiferten in der Mannigfaltigkeit
der Schaustellung.   Kunstwerke aller Zeiten, aus Stein und Marmor,
Mosaik und Erz, fanden sich hier vereinigt.   Ein Wald von meist
ehernen Statuen stellte die durch Weisheit, Dichtkunst, Beredtsamkeit
und Tapferkeit ausgezeichnetsten Persönlichkeiten der Vergangenheit
dar; von Meistern der verschiedensten Epochen herrührend, bildeten
sie zugleich ein ehernes Compendium der Kunstgeschichte.   Hier stand
u. a. das berühmte Standbild Homers in sinnender Haltung, mit
auf der Brust gefalteten Händen, mit geschlossenen Augen zum
Zeichen der Blindheit, mit gefurchter Stirn, dem Ausdruck zugleich
des Alters und des grübelnden Ideenlebens.   Hier fand man die
Sappho in sitzender Stellung dichtend, den Demosthenes nachdenkend
über den Inhalt einer Rede, den Plato und Aristoteles, Herodot
und Thukydides, Pyrrhus und Julius Cäsar, Perikles und zahl=
lose Andere.   Ein Verzeichniß von 75 der dort aufgestellten Statuen
ist uns noch heut bekannt.   Der aus Egypten gebürtige Dichter
Christodorus fertigte, um das Jahr 500, Epigramme auf die ein=
zelnen Standbilder, sowie eine Beschreibung der ganzen Sammlung
in 416 Versen.   Eine Schilderung des Zeuxippos hat uns Cedrenus
aufbewahrt. [1]

Mit diesem Prachtgebäude stand in engster Verbindung das
merkwürdige, in Zweck und Bedeutung ganz verschiedenartige Lam=
penhaus, dessen Einkünfte zur Bestreitung der Erleuchtung und
der Reparaturen des Bades dienten.   Dasselbe enthielt nämlich eine
Art von Bazar, die kostbarsten Waarenmagazine der Hauptstadt, wo
die reichsten Kaufleute ihre Schätze an seltenen seidenen und gold=

durchwirkten Stoffen, sowie andere Luxusartikel zur Schau stellten. Allabendlich und bis tief in die Nacht hinein waren diese Magazine in ihrer ganzen Ausdehnung durch ein Lichtmeer von Lampen auf das glänzendste erleuchtet. Eben hievon erhielt das Gebäude seinen Namen; denn diese zauberhafte Illumination war ganz verschieden von der gewöhnlichen Straßenbeleuchtung, wie sie seit dem Beginn des sechsten Jahrhunderts in Jerusalem, Antiochia, Edessa und anderen Städten, in Constantinopel aber schon im vierten Jahrhundert üblich war. Ueberall an den Straßenecken und vor den Kaufläden waren Laternen angebracht; daß der nächtliche Schimmer derselben mit der Helle des Tages gewetteifert habe, muß als Uebertreibung gelten. [2])

Der zweite Weg vom Constantinischen Forum nach dem Palast führte in graderer Linie quer durch die Stadt. An den östlichen Triumphbogen lehnten sich zunächst die Wechslerhallen an, also genannt wegen der zahlreichen hier etablirten Wechselgeschäfte, die zumal ein Bedürfniß für den Verkehr des Forums waren, wo von allen Weltgegenden her die Handelsstraßen, die Waaren und die Münzen zusammenflossen. An den berühmten palastartigen Gebäuden des Patriciers Lausus vorüber gelangte man, wie es scheint, zur Stadtpräfektur; dann zum Octagon. Die Stadtpräfektur war der Sitz des Stadt= und Polizeipräfekten, mit einem großen Polizeipersonal, mit Archiven, Gerichtssälen und weitläufigen Gefängnissen. Das Octagon oder Achteck umfaßte eine größere Häusergruppe, eine Art Quartier, von acht gewölbten Säulenhallen begrenzt (basilica octogona); hier befand sich, wenigstens in späterer Zeit, die Bibliothek, mit einem Oberbibliothekar und zwölf Unterbibliothekaren; hier lag zugleich der eine Schwerpunkt der Straßenkämpfe.

Weiterhin erreichte man einen zweiten Schwerpunkt derselben, das Augustäische Forum und das Milium, nebst der Sophienkirche und dem Senatspalast. Das Augustäische Forum oder Augustäum, von der Mutter Constantins, der Helena Augusta, benannt, war ein äußerst geräumiger Platz in der Gestalt eines länglichen Vierecks, von Säulenhallen umgeben und mit verschließbaren Portalen. Hier prangte unter vielen anderen Denkmälern das Standbild der Helena;

vor allem aber die von Arkadius errichtete Theodosiussäule mit
der silbernen Statue dieses Kaisers, auf die, wie man sagt,
7000 Pfund Silbers verwandt worden. Der mittlere Raum des
Augustäums, früher der Siegesplatz genannt, mit einem Siegesdenkmal
aus älterer Zeit, hieß jetzt M i l i u m , wegen des daselbst befindlichen
goldenen Meilenzeigers (milliare aureum), von wo, ähnlich wie
in Rom, die Meilenzahlen der Heerstraßen ihren Anfang nahmen.
Dieser Meilenzeiger war übrigens im Gegensatz zu dem römischen
ein ansehnliches und elegantes Bauwerk, bestehend aus einem ge=
wölbten Triumphbogen und mit verschiedenen Statuen geschmückt.
Hier pflegten — eine Lehre für die Nachfolger der Byzantiner —
die Köpfe der Hingerichteten ausgestellt zu werden; das Uhrwerk
richtete erst Justinian auf.

Das Augustäische Forum war auf allen Seiten mit schönen
Gebäuden und Palästen besetzt; an seiner Ostseite erhob sich nord=
wärts die Sophienkirche, südwärts der Senatspalast. Die S o p h i e n =
k i r c h e mit ihrem Vorhofe bildete ein längliches Viereck; sie
war von Constantin zu Ehren der „heiligen Sophia" d. i. der
„Weisheit" Christi erbaut, von seinen Nachfolgern, zumal auf An=
laß von Feuersbrünsten, vergrößert und verschönert worden. Ueber=
trieben klingt die Angabe, daß ein Wald von 437 imposanten Säulen
ihr zum Schmuck gedient. Der S e n a t s p a l a s t enthielt das gewöhn=
liche Sitzungslocal des Senates, der einzigen noch beibehaltenen
parlamentarischen Versammlung, die aber jedes selbstständigen Lebens
entbehrte und im Grunde nur die Bestimmung hatte, die kaiserlichen
Willensmeinungen zu registriren, sowie für den Thron eine prunkende
Staffage abzugeben. Damit in Verbindung standen diejenigen Bau=
lichkeiten, die wir als Justizpalast bezeichnen dürfen; hier saßen die
verschiedenen Kammern der Richter, die Dikasterien oder Gerichtshöfe.

Von allen diesen Oertlichkeiten des Augustäums führte endlich
die Kaiser= oder Königshalle, in die auch der Weg vom Zeurippos
her mündete, zu dem einen der beiden Hauptzugänge des kaiserlichen
Schloßbereichs. Man trat in einen großen Vorhof ein, die C h a l k e
oder Erzhof genannt, weil die Palastgebäude und Säulenhallen, die
ihn umschlossen, mit vergoldeten Erzziegeln gedeckt waren. Unter den
Bestandtheilen desselben, die fast nur von den uniformirten Schaaren

der Palastbeamten und Leibgarden bewohnt wurden, unterschied man namentlich die Hallen der Scholaren, der Protectoren und der Candidaten, sowie den sogenannten Marstempel.

Ehe wir aber in die inneren Theile der Schloßregion eintreten, wenden wir uns noch einmal zu dem Constantinischen Forum zu= rück, um in einem südlichen Bogen den dritten Weg zum Palatium einzuschlagen. Dieser führte zunächst an historisch minder wichtigen Punkten vorüber; halbwegs etwa erreichte man, südlich vom Octa= gon, die Kirche des h. Theodor und ihre großen Zugehörigkeiten; weiterhin aber die berühmteste aller Oertlichkeiten, den dritten und ge= waltigsten Brennpunkt aller Straßenkämpfe: den großen Circus oder Hippodrom. Dieser lag in südlicher Richtung vom Augustäum und gewährte einen herrlichen Blick auf das Marmormeer und dessen Ufer. Constantin hatte den colossalen Ringbau vollendet und eine Reihe von Generationen sich schon hier an den Schau= spielen der Thierhetzen, der gymnastischen Wettkämpfe und vor allem der beliebten Pferde= oder Wagenrennen ergötzt. Die Um= wallung mit den Sitzen der Zuschauer, in der Form eines von West nach Ost gestreckten und im Osten gradlinig abgeplatteten Ovales, stieg in zwei hohen von Säulen getragenen Stockwerken oder Logenrängen empor, und gewährte Raum für 150,000 Be= sucher; jeder Rang muß etwa 20 Bänke tief gewesen sein. Dennoch war die unbedeckte Arena beträchtlich kleiner als die des großen Cir= cus in Rom; ihre Länge betrug 600, ihre Breite 300 Schritt. Trat man durch den westlichen Eingang, das Wendethor oder die Sphendone, in die Arena ein, so befand man sich der gradlinigen Seite des Circus mit ihren zahlreichen Einfahrtsportalen[3]) für die Wagen und dem Tribunal oder der kaiserlichen Loge unmittelbar gegenüber. Die letztere wurde von 24 sehr hohen Säulen getragen. Von hier aus pflegte das Staatsoberhaupt, auf einem Throne sitzend und von den Vornehmen seines Gefolges umgeben, dem Schauspiel zuzusehen und die Rolle des Kampfrichters zu üben. Zu beiden Seiten des Tribunals dehnten sich die Logen der Senatoren aus, und an diese lehnten sich dann rechts und links die langen Sitzreihen der Theaterparteien an. Frauen besuchten, dem Her= kommen gemäß, die Schauspiele nicht. An den Tagen, wo Fest=

lichkeiten bevorstanden, wurden auf der kaiserlichen Loge große
Flaggen aufgehißt.

Der Circus lag in unmittelbarer Nähe der Schloßregion, in die
wir jetzt eintreten. Von dem Tribunal und den Einfahrtsportalen
des erstern gelangte man nämlich sofort zu dem zweiten Hauptzugang
der letztern, dem Triclinium, das in seiner Bedeutung ganz
der nördlicher gelegenen Chalke entsprach. Es war ein Vorhof mit
verschließbaren, dem Circus zugewandten Erzthoren. Von hier aus
führten die Pulpita, dem Anschein nach terrassenartige Anlagen,
zu dem Schneckenthor (Kochlias), das den Zutritt zu den inneren
Theilen des Palatiums eröffnete.

Das Palatium nahm, ähnlich wie das heutige Serail, die
ganze östliche Region der Stadt am Bosporus ein; an Umfang
dem römischen nicht sehr nachstehend, bildete es eine mehr oder
minder zusammenhängende Gruppe mannigfaltiger Prachtgebäude,
mit vielen äußeren und inneren Höfen, mit den Amtswohnungen
zahlreicher vornehmer Beamten, mit großen Hallen für die verschiedenen Abtheilungen der Leibgarde, der Schloßpolizei und der
Kammerdienerschaft, als der Excubitoren, der Spatharier und
der Cubicularier. Der Kern begriff namentlich den großen Constantinischen Palast, das Lusorium oder den Lustpavillon, den Placi-
dianischen Palast u. s. w. In dem großen Palast zeichneten sich
besonders zwei Säle aus, beide mit der reizenden Aussicht auf den
Bosporus und den Kaiserhafen, und beide historisch gleich merkwürdig. Der eine war der Porphyrsaal, das Hauptgemach der
Kaiserin, wo die Purpurgeborenen das Licht der Welt erblickten.
Der andere war der große Thronsaal, das Hauptgemach des
Kaisers, die einflußreichste und schicksalschwerste Oertlichkeit des ganzen
Reichs; hier reifte die Kabinetspolitik des Selbstherrschers, hier stand
sein Thron, hier wurde über die wichtigsten Staatsangelegenheiten
Rath gepflogen und Entschluß gefaßt.

Ein prächtig verziertes Ausgangsportal führte von dem Palast
nach dem Meer. Auf Marmorterrassen stieg man zwischen üppigen
Gärten zu dem Ufer, zu dem kaiserlichen oder dem Palasthafen
am Bosporus hinab. Dieser, von Dämmen umkränzt, war ausschließlich den Zwecken des Hofes, dem Schloßdienst gewidmet. Hier

lagen die kaiserlichen Jachten und Schnellsegler; von hier aus machte
der Selbstherrscher seine Ausflüge auf dem Meere; hieher kehrte
er geräuschlos zu seiner Residenz zurück, wenn er die Berührung
der Stadt, den rauschenden Empfang vermeiden wollte.⁴)

2. Vorspiel.

Die Räumlichkeiten des Palastes waren das Wanderziel des
armen Justin; hier gedachte er als Leibgardist sein Glück zu
machen. Es gelang über alle Erwartung. Einem Bettler gleich
betrat er die Schwelle des Palastes, um schließlich von dem Thron
desselben Besitz zu nehmen. Nachdem sein Dienstgesuch, unterstützt
durch sein kräftiges Aussehen, ohne Anstand gewährt worden, schwang
er sich alsbald vom gemeinen Soldaten in rascher Stufenfolge bis
zum Chef der kaiserlichen Leibgarde empor. Diese Stellung eines
prätorianischen Präfekten war noch immer eine der einflußreichsten
im Staat. Justin wußte sie auszubeuten; die Kunst der Intrigue,
die allein am byzantinischen Hofe nie in Verfall gerieth, fand an
ihm einen empfänglichen Schüler. Vier Kaiser aus der regierenden
Familie sah er in wechselvollem Geschick dahinsterben; zuerst, im
Jahre 474, Leo den Ersten; dann dessen vierjährigen Enkel, Leo
den Zweiten, wenige Monate später; hierauf den Kaiser Zeno, den
Schwiegersohn des Einen und Vater des Anderen, im Jahr 491;
endlich Anastasius den Ersten, den zweiten Gemahl der Ariadne,
der Tochter Leo's.

Anastasius war ein ehrenhafter und wohlgesinnter Mann; doch
in den bodenlosen Zuständen des Reichs vermochte er keinen festen
Grund zu gewinnen. Als er die Regierung antrat, hatte ihm das
Volk freudig zugerufen: „regiere, wie du gelebt"; als er, nach Em-
pörungen und Bürgerkriegen von religiöser Färbung, im Jahr 518
verschied, folgten ihm die Verwünschungen zahlreicher persönlicher
Gegner und aller Orthodoxen zum Grabe nach. Zwar hinterließ
er drei Neffen: Hypatius, Pompejus und Probus, von denen der
Erstere mit Zuversicht auf die Thronfolge rechnete. Allein eine
Hofpartei stellte ihm einen andern Candidaten entgegen. Um für

diesen zu wirken und vor allem die Leibgarde zu gewinnen, wurde
dem Präfekten Justin eine große Summe anvertraut. Er vertheilte
wirklich das Geld unter die Soldaten, nur mit der Abweichung von
dem Uebereinkommen, daß er sie verpflichtete, ihn selber zum Kaiser
auszurufen. Das Unternehmen glückte; durch Betrug und Bestechung
wurde der ehemalige Bauer zum mächtigsten Fürsten der Erde.

Justin stand damals in den Sechzigern. Den früheren Mangel
an wissenschaftlicher Bildung hatte er noch immer nicht ersetzt; Lesen
und Schreiben waren ihm auch jetzt noch unbekannte Künste. Um
seine kaiserliche Unterschrift möglich zu machen, mußte man in ein
Holztäfelchen die Buchstaben seines Namens einritzen, so daß ihm
nur die Mühe verblieb, die Feder durch die Ritzen hindurchzuziehen.
Unter solchen Umständen war er, trotz seines offenen Verstandes, dem
Detail der Regierungsgeschäfte durchaus nicht gewachsen. Er überließ
sie daher gern und willig seinem Quästor oder Kanzler Proclus
und insbesondere seinem Schwestersohn Justinian. Diesen nahm er
sogar schließlich, bei eigener Kinderlosigkeit, zum Mitregenten an.
Und so geschah es, daß nach seinem Tode, im Jahre 527, Justinian
ihm unbeanstandet auf dem Throne folgte.

3. Die Hauptpersonen des Hofes.

Justinian, der Sohn des Sabates, gebürtig aus dem illy=
rischen Städtchen Bederiana [b]), durfte mit Recht als ein Empor=
kömmling angesehen werden. Dem Glück und der Kühnheit seines
Oheims verdankte er Alles; an natürlichen Anlagen kam er diesem
gleich; an Bildung übertraf er ihn bei Weitem. Die Mängel seiner
geringen Herkunft hatte er, seit ihm seine höhere Bestimmung
vorschwebte, durch leibliche wissenschaftliche Studien beseitigt. Für
große Ideen war er nicht unempfänglich; an praktischem Scharfsinn
gebrach es ihm. Schon unter seinem Oheim hatte er sich ein gewisses
Organisationsgeschick angeeignet; aber nur dasjenige eines tonangebenden
Büreaukraten. Er war gewaltthätig und herrisch, so lange man
ihm willenlos gehorchte; ernster und nachdrücklicher Widerstand brachte

ihn außer Fassung. Mit der Krone auf dem Haupte wuchs auch
sein Ehrgeiz; er wollte größer scheinen als er war, und Größeres
vollbringen als er vermochte. Wie weit seine hochfliegenden Ent=
würfe gingen, was sie alles ergreifen wollten, ist kaum bekannt genug.
Centralisiren und Uniformiren war seine Losung. Ein Staat, Eine
Kirche, Ein Gesetz sollten die Welt beherrschen, in ihnen allen eine
absolute Autorität walten, und diese Autorität er selber sein.

Die Idee einer Wiederherstellung des einigen römischen Welt=
reichs, mindestens in dem Umfang seiner alten Grenzen, leitete seine
auswärtige Politik. Und der Moment schien nicht ungünstig. Das
nebenbuhlerische weströmische Reich war nunmehr vom historischen
Schauplatz abgetreten; die brandenden Wogen der germanischen
Völkerwanderung hatten es langsam zerschellt, und das allmählig
sinkende Wrack war endlich fünfzig Jahre zuvor ebenso geräuschlos
wie spurlos verschwunden. In Rom und Italien, in allen ehemals
weströmischen Provinzen hausten seitdem barbarische Germanen; ihnen
ihre Beute wieder abzujagen, die frische Naturkraft durch militärische
Disciplin und strategische Taktik zu bändigen, darnach lechzte die
byzantinische Selbstüberschätzung. Im Osten war ihr die Perser=
macht ein Dorn im Auge; sie zerbröckeln und ihre Bestandtheile in
das vorschwebende byzantinische Universalreich aufgehen lassen zu können,
auch dessen vermaß man sich.

Dieses Universalreich sollte von einer Universalkirche getragen
sein. Niemand hat daher die letzten Reste des alten Heidenthums
mit größerer Gewaltthätigkeit verfolgt, als Justinian. Die immer
noch blühende Philosophenschule zu Athen, die sich auch in letzter
Zeit hoher Zierden, eines Proclus und Simplicius, rühmen durfte,
wurde aufgehoben und die Philosophie wie ein müdes Wild zu Tode ge=
hetzt. Die christliche Theologie war bestimmt, als allein berechtigt
an ihre Stelle zu treten. Aber auf dem Boden des Christenthums
selbst bestand nichts weniger, denn eine Einheit der Lehre und des
Glaubens. Justinian vermaß sich sie herzustellen, eine Orthodoxie
für alle Welt und in alle Ewigkeit zu begründen. Mit dem rö=
mischen Papste hatte er sich in ein gutes Einvernehmen gesetzt;
aber nicht diesem, nicht den Patriarchen, nicht den Concilien sollte
die oberste Autorität, die letzte Entscheidung über die Rechtgläubigkeit

zustehen, sondern dem byzantinischen Selbstherrscher, nach seinem
persönlichen Ermessen; jene sollten nur die Werkzeuge des kaiser=
lichen Willens sein, vom Thronsaal des Palastes zu Constantinopel
aus Kirche und Christenthum durch büreaukratische Kabinetsbefehle
zurechtgestutzt werden.   So konnte die für die Kirchengeschichte ent=
setzliche Thatsache nicht ausbleiben, daß augenblickliche Grillen,
weltliche Interessen, frivole Ränke sich das Recht anmaßten, auf
alle Zeiten hinaus über die Gewissen zu verfügen; daß die Ein=
flüsterungen der sittlich verworfensten Geschöpfe, wie der Kaiserin Theo=
dora, zu religiösen Gesetzen der sittlichen Menschheit sich aufwarfen;
und daß dergestalt der majestätische Strom der Orthodoxie zum
Theil aus den allerunlautersten Quellen erwuchs, aus Quellen, deren
sich mit Recht die Christenheit schämen durfte.   Gleich das Reli=
gionsedict vom Jahre 528 zeigte, wessen man sich zu gewärtigen
hatte. [6])   Dadurch bestätigte zwar Justinian im Grunde nur die
Beschlüsse der Concilien, aber ohne ihrer zu gedenken; gleich
ihnen verurtheilte er die Lehren der Eutychianer wie der Nestorianer,
aber doch — wie mir scheint — nicht ohne eine gewisse monophy=
sitische Färbung durchblicken zu lassen, die vielleicht schon auf den
Einfluß der Theodora zurückgeführt werden darf.   Das eigentlich
Charakteristische indeß war die despotische Logik der Fassung.   Sie
lautete wörtlich: „Wir — Justinian — bekennen uns zu diesen
und diesen Glaubenssätzen. Wir belegen mit dem Bannfluch Alle, die
sich nach dieser Kundmachung auf einer andern Meinung
betreten lassen.   Wir befehlen, dieselben ohne irgend eine
Nachsicht als Ketzer zu bestrafen.“   Die Strafe war der Tod.

Wie er dergestalt auf dem alleinigen Fundament seiner Auto=
rität die Orthodoxie der Universalkirche begründen wollte: so hielt
er sich auch wie durch göttliche Eingebung berufen, auf der gleichen
Grundlage ein einheitliches Universalgesetz erstehen zu lassen.
Neben die Bibel des Glaubens wollte er die Bibel des Rechts
als ewiges allgemeingültiges Orakel pflanzen.   Man weiß nicht,
soll man sich mehr verwundern, daß trotz der verpesteten Sitten
die Fortbildung des Rechts wie der Kirche möglich war, oder
daß trotz des Christenthums und der Rechtsentwicklung die
Sitten so verpestet blieben.   Wie aber das in der Kirche da=

mals herrschende Trachten nach Herstellung einer alleinigen unfehl=
baren Autorität in Glaubenssachen, das dem befreienden Christen=
thum weder eigen noch ursprünglich war, sich einzig aus der gleich=
zeitigen Alleinherrschaft einer despotischen Autorität im Staate, als
einem lockenden Vorbilde erklärt: so erklärt sich ihrerseits die groß=
artige Rechtsentwicklung einer so versunkenen Zeit eben aus dem
Verfall der Sitten und aus dem Mangel an Recht und Gerechtigkeit.
Wo die Sitten welken, blüht die Gesetzgebung empor; denn der
Mangel eines Ersatzes weckt das Bedürfniß darnach, und der Ersatz
der Sitten ist eben das Recht. So wurde denn alsbald eine unge=
heuere Geschäftigkeit entwickelt, um ein allumfassendes System der
Jurisprudenz zu Stande zu bringen. An der Spitze der
Gesetzgebungscommission stand der Minister Tribonian. Daß ihr
Werk mehr und mehr den Stempel einer Mosaikarbeit annahm, lag
theils in der Natur der Sache, theils in der Zeit, der es an origi=
nalem Sinn gebrach. Desto rühriger war ihr vom Kaiser unab=
lässig gestachelter Fleiß. Schon im April 529, nach vierzehn=
monatlicher Thätigkeit, konnte die erste Ausgabe des „Justinianeischen
Codex" veröffentlicht werden. Mit dem Ende des folgenden Jahres
wurde Hand an die Pandekten oder „Digesten" gelegt. Schon war
man damit bedeutend vorgeschritten, als zu Anfang des Jahres
532 die Revolution die Fortsetzung des ganzen Unternehmens in
Frage stellte.

Und diese Revolution sog nicht wenig Nahrung aus dem Um=
stande, daß gerade dem anscheinend frommen Verkünder der an=
geblich von Gott inspirirten Rechtsbücher vorzugsweise von allen
Seiten Ungerechtigkeit, Willkür und Grausamkeit zur Last gelegt wurde.
Man raunte sich zu, daß er nur allzu leicht bei der Hand sei, wo
es gelte, böswilligen Anklagen ein Ohr zu leihen oder tyrannische
Strafen zu verfügen; daß er nichts bereitwilliger zulasse, als Hin=
richtungen und Confiscationen; diese letzteren leitete man namentlich aus
seinem Hange zur Verschwendung her. Und doch verschlang in
den ersten Jahren seiner Regierung weder das Kriegs= noch das
Baudepartement so bedeutende Summen, wie sie nachmals das
Budget in Anspruch nahm. Seine Bauliebhaberei gab sich zwar
gleich nach seiner Thronbesteigung kund. So ließ er u. a. das kaiser=

liche Tribunal des Circus, um die Kämpfe besser überschauen und richten zu können, beträchtlich erhöhen und auch die zu beiden Seiten befindlichen Senatorenlogen erneuern.[7]) Doch zu so umfassenden Bauten, wie er sie später ausführte, bot sich ihm nicht einmal der Anlaß. Prunk= und Genußsucht, die schlechte Staatswirthschaft und die beispiellose Corruption der höheren Beamten müssen am meisten in der Verschlingung der öffentlichen Gelder concurrirt haben. Gewiß ist, daß Justinians finanzielle Grundsätze seinen autokratischen Gelüsten entsprachen. Wie er alle politische Gewalt in sich aufzusaugen bedacht war, und daher schon damals mit der Vernichtung selbst so wesenloser Institute, wie des Consulates, umging, weil daran der Name der Republik zu haften schien: so führte er auch in ökonomischen Dingen ein förmliches Aus= und Aufsaugesystem ein. Wenn es galt, Gelder aufzubringen, waren ihm alle Mittel gleich, gerechte und ungerechte. Daß die letzteren die häufigeren seien, wagte die Kritik zu behaupten; sowie nicht minder, daß er denen sehr dankbar zu sein pflegte, die ihm noch unbetretene Wege der Bereicherung nachwiesen. So erlebte man denn eine fortwährende Steigerung der alten Abgaben und Erfindung neuer, die Begründung eines Zoll= und Accisesystems, das am Ende Alles und Jedes, selbst Wasser und Luft, der Besteuerung unterwarf. Nicht minder umfassend, erfinderisch und seltsam war das Geldstrafensystem. Darnach wurde mit Geld gestraft oder gar seiner Güter beraubt: wer gegen die Religion verstieß, wer unmäßig und schwelgerisch war, wer in Händeln lebte, und Andere aus anderen Gründen.[8])

Trotz der hochfliegenden Ideen und trotz der despotischen Anlagen Justinians, galt es als ausgemacht, daß er vielfach von seinen Umgebungen abhängig sei, daß er oftmals bewußt oder unbewußt nur ihren Einflüsterungen folge, daß es seinem Charakter wesentlich an Selbstständigkeit und Entschlossenheit gebreche. Und in der That, in diesen Eigenschaften wurde er bei Weitem von seiner Gemahlin Theodora übertroffen.

Theodora war aus noch tieferen Schichten emporgekommen als ihr Gatte. Sie war die Tochter des Akacius, eines Bärenhüters der grünen Partei, ein Amt, das mit den Thierhetzen des Circus in Verbindung stand. Frühzeitig eine vaterlose Waise und mit ihren

Geschwistern manchem Mißgeschick bloßgestellt, ergriff sie in ihrer
Jugendblüthe das verführerische Komödiantenleben. Den mannig=
faltigen Versuchungen setzte sie keinen Widerstand entgegen; von der
Lust an Ausschweifungen getrieben, verfiel sie in einen immer sitten=
loseren Lebenswandel, und sank bald so tief, wie ein Weib nur sinken
kann: sie machte aus der Unzucht ein Gewerbe. Nachdem sie in
verschiedenen Städten des Orients, namentlich auch in Alexandrien
ihm nachgegangen, verlegte sie es wieder nach Constantinopel. Sie
lebte in einem elenden, niedrigen Hause; aber ihre nachhaltige Schön=
heit, die Anmuth ihrer Manieren und der geistreiche Anstrich ihrer
Unterhaltung waren noch immer von Wirkung. Da lernte sie denn
auch Justinian als muthmaßlicher Kronerbe kennen, und hob sie em=
por aus dem Abgrund auf den Kaiserthron. Freilich waren dem
die bestehenden Ehegesetze entgegen, die selbst den Senatoren die
Ehe mit sittlich verrufenen, von der Oeffentlichkeit gebrandmarkten
Weibern untersagten; aber Justinian stieß sie um, wußte alle Hinder=
nisse zu überwinden, und proclamirte schließlich Theodora in öffent=
lichen Erlassen als seine „hochehrwürdige, von Gott ihm verliehene
Gemahlin".

So wurde Theodora die zweite Macht im Staate, und nicht
selten schwang sie sich der Bedeutung nach zur ersten auf. Ihr
Einfluß war der überwiegendste; Justinian that nichts ohne ihren
Beirath. Galt es Aemter oder Würden zu vergeben, Gesetze zu
erlassen, die Grundsätze der Rechtgläubigkeit festzustellen: so gab ihre
Meinung meist den Ausschlag. Oftmals ergriff sie selbst die Ini=
tiative, und sie verstand es, ihren Willen durchzusetzen. Für die
wichtigsten Entscheidungen in Staats=, Rechts= und Kirchenangelegen=
heiten wurde sie dergestalt die Quelle. Die Bevölkerung wußte dies
und grollte deshalb. Es dünkte vor allem schmachvoll, daß eine
ehemalige Buhldirne das Orakel der Orthodoxie sein solle. Auch er=
schien ihre angebliche Frömmigkeit nur als erheuchelt; im Grunde schrieb
man ihr völligen Mangel an Ehrfurcht vor göttlichen Dingen zu.

Nicht geringen Anstoß gab ihr anmaßlicher Stolz, das hof=
färtige Wesen, wodurch sie ihre Herkunft und Vergangenheit vergessen
zu machen suchte. Sie umgab sich mit dem Nimbus einer irdischen
Gottheit. Während Justinian im Grunde sehr zugänglich war und

selbst geringen Leuten Gehör gab: ließ Theodora bloß die ange=
sehensten vor sich, und diese durften sich ihr nur mit tiefster schweigen=
der Ehrerbietung nahen. Der Ceremonie des Fußkusses gab sie
eine Bedeutung, wie er nie vorher gehabt. Jeder, der sich ihr nahte,
mußte sich vor ihr niederbeugen und ihre Fußspitze mit den Lip=
pen berühren. Es kam dahin, daß die pflichtmäßigen Aufwartungen
des Senates in den Gemächern der Kaiserin kaum in etwas Anderem
als in dieser schweigenden Fußverehrung bestanden; kein ekelhafterer
Anblick war denkbar, als die Mitglieder der höchsten Reichsbehörde
zu diesem Behuf an dem Fußschemel der Kaiserin wie eine Sklaven=
schaar vorbeikriechen zu sehen. An so knechtischer Demüthigung
nahm selbst die Feilheit Anstoß. Daß die Mehrzahl der Senatoren
innerlich geneigter war, zu verrathen als anzubeten, lehrte die
Folgezeit. Damals freilich suchte man jeden Groll sorgfältig zu
verbergen.

Denn wer bei Theodora in Ungnade fiel, war unerbittlich ver=
loren; konnte sie nicht offen seinen Untergang bewirken, durch falsche
Anklagen, durch bestochene Richter: so geschah es im Geheimen durch
eine unsichtbare Schloßvehme. Denn mit der Virtuosität des Ehr=
geizes verband die Kaiserin die Virtuosität der Intrigue und der
Grausamkeit. An körperlichen Züchtigungen und Todesurtheilen fand
sie ein Wohlgefallen der Rache; besonders wenn der von ihr Ver=
folgte sich vornehmer Herkunft rühmen durfte. Nicht selten ließ sie
aber auch den Gegenstand ihres frischen Hasses oder ihrer ehemaligen
Gunst in den unterirdischen, grabesfinsteren Kerkern des Palastes
plötzlich verschwinden und langsam verschmachten. Hier wälzten sich
manche spurlos verschollene Opfer ihrer Tyrannei in martervollem
Gram, ohne Hoffnung, je wieder das Tageslicht zu erblicken;
während wenige Spannen über ihren Häuptern die gekrönte Ver=
brecherin in Gold= und Purpurgemächern menschlicher Lüste und gött=
licher Ehren genoß.[9]

Ein immer tieferer Widerwille gegen Theodora impfte sich allen
Schichten der Gesellschaft ein; bald konnte man nur darüber Zweifel
hegen, ob am meisten verhaßt der Kaiser oder die Kaiserin sei.
Daß diese ihren Gemahl, wie an Macht, so auch an Willkür und
Habsucht oftmals überbiete, war gangbare Meinung. Eins aber

mußten der Theodora auch ihre schlimmsten Widersacher zugestehen: sie war der muthigste und entschlossenste Charakter, sie war der einzige Mann am ganzen Hof.

Zwar zierten denselben zwei nachmals weltberühmte Feldherren: Belisar und Narses. Und Belisar, der soeben im Perserkriege sich seine ersten Lorbeeren errungen, war in der That der größte Held seines Jahrhunderts, zugleich aber auch der weibischste Charakter seiner Zeit. Im Felde ein energischer Gebieter, dessen Befehlen der Soldat mit Begeisterung folgte; am Hofe eine feige, schwäch= liche Sklavenseele, die sich im Staube vor dem Herrn und der Herrin krümmte. Von unerschütterlicher Consequenz, wenn es darauf ankam strategische Pläne zu verfolgen; wo es galt seine eigenen häuslichen Angelegenheiten zu leiten, von einer fabelhaften Launen= haftigkeit. Hatte er heut sein Wort verpfändet, ja einen Schwur geleistet, daß er entschlossen sei, diese oder jene Maßregel zu er= greifen: so war man dennoch nicht sicher, ihn anderen Tages im entgegengesetzten Sinn handeln zu sehen. Am meisten machte ihm seine Frau zu schaffen, Antonina, ein Weib voll niedriger Lüste und so abgefeimt in Kabalen, daß sie hierin ihre hohe Gönnerin und Vertraute, die Kaiserin Theodora, sicher übertroffen haben würde, wenn diese es geduldet hätte. Alle Welt war von ihrem laster= haften Lebenswandel überzeugt; Belisar wurde zwar selbst zuweilen stutzig, schwor aber schließlich immer wieder auf ihre Tugend. In der Schlacht voll Mißtrauen gegen seine offenen Feinde, gab er sich daheim mit dem kindlichsten Vertrauen den geheimen Umtrieben der Antonina preis. Ja darin bestand seine einzige häusliche Consequenz, daß er der Untreue seines Weibes zum treuesten, wiewohl blinden Werkzeuge diente. Kein Wunder, wenn Belisar zwar als Soldat, aber nicht als Mann in hoher Achtung stand.

Narses, der Eunuch, Cubicularius und Spatharius, d. i. Kammerherr und Leibwächter, hatte in den ersten Jahren Justinians noch keine Gelegenheit gehabt, sich als Feldherr zu bewähren. Die Bevölkerung Constantinopels wußte damals nur so viel von ihm: daß er in mancher männlichen Eigenschaft Allen nachstand, an per= sönlichem Muth und Einfluß den Wenigsten, in Ränken Keinem.

Als die Hauptstützen des herrschenden Regierungssystemes galten

zwei Minister: Johannes von Kappadocien und Tribonian. Die
Naturen Beider, sehr verschieden geartet, trafen doch in gewissen
Zielpunkten überein.

Johannes von Kappadocien, prätorischer oder Hofpräfekt,
erschien als eine derbe und plumpe Natur, von rohen, ungeschlachten
Sitten. Er war ohne alle Erziehung und Bildung in den freien
Künsten und Wissenschaften. In der Schule hatte er nichts weiter
gelernt als schreiben, und auch das nur kümmerlich, so daß seine
Handschrift und sein Styl gleich schlecht, gleich räthselhaft und un=
verdaulich waren. Dagegen besaß er eine außerordentliche Geistes=
schärfe, die ihm im Rathe eine hervorragende Stellung gab. Nie=
mand verstand es mit so großer Leichtigkeit herauszufühlen, worauf
es eigentlich ankomme; Niemand schwierige Verwicklungen so leicht
zu lösen, wie er. Desto schlimmer geartet war sein sittlicher Cha=
rakter; seine Geistesschärfe verbrauchte er meist im Dienste der ver=
werflichsten Neigungen. Weder Ehrfurcht vor Gott, noch Achtung
vor den Menschen kam ihm jemals in den Sinn. Eine unersätt=
liche Geldgier und eine ebenso unersättliche Genußsucht leiteten seine
Thätigkeit. Gewinnes halber gab er sich dazu her, oder war darauf
bedacht, das Leben vieler Menschen und das Wohl ganzer Städte
dem Verderben zu widmen. In kurzer Zeit gelangte er dergestalt
zu großen Reichthümern. Eine Verwendung derselben zu edlen und
uneigennützigen Zwecken lag ihm durchaus fern; ihr Verbrauch galt
nur den rohesten Begierden seiner Sinne, der Schlemmerei und
Trunksucht, denen er maßlos fröhnte. Man sagte ihm nach, daß
er seine Tagesgeschäfte in zwei Abschnitte zerlege; in dem einen
gehe er darauf aus Gelder zu erpressen, in dem andern das Er=
preßte zu verprassen. Bis zur Frühstückszeit nämlich lasse er sich
nichts angelegener sein, als die Unterthanen des Kaisers ihrer Güter
zu berauben, den ganzen Rest des Tages aber bringe er im Rausche
und unter den größten körperlichen Ausschweifungen zu; dann sei
er in keiner Weise mehr seiner mächtig, verschlinge Speise und
Trank bis zur Uebersättigung, raste nicht eher als bis die Ergebnisse
der Völlerei im Erbrechen und völliger Bewußtlosigkeit sich einstell=
ten. So beschaffen war, nach beglaubigten Zeugnissen, der Minister
Johannes. [19])

Neben diesem Ausbund von Rohheit stand Tribonian, ein Musterbild feiner und geschliffener Sitten. Er nahm die Stellung eines Reichskanzlers ein, war Quästor und Kabinetsrath des Kaisers.[11]) Nächst seinem milden, höflichen und gefälligen Wesen zeichnete ihn ein nüchtern berechnender Verstand und eine ungewöhnliche Gelehr= samkeit aus. Er hatte die Gipfelhöhe wissenschaftlicher Bildung erklommen, so daß keiner seiner Zeitgenossen ihn hierin übertraf oder nur ihm gleichkam, und daß in dieser Beziehung Justinian in der That keinen geeigneteren Mann an die Spitze der Gesetzgebungs= commission hätte stellen können. Aber auch ihn beherrschte eine dämonische Gewalt, die ihn unwiderstehlich zur Geldgier hindrängte. Freilich verstand es Tribonian mit seinen künstlichen Manieren vor= trefflich, blöden Augen gegenüber durch den Glanz seiner Gelehrsam= keit seine Habsucht in Schatten zu stellen. Doch nicht Jeden ver= mochte er zu täuschen; und was die Haltung verbarg, entschleierten die Thatsachen. Diese lehrten, daß er fähig war, um der Habgier willen Recht und Gerechtigkeit preiszugeben, mit Gesetzen einen förm= lichen Kaufhandel zu treiben. Man behauptete geradezu, daß er für Geld tagtäglich bereit sei, je nach dem Erfordern und Vortheil der Zahlenden, Gesetze abzuschaffen oder herzustellen.

Das waren die Hauptpersonen des Hofes. Dem Tribonian wie dem Johannes gingen die Sünden gegen den Staat Anfangs ohne öffentliche und allgemeine Rüge hin, weil das Volk, durch die Circusspiele in feindselige Parteien zersetzt, mit sich selbst zu sehr beschäftigt war. Sie ahnten es wohl, welche Gefahr ihnen drohe, falls eine Wendung eintreten, das Volk seiner gemeinsamen Interessen inne werden sollte. Deshalb waren die Minister nicht minder eifrig, wie der Kaiser selbst, bemüht, das Parteiwesen der Circusspiele zu begünstigen und zu nähren. Dadurch hofften sie am sichersten, die öffentliche Aufmerksamkeit von sich und den Staatsangelegenheiten abzulenken.

Aber unbemerkt blieb darum das Thun und Treiben am Hofe keineswegs. Das Resultat der vier ersten Regierungsjahre Justinians war zwar kein lautes und allgemeines Murren, doch eine unver= kennbare, weit verbreitete Mißstimmung. Selten wagte sich diese zu äußern; auch irrte sie, ungewiß über ihren letzten Grund und gleich=

sam darnach umhertappend, von dem einen Gegenstand der Unzu=
friedenheit unstät auf den andern über. Man wußte nicht: sollte
man die wirklichen oder vermeintlichen Uebelstände und Uebelthaten
mehr den Unterbeamten oder den Ministern zur Last legen; sollte
man diese oder die allerhöchsten Personen des Hofes selbst dafür
verantwortlich machen; treffe endlich die Schuld mehr den Kaiser
oder die Kaiserin. Aber eben weil der Haß keine concentrische Rich=
tung gegen eine einzelne Persönlichkeit fand, traf er regellos aus=
strahlend Alle, die Gesammtheit des Regimentes. Mit dem be=
gründeten Unbehagen verband sich überdies ein instinctiver Hang
nach Neuerungen, der im römischen Reich traditionell geworden, und
daher nicht in den Umständen einer bestimmten Regierungsepoche,
sondern nur in dem Charakter des ganzen, Jahrhunderte umfassen=
den Zeitalters seine physiologische Begründung finden konnte. Dieser
Hang mußte aber um so bedenklicher sein, als damals die Bevölke=
rung Constantinopels sicher schon auf 6—700,000 Köpfe angewachsen
war, deren Hauptbestandtheil von einem immer massenhafter empor=
wuchernden Proletariat gebildet wurde.

Zu dem Allen kam nun das Wirken einer dreifachen, bestimmte
Zwecke verfolgenden Opposition: einer dynastischen, einer circensischen
und einer kirchlichen. Indem diese mehr und mehr an dem Be=
stand der Dinge nagten, begannen die unklaren Massen oder un=
stäten Stoffe sich um sie zu krystallisiren.

---

4. Die dynastische Opposition.

Wir sahen schon, wie durch den Oheim des Kaisers, durch
den Emporkömmling Justin, die Seitenlinie der Dynastie Leo's des
Ersten vom Thron zurückgedrängt worden war. Die Neffen des
Kaisers Anastasius: Hypatius, Pompejus und Probus, hatten aber
darum ihre Ansprüche keineswegs aufgegeben, selbst nicht als durch
Justinians Regierungsantritt, bei völliger Regungslosigkeit des Reiches,
die neue Dynastie befestigt schien. Allerdings hatten sie sich den
vollendeten Thatsachen gegenüber gefügt und fügen müssen, da eine

Emigration oder ein freiwilliges Exil nicht rathsam war in Zeiten, wo — nach byzantinischer Auffassung — die Grenzen des Reichs mit denen der Civilisation zusammenfielen. Sie hatten ihre An= sprüche verschleiert, hatten unter der neuen Dynastie Würden und Aemter beibehalten oder übernommen; sie waren alle drei Mitglieder des Senates, Patricier, Consularen, und bewegten sich unbefangen in den Kreisen des Hofes, denen sie sich nicht entziehen durften. Doch war ihre Unbefangenheit nur eine erkünstelte Maske; im Stillen nährten sie die Hoffnung auf einen Wechsel der Dinge. Nicht bloß mit Neid, sondern auch mit Verachtung blickten sie auf die gekrönte Bauernfamilie, die nur mühsam in die Formen besserer Erziehung sich eingelebt. Durften sie sich doch ihrerseits, im Ver= gleich mit jener, einer hohen, gleichsam angestammten Bildung, der vornehmsten Herkunft und früher Ehren rühmen; denn ihre Familie war eine der ältesten Adelsfamilien des Reichs, leitete ihren Stamm= baum von dem Triumvir Pompejus dem Großen ab. [12]) Schon unter der Regierung ihres Onkels, als Justinian der Welt noch völlig unbekannt war, hatten sie in drei auf einander folgenden Jahren das Consulat bekleidet; zuerst Hypatius im J. 500, dann Pompejus 501, endlich Probus 502. [13]) Sie standen also der= malen im reifsten Mannesalter, und Hypatius war aller Ver= muthung nach der Aelteste von ihnen. Brüder waren sie nicht, sondern Vettern; denn Hypatius war der Schwestersohn, Pompejus der Brudersohn des Anastasius; und nur von Probus ist das ver= wandtschaftliche Verhältniß unbestimmt. [14])

Im Grunde war jeder der drei Kaiserneffen nach der Krone lüstern; als Anastasius gegen Ende seines Lebens mit der Bestim= mung eines Nachfolgers umging, hatte er an jeden von ihnen ge= dacht und auf alle Fälle die Auswahl auf sie beschränken wollen. [15]) Allein die eigentliche Würde eines Prätendenten war doch auf Hy= patius übergegangen; weder Pompejus noch Probus gesonnen, sie ihm streitig zu machen. Er war der hervorragendste unter ihnen, wie im Alter, so an Erfahrungen, an kriegerischen Thaten und wechselvollen Schicksalen. Er war tapfer, kühn und selbst waghalsig. Schon unter seinem Onkel hatte er sich in den Kriegen gegen die Perser und gegen die Barbaren an der Donau ausgezeichnet. [16]) Im Kampf

gegen die Perser hatte er die Stadt Amida wiedergewonnen; in der
Schlacht aber gegen den Barbarenführer Vitalian sich dergestalt allen
Gefahren bloßgestellt, daß er in Gefangenschaft gerieth. Er wurde
in Fesseln gelegt, in eine Höhle eingesperrt und schließlich auf das
Castell Akras in Gewahrsam gebracht; erst nach dreijährigem Dulden,
515, erhielt er die Freiheit wieder. Unter Justin war er, wie es
scheint, Anfangs aus Mißtrauen zurückgesetzt, dann aber im Jahr
524 — vielleicht auch um ihn zu entfernen — mit dem Ober-
feldherrnamt im Orient und gegen die Perser betraut worden.
Justinian sah ihn mit verdächtigeren Augen an; er hielt ihn an der
Spitze eines Heeres für gefährlicher als unter kaiserlicher Controle in der Residenz. Und in der That wurde Hypatius nicht
ohne Grund übler Gesinnung gegen den Hof, endlich aber sogar
durch den Unterfeldherrn Rufinus verrätherischer Umtriebe angeklagt.
Sofort wurde er seines Commando's enthoben und später durch
Belisar ersetzt. Eine Untersuchung gegen ihn kam in Gang. Mehrere
seiner Vertrauten wurden auf das Grausamste gemartert, um Geständnisse zu erpressen. Dennoch brachte man nichts heraus, was
ein weiteres Strafverfahren hätte rechtfertigen können. Und so verblieb es bei der bloßen Absetzung. Ob diese kurz vor oder kurz
nach der Thronbesteigung Justinians erfolgte, ist zweifelhaft. [17])

Seitdem weilte nun Hypatius wieder in Constantinopel, bitteren
Groll gegen Justinian im Herzen, und von nagendem Ehrgeiz ge-
foltert. Dem Senatorenamte und den Hofdiensten sich zu entziehen,
war unmöglich ohne neuen schweren Anklagen Raum zu geben, ohne
Freiheit und Leben auf's Spiel zu setzen. Indem er sich aber denselben
unterzog, machte er sich jene Heuchelei zu eigen, die der Gesinnung wie
dem Wort ein doppeltes Gepräge leiht, und an der sein sittliches Bewußtsein schmolz. Dennoch war ihm ein Ehrgefühl eigen, das der
Würde nichts vergeben, und ein Stolz, der weder Hohn noch Bedauern ernten mochte. In seinem trüben Hinbrüten über die Geschicke, wodurch Kronen verloren gehen, oder über die Mittel, wodurch sie erworben werden, vermochte nichts ihn dauernd zu fesseln,
zu trösten oder zu erheitern; weder das Ansehn, das er in weiten
Kreisen genoß, noch der Kranz seiner blühenden Kinder, noch der
Anblick und die aufopfernde Liebe seines Weibes.

Maria, die Gattin des Hypatius, war in den höheren Spitzen der Geſellſchaft eine der wenigen Perſönlichkeiten, auf denen das Auge mit Wohlgefallen ruhen darf; in dem Vordergrund der Begebenheiten das einzige wirklich tugendhafte Geſchöpf. Nicht weibliche Anmuth nur und Liebenswürdigkeit zierten ſie, ſondern vor allem ſeltene achtunggebietende Eigenſchaften des Geiſtes und Gemüthes. In ihrem ehelichen Verhältniß von tiefer Neigung und zarter Sorgfalt für ihren Gatten geleitet, war ſie doch in ihrem Weſen und Charakter völlig von ihm verſchieden. Die Mitwelt pries an ihr insbeſondere den hohen Verſtand und die bewunderungswürdige Anſpruchsloſigkeit. [18]) Mit ruhigem, klarem Urtheil überſchaute ſie die öffentliche Lage der Dinge, und rieth nachdrücklich von jedem Wagniß ab. Mit inniger Zufriedenheit blickte ſie auf das eigene Loos und hielt es eher des Neides als der Geringſchätzung werth. In dem Kreiſe ihrer Kinder fühlte ſie ſich ſelig. Dieſes ſichere häusliche Glück, dieſe Stille ihres Familienlebens, ſetzte ſie über Alles, und mochte ſie am wenigſten hingeben für den zweifelhaften Glanz einer Kaiſerkrone. Liebevoll ſuchte ſie ihrem Gatten ſeine ſehnſüchtigen Hoffnungen auszureden, ſeine ehrgeizigen Träume zu bannen. Allein vergeblich.

Jeder augenblickliche Erfolg wurde durch Gegenwirkungen von anderer Seite her immer wieder aufgehoben. Hypatius hatte nicht nur im Volk, ſondern auch in den vornehmen Kreiſen einen beträchtlichen Anhang. Einige mochten es mit ihrer Hingebung ehrlich meinen, nur von der Idee des allgemeinen Wohles geleitet ſein; Andere ließen ſich bloß von ihrem Haſſe gegen Juſtinian beſtimmen; die Meiſten, ſelbſt ehrgeizig oder habſüchtig, hofften bei einem Thronwechſel perſönliche Vortheile, Aemter und Würden, als Preis des Dankes zu erhaſchen. Alle aber waren dem Prätendenten gegenüber gleichmäßig bedacht, abgeſtumpfte Begierden wieder zuzuſpitzen, ſinkende Erwartungen wieder aufzurichten, ihn zu feſtem Wollen und kühnem Handeln anzuſtacheln. Zu ſeinen eifrigſten und vertrauteſten Anhängern gehörte der ehemalige prätoriſche Präfekt Julian, der, kaum von Juſtinian auf dieſen Poſten erhoben, ſofort wieder dem neuen Günſtling, Johannes von Kappadocien, das Feld hatte räumen müſſen [19]); ferner der Präfekt Eulogius, von deſſen Stellung

wir nichts Genaueres wissen, und der Senator Dexikrates, der
unter Anastasius im Jahr 503, unmittelbar nach den drei Neffen
des Kaisers, das Consulat bekleidet hatte und vielleicht zu dem Hause
in einem verwandtschaftlichen Verhältniß stand. [20])

Den Hauptanstoß empfing aber Hypatius durch seinen Vetter
Pompejus. Dieser war indeß mehr ungestümen als nachhaltigen
Charakters. Unablässig drängte er zu Entscheidungen hin, keiner
anderen Regung zugänglich als der vollkommenen Zuversicht des
Gelingens; jedes Fehlschlagen fand ihn daher um so ungerüsteter
und kleinmüthiger. Den Stolz des Hypatius theilte er keineswegs;
je nach den Umständen überhob oder unterwarf er sich. Auch besaß
er weniger Ehrgefühl als Ehrgeiz; denn Ehre und Macht ging
ihm zwar über Alles, doch über beides sein Leben. So kreuzte sich
in ihm die Ader eines Despoten mit der eines Sklaven. Uebrigens
stand auch ihm, wie ein Kreis von Kindern, so ein liebenswürdiges
und ehrenhaftes Weib, Anastasia, zur Seite. Man rühmte an
ihr viele vortreffliche Eigenschaften, namentlich aber Wohlthätigkeit
und Frömmigkeit. Ein eigenthümliches Verhängniß war es, daß
der Kaiser Justinian, von ihrer Liebenswürdigkeit angezogen, in
leidenschaftlicher Neigung für sie entbrannte; allein die ehebreche=
rischen Nachstellungen, womit er — uneingedenk seiner ihm „von
Gott verliehenen" Gemahlin —, die Gattin seines dynastischen
Nebenbuhlers im Kitzel höhnenden Uebermuths zu verfolgen wagte,
glitten an der Ehrenhaftigkeit derselben wirkungslos ab. Trotz dieser
tragischen Situation stand Anastasia nur im Hintergrunde der Be=
gebenheiten. [21])

Von Probus müssen wir ein Gleiches sagen. Er hebt sich
in den Quellen nur wie ein flüchtiger Schattenriß ab, ohne Ton
und Farbe. Er scheint die Wünsche seiner Vettern, aber weder ihr
Hoffen noch ihr Streben getheilt, und sich aufrichtiger dem Hofe
angeschlossen zu haben. Gewiß ist, daß er die Gunst der Krone
noch nach dem Hochverrathsprocesse gegen Hypatius besaß und mit
wichtigen Missionen betraut wurde. [22])

Jenes Streben würde in der That wenig Aussicht auf Erfolg
gehabt haben, wäre mit der dynastischen Opposition nicht die thea=
tralische verschmolzen.

———————

5. Die circensische Opposition.

Seit dem Beginn der römischen Kaiserzeit hatten die circensischen Spiele an Bedeutung wie an Umfang auffällig zugenommen. Denn die Politik der Herrscher ging darauf aus, durch die Genüsse der Theaterfreuden die Aufmerksamkeit des Volks von den öffentlichen Angelegenheiten abzuziehen. Am beliebtesten waren die Rennspiele im Circus. Bei ihrer Feier sah man wohl Hunderte von Doppel= gespannen auffahren. Gruppenweise, meist zu Vieren, jagten sie dann um die Wette in der Arena dahin. Auf der einen Seite der Einfahrtsportale liefen die Wagen aus, um in weitem Bogen auf der andern Seite dahin zurückzukehren. Am schwierigsten war es, in der Mitte des Bogens, bei dem Wendethor, da wo einem Prell= stein gleich die Meta stand, so glücklich umzuwenden, daß nicht der Wagen im Ungestüm des Wettlaufs aus der Bahn herausgeschleu= dert ward. Oftmals und vielleicht meist bestand der Wettlauf in einer mehrmaligen Umkreisung der Rennbahn, weshalb auch an ihrem oberen Ende eine zweite Meta stand, die daher, wie den Ort des Umlenkens, so zugleich das Ziel bezeichnete. Die Kämpfer, die zuerst das Ziel erreichten, wurden als Sieger gekrönt; das Richteramt übte gemeinhin der Kaiser in eigener Person.

Schon früh sonderten sich die Wagenlenker durch verschieden= farbige Abzeichen und Gewänder von einander ab, um dem Auge der Zuschauer während des Rennens sichere Merkmale der Unter= scheidung darzubieten. Ursprünglich gab es nur Rothe und Weiße; später kamen Grüne und Blaue hinzu. Die Theilnehmer schlossen sich nach Belieben dieser oder jener Farbe an. Allmählig und schon im zweiten Jahrhundert der Kaiserzeit überwogen die Grünen und Blauen dergestalt, daß die beiden anderen Farben keine selbststän= digen Abtheilungen mehr bildeten, sondern die Rothen sich mit den Grünen, die Weißen mit den Blauen vereinigten. Jede Farbe be= zeichnete nämlich eine Art von Corporation, die außer den Wagen= führern auch alle Diejenigen umfaßte, die durch Geldbeiträge an deren Ausrüstung und mithin an den Siegen und Ehren der Farbe betheiligt waren. Jede Corporation hatte ihre eigenen Marställe, Wagenschuppen und ein großes Personal von Beamten; ihre Directoren

oder Vorsteher hießen Magistri, Domini, Demarchen und Demokraten
d. i. Volksführer oder Rottenmeister. Denn der Begriff des Volkes
wurde nunmehr jämmerlich verfälscht. Unter Völkern (populi,
δῆμοι) verstand man eben nur noch die Rotten der Circusparteien
(partes, factiones, μέρη); und Volksmänner oder Volksgenossen
(δημόται) war der Name für ihre Mitglieder oder Anhänger. In
das Factionswesen der Rennbahn wurde Hof und Publicum ver=
flochten. Wie die Kaiser selbst, so schlossen auch die Zuschauer aus
den verschiedensten Klassen der Gesellschaft sich dieser oder jener
Farbe an, nahmen für sie Partei, und ermunterten jeden Wagen=
lenker derselben durch den Zuruf: „Siege! Siege!"[23] Unter dem
stürmischen Kreuzfeuer der gegentheiligen Zurufe ereiferte man sich
dann wohl bis zum Hader.

Es leuchtet ein, daß in einem Staate, wo völliger Mangel an
politischer Freiheit und mithin an edlem Parteistoff herrscht, es keine
Parteien geben kann, die im Wetteifer für das Wohl des Staates
mit einander ringen. Wo sie aber fehlen, da bemächtigt sich die
Natur des Menschen, der ein unwiderstehlicher Hang zur Parteiung
anhaftet, um diesem nur fröhnen zu können, selbst der unedelsten
Stoffe. Dann wird auch oftmals, wie die Erfahrung lehrt, das
erste beste Theaterereigniß, etwa das Auftreten einer Tänzerin oder
Sängerin, ein hinlänglicher Anlaß, um die Bevölkerung einer ganzen
Stadt in zwei feindliche Lager, für und gegen, aus einander zu
reißen. Kein Wunder also, wenn damals jene Parteinahme für die
blaue oder grüne Farbe des Circus allmählig immer maßloser um
sich griff, alles öffentliche Interesse verschlang, und endlich zu einem
wahrhaft fanatischen Factionseifer ausartete.

Seinen höchsten Grad erreichte dieser Fanatismus im byzanti=
nischen Reich. In allen Städten, wo Circusspiele stattfanden, war
die Bevölkerung in den feindlichen Gegensatz der Blauen und Grünen
gespalten. Das leidenschaftlichste Gepräge nahm die Parteiung in
Constantinopel an; sie durchdrang dergestalt das ganze Leben des
Volks, daß es immer schwieriger ward, neutral zu bleiben. Der
Zwiespalt senkte sich aus den weitesten Kreisen in die engsten, durch
alle Schichten der Gesellschaft, durch alle Stände und Körperschaften,
bis in den Schooß der einzelnen Familien hinab. Nicht selten kam

es bei Gelegenheit der Rennspiele zwischen beiden Parteien zu ab=
sichtlichen Reibungen und blutigen Auftritten. Zur Zeit des Anastasius,
im Jahre 501, waren sie einmal dermaßen im Circus an einander
gerathen, daß nicht weniger als 3000 erschlagen wurden. Solche
Vorgänge mußten sich dann in ihren Wirkungen auch außerhalb des
Circus fortpflanzen. Ein gegenseitiger Haß unter den Einzelnen
schlug immer tiefere, unvertilgbare Wurzeln; ein Haß, der weder
den Forderungen der Blutsverwandtschaft noch der Freundschaft wich,
der selbst Vater und Sohn, Bruder und Bruder, ja Mann und
Weib, oftmals auf Lebenszeit von einander abwandte. Denn auch
die Weiber, obschon sie nie die Theater besuchten, ließen sich doch,
durch kein anderes Reizmittel als das der Parteinahme bestimmt,
in den Kreisel mit fortziehen. Es war wie wenn eine ansteckende
Seelenkrankheit die Menschen ergriffen hätte.

Das Fieber ging so weit, daß Viele, als ob es die höchsten
Interessen des Staates gelte, ihrem Parteieifer Gut und Blut
opferten; daß die einzelnen Anhänger einer Farbe oft ohne allen
näheren Anlaß über ihre Gegner herfielen, sie heimtückisch ermordeten
oder auf Tod und Leben mit ihnen rangen. Sie achteten dabei der
eigenen Gefahren nicht, konnten sie nur ihr Müthchen oder ihre
Rache kühlen. Und doch wußten sie, daß mit vollendeter That oder
mit dem Siege in der Rauferei nur eine neue Reihe von Gefahren
beginne; daß alsdann die gerichtliche Untersuchung ihrer wartete;
daß möglicherweise die Qualen der Folter, die Strafen langer Ein=
kerkerung oder selbst schmachvoller Hinrichtung ihnen bevorstanden.
Aber vor nichts schreckten sie zurück. Wo es irgendwie den Sieg
ihrer Farbe galt, wo diese die Losung gab: da kümmerten sie sich
weder um göttliche noch um menschliche Satzungen; da erwogen sie
nicht, ob von den Ihrigen oder den Gegnern in der Ehrfurcht vor
Gott und in der Achtung vor dem Gesetz gefehlt werde. Keine
Rücksicht auf beschränkte Vermögensumstände oder auf Familien=
interessen, keine Rücksicht auf die Schädigungen, die sie sich selbst und
dem Staat bereiteten, vermochte sie zu zügeln. Alles war ihnen
gleichgültig, wofern es nur gut stand um ihre — Partei.[24]

Indeß, ein gewisses politisches Moment knüpfte sich doch un=
verkennbar an das Parteiwesen des Circus an, wiewohl es selten

an die Oberfläche der Dinge emporkam und daher selbst von poli=
tischen Historikern übersehen ward.[25]) Da nämlich der Kaiser sammt
dem Hofe sich offen zu einer der beiden Farben zu bekennen pflegte:
so war es eine natürliche und nothwendige Folge, daß die Anhänger
der Regierung sich der gleichen, ihre Gegner der entgegengesetzten
Farbe anschlossen, dergestalt daß dem innersten Kerne nach der
Farbenunterschied jederzeit den bürgerlichen Gegensatz der ministeriellen
und oppositionellen Partei bezeichnete. Die eine begriff die bevor=
zugten und ergebenen, die andere die zurückgesetzten und unzu=
friedenen Elemente. Auf der einen Seite stand alles, was mit dem
Hofe, der Regierung und der Bureaukratie zusammenhing; auf der
andern alles, was unter dem herrschenden System, unter der par=
teiischen Verwaltung materiell litt oder zu leiden meinte. Demge=
mäß hatten denn auch die Farbengenossen des Kaisers im Circus
die Ehrenplätze, nahmen die Hallen zur Rechten des kaiserlichen
Tribunals nächst den Senatorenlogen ein; während die Widerpart
auf den linken Flügel verwiesen war. Es lag daher in der Natur
der Sache, wenn die Stellung der circensischen Factionen öfters von
machtsüchtigen persönlichen Coterien als Hebel und Deckmantel ihrer
Bestrebungen gebraucht wurde. Daß dies zu Justinians Zeit
geschah, ist Thatsache; in dem Farbenunterschied verkörperte sich offen=
bar zugleich der dynastische Gegensatz.

Anastasius, also die alte Dynastie, hatte seiner Zeit die Grünen
begünstigt, ihre Farbe getragen, und deshalb von Seiten der Blauen
Haß und Unbill genug erfahren müssen. Die neue Dynastie und
namentlich Justinian schloß sich umgekehrt mit allem Eifer den Blauen
an, suchte in ihnen eine kräftige Stütze des Thrones, und bevorzugte
sie daher in jeglicher Weise. Nur ihnen wurden Gnaden erwiesen; nur
sie konnten zu öffentlichen Aemtern gelangen; nur ihnen gingen zahl=
reiche Ungesetzlichkeiten, selbst Verbrechen, ungestraft oder gar un=
beachtet hin. Denn wie die Hof= und Administrativbeamten,
so waren auch die Mitglieder der Richtercollegien, das Personal
der Stadtpräfectur, die Polizeicommissäre, Sergenten und Constabler,
durchgehends Blaue. Wenigstens eben der officiellen Farbe nach.
Denn sicher ist allerdings, daß es auch unter den Blauen politisch
Mißmüthige, Gegner der Regierung gab; allein sich zur grünen

Farbe durch Wort oder That bekennen, würde ihre oppositionelle Ge=
sinnung verrathen, ihre Stellung preisgegeben haben. Steckte in
manchem Blauen ein heimlicher Grüner: so fand natürlich das um=
gekehrte Verhältniß ebenfalls statt; und mancher Grüne, hätte er
nur ein Amt oder eine Gunstbezeigung erhalten, würde plötzlich blau
geworden sein. Nun aber sahen sich die Grünen vielmehr in jeder
Weise zurückgedrängt, ja verfolgt. Vor der Polizei und dem Richter
erhielten sie bei Conflicten mit den Blauen niemals Recht; ihren
Ungesetzlichkeiten wurde emsig nachgespürt und alles, was man ihnen
nur immer zur Last legen konnte, streng geahndet; nicht selten ge=
schah es, daß ihnen Vergehen oder gar Verbrechen ungerechter Weise
aufgebürdet wurden, selbst solche, die von Blauen begangen waren.
Denn diese zumeist waren es, die sich, auf ihre Straflosigkeit bauend,
jegliche Einschüchterung erlaubten und vor keiner Missethat zurück=
bebten; die Abends bandenweise an den Ecken der Gassen ihren
Gegern auflauerten, um sie zu berauben oder zu ermorden; bei
denen es als Ehre galt, banditenartig einen Wehrlosen mit Einem
Stoß erlegen zu können; die endlich durch Drohungen Reiche zu
Geldzahlungen, Gläubiger zum Schuldenerlaß, die Keuschheit zur
Preisgebung, den Richter zu falschen Urtheilen zwangen. Es braucht
kaum gesagt zu werden: daß die Herausforderungen der Blauen
hin und wieder auch die Grünen zu Thaten der Vergeltung anfeuer=
ten, die sie ihrerseits schwer büßen mußten; noch daß es zahllose
Bessergesinnte unter den Blauen gab, die an den Bubenstücken ihrer
Parteigenossen nicht nur keinerlei Antheil hatten, sondern sie gründ=
lich verabscheuten.

Was den Uebermuth und die Ausgelassenheit der Regierungs=
partei noch besonders hob, war der Umstand, daß die Kaiserin Theodora
auch aus persönlichen Gründen einen tiefen Groll gegen die Grünen hegte.
In ihrer Kindheit nämlich, als ihr Vater Akacius gestorben war,
hatte ihre Mutter nach wiedereingegangener Ehe sie bei Gelegenheit
einer Thierhetze mit ihren beiden Schwestern nach dem Circus geschickt,
um für ihren zweiten Mann das Amt des ersten zu erbitten. Mit
bekränzten Köpfen, Blumengewinde in den Händen, wie es für Hülfe=
suchende Brauch war, flehten die ärmlichen Kinder die Grünen um
Mitleid an. Allein sie wurden barsch zurückgewiesen: der Theater=

meister habe die Stelle schon einem Andern zugesagt. Dagegen hatten
sich ihrer damals die Blauen erbarmt, die gerade eines Thierwärters
bedurften und ihnen ohne Anstand das geringe Amt zusprachen.
Seitdem blieb Theodora mit ebenso beharrlicher Leidenschaft der
blauen Partei ergeben, wie sie die grüne zu hassen gelernt hatte.
Und dieser Haß ging, sobald sie die Macht dazu gewonnen, in offene
Verfolgungssucht über.[26])

Nach dem allen kann es nicht auffallen, wenn der unterdrückten
Grünen sich immer größerer Unmuth und eine entschiedene Neuerungssucht bemächtigte. Ihre Lage war ihnen unerträglich; sie sehnten
sich nach den Zeiten des Anastasius zurück, wo sie die herrschende
Partei gewesen. Und eben deshalb setzten sie alle ihre Hoffnung auf
dessen Neffen Hypatius. Durften sie doch mit Gewißheit darauf
zählen, daß er in die Fußtapfen seines Oheims eintreten, die glücklichen Tage ihrer Obmacht erneuern werde, sobald er nur Kaiser
sei. Das war es, was sie an die dynastische Opposition fesselte und
nach einem Umschwung lüstern machte. Es konnte aber fraglich sein,
ob der bürgerlich politische Groll ein ausreichender Hebel sei, ob man
seiner alleinigen Kraft vertrauen dürfe.

---

6. Die kirchliche Opposition.

Unter diesen Umständen war es von großer Bedeutung, daß
zu der circensischen Opposition auch noch eine kirchliche hinzutrat.
Sie ging in ihren Wurzeln auf die Ursprünge des Christenthums
zurück.

Schon frühzeitig waren die verschiedenen Bestandtheile des
christlichen Gemeinwesens durch die Lehren von der Trinität und der
Person Christi in unliebsame Verhältnisse, in theologische Streitig-
keiten wider einander verwickelt worden. Die Dreiheitslehre schien
Vielen mit der unantastbarsten Grundlage des Christenthums, mit der
Lehre von Einem Gott und dem Gebote „du sollst keine anderen
Götter haben neben mir" in unversöhnlichem Widerspruch, mit der

heidnischen Vielgötterei dagegen in verderblicher Wahlverwandtschaft zu stehen. Es trat ihr daher eine zahlreiche Partei entgegen, die vor allem den Monotheismus verfechten zu müssen glaubte, und die deshalb auch lange mit dem Namen Monarchianer bezeichnet wurde. Sie ging aber selbst in zwei entgegengesetzte Richtungen aus einander: eine rationalistische und eine mystische. Jene griff mehr im Occident, diese mehr im Orient um sich, während die Orthodoxie dem Raume wie den Grundsätzen nach zwischen beiden die Mitte hielt. Die Verstandesrichtung der Monarchianer, zuerst vertreten durch die Lehre der Theodotianer, mit denen die Ebioniten, die Aloger u. A. wesentlich zusammenstimmten, behauptete: „Es giebt nur Einen Gott; mithin war Christus nur ein Mensch.“ Die mystische Richtung dagegen, zuerst vertreten durch die Artemoniten, zog den entgegengesetzten Schluß: „Es giebt nur Einen Gott; mithin ist Christus dieser Eine Gott selbst“.

Diese schärfsten Spitzen beider Gegensätze stumpften sich allgemach ab. Die rationalistische Lehre der Monarchianer gestaltete sich im vierten Jahrhundert zum Arianismus, die mystische zum Monophysitismus. Während nämlich die Katholiken lehrten: „Christus sei gleichen Wesens wie der Vater“, behaupteten die Arianer: „Christus sei nicht gleichen Wesens mit Gott, sondern ihm durchaus untergeordnet“. Und während ferner die Orthodoxie geltend machte: „in der Dreiheit als Dreieinigkeit bestehe die Einheit Gottes fort, aber die göttliche Natur in Christo sei mit einer menschlichen vereinigt,“ behaupteten die Monophysiten: „die Einheit in der Dreiheit sei nur gewahrt, wenn man in Christo nicht zwei Naturen, sondern nur Eine, ausschließlich göttliche anerkenne; denn mit der Annahme einer zweiten, menschlichen Natur würde man zur Anerkennung einer vierten Person gedrängt, die in der Dreieinigkeit keinen Raum habe.“ Die Abstumpfung beider dem Katholicismus abgewandten Gegensätze war unverkennbar. Die Arianer einerseits bestanden nicht mehr, wie die älteren Monarchianer, unbedingt auf der Anerkennung Christi als eines bloßen Menschen, sondern ließen der Auslegung freien Spielraum, und hielten nur auf alle Fälle an der Unterordnung Christi unter den Einen Gott fest. Die Monophysiten andererseits wiesen nicht mehr, wie ihre monarchianischen Vorgänger, die Trinität ganz zu-

rück, sondern ließen die Dreiheit im Sinne der Dreieinigkeit als verträglich mit der Einheit Gottes gelten.

Dennoch erschienen beide Gegensätze der Orthodoxie noch immer
gefährlich genug, weil Christus von dem einen zu sehr vermenschlicht,
von dem andern zu sehr vergöttlicht werde. Sie wurden daher
beide als Ketzereien verurtheilt: die arianische Lehre schon durch die
nicäische Kirchenversammlung im Jahre 325; die monophysitische
in der Form, die ihr Eutyches gegeben, erst durch das chalce-
bonische Concil 451. Allein trotz der schärfsten Verfolgungen vergeblich. Vielmehr breitete sich die arianische Kirche mit ihrem
rationalistischen Dogma im ganzen Occident Europa's und Afrika's
siegreich aus; alle germanischen Nationen, die sich auf den Trümmern
des weströmischen Reichs niedergelassen, hingen ihr an: West-
und Ostgothen, Heruler und Burgunder, Sueven und Vandalen;
nur die Franken wurden durch die Einflüsse des römischen Papstthums
vermocht, sich mit dem Ende des fünften Jahrhunderts dem Katholicismus zuzuwenden; während die Angelsachsen in Britannien
noch dem Heidenthum ergeben blieben. Die monophysitische Lehre
dagegen, mit ihrer mystischen Zugkraft, setzte sich ihrerseits im
Orient immer fester, besonders in Ostafrika und Asien, in Egypten
und Syrien, gewann aber auch in Osteuropa, namentlich in
Constantinopel selbst, immer zahlreichere Anhänger. Und das um
so mehr, als die Dynastie Leo-Anastasius theils der theologischen
und kirchlichen Bewegung freien Spielraum ließ, theils geradezu
die Monophysiten begünstigte.

Da fühlte sich nun Justinian berufen, von dem weltlichen
Standpunkt aus den Bestrebungen der Orthodoxie durch Edicte und
Gesetze nachzuhelfen. Gegen die Arianer leitete er die Verfolgungen
schon unter Justins Regierung ein. Mit Gewalt wurden auf byzan-
tinischem Boden ihre Kirchen geschlossen, die großen Reichthümer derselben an goldenen und silbernen Gefäßen, an Ländereien, Häusern
und anderen Grundstücken ohne Weiteres öffentlich verkauft, und der
Erlös in den kaiserlichen Fiscus geleitet. Ebenso wurden die Gemeinden mit Gewalt genöthigt, der Religion ihrer Vorfahren zu entsagen.
Vielfach setzten sie sich heftig zur Wehre, namentlich das Landvolk,
so daß der Glaubenszwang nur durch Blutvergießen obsiegen konnte.

Manche, im Eifer für ihr Bekenntniß, tödteten sich lieber selbst als
daß sie dem Machtgebot Folge leisteten; Andere entzogen sich ihm
durch die Flucht in das Ausland. [27]) Im Großen und Ganzen
wurde indeß dem Arianismus durch diese Maßregelung nichts weniger
als ein Todesstreich versetzt. Denn die Anhänger desselben inner=
halb des byzantinischen Reichs bildeten doch nur einen geringen
Bruchtheil; sein eigentlicher Kern und seine Masse lag ja außerhalb
der Reichsgrenzen in den germanischen Ländern; und dort vermochte
weder der weltliche noch der kirchliche Bannstrahl die Arianer zu
erreichen. Wirkungslos blieb er darum nicht; aber die Wirkung
bestand darin, daß die bis dahin meist so duldsam und paritätisch
gesinnten germanischen Staaten nunmehr zur Vergeltung ihrerseits
dem Katholicismus größere Hemmnisse bereiteten.

Der zweite Schlag, das schon erwähnte Gesetz vom Jahre
528, traf aber auch die Monophysiten, deren Kern und Masse um=
gekehrt innerhalb der byzantinischen Grenzen lag. Denn obwohl es
dieselben nur in der Lehre der schon verschollenen Eutychianer ver=
dammte, und obwohl es den neuern Monophysitismus bei der un=
geheueren Menge seiner Bekenner mit offenbarer Schonung behandelte:
so mußte es dennoch als wider ihn geführter Stoß erscheinen, weil
es ihm eben zu wenig zugestand oder zu viel vorenthielt. Was
die damaligen Monophysiten begehrten, war augenfällig weit mehr
als die heutigen Kirchenhistoriker ahnen lassen. [28])

Unter ihren Forderungen treten acht ganz deutlich und positiv
hervor: 1) begehrten sie Annahme ihrer Lehre von der Einen aus=
schließlich göttlichen Natur in Christo. Demgemäß wollten sie 2) die
Beschlüsse des chalcedonischen Concils förmlich aufgehoben wissen,
ja als ketzerisch verbrannt sehen, weil dasselbe zwei Naturen und
damit eine vierte Person anerkannt habe; [29]) 3) forderten sie das
ausdrückliche Zugeständniß: daß Christus ganz und gar „Einer der
gleichwesigen Dreiheit" sei, [30]) d. h. der dreieinige Gott. Ebenso
4) die Einräumung: daß die „Wunder und Leiden" Christi sich nicht
auf zwei verschiedene Naturen, sondern auf „Eine und dieselbe
Person" bezögen; 5) wollten sie nur in diesem Sinne, auf den Einen
Gott, auf die Eine Natur in Christo, die Taufe empfangen; [31])
6) wollten sie anerkannt wissen: daß in Christo „Gott gekreuzigt"

worden [32]), d. h. der dreieinige Gott. Und demnach begehrten sie
7) in dem Trishagion (Dreimalheilig) oder dem Lobgesange der
Engel vor dem Throne Gottes, nach den Worten „heiliger Gott,
heiliger Starker, heiliger Unsterblicher," die Aufnahme des Zusatzes
„der du für uns gekreuzigt worden,"[33]) um eben dadurch Gott und
Christus zu identificiren.   Endlich · 8) wollten sie die Maria „als
Mutter Gottes"[34]) noch entschiedener wie in der katholischen Kirche
anerkannt wissen; denn diese verstand darunter im Grunde doch nur
die Mutter des Gottmenschen, wenn sie auch jenen Ausdruck im
Gegensatz zu den Nestorianern festhielt, die der Maria eine solche
Würde ganz absprachen, sie nur als Mutter des Menschen gelten
ließen.

Auf alle diese Forderungen hatte nun das Gesetz von 528
einen sehr unbestimmten und zweideutigen Bescheid ertheilt. Es
hatte sich einigermaßen der monophysitischen Ausdrucksweise anbequemt,
aber ohne dem Geiste nach irgendwie nachzugeben. Es räumte un=
bedingt ein, daß bei den „Wundern und Leiden" an „Eine und
dieselbe Person" zu denken sei; aber doch augenfällig nur insofern
es davon ausging, daß der Charakter der Einen Person durch die
zwei Naturen nicht aufgehoben werde. Es wehrte den Vorwurf
der Annahme einer „vierten Person" ausdrücklich ab; blieb jedoch
bei der Unterscheidung stehen, daß Christus zwar „gleichen Wesens
mit dem Vater nach seiner göttlichen", zugleich aber auch
„gleichen Wesens mit uns nach seiner menschlichen Natur" sei.
Es gab zu, daß „der Sohn Gottes, der Gott vom Gotte, das
Kreuz getragen"; aber doch nur insofern er „Mensch geworden".
Es hielt zwar den Nestorianern gegenüber an dem Begriff der
„Gottesmutter" fest; zugleich indeß auch den monophysitischen Eu=
tychianern gegenüber an der „wirklichen Fleischwerdung", an dem
„menschlichen Wesen" des gebornen Gottes. Mit einem Wort: es
verlieh den Beschlüssen des chalcedonischen Concils, fern davon sie
aufzuheben, eine neue Sanction.

So sahen sich die Monophysiten in ihren Grundlehren wie in
ihren Hauptforderungen gänzlich von Justinian zurückgewiesen, und
nicht nur durch den erneuerten Bannstrahl gegen die Eutychianer
mittelbar bedroht, sondern selbst unmittelbar durch das Anathem

und die Ankündigung von Ketzerstrafen gegen alle Diejenigen, die
sich auf einer von Justinians Bekenntniß abweichenden Meinung
fortan würden betreten lassen. Den Versuch einer gewaltsamen Aus=
rottung hatten sie freilich nicht so leicht zu besorgen; theils wegen ihrer
Massenhaftigkeit, worin sie der Orthodoxie innerhalb des Reiches
eher voran= als nachstanden; theils auch weil Theodora, sei es aus
Klugheit oder aus Frömmelei, der monophysitischen Auffassung nicht
abgeneigt und extreme Maßregeln abzuwenden bedacht war. Immer=
hin aber sahen sie sich doch den angeblich Rechtgläubigen gegenüber zu=
rückgesetzt und bedrängt, ja verhöhnt und bespöttelt. Ueberdies
waren sie in Constantinopel wenigstens, wo keine eigenen mono=
physitischen Gemeinden geduldet wurden, trotz ihrer mächtigen Zahl
genöthigt, sich der katholischen Kirche äußerlich zu fügen. Es wurmte
sie, daß ihr vermeintlich würdigeres und frömmeres Bekenntniß ver=
stoßen, statt die Rechtgläubigkeit zu bestimmen als Ketzerei gebrand=
markt, statt die Herrschaft zu üben unter die Füße getreten sein
solle. Daher warfen sie ihren ganzen Haß auf den Kaiser und die
falschen „Orthodoxen", die er so eifrig, so parteiisch begünstige. Sie
bildeten die kirchliche Opposition.

Und diese verflocht sich nun auch ihrerseits mit dem Partei=
leben des Circus: wie die dynastischen und bürgerlich politischen
Gegensätze, so wurden die religiösen ebenfalls gefärbt. Die Ortho=
doxen verwuchsen mit der Regierungspartei der Blauen, die Mono=
physiten mit der Opposition der Grünen. Diese Thatsache ist von
den Kirchenhistorikern der neuern Zeit wie es scheint ganz über=
sehen, von den profanen mehr geahnt als erforscht worden. Es
kann aber nicht der geringste Zweifel obwalten; denn die Losung
unter den Grünen war: „wir wollen in Eines Namen die Taufe
empfangen" d. i. „auf den Einen der gleichwesigen Dreiheit".[35]
Auch wissen wir, daß die Grünen den Kaiser Theodosius, weil er
seiner Zeit den äußersten Gegensatz zum Arianismus bildete, als
Muster der Orthodoxie dem Justinian entgegenhielten, dem sie Halb=
heit vorwerfen durften, weil er mit seinem Bekenntniß einen mitt=
leren Standpunkt zwischen dem arianischen und monophysitischen zu
behaupten suchte.[36] Dennoch würde es ein Irrthum sein, wollte man
meinen, daß Grüne und Monophysiten völlig in einander aufgingen;

als gewiß ist nur anzunehmen, daß die Mehrzahl der Grünen Mono=
physiten waren, sowie umgekehrt, daß die Mehrzahl der Mono=
physiten sich zu den Grünen hielt. Unzweifelhaft hatten sie aber
auch unter den Neutralen, wie überhaupt in der Gesammtbevölkerung
Constantinopels, das entschiedene Uebergewicht; ja einzelne Bruch=
theile des Monophysitismus mögen selbst unter die Blauen versprengt
gewesen sein; denn es handelte sich eben nicht um verrätherische Cultus=
formen, sondern um unsichtbare Gedanken. Hieraus erklärt sich
denn auch der sonst unlösbare Widerspruch, daß Theodora der
monophysitischen Denkweise im Allgemeinen zugethan, und doch den
Grünen als solchen gram war. Indeß scheint diese Neigung der
Kaiserin nur langsam gekeimt zu haben, und damals noch keines=
wegs eine entschiedene gewesen zu sein.

Je mehr sich die Monophysiten seit jenem Gesetze von Justi=
nian abgestoßen fühlten, desto eifriger wandten sie sich auch ihrer=
seits dem Hypatius zu. Hatte ihnen doch die ältere Dynastie den
freiesten Spielraum gewährt! Hatte doch namentlich Kaiser Anastasius
sie offen begünstigt! War doch unter ihm ihr Lieblingssatz „Gott
ist gekreuzigt" ihnen zugestanden und in das Dreimalheilig wirklich
aufgenommen worden! Wie sollten sie nicht hoffen, daß der Neffe
auch hierin den Grundsätzen seines Onkels folgen und das verlorene
Besitzthum ihnen wieder einräumen, ja ihrem Glauben als dem
allein rechtgläubigen die Herrschaft in der Kirche verschaffen würde.

Dergestalt verwebten sich die drei Oppositionen: die dynastische,
die circensische und die kirchliche, zu einem einzigen wirren Knäuel,
dessen grüne Fäden hie und da sogar in das Blaue schillerten. Denn
bürgerlich und kirchlich Unzufriedene gab es eben sicher auch unter
der blauen Fahne; bei dem Gedanken aber an einen dynastischen Wech=
sel durfte selbst mancher Blau=Orthodoxe sich damit trösten, daß
wenigstens einige einflußreiche Glieder des Anastasischen Hauses,
Pompejus und seine Gattin Anastasia, der Orthodoxie aufrichtig er=
geben waren. Hatten diese sich einst nicht gescheut, durch ihre An=
hänglichkeit an das chalcedonische Concil die Ungnade ihres kaiserlichen
Oheims herauszufordern:[37] so konnten sie auch wohl als Bürgen
der Mäßigung und des Gegengewichtes für die Zukunft gelten.

So lag denn ein gewaltiger Brennstoff da, als das Jahr

532 anbrach. Es bedurfte nur eines zündenden Funkens, um die
wirren Fäden nach allen Seiten hin aufglimmen und den ganzen
Knäuel in hellen Flammen auflodern zu sehen.

7. Die Geburt des Aufruhrs.[38])

Am 13. Januar sollten im Circus, wie alljährlich, die Jbus=
rennen zur Feier des Krönungs = und Ordensfestes stattfinden. An
diesem Tage nämlich wurden alle zu den höchsten Rangklassen in
ihren Heeresabtheilungen beförderten Offiziere zur kaiserlichen Tafel
geladen und mit den Insignien des Primiceriats oder der Chefwürde
bekleidet.[39]) Schon einige Tage zuvor gab sich unter den Grünen eine
große Gährung kund. Die Mordthaten hatten sich in letzter Zeit
auffallend vervielfältigt; man zählte ihrer sechsundzwanzig auf.[40])
Bei Weitem die meisten gingen von den Blauen aus; aber die
Behörden schrieben sie den Grünen zu. So litten diese doppelt:
durch die verbrecherischen Thaten und durch die ungerechten Urtheile.
Ihre Erbitterung, da sie sich nicht gegen die hohen und höchsten
Personen auslassen konnte, fiel dem gewöhnlichen Volksinstinkt gemäß
zunächst auf einen untergeordneten Beamten, den Cubicularier
und Spatharier (Kammerherrn und Leibwächter) Kalopodius. Der=
selbe war offenbar ein Richter oder Polizeiofficiant, der es sich zur
Aufgabe gemacht, um dem Hofe und der Regierungspartei zu ge=
fallen, die Grünen in jeder Weise zu quälen und zu verfolgen.
Diese nahmen sich vor, bei der ersten Begegnung mit dem Kaiser
Gerechtigkeit zu verlangen.

Schon Sonntag den 11ten wurde nach dem Herkommen eine
Vorversammlung oder Musterung der Rennparteien im Circus ver=
anstaltet.[41]) Bei solchen Anlässen war es üblich oder doch zulässig,
dem Kaiser gegenüber Wünsche und Beschwerden vorzubringen. Die
Gesetze Constantins hatten namentlich das Recht, über richter=
liche Beamte Klage zu führen, den Unterthanen zugesichert und die
Verpflichtung der Krone ausgesprochen, auf Grund solcher Klagen

eine Untersuchung einzuleiten; erst jüngst hatte sie der neue Codex sanctionirt.[42]) Als Justinian in der kaiserlichen Loge erschien, empfingen ihn, wie es Sitte und Vorschrift war, die schallenden Lebehochs beider Parteien. Nach diesen Begrüßungen brachen aber sofort die Grünen in Klagen aus; ihre Vorsteher oder auch ihre sogenannten „Rufer" (Kraktai), welche die Acclamationen anzustimmen pflegten, führten das Wort. „Wir erdulden Unrecht, riefen sie, und vermögen es nicht länger zu ertragen. Gott weiß es; doch wir scheuen uns, einen Namen zu nennen, um nicht in noch größere Gefahren zu gerathen." Augenfällig fürchteten die Grünen, falls der Anklage keine Folge gegeben würde, die Rache des angeschuldigten Beamten; daher lag ihnen daran, zuvor das Versprechen unparteiischer Untersuchung zu empfangen. Der Kaiser ließ ihnen aber durch seinen Herold (Mandator) entgegendonnern: „Daß ich nicht wüßte! Niemand thut euch Unrecht!" — „Doch! erwiederten die Grünen, Einer läßt nicht ab uns zu unterdrücken, bis auf diesen Tag." Auf die wiederholte Frage „wer das sei", und da der Kaiser jeder Zusicherung auswich, hielten sie endlich ihren Unmuth nicht länger zurück und riefen: „Kalopodius ist es, der Spatharier, der uns Unrecht thut!" Der Kaiser, der Nennung eines Ministers gewärtig, ließ überrascht entgegnen: „Kalopodius hat gar nichts mit der Verwaltung zu schaffen." Das ermuthigte die Grünen, auf höhere Regionen anzuspielen, während zugleich die Abweisung der Anklage sie leidenschaftlicher stimmte. „Wer es auch sei, riefen sie, der uns ungerecht behandelt: er wird sich das Loos des Judas bereiten; baldigst wird ihm Gott die Ungerechtigkeit vergelten." Da fuhr der Kaiser zornig auf: „Seid ihr hergekommen, um die Behörden, die Regierung zu schmähen?" Und als die Grünen dennoch ihre Drohung zu wiederholen wagten, unterbrach er sie mit dem spöttischen Machtspruch: „Schweigt endlich, ihr Juden, Manichäer und Samariter!"

Ob dieser Beschimpfung der monophysitischen Glaubensrichtung erhob sich ein gewaltiger Lärm unter den Grünen; hielt sie doch sich selbst für rechtgläubig und des Kaisers Bekenntniß für ketzerisch. „Wie! brausten sie auf, du nennst uns Juden und Samariter? Die Gottesmutter stehe uns Allen gnädig bei!" Der Kaiser warf ironisch dazwischen: „Wie lange werdet ihr zu eurem Schaden euch selbst anklagen?" Die Grünen aber waren einmal im Zuge: „Ja, riefen sie, wer nicht bezeugt, daß die Majestät rechtgläubig denkt, den trifft gleich der Bannfluch wie einen Judas." Höhnend erwiederte Justinian: „Ich meinerseits bezeuge euch, daß ihr auf Eines Namen die Taufe empfangt." Nun schrieen die Grünen in fanatischem Eifer wild durch einander: „Ja, ja! also ist es uns befohlen: in Eines Namen empfangen wir die Taufe." — „Ruhig!" donnerte der Herold im Namen des Kaisers, „oder fürwahr, ihr werdet geköpft!" Jene aber wollten sich das Wort nicht nehmen lassen; jetzt oder nie, war ihre Losung; doch stimmten sie den Ton etwas herab. „Jeder, sagten sie, trachtet, um sicher zu stehen, Macht zu gewinnen; wenn wir nun unsererseits Klagen vorbringen, so mögest du darob in deiner Macht nicht zürnen; denn auch das göttliche Walten erträgt Alle. Da wir im Rechte sind, wollen wir alles rund heraus sagen. Wie es zugeht, wir wissen es nicht; aber weder der Palast noch die Staatsverwaltung ist uns zugänglich und kaum noch dürfen wir es wagen die Straßen der Stadt zu betreten." Justinian wies auch diese Klage ab: „Jeder Freie könne ungefährdet hingehen, wohin er wolle." Diese Behauptung brachte die Grünen von Neuem auf: „Der Freiheit, antworteten sie, sind wir gewiß; aber sie kundgeben, ist uns verwehrt. Jeder Freie, der in Verdacht steht zu den Grünen zu gehören, wird mißhandelt und bestraft, sobald er sich blicken läßt." Der Kaiser, im Interesse der Regierungspartei bedacht, ihnen alle Schuld zuzuwälzen, fuhr sie wiederum zornig an: „Ihr Galgenreife! wollt ihr eurer Seelen nicht schonen?"

Da riß den Grünen die Geduld: „Unsere Farbe, riefen sie, ist proscribirt! Die Gerechtigkeit hat aufgehört! Willkürlich werden wir gemordet und mit dem Tode bestraft. Schon schäumt die blutige Quelle über. Tödte nur immer nach Belieben! Aber fürwahr, diese beiden Uebel (Grausamkeit und Ungerechtigkeit) kann die menschliche Natur nicht ertragen. Möchte Sabates (Justinians Vater) nimmer geboren sein, damit er nicht einen Mörder zum Sohne hätte! Der sechsundzwanzigste Mord ist geschehen beim Zeugma; Morgens war der Unglückliche noch im Theater, und Abends —

Herr Aller! — ward er erstochen." Jetzt mischten sich die Blauen in den Streit: „Ihr allein, riefen sie den Gegnern zu, ihr allein im ganzen Circus seid die Mörder!" Die Grünen schrieen: „Erst mordet und dann flieht ihr!" Die Blauen dagegen: „Ihr aber mordet und empört euch noch! Ihr allein habt die Mörder unter euch!"

Noch einmal wandten sich die Grünen an den Kaiser: „Herr, sie beschweren sich und Niemand mordet sie. Das erkennt Jeder, der nur will. Den Holzhändler beim Zeugma, wer brachte ihn um, o Herrscher?" Die Antwort des Kaisers war: „Ihr habt ihn umgebracht." Die Grünen: „Und den Sohn des Epagathos, wer hat ihn getödtet?" Justinian: „Auch ihn habt ihr getödtet, und die Blauen mit verwickelt." Die Grünen: „Immer und immer also! Herr Gott, erbarme dich unser! Die Wahrheit wird tyrannisirt. Wir möchten Denen widersprechen, die da sagen, daß alle Dinge nach Gottes Rathschluß geleitet werden. Woher nur kommt uns dieses Mißgeschick?" Justinian: „Mit Missethaten hat Gott nichts gemein." Die Grünen: „Gott hat mit Missethaten nichts gemein? Nun, wer ist es denn, der uns Unrecht thut? Das möge ein Philosoph oder Eremit entscheiden." Justinian: „Ihr Gotteslästerer und Gottesfeinde, wann endlich werdet ihr schweigen?" Die Grünen: „Wenn es der Gewalt beliebt, verstummen wir, auch wider Willen. Alles, alles wissen wir; aber wir schweigen. Fahre hin, Gerechtigkeit! für dich ist keine Stätte mehr. Brechen wir auf! Weg von hier; lieber uns zu den Juden bekennen; ja besser noch, es mit den Heiden halten als mit den Blauen, das weiß Gott!"

Ein furchtbarer Lärm entstand; wirr schrie alles durch einander. „Fort!" riefen die Blauen der Widerpart nach, „wir verachten euch, euer Anblick ist uns zuwider; schon schwillt der Haß in uns." Die Grünen aber stürmten unter dem Rufe: „Nieder mit Allen, die zurückbleiben!" aus dem Circus hinaus und davon. Das war die Geburt des Aufruhrs.[13])

8. Die Taufe des Aufstandes.

Justinian, scheint es, wollte den Sturm beschwören. Er hatte geglaubt, seiner Würde zu vergeben, wenn er dem ungestümen Andrängen der Grünen gewichen wäre; aber um zu beschwichtigen, wollte er nun einen Act der Gerechtigkeit üben und eiligst zur Schau stellen.

Der Stadtpräfect Eudämon hatte wegen der letzten Mord= thaten mehrere Anhänger beider Parteien zur Haft bringen lassen. Die Verhöre waren schon angestellt, die Acten spruchreif. Jetzt erging das Urtheil: sieben wurden des Mordes schuldig befunden, davon vier zur Enthauptung, drei zum Galgen verurtheilt. Es verlautete, daß unter den Verurtheilten unerhörterweise auch Blaue seien, Glieder einer Partei, die nur — davon war man im Volke überzeugt — um den Preis der Straflosigkeit und Allmacht die Stütze des Thrones sein oder bleiben wollte. Die wichtigere Frage war daher bald in der gährenden Stadt, nicht mehr wie die Grünen den verspäteten Act der Gerechtigkeit, sondern wie die Blauen die Thatsache der Herausforderung aufnehmen würden.

Montag den 12ten fanden aller Vermuthung nach die Execu= tionen statt. [44]) In feierlichem Aufzuge wurden die Verurtheilten durch die ganze Stadt geführt, dann über den Meerbusen nach der Vorstadt Pera übergesetzt. Hier war der Richtplatz. Das zu erwartende Schauspiel hatte eine große Menschenmenge herbei= gelockt; beide Farben waren in ihr vertreten. Die Enthauptungen gingen ohne Störung vorüber. Jetzt kam die Reihe an die zum Galgen Verurtheilten; man zog sie empor. Aber nur bei Einem gelang die Hinrichtung; die beiden Anderen, ein Blauer und ein Grüner, stürzten zu Boden, indem das Gebälk zusammenbrach. Eine große Bewegung ergriff die Menge. Die Henker beeilten sich die Procedur zu wiederholen; allein die Haft bewirkte Wunder: die zweite Procedur hatte bei beiden Delinquenten genau denselben Er= folg wie die erste. Bei diesem Anblick vermochte die Menge nicht länger sich zu zügeln. Alles schrie wild durch einander; man witterte ein böses Omen für den Kaiser; man rief wohl „Heil Justinian", aber stürmischer noch um „Gnade"; und von allen

Seiten vereinigte man sich endlich in den Ruf: „Führt sie zur
Kirche, zum Asyl!" Die Mönche vom benachbarten Kloster des
h. Konon eilten auf die Kunde des Geschehenen herbei, fanden
beide Delinquenten noch lebend am Boden, brachten sie an das
Meer und geleiteten sie in einer Barke nach dem Asyl des h.
Laurentius. Hier schienen sie gesichert; denn Niemand durfte dem
Privilegium der Kirche gemäß gewaltsam oder wider Willen daraus
entfernt werden. So mochten sie ruhig der Begnadigung entgegen=
harren oder die Gelegenheit zu weiterem Entkommen benutzen.
Allein die letztere Aussicht wurde ihnen plötzlich abgeschnitten. Denn
als der Stadtpräfect Eudämon von den Vorfällen Kunde erhielt,
sandte er sogleich ein Militärcommando ab, um die Zugänge des
Asyls zu besetzen, die Flüchtlinge zu überwachen.[45]

Diese Vorgänge hatten entscheidende Folgen. Es kann kein
Zweifel sein, daß die Grünen sich angelegen sein ließen, die Blauen
zu stacheln und in immer größerer Anzahl mit fortzureißen. Schon
die bloße Thatsache der Verurtheilung von Blauen hatte wirklich diese
Partei gereizt; daß auch nur Einer der Ihrigen bestraft werden
solle, erschien ihnen als ein schweres Attentat auf ihre bisherige Unver=
antwortlichkeit. Die wunderbare Errettung der Armensünder sachte
ihre Hitze, die gehässige Maßnahme des Stadtpräfecten ihre Er=
bitterung an. Nun wurden mit einem Mal auch ältere Differenzen
in Erinnerung gebracht, eingeschlummerte Mißstimmungen wieder
erweckt. Jetzt schien es Vielen klar, daß der Kaiser ihnen doch
nicht ganz, nicht genug zu Willen sei. Man gestand sich ein, daß
unter dem herrschenden System eigentlich Alle litten; daß der
Steuerdruck unerträglich, das Finanzwesen corrumpirt, die Regierung
von Habsucht geleitet sei. Nun fand man Tadel am ganzen Hof,
an jedem Minister; nun war Justinian doch allzu grausam und
Theodora allzu stolz, Johannes von Kappadocien allzu gemein und
Tribonian allzu verschmitzt, Belisar der Feldherr allzu weichlich
und Eudämon allzu hart. Gegen diesen letztern, den hartherzigen
Polizeichef, concentrirte sich zunächst der Ingrimm sowohl der Blauen
wie der Grünen. Ihn schürten besonders emsig einige der Rotten=
führer, und auf ihren Betrieb bildete sich im Laufe des 12ten eine
Verständigung beider Parteien heran.[46] Nicht wenig trug dazu die

wunderartige Fügung bei, die so plötzlich einen Blauen und einen
Grünen aus Feinden in Freunde verwandelt, sie auf der Richtstätte
und im Asyl zu gemeinsamen Befürchtungen und Hoffnungen an
einander geschlossen hatte. Sie durfte gläubigen und abergläubigen
Gemüthern wie ein göttlicher Fingerzeig erscheinen, der die Parteien
zum Frieden und gemeinsamen Handeln mahne. Und die Mahnung
wirkte gleich der Erbitterung; die Coalition kam zu Stande und
trug noch an demselben Tage ihre erste Frucht. Große Haufen
beider Farben rotteten sich zusammen, zogen nach den Wechsler=
hallen zur Stadtpräfectur und forderten einmüthig: „Zurückziehen
des Militärs von der Laurentiuskirche." Aber Eudämon würdigte
sie keiner Antwort. Das stachelte die Leidenschaft und kittete den
Bund. Die Parteien verabredeten, des andern Tages beiderseits im
Circus zu erscheinen und gemeinsam für die Flüchtlinge Amnestie
zu ertrotzen.

So war Justinians Berechnung fehlgeschlagen: statt die Grünen
zu versöhnen, hatte er auch noch die Blauen erzürnt; seine Gegner,
statt sie zu mindern, verdoppelt. Aber eine ernste Gefahr ahnte er
nicht; an blinden Gehorsam gewöhnt, war er keineswegs gemeint
nachzugeben.

Unter großen Spannungen fanden am Dienstag den 13ten
im Circus die Zurüstungen zu den Rennspielen statt. In den
colossalen Räumen wogte ein Meer von Menschen. Endlich war
alles bereit und nur noch des Kaisers gewärtig. Als Justinian auf
seinem Tribunal erschien, tönte ihm von beiden Seiten der Ruf ent=
gegen: „Gnade, Mitleid!" Der Kaiser ließ sich diesmal nicht in
Erörterungen ein, sondern setzte allen Herausforderungen ein unver=
brüchliches Schweigen entgegen. Die Spiele begannen. Unter
fort und fort erneutem Rufen, und unter steigender Erbitterung,
schritt man bis zum zweiundzwanzigsten Wettrennen vor. Wie auch
dieses beendet war, und die Parteien von Seiten Justinians noch
immer keiner Erhörung, ja nicht einmal einer Antwort sich ge=
würdigt sahen: da erhoben sie sich beide zum Aufbruch und, statt in
Lebehochs auf den Kaiser, ergossen sie sich in gegenseitige Huldi=
gungen. Unter dem Rufe: „Es leben die Grünen und die Blauen!
Es lebe das Mitleid der Parteien!" strömten sie zum Circus hin=

aus, fraternisirten mit einander und gaben sich, nun zur Gewalt ent=
schlossen, und um die Beimischung verkappter Soldaten und Polizei=
agenten zu hindern, die gemeinsame, der Rennbahn entnommene Losung
„Nika!" d. i. „Siege!"   Das war die Taufe des Aufruhrs.

---

9. Das Anschwellen der Bewegung.

Als der Abend hereinbrach, sammelten sich wiederum wie
Tags zuvor große Massen vor der Stadtpräfectur an. Sie forder=
ten ungestüm: Auskunft über die Schützlinge des Asyls. Und als
Eudämon ihnen wiederum keine Antwort zu Theil werden ließ, be=
gannen sie die Präfectur zu stürmen. Feuerbrände wurden hinein=
geschleudert, die Thüren der Gefängnisse erbrochen, alle Eingekerkerten
befreit, die Polizeimannschaften und militärischen Wachposten über=
wältigt und schonungslos niedergemacht. Der Brand der Präfectur
begann den Himmel zu röthen: das war das Signal des allgemeinen
Aufstandes, der die ganze Nacht hindurch seinen Ausbruch feierte.
Nun wurden auch die Häuser einzelner reicher und verhaßter Per=
sonen erstürmt, geplündert und demolirt. Von der Präfectur her
breitete sich, durch den Wind gepeitscht, ein gewaltiges Flammenmeer
aus; nicht nur sie selbst, auch ein Theil der Wechslerhallen, die
prächtigen Häuser des Patriciers Lausus und anderer reicher Bür=
ger wurden eingeäschert. Das Feuer, heißt es, wüthete wie wenn
der Feind die Stadt eingenommen hätte. Das Volk drängte un=
ruhig hin und her; mit der Verwirrung wuchs der Schrecken; die
ruheliebenden oder neutralen Bewohner flohen massenweise theils nach
Pera, theils nach dem gegenüberliegenden asiatischen Festlande.[47])
Justinian brachte die Schreckensnacht in seinem Schlosse zu.
Den Umfang der Gefahr erkannte er noch immer nicht; er wollte
die Emeute durch Unbefangenheit dämpfen. Am folgenden Morgen,
Mittwoch den 14ten, ordnete er die Fortsetzung der Circensischen
Spiele an; und schon waren zum Zeichen dessen, dem Brauche ge=
mäß, die Segel auf dem kaiserlichen Tribunal entfaltet. Offenbar

gedachte der Kaiser, bei dieser Gelegenheit eine Beschwichtigung an=
zubahnen; denn vor dem Gedanken einer ernsten Gefahr, einer
wirklichen Revolution bebte er scheu und ängstlich zurück. Allein
die Aufständischen, statt der Aufforderung Folge zu leisten, beant=
worteten sie mit einer neuen Angriffsbewegung, mit neuen Brand=
stiftungen in der unmittelbaren Nähe des Schlosses. Denn diese
waren nun einmal in jener Zeit die Hauptangriffswaffe der städtischen
Insurrectionen; durch sie wollte man den Feind verjagen, ihn in
die Enge treiben, ihn bezwingen. Der Plan war augenfällig,
daß sich die Flammen in das Palatium hineinfressen sollten. So
wurde denn nunmehr Feuer in die Stiegen und Sitzbänke des
Circus geworfen; allein ohne zu fangen. Dagegen gelang es, einen
großen Theil der Arkaden in Brand zu stecken, die sich in der
ganzen Front des Palatiums vom Circus nordwärts an den Schloß=
zugängen der Chalke vorüber bis gegen das Severusbad hinzogen.
Dabei hallten alle Umgebungen des Schlosses von wildem heraus=
forderndem Geschrei, von Schmähungen und Drohungen wieder, die
wie ein unlösbares Gewirr zu den Ohren des Kaisers drangen.
Dieser gerieth jetzt in das äußerste Schwanken: sollte er den
Forderungen der Empörer nachgeben oder ihnen Gewalt entgegen=
setzen, wodurch das Uebel leicht gesteigert werden konnte.

Am Hofe befand sich damals der Oberfeldherr Belisar; er war
vor kurzem von dem Perserkrieg zurückgekehrt, mit einem starken persön=
lichem Gefolge, und an der Spitze großer Schaaren von Lanzenträgern
und Schildknappen, meist Gothen, die in Kampf und Kriegsgefahr
erprobt waren. Auch der Feldherr Mundus nebst seinem Sohn war
zufällig anwesend; zum Militärgouverneur von Illyrien ernannt und
deshalb nach Constantinopel berufen, um persönlich seine Instructionen
einzuholen, war er soeben mit einer Schaar kriegsmuthiger Heruler
eingetroffen. Mit dieser bewaffneten Macht ließ sich schon etwas
ausrichten; es mochten doch mindestens 5000 Mann sein. Dazu
kam nun noch die Garnison der Stadt und die Leibgarde des
Palastes. Die Garnison war jedenfalls unbeträchtlich und begriff
schwerlich mehr als eine Abtheilung der von Flavius Constantinus
organisirten Flavianischen oder Constantinischen Miliz. Sehr zahl=
reich dagegen war die prätorianische Leibgarde; sie zerfiel nach den

geringeren und höheren Dienstgraden in sehr verschiedene Corps, als: Scholaren und Protectoren, Candidati und Domestici, Excubitoren, Cubicularier und Silentiarier. Allein auf die Stadtmiliz und auf die Leibgarde war kein rechter Verlaß; es fehlte nicht an Anzeichen, woraus hervorging, daß sie dem Kaiser nicht gewogen waren.[48]) Um so mehr scheute Justinian eine Entscheidung durch Waffengewalt.

Eine Abtheilung Truppen rückte zwar aus dem Palatium gegen die Aufrührer vor. An ihrer Spitze befanden sich der General Mundus, der Chef der Cubicularier Constantiolus und der Patricier Basilides, ein beim Volk beliebter Mann, der damals den Magister Officiorum Hermogenes vertrat. Sie hatten aber nur den Auftrag, ohne von den Waffen Gebrauch zu machen, die Menge zu zügeln, zu beschwichtigen, und zu hören was ihr Verlangen sei. So traten denn die Führer vor die Front, hielten Anreden an die hin und her wogenden Volksmassen, suchten sie zu beruhigen, fragten „was ihr Begehren sei? warum sie denn tumultuirten?"

Jetzt offenbarte es sich, daß die Bewegung zu einer Revolution angewachsen war. Die Menge gedachte nicht mehr des untergeordneten Beamten Kalopodius, noch der Amnestirung zweier Gefangener, sondern sie ergoß sich in Schmähungen gegen die Minister, gegen ihre Habsucht, Ungerechtigkeit und Grausamkeit; sie forderte die Entlassung, ja den Tod der drei Hauptminister. „Nieder mit Endämon! Tod dem Johannes, dem Tribonian!" waren die Rufe, die den kaiserlichen Abgesandten von allen Seiten stürmisch entgegentönten.[49])

Auf diese Kunde hin entschloß sich Justinian, der so hartnäckig das Geringere verweigert, das Größere zu bewilligen. Durch die Heftigkeit der Bewegung eingeschüchtert, dachte er jetzt nur daran, das Volk zufrieden zu stellen. Die drei Minister wurden unverweilt ihrer Functionen enthoben und ein populäreres Cabinet ernannt. An die Stelle des Johannes von Kappadocien trat als prätorischer Präfect der Patricier Phokas, der als sehr verständig und gerecht denkend galt; die Quästur erhielt an Tribonians Stelle der Patricier Basilides, der großes Ansehn und den Ruf der Milde genoß; das Amt des Stadt- und Polizeipräfecten endlich ging von Endämon auf Tryphon über, den Bruder des frühern Stadtpräfecten Theodorus.

Schleunigst wurden diese Zugeständnisse dem Volke außerhalb des Schloßbereichs verkündet. Aber sie kamen dennoch zu spät. Schon wollte sich die Menge nicht mehr damit begnügen. Der Erfolg selbst reizte vielmehr, das Ziel höher zu spannen. Einschneidendere Rufe ließen sich vernehmen. „Nieder mit Justinian!" wurde jetzt die Losung; man forderte seine Abdankung, seinen Sturz, Einsetzung eines neuen Kaisers. Weit entfernt also, sich zu beruhigen und zu verlaufen, wie Justinian gehofft, schwollen die Massen stärker an und zeigten eine immer drohendere Haltung. Die dynastische Opposition blieb dabei nicht unthätig; sie ergriff geschickt den Moment, um ihn auszubeuten. Auf den ersten Ausbruch der Unruhen hat sie schwerlich einen bestimmenden Einfluß geübt; die Anlässe dazu hatten sich von selbst dargeboten. Jetzt aber schürte sie den Aufstand; die Freunde und Anhänger des Hypatius vertheilten Geld und Waffen unter das Volk.[50]) Nicht weniger wird die Vorstellung gemeinsamer Interessen gewirkt haben. Hypatius selbst und Pompejus konnten sich nicht, auch wenn sie es gewollt hätten, unmittelbar bei dieser Agitation betheiligen. Gleich beim Beginn der Unruhen waren sie, nebst anderen Patriciern und Senatoren, ins Schloß beschieden worden, und blieben ohne Unterlaß in der Umgebung wie unter der Bewachung des Kaisers. Ihr Aufenthalt innerhalb des Palatiums war dennoch allem Anschein nach für ihre Ziele nicht wirkungslos; denn während sie selbst Treue und Ergebenheit heuchelten, begann die der Truppen und insbesondere der Leibgarden zu wanken. Es ist kaum zu bezweifeln, daß sich auch Probus bei Hofe befand.

Justinian hatte während der Dauer der bisherigen Bewegung keinen Augenblick die Schloßräume verlassen. Fast ununterbrochen pflog er Rath; bald mit den Ministern, Senatoren und Generalen, bald mit seiner Gemahlin, die ihm schwerlich zur Nachgiebigkeit rieth. Als die Wellen der Empörung in nächster Nähe aufschäumten und ihr Tosen an sein Ohr schlug, hatte er sorgsam alle Schloßzugänge sperren lassen, um ihr Eindringen abzuwehren. Wie es sich zeigte, daß selbst die eben gemachten großen Concessionen nicht hinreichten, um den Orkan zu beschwören, daß vielmehr das Volk Miene mache, den Kaiser in seinem eigenen Hause anzugreifen: da

bekam der energischere Rath die Oberhand. Belisar erhielt Befehl,
an der Spitze seiner Gothen, offenbar von der Seite der Chalke
her, einen Ausfall zu machen. Das Manöver schien von Wirkung
zu sein; eine große Zahl der Insurgenten wurde niedergehauen;
Kampf und Gemetzel dauerte bis tief in den Abend hinein. Endlich
aber zog sich das Militär doch wieder hinter die Schloßportale zurück;
die nun doppelt ergrimmten Volksmassen wagten sich ihrerseits
wieder heran und versuchten, mit dem Einbruch der Nacht, einen
unmittelbaren Angriff auf das Schloß. Und es gelang ihnen wirklich, die Chalke in Brand zu stecken; dieser prächtige Vorhof ging
nun sammt den Hallen der Scholaren, der Protectoren und der
Candidaten, bis zum Marstempel hin in Flammen auf. Während
das Militär sich vor dem Feuer gegen die inneren Schloßräume
zurückzog, drangen Volkshaufen von der andern Seite in den brennen-
den Vorhof ein; und noch einmal erfolgte ein blutiges Zusammen-
treffen, bis endlich die Gluthhitze die Kämpfenden in entgegengesetzter
Richtung aus einander trieb. In dieser Nacht sanken auch die benachbarten Prachtgebäude des Augustäischen Marktplatzes in Trümmer
und Asche; namentlich der Senatspalast und die große Sophienkirche
mit ihrem imposanten Säulenwald und dem kostbaren Archive,
worin die Urkunden über ihre Privilegien und Einkünfte bewahrt
wurden.[51])

Die Muthlosigkeit Justinians und die Erschöpfung der Insurgenten, die nun fast ununterbrochen achtundvierzig Stunden in
Thätigkeit gewesen, hielten am folgenden Tage, Donnerstag den
15ten, von weitaussehenden Unternehmungen ab. Auch waren die
frischen Verheerungen der Brandstätte mit ihrer dampfenden Atmosphäre
der freien Bewegung hinderlich. Und endlich fehlte es der Empörung
noch immer, wie an einem festen Operationsplan, so an einem
sichtbaren allgemeinen Oberhaupt. Unstät tappte sie darnach umher.
Ein vereinzelter Volkshaufe wälzte sich an diesem Tage, unter dem
Rufe „wir fordern einen andern Kaiser!" nach dem Julianischen
oder Sophienhafen am Marmormeer, südwärts vom Circus. Dort
lag das Wohnhaus des Anastasiers Probus. Der lärmende Haufe
begehrte Waffen, rief: „Es lebe Probus, der Kaiser Romaniens!"
Aber vergeblich. Als sie das Haus durchsucht, steckten sie es in

Brand, ſei es aus Muthwillen, oder im Zorn über die Abweſenheit ·
des Probus, oder weil ſich ein Verdacht gegen dieſen regte. Ein
Theil des Hauſes brannte ab; dann ließ das Feuer nach und er=
loſch. Der Haufe aber zog unter dem Ruf, mit dem er gekommen,
weiter. Andere und wichtigere Ereigniſſe brachte der Tag nicht.[52]

Freitag den 16ten dagegen ſchritten die Inſurgenten wieder
zum Angriff. Es galt diesmal dem Palaſt des prätoriſchen Prä=
fecten, dem Reichsjuſtizminiſterium im Gegenſatz zur Stadtpräfektur,
deren Gerichtsbarkeit auf die Stadt und deren Weichbild beſchränkt
war.[53] Jener Palaſt muß eine nördliche Lage am Meerbuſen
gehabt haben, nordoſtwärts vom Severusbad, wie aus den Begeben=
heiten ſelbſt erhellt. Auf ernſteren Widerſtand trafen die Rotten nicht.
Das mächtige Gebäude wurde demolirt und angezündet. Eine dritte
entſetzliche Feuersbrunſt war die Folge. Von dem Prätorium ſelbſt
wurde namentlich derjenige Theil eingeäſchert, der die Archive des
Miniſteriums mit ihren zahlloſen, unerſetzlichen Documenten ent=
hielt; von zwei anſtoßenden Baſiliken brannten die Dächer ab. Die
Idee der Inſurgenten war ohne Zweifel, daß das Feuer eine ſüd=
öſtliche Richtung nehmen, einen neuen erfolgreicheren Brandkeil als
in der Nacht zum 15ten in die Schloßregion eintreiben und den
Kaiſer daraus verſcheuchen, ihn auf das Meer drängen ſolle. Allein
dieſe Erwartung ſchlug fehl. Das Schickſal wollte, daß ein ſcharf
wehender Nordoſtwind ſich erhob. Dieſer trug allerdings das Feuer
weit über die Grenzen des Prätoriums, aber in ſüdweſtlicher
Richtung hinaus. Nun gerieth das feenhafte Lampenhaus mit ſeiner
leichtfertigen Holzbedachung, das Severusbad oder der Zeurippos
mit ſeinem glanzvollen Muſeum in Brand. In kurzer Zeit ſtand
auch die Kirche der h. Irene und — was das Entſetzlichſte war
— die Hoſpitäler des Eubulos und des h. Sampſon in Flammen.
Eine Rettung der zahlloſen Kranken war bei der Gewalt des Feuers
unmöglich, oder wurde zu rechter Stunde verſäumt; in ihren
Betten und Schlaffälen ereilte ſie ein grauenvoller Tod. Die
herrlichſten Zierden der Stadt und ihre wohlthätigſten Inſtitute
ſanken an Einem Tage dahin; er gereichte den Volksparteien zu
untilgbarer Schmach.[54]

Seit dem erfolglosen Kampfe Belisars am 14ten hatte Justi=
nian sich nicht zu rühren gewagt; willen= und thatenlos hatte er an
den beiden letzten Tagen den Fortschritten der Empörung zugeschaut;
völlig entmuthigt, dachte er schon an die Eventualität einer Flucht.
Die bewaffnete Macht, die ihm noch zur Verfügung stand, flößte
ihm nicht so viel Vertrauen ein, daß er zu fernerem kräftigen Ein=
schreiten sich hätte entschließen können. Und in der That, die Flavia=
nische Miliz hatte, aller Vermuthung nach, schon damals offen
die Partei der Bewegung ergriffen. Die Leibgarden aber weigerten
sich jetzt geradezu, ihrerseits gegen dieselbe offen und activ einzu=
schreiten; es gelüstete sie, eine neutrale Stellung zu behaupten, und
es wäre gefährlich gewesen, ihre Treue in einem Treffen auf die
Probe zu stellen.[55]) So war man denn auf die Heruler und Gothen
beschränkt, deren Zahl als unzulänglich erschien. Die eifrigsten
und kräftigsten Bundesgenossen Justinians waren bisher die Winde
gewesen, die mit Beharrlichkeit die Flammen vom Schlosse abgewandt
hatten; ihnen allein verdankte er sein Heil; aber auch sie konnten
in jedem Augenblick umspringen und zu schlimmen Gegnern werden.
Freilich hatte man es inzwischen nicht versäumt, Depeschen nach den
nächstgelegenen Garnisonsorten abgehen zu lassen, um auf alle
Fälle Verstärkungen heranzuziehen. Allein noch waren deren keine
angelangt. Es mochte bei den unvorhergesehenen Ereignissen an
Transportschiffen mangeln; und doch nur zur See, nur von der
Seite des Schloßhafens konnten Truppen herangebracht werden.

In dem Momente indeß, wo die Hoffnungen des Kaisers und
seiner Rathgeber am tiefsten gesunken, wurden sie plötzlich wieder hoch
aufgerichtet. Es wird am Abend des 16ten gewesen sein, als endlich
die ersehnten Verstärkungen von den benachbarten Stationen der
europäischen und asiatischen Küste, aus Hebdomum, Rhegium, Athyra
und Calabria landeten.[56]) Meist waren es wohl, nach dem weiteren
Verlauf zu urtheilen, barbarische Heruler. In dem Gefühle, nun
frischer, bedeutender und kriegslustiger Kräfte Herr zu sein, ent=
schloß man sich für den nächsten Tag zu einem entscheidenden
Schlage.

10. Straßenkampf und Friedensversuch.

Samstag, den 17. Januar, fanden demnach mit Tagesanbruch große Truppenbewegungen statt. Von der Seite des Erzhofes und der Kaiserhalle rückten die Colonnen gegen das Augustäische Forum und gegen das Milium vor. Hier sammelten sich eben große Massen von Insurgenten, neuer Pläne voll. Wegen der vorangegangenen zweitägigen Waffenruhe sorglos und keines Angriffs gewärtig, wichen sie jetzt überrascht und bestürzt zurück. Bei dem Meilenzeiger begann der Straßenkampf. Die Soldaten, voran die wilden Heruler, hieben Alles, was ihnen in die Hände fiel, selbst Weiber, erbarmungslos nieder. Es war minder ein regelrechter Kampf, als ein rohes Würgen und Schlachten; denn bei Weitem die Mehrzahl des Volkes war noch immer unbewaffnet. Eine große Zahl der Aufständischen kam in diesem Gemetzel um. Die Gefallenen wurden wie Vieh von den Barbaren durch die Straßen geschleift und in das Meer geworfen, Entsetzen und Wuth ergriff die Menge.[57]

Da änderte sich mit einem Male die Scene. Die Geistlichkeit der Hauptstadt hatte sich schleunigst versammelt und den Entschluß gefaßt, durch ihr Dazwischentreten dem Blutbade Einhalt zu thun. In feierlich geordneter Procession schritten die Priester, Crucifix und Evangelium in den Händen, dem Augustäum zu, voll der Hoffnung, daß es der Kirche gelingen werde, sowohl den Aufstand wie den Kampf zu beschwichtigen. Scheu und ehrerbietig machte überall die Volksmenge Platz. Allein das Militär — unter den Herulern und Gothen mögen auch viele Arianer gewesen sein — theilte diese Ehrerbietung nicht und war nur seines Handwerks eingedenk. Ohne alle Umstände wurde die Procession aus einander gesprengt, weder der Heiligthümer noch ihrer Träger geschont, und die Blutarbeit fortgesetzt.

Dieser Vorgang wurde für das Volk ein neues Reizmittel zum Widerstand. Es galt nun auch, die Beleidigung des Heiligsten, der Kirche, der Gottheit zu rächen. Und als der Beleidiger erschien nicht der Soldat allein, sondern vor allen Derjenige, in dessen Namen und Befehl jener handelte. Man war entschlossener denn je zuvor, nicht eher zu ruhen, als bis der Sturz des Kaisers

bewirkt sei. Nicht die Männer nur, auch die Weiber erfaßte jetzt
der Fanatismus. Mit Ingrimm und Todesverachtung nahmen sie
an dem erneuerten Kampfe Theil, der nun von dem Augustäum
her in der Richtung auf das Octagon sich durch die Straßen zog.
Aus den Stockwerken der Häuser warfen die Weiber Steine, Dach-
ziegel und Alles, was ihnen zur Hand war, auf die Soldaten
herab.[58]) Dadurch wurden auch ihrerseits die Truppen zu noch
größerer Wuth entflammt. Um die gefährlichen Kämpferinnen zu
züchtigen und zu vertreiben, warfen sie Feuerbrände in alle Häuser,
aus denen sie beschossen wurden. So drangen sie bis zum
Octagon vor.

Hieher hatte sich die Hauptmasse der Insurgenten zurückgezogen
und alle Zugänge sorgfältig verbarrikadirt. Vergeblich liefen die
Soldaten Sturm; alle Angriffe prallten ab oder wurden zurückgeschlagen. Das Octagon war in ein uneinnehmbares Bollwerk umgewandelt, das jedem weitern Vordringen des Militärs Schranken
setzte. Als die Generale sich von der Unmöglichkeit überzeugt hatten,
es mit der blanken Waffe zu nehmen, gaben sie Befehl, es durch
Feuerbrände zu beschießen. Diese, auf die Dächer des Octagons
geschleudert, setzten dieselben alsbald in Flammen. So entstand,
diesmal also durch das Militär verschuldet, eine neue furchtbare
Feuersbrunst; es war die vierte in diesen Tagen des Schreckens.
Der Nordostwind erfaßte mit Heftigkeit die Flamme, trieb sie
wirbelnd in die Höhe und warf sie südwärts in der Richtung nach
dem Marmormeer auf die Kirche des h. Theodor und deren Umgebungen, während westwärts die Wechslerhallen neuerdings von
der Gluth ergriffen wurden und nun in ihrer ganzen Ausdehnung
bis zum östlichen Triumphbogen des Constantinischen Forums nieder-
brannten. Fast das ganze Dreieck zwischen diesem, dem Octagon
und dem Marmormeer, viele der größten und schönsten Gebäude,
öffentliche und private, sanken in Asche. Eine einzige ungeheure
Brandstätte erfüllte jetzt in Folge der vier Feuersbrünste den Raum
von dem Constantinischen Forum bis zu den Eingängen des Palastes
und dem Circus. Wie Oasen ragten diese drei Punkte aus der
Trümmerwelt hervor, in der die Hälfte der Stadt mit ihrem Hauptschmuck begraben lag.

Das Ergebniß des Tages war, daß beide Theile sich zurück=
zogen. Die Aufständischen waren übermüthig genug, um auf ihrem
Rückzug vom Octagon her noch Feuer auf das Liburnum und die
Magnaura zu werfen, das indeß glücklich wieder gelöscht wurde. Die
Truppen zogen sich offenbar auf die Räume des Schlosses zurück.
Von einem Siege konnte nicht die Rede sein. Der gewaltige Straßen=
kampf mit allen seinen gräuelvollen Episoden hatte nicht sowohl die
Uebermacht der Krone bethätigt, als die Kluft zwischen ihr und dem
Volk um ein Beträchtliches erweitert. Versöhnung war nicht mehr
möglich, nur Kampf auf Leben und Tod.

Aber gerade nachdem der Friede unmöglich geworden, ergriff
der Kaiser die Idee desselben, als einen letzten Hoffnungsanker.
In schlafloser Nacht [59]) entschloß er sich, andern Tages die Hand
zur Versöhnung zu reichen. Das Beispiel, das die Geistlichkeit so
erfolglos gegeben, kam für ihn einer Mahnung, nicht einer War=
nung gleich.

Sonntags, den 18ten Januar, ließ daher Justinian durch
Friedensboten, die nach allen Richtungen hin entsandt wurden, das
Volk nach dem Circus entbieten, um dort die Verkündigung der
Friedensbedingungen zu vernehmen. [60]) Er selbst begab sich dahin
in feierlicher Procession, in den Händen das Evangelium tragend,
und nahm auf dem Throne seines Tribunales Platz. Die Menge
hegte Anfangs Mißtrauen, fürchtete Verrath und plötzlichen Ueber=
fall. Man raunte einander zu: „man solle auf der Hut sein,
damit man nicht im Circus wie in einem Gefängniß eingeschlossen
werde." Doch die Neugier und das Beispiel machte dreist, und als=
bald füllte sich der Circus durch die rings herbeiströmende Volks=
masse an. Da erhob sich der Kaiser und schwur auf das Evan=
gelium: „Alles soll vergeben und vergessen sein, Niemand wegen
des Geschehenen zur Rechenschaft gezogen werden; nur möchten sie
zur Ruhe zurückkehren. [61]) Nicht sie, sondern er selbst trage die
Schuld; denn ihn treffe der Vorwurf, daß er den im Circus an
ihn gerichteten Beschwerden kein Gehör geschenkt." Schon ertönten
vielfache Rufe: „Es lebe der Kaiser Justinianus hoch!" Da änderte
sich plötzlich der Auftritt. Ein gewaltiger Lärm erstickte die Rufe,
und eine Fluth von Schmähungen ergoß sich über Justinian und

gab ihm zu verstehen, daß man selbst seinen Eiden nicht traue, sie
für Lügen halte. „Du schwörst falsch!" brauste es ihm von allen
Seiten unter Schimpfworten entgegen.[62]) Betäubt und erschreckt,
stand der Kaiser von seinem Vorhaben ab und zog sich schleunigst
vor der drohenden Menge aus dem Circus in den Palast zurück.

Jene aber strömte nach dem Constantinischen Forum; hier
wurde in offener Volksversammlung über die Wahl eines andern
Kaisers berathen.[63]) Die Mehrzahl neigte sich, wie vorauszusehen
war, dem angesehensten Neffen des Kaisers Anastasius, dem Hypatius
zu. Nur eine Schwierigkeit stand der Ausführung entgegen: derselbe
befand sich noch immer hinter den Riegeln des Schlosses unter der
Obhut Justinians.

11. Die Blüthe des Aufstandes.

Ehe indeß der Tag zu Ende ging, löste sich diese Schwierigkeit.
Justinian, wie es scheint, gab nach dem Auftritt im Circus Alles
verloren, und beschäftigte sich ernstlicher mit Fluchtgedanken. Es
war schon Abends, als er vielen Beamten und Senatoren in seiner
Umgebung ankündigte, daß er sie entlasse: „sie möchten nur heim=
gehen und ein Jeder sein eigenes Haus beschützen". Auch dem
Hypatius und dem Pompejus ertheilte er die Entlassung. Bei der
Unzuverlässigkeit der Truppen fürchtete er augenfällig die Anwesenheit
der dynastischen Gegner jetzt mehr als ihre Entfernung. In ihrer
Nähe hielt er sich durchaus nicht länger für sicher; leicht konnten
sie einen Militäraufruhr im Schlosse selbst erregen, ein Attentat
gegen seine Person im Schilde führen. Sich aber ohne bestimmte
Veranlassung ihrer zu bemächtigen, sie einkerkern oder über das
Meer transportiren zu lassen, mußte er Anstand nehmen. Das
konnte vollends leicht die verdächtigen Umgebungen in offene Feind=
schaften verwandeln, den verhaltenen Unwillen zu raschem Ausbruch
drängen. Entließ man sie in Ehren, so war wenigstens diese
Gefahr vermieden, und zugleich ihr fernerer Einfluß auf den Geist
der Truppen abgeschnitten. Allein Hypatius und Pompejus sträubten
sich: „Es würde ein schweres Unrecht sein, meinten sie, den Kaiser

in dieser höchsten Gefahr zu verlassen." Diese Einrede verstärkte nur noch den Argwohn gegen sie, und Justinian befahl ihnen: „auf der Stelle sich aus dem Bereich des Schlosses zu entfernen." So begaben sich denn Beide nach Hause und brachten daselbst die Nacht in Ruhe zu.[84]

In der Frühe des „andern Tages", also Montags, den 19ten, verbreitete sich sogleich im Westtheil der Stadt die Kunde, daß Hypatius und Pompejus aus dem Schlosse entlassen seien. Eine unabsehbare Volksmasse sammelte sich alsbald vor ihrer Wohnung an. Rauschende Lebehochs auf den „Kaiser Hypatius" erfüllten die Luft. Deputationen drangen in ihn: „unverweilt nach dem Forum zu ziehen und die Regierungsgewalt zu übernehmen." Da warf sich Maria, seine Gattin, in Herzensangst und voll trüber Ahnungen dazwischen; der Glanz des Thrones übte auch in so unmittelbarer Nähe keinen Reiz auf ihren anspruchslosen Sinn; noch immer zog sie die Stille ihres häuslichen Glückes allen anderen Erdengütern vor; aber sie befürchtete, daß ihr Gemahl es nicht über sich vermögen werde, den blendenden Lockungen der Herrschaft zu widerstehen. Krampfhaft schlang sie sich um ihn, entschlossen ihn nicht von sich zu lassen; sie beschwor ihn zu bleiben; die Versucher erschienen ihr als Henker; unter Thränen bat sie alle Anwesenden, Freunde und Verwandte: „es nicht zuzugeben, daß die Menge ihn zum Tode führe." Einen Augenblick kämpfte in der Brust des Gatten die Liebe mit dem Ehrgeiz. Aber Niemand unterstützte die Mahnungen der ersteren. Pompejus war zu dem Wagniß so fest entschlossen, daß er schon einen Panzer unter seiner Kleidung angelegt.[65] Man stellte dem Hypatius die Sicherheit des Erfolges vor; man drang von allen Seiten in ihn, nicht länger zu zögern; die Ungeduld des Volkes wurde stürmischer. Da siegte der Ehrgeiz. Er ließ es geschehen, daß Maria, die ihn noch immer fest umklammert hielt, durch die leidenschaftliche Umgebung mit Gewalt von ihm losgerissen und zurückgedrängt ward. Zwar, sobald es geschehen, schien noch einmal ein Schwanken ihn zu erfassen; aber unaufhaltsam riß man ihn von dannen, hob ihn auf einem Schilde empor und stürmte mit ihm — die Eifrigsten waren die Grünen[66] — dem Constantinischen Forum zu.

Hier machte man Halt, um vor der ungeduldigen Menge die Kaiserkrönung zu improvisiren. Man trug ihren Auserwählten auf die Höhe der Stufen am Sockel der Constantinssäule. Hypatius war mit einem weißen Obergewande bekleidet. Kein Purpurmantel, kein Diadem, keinerlei kaiserliche Insignien waren zur Hand. Rasch mußte man sich, nach dem Beispiel älterer Vorgänge, zu helfen. Man wand ihm eine goldene Kette um das Haupt und rief ihn sofort zum Kaiser aus. Bald wurden auch die Mängel zum Theil beseitigt. Einige Rotten waren nach dem Plakillianischen Palast geeilt, wo die kaiserlichen Insignien aufbewahrt wurden, und brachten diese nunmehr herbei; noch fehlten aber Krone und Purpur. In= zwischen hatten sich unter Anderen die sämmtlichen Mitglieder des Senates eingefunden, die außerhalb des Schlosses weilten; sie be= eiferten sich um die Wette, die Partei des neuen Gestirns zu er= greifen. Man berathschlagte, was zunächst zu thun sei. Viele der Senatoren und der Führer des Aufstandes riethen, sogleich einen Angriff auf das Schloß zu unternehmen. Da trat der Senator Origines auf und empfahl die Politik des Abwartens. „Römische Männer!" — redete er die Versammlung an — „nach Lage der Dinge ist es nicht rathsam, jetzt eine Entscheidung durch Waffen= gewalt zu suchen. Daß Krieg und Herrschaft die wichtigsten Angelegen= heiten sind, welche die Menschheit bewegen, giebt Jedermann zu. Aber so wichtige Angelegenheiten wollen nicht durch die Kürze eines Augenblicks entschieden werden, sondern durch weise Erwägungen und körperliche Ausdauer, wozu es längerer Zeit bedarf. Wenn wir jetzt auf den Gegner losgehen: dann wird unsere Sache auf die Spitze eines Messers gestellt, die Gesammtheit unserer Interessen den Gefahren eines Augenblicks preisgegeben, wir aber darauf an= gewiesen sein, den Ausfall — preisend oder schmähend — lediglich dem Glücke zuzuschreiben. Denn wo die Dinge auf die Spitze getrieben werden, da zumeist beginnt die Herrschaft des Glücks. Wenn wir dagegen mit Geduld die gegenwärtige Lage ausbeuten: dann wird sich uns von selbst die Gelegenheit darbieten, Justinian im Palast gefangen zu nehmen; dann wird er bald genug froh sein, wenn man ihn nur ungestört entfliehen läßt. Denn eine ver= achtete und ringsum verlassene Gewalt pflegt in sich selbst zusammen=

zusinken, indem mit jedem Tage ihre Kraft noch mehr erlischt. Vor der Hand stehen uns andere kaiserliche Paläste zu Gebot, namentlich der Plakillianische und der der Helena; von da aus mag dieser unser Kaiser den Kampf zu Ende führen und zugleich so gut wie möglich die Verwaltung der übrigen Angelegenheiten ordnen."[67])

Also Origines. Allein die Stimme der Klugheit und Besonnenheit drang nicht durch; die Menge war zu leidenschaftlich bewegt. Alle übrigen Redner zogen den kühneren Entschluß vor, legten den ganzen Werth auf ein rasches Handeln; und ebenso auch Hypatius selbst. So gab dieser denn endlich die Losung zum Vorrücken nach dem Circus, um von hier aus den Angriff auf den Palast zu leiten.[68]) Die Bewegung stand in voller Blüthe.

12. Wendung der Dinge.

Um dieselbe Zeit fand im Schloß ein merkwürdiger Vorgang statt, der das vollkommenste Gegenstück zu der Scene im Hause des Hypatius bildete. Während wir hier die Waghalsigkeit eines ehrgeizigen Prätendenten mit dem liebenswürdigen Zagen einer bescheidenen Gattin ringen sahen: treffen wir dort auf einen zaghaften verzweifelnden Fürsten und auf ein trotzig kühnes ehrgeiziges Weib.

Die Kunde von der neuen Phase der Bewegung war in den Palast gedrungen. Erschreckt ließ Justinian alle Zugänge mit verdoppelter Sorgfalt hüten und berief schleunig die Generale, Minister und andere Vornehme zu einer entscheidenden Berathung ein. Die Versammlung ging ohne Zweifel in dem Thronsaal vor sich, im Angesicht des offenen Meeres und des Schloßhafens, wo auf den kaiserlichen Schiffen alle Vorbereitungen zur Flucht getroffen waren. Die Kaiserin war bei der Berathung zugegen. Es handelte sich um Entscheidung der Frage, ob der Hof fliehen oder ausharren solle. Die Meinungen waren getheilt; aber die Mehrzahl rieth zur Flucht, als dem einzigen Rettungsmittel. Selbst Belisar, scheint es, war dieser Ansicht; denn er vorzüglich erkannte und betonte die Unzuverlässigkeit des Militärs. Die Grundidee war: Alle Gelder

sollten auf einen Schnellsegler gebracht werden, und auf diesem der
Kaiser und seine Gemahlin zunächst nach dem thracischen Heraklea
flüchten; als Besatzung und zu möglichstem Schutze des Palatiums
sollte nur Mundus nebst seinem Sohn und 3000 Mann, sowie
Constantiolus mit den Cubicularien zurückbleiben; der Ueberrest
also der Generale und des Militärs sich ebenfalls einschiffen und
je nach den Umständen dem Kaiser folgen.[69] Es mußte einleuchten,
daß die Ausführung dieses Planes einer vollständigen Verzichtung
auf den Thron gleichkam, und nicht eine Wiederherstellung der Ge=
walt, sondern nur die Lebensrettung erzielen konnte. Dennoch war
es unzweifelhaft, daß Justinian in seiner Verzagtheit, keinen Aus=
weg erblickend und alles aufgebend, ihr am meisten geneigt war.

Da ergriff mit Entrüstung und stolzer Verachtung Theodora
das Wort. „Daß einem Weibe" — hob sie an — „unter
Männern keine Rolle gebühre: das wird man, hoffe ich, in diesem
Zeitpunkt am wenigsten zu behaupten wagen; noch auch die Frage
erörtern wollen, ob es in der Ordnung sei oder nicht, wenn Feig=
herzigen gegenüber ein Weib die Kühnheit empfiehlt. Denn wo die
Gefahr den höchsten Gipfel erstiegen: da ist es Aller Pflicht, nur
daran zu denken, wie die gegenwärtige Lage am ehesten gebessert
werde. Ich nun bin der Meinung, daß die Flucht, selbst wenn sie
Rettung brächte, jederzeit und so auch jetzt durchaus verwerflich sei.
Denn für Jeden, der das Licht der Welt erblickt, ist es nun einmal
unvermeidlich, daß er auch dem Tod verfalle. Für einen Herrscher
aber ist es unerträglich, als Flüchtling in der Welt umherzuirren.
Ich meinestheils möchte nie einherwandeln ohne diesen Purpur;
möchte nie den Tag erleben, wo die Begegnenden mich nicht mehr
als Herrscherin begrüßen. Bestehst du, o Kaiser, darauf zu ent=
fliehen: nun wohlan, das hat keine Noth; Schätze stehen dir in
Fülle zu Gebot, dort ist das Meer, da liegen die Schiffe. Nur
nimm dich in Acht, daß du, von hier entfliehend, nicht dennoch statt
des ersehnten Heiles dem Tode entgegengehst. Ich aber halte es
mit dem alten Wort: das schönste Grabmal ist ein Herrscherthron."[70]

Der Eindruck dieser Rede war ein außerordentlicher. Man
schämte und ermannte sich; Muth und Entschlossenheit kehrte in alle
Gemüther zurück. Es wurde entschieden: zu bleiben und sich auf

das Aeußerste zu vertheidigen; nur darüber berieth man noch, wie man am besten eines Angriffs sich erwehren könne. Denn bei den vorangegangenen Verlusten und der schwankenden Stimmung einiger Truppenkörper, die zu befestigen die eigene schwankende Haltung des Hofes und der bisherige Mangel an Erfolg nicht angethan war, standen doch nicht eben überreiche Kräfte zu sicherer Verfügung. Einzelne von der Leibgarde waren sogar schon offen zur Gegenpartei übergetreten. Alle seine Hoffnung setzte Justinian unter den gegebenen Umständen auf Belisar und Mundus, als Führer erprobter und frembländischer Krieger.

Mittlerweile waren die Insurgenten, vorauf Hypatius mit seinem Bruder Pompejus und dem früheren prätorischen Präfecten Julian, in dem Circus angelangt. Hypatius nahm sofort auf dem Thronsessel des kaiserlichen Tribunales Platz. Die Jubelrufe und Lebehochs der ungeheueren Menschenmenge wollten kein Ende nehmen. Viele brannten vor Begier, im Schlosse den kaiserlichen Purpur und das Diadem zu erstürmen, um die Krönung in bester Form vollziehen zu können. Hypatius aber war der Streitlust des Volkes gegenüber doch nicht zuversichtlich genug, um nicht für den äußersten Fall des Mißlingens nach Sicherstellung seiner Person zu trachten. Und so begann er ein doppeltes Spiel zu spielen. Er sandte im Geheimen einen Vertrauten, den Candidaten Ephränius von der Leibgarde nach dem Schlosse ab, um Justinian seiner Ergebenheit zu versichern; „nur gezwungen" — so sollte die Botschaft lauten — „habe er die Gewalt übernommen; er sei bereit, des Kaisers Befehle zu vollziehen."[71]) Augenfällig war diese Sendung zugleich ein guter Vorwand, um zu erforschen, wie es im Schlosse stehe. Dazu kam es aber nicht; denn auf dem Wege dahin begegnete dem Abgesandten der Geheime=Rath (a secretis) Thomas, Leibarzt Justinians und einer seiner vorzüglichsten Vertrauten; dieser redete ihn an: „wohin er denn wolle? drinnen im Schlosse sei Niemand; der Kaiser habe es verlassen." Das war auf alle Fälle eine Lüge, die nachmals, und vielleicht nicht mit Unrecht, als Verrätherei gegen den Gönner gedeutet wurde, die aber thatsächlich, wenn auch wider Absicht, die Wirkung hatte, dessen Widerpart zu täuschen und in Sicherheit einzuwiegen. Freudig eilte Ephränius nach dem Tribunal

des Circus zurück. „Herr!“ — sagte er zu Hypatius — „Gott
will, daß du Kaiser seiest; denn Justinian ist entflohen, Niemand
mehr im Schloß.“   Von dem Augenblick an schien Hypatius mit
größerer Behaglichkeit auf dem Herrscherthron zu verweilen und auf
die huldigenden Zurufe des Volkes, wie auf die Verwünschungen zu
achten, die unablässig gegen Justinian und Theodora ausgestoßen
wurden.   Eben eilte von der Garnison der Flavianer eine Schaar
jüngerer Grünen herbei; es waren 250 Mann, in voller Rüstung,
mit Brustharnischen bewehrt und erbötig, die Thore des Schlosses
zu sprengen, dem Hypatius einen Weg in die Kaiserburg zu bahnen.[72]

Da verbreitete sich auch unter der Menge des Circus das
Gerücht: Justinian und Theodora seien nach Thracien entflohen.
Alles jubelte; Niemand war sich eines Ueberfalls gewärtig — in
dem Moment, da dieser beschlossen ward.

13. Die Katastrophe.

Denn im Palast hatten die Dinge wiederum eine kühnere Richtung genommen.   Durch Späher über alle Vorgänge in der Nähe
unterrichtet, hielt man es für rathsam, sich nicht auf die Vertheidigung zu beschränken, sondern angriffsweise zu verfahren und so
den Gegnern zuvorzukommen.   Man beschloß demnach unverweilt
und mit Aufbietung aller Kräfte einen Ausfall zu wagen.   Man
wollte versuchen, durch einen plötzlichen Handstreich sich des Hypatius
zu bemächtigen und dergestalt die Revolution ihres Hauptes zu berauben.   Zu dem Ende sollten Mundus und Belisar von verschiedenen
Seiten gegen das Tribunal des Circus anrücken, sich aller Zu- und
Ausgänge desselben bemeistern.   Justinian begab sich durch das
Schneckenthor des innern Palastes über die Schloßterrassen oder
die Pulpita, im Rücken der Throntribüne des Circus, nach dem
Triclinium oder dem Vorhof, dessen eherne Portale noch geschlossen
waren.   Hier versammelte sich die ganze Streitmacht, namentlich
Mundus mit den Herulern, Belisar mit den Gothen, Constantiolus
mit den Spathariern und Cubiculariern.   Auch Narses, Basilides
und etliche Senatoren waren in der Begleitung des Kaisers.

Der Ausfall von dem Triclinium her ſollte durch Mundus
geleitet, aber nicht eher unternommen werden, als bis Beliſar auf
einem beſonderen Wege das Tribunal des Circus erreicht haben
würde. An dieſes ſtieß nämlich ein Wachtgebäude der Leibgarde an,
dergeſtalt, daß man von dem einen in das andere gelangen konnte.
Hier bot ſich alſo die Gelegenheit, Hypatius auf dem kürzeſten
Wege zu überraſchen, falls man Herr des Wachtgebäudes war.
Beliſar ſchritt vertrauensvoll auf daſſelbe zu. Als er es erreicht
hatte, fand er den Eingang verſchloſſen. Er rief den Soldaten der
Garde zu: „ſie ſollten ihm ſchleunigſt das Thor öffnen, damit er
dem Uſurpator zu Leibe gehen könnte." Dieſe aber weigerten ſich
zu gehorchen oder thaten als ob ſie den Zuruf nicht verſtänden,
weil ſie ſich das Wort gegeben hatten, neutral zu bleiben bis der
eine oder andere Theil entſchieden obgeſiegt habe. Im Grunde
waren ſie des alten Regimentes ſatt. Betroffen eilte Beliſar zum
Kaiſer zurück, mit der Meldung: „Alles ſei verloren; ſelbſt die
Soldaten der Schloßwache im Aufruhr begriffen."[73] Aber in
Wahrheit erfuhr man damit nur, was man ſchon wußte oder be=
fürchtet hatte. Dieſer erſte mißglückte Verſuch ſchreckte daher nicht
von der Fortſetzung des einmal Unternommenen ab, ſondern ſtachelte
eher zu noch raſcherem und entſchiedenerem Handeln an. Beliſar
wurde nunmehr beordert, auf einem Umwege, von dem Vorhofe
der Chalke aus durch die Trümmer der Brandſtätten, nach der
Nordſeite des Circus vorzubringen.

Zugleich indeß beſchloß man, noch eine andere Mine ſpringen
zu laſſen, den Verſuch der Gewalt durch einen Verſuch der Be=
ſtechung zu unterſtützen.[74] Dieſer Theil der Aufgabe fiel dem
Narſes zu. Heimlich ſchlich er ſich mit etlichen Anderen in den
Circus ein, machte ſich an Einige der Blauen heran und ſuchte ſie
durch reiche Geldſpenden, ſowie durch Vorſtellungen zu gewinnen.
Das blieb nicht ohne Frucht. Manche überzeugte ſchon die Fühlbar=
keit des Geldes, daß ihr Bund mit den Grünen baarer Unſinn, ihr
Bruch mit dem erprobten Gönner wider ihren Vortheil ſei. Während
Narſes mit den Seinigen ſich wieder fortſchlich, brachen die Beſtochenen
plötzlich in den Ruf aus: „Kaiſer Juſtinianus lebe hoch! Gott
erhalte Juſtinian und Theodora!" Ein Wuthgeheul der Menge

war die erste Antwort; dann warfen Einige von der grünen Partei
mit Steinen gegen die Rufer. Die Eintracht der Insurgenten
schien zu wanken; hie und da kam es sogar zum Handgemenge.
In diesem Moment der Verwirrung, die sich allem Anschein nach
auf den Ostheil des Circus beschränkte, erhob sich von der Nord=
seite her ein entsetzliches Kriegs= und Angstgeschrei. Schwerbewaffnetes
Militär, wie aus dem Boden hervorgestampft, drang auf die meist
unbewaffnete Menge wüthend ein. Es war Belisar mit seinen
Schaaren.

Nur unter großen und gefahrvollen Mühen hatte Belisar
vermocht, sich durch die Schutthaufen, zwischen halbeingeäscherten
und zusammenstürzenden Gebäuden bis zum Circus Bahn zu brechen.
Als er endlich die Halle der blauen Partei zur Rechten des Tri=
bunals erreicht, entschloß er sich, den ursprünglichen Plan eines
unmittelbaren Angriffs auf die kaiserliche Loge aufzugeben. Die
Thür, die dahin führte, war äußerst schmal, überdieß verrammelt
und von innen mit Bewaffneten besetzt. Wäre es ihm auch ge=
lungen, dies Hinderniß zu überwinden, so hätte er sich doch in
engen Räumen vorwärtsbewegen und kämpfen müssen. Leicht konnte
er dann durch die bloße Wucht der nachdrängenden Volksmenge
sammt seinem Gefolge erdrückt werden, und die Sache Justinians
rettungslos unterliegen. Er zog es daher vor, in die Arena einzu=
dringen, sich auf das Volk selbst zu werfen, das hier zwar in
unermeßlicher Ueberzahl, aber in größter Unordnung dastand. Es
war eine bunte wogende Masse, die sich wechselseitig hin und her
schob, zu ernstem Widerstand nicht wohl befähigt. Entschluß und
That war eins. Er wandte sich nach dem offenen Portal, comman=
dirte: „Schwerter heraus!" und im Sturmschritt, unter lautem
Hurrah drangen seine Colonnen, ihm nach, auf den dichten Menschen=
knäuel ein. Alles vereinigte sich, um den Andrang erfolgreich zu
machen: die theilweise Verwirrung, die durch den Bestechungsversuch
angerichtet worden; der Umstand, daß die Circusmenge, den Justi=
nian auf der Flucht wähnend, an nichts weniger als an einen
Ueberfall dachte; die Ungleichartigkeit ihrer Bestandtheile, worunter
die bloß Neugierigen die Mehrzahl bildeten, während selbst von
den Insurgenten nur die Minderzahl bewaffnet war; die herrschende

Unordnung, in Folge deren nicht einmal die Bewaffneten kampfbereit waren, noch in Reih' und Glied sich bewegen konnten; endlich der sattsam erprobte Ruf außerordentlicher Tapferkeit und Kriegserfahrung, der die Schaaren Belisars mit dem Nimbus des Schreckens umgab. Sobald man daher der geharnischten Krieger und ihrer im Kampfe blitzenden Schwerter ansichtig wurde: stob die Menge in panischer Furcht und unter wildem Geschrei aus einander.

Mittlerweile hatte Mundus nicht fern davon, innerhalb des Tricliniums, seine Truppen zu Ausfallcolonnen formirt und mit Ungeduld des Zeichens zum Losbruch geharrt. Sein rastloser und thatendurstiger Sinn maß die Zeit, deren Belisar zu seinem schwierigen Marsche bedurfte, mit kürzerer Frist. Wie dieser noch immer nichts von sich hören ließ, wurde er zweifelhaft, was nun zu thun sei, ob er noch länger warten oder ohne Weiteres hervorbrechen solle. Da endlich drang aus dem Innern des Circus das Angstgeschrei zu ihm herüber. Das war ihm ein Merkmal, daß Belisar im Kampf begriffen sei. Die ehernen Thore des Vorhofes wurden rasch geöffnet, und ein neuer Strom von Streitern ergoß sich, ihm nach, durch das seitdem sogenannte Leichenportal in den Circus.

Hier stieg die Verwirrung nunmehr auf den höchsten Punkt. Der Sieg schien sich alsbald auf die Seite des Militärs zu neigen. Auf die Kunde hievon ließ Justinian und seine berathende Umgebung die letzten Würfel fallen. Alles, was noch an Führern und Mannschaften innerhalb der Schloßräume in Reserve stand, wurde nach dem Kampfplatz dirigirt und brach von allen Seiten in den Circus ein. Es waren theils Linientruppen, theils Spatharier und Cubicularier, die zuverlässigsten Corps der Leibgarde, unter dem Befehl des Constantiolus; selbst was sich sonst von der Leibgarde blicken ließ, Excubitoren und Scholaren, wurde wider Willen von der Strömung mit fortgezogen. Die Mehrzahl wälzte sich durch die beiden Hauptzugänge in den Circus; [75]) Narses stürmte durch die östlichen Einfahrtsportale, [76]) der Sohn des Mundus durch das Wendethor auf der Westseite; [77]) Andere bahnten sich einen Weg durch die Pforten der Galerien und der Throntribüne, oder durch das anstoßende Haus des Pförtners Antiochus, [78]) oder folgten dem

ältern Mundus durch das Leichenportal in die Arena. Nun begann
ein gräßliches allgemeines Gemetzel, ohne Unterscheidung zwischen
Blauen und Grünen. Die Hypatianer, von allen Seiten mit glei=
chem Nachdruck angegriffen, schmolzen rasch zusammen.

Als Niederlage und Flucht der Menge entschieden war, wandten
sich die Stürmenden, auch Belisar mit den Seinigen, gegen die
kaiserliche Tribüne. Von verschiedenen Seiten wurden die Thüren
erbrochen, das Tribunal erklommen. Unter den zuerst Eindringenden,
meist Spathariern, befanden sich auch zwei Neffen Justinians:
Boraides und Justus. An ernstlichen Widerstand war nicht mehr
zu denken. Hypatius wurde vom Thron gerissen und sammt dem
Pompejus in das Schloß und vor den Kaiser geführt.

Justinian befahl zornig, Beide in den strengsten Gewahrsam
zu bringen. Da brach des Pompejus Muth zusammen. Auf die
Knie niedersinkend, betheuerte er unter Thränen und Klagen seine
Unschuld. „Herr!" — rief er aus — „wir haben mit Fleiß die
Widersacher Eurer Majestät im Circus auf Einen Haufen zusammen=
geführt." Justinian erwiderte sarkastisch: „Daran habt ihr Recht
gethan; warum aber, wenn sie eueren Befehlen gehorchten, habt ihr
es nicht gethan, bevor die ganze Stadt in Brand gerieth?!" Hy=
patius dagegen bewahrte seinen Stolz, jedoch nicht ohne sein dop=
peltes Spiel zu verrathen. Er machte dem Vetter über sein un=
männliches Benehmen Vorwürfe: „Wehklagen zieme sich nicht für
Männer, die ungerecht verurtheilt würden; denn Anfangs habe
ihnen wider Willen das Volk Gewalt angethan; hernach aber seien
sie nicht in böser Absicht wider den Kaiser zum Circus gekommen."
Weder der Stolz noch die Demüthigung vermochte ihr Geschick zu
ändern. „Ergreift sie!" — rief Justinian den Eunuchen, Spatha=
riern und Candidaten zu — „und werft sie ins Gefängniß!"
Eulalius Barbatus wurde ihnen zum Kerkermeister gegeben. Sie
wurden gefesselt,[79]) in das Erdgeschoß des Palastes geführt und in
ein einsames Verließ eingesperrt.

14. Die Bestattung des Aufstandes.

Der Sieg im Circus hatte unsäglich viele Menschenopfer ge=
kostet; gewiß mehr als irgend ein ähnlicher Aufstand, als irgend
ein Straßenkampf, dessen die Geschichte gedenkt; selbst wenn die
überlieferten Zahlen um das Doppelte und Dreifache übertrieben
wären. Nach den geringsten Angaben kamen mehr als 30,000
Menschen dabei um, nach anderen 35,000 und selbst 40,000.[80]
Kaiserliche Depeschen gingen unverweilt nach allen Städten des Rei=
ches ab, den Triumph der Regierung verkündend. Die Stadt war
unmittelbar nach der Katastrophe wie ausgestorben. Die Berichte
vom Abend meldeten: „es herrsche tiefe Ruhe."[81] Das war die
Todesruhe des erstickten Aufruhrs; in dem Circus, seiner Wiege,
lag er eingesargt.

Am andern Tage, also Dinstag den 20. Januar,[82] wurden
Hypatius und Pompejus militärisch hingerichtet, ihre Körper ins
Meer geworfen, über ihre Güter die Confiscation verfügt. Der
Leichnam des Hypatius wurde indeß von den Wellen wieder an
das Ufer gespült. Da befahl Justinian, ihn auf der Begräbnißstätte
der Verbrecher einzuscharren und die Stelle durch eine Tafel zu
bezeichnen, mit der Inschrift: „Hier liegt der Lumpenkaiser."[83]
Vielleicht, weil Hypatius nie den Kaiserpurpur getragen, und um
zugleich durch ein Wortspiel den Thronräuber als Führer von
Raub= und Lumpengesindel zu bezeichnen. Erst später wurde es
den Angehörigen desselben, also der unglücklichen Maria und ihren
Kindern gestattet, seine irdischen Ueberbleibsel an sich zu nehmen
und in der Kapelle der heiligen Maura zu beerdigen.

Mit dem 20sten begann überhaupt ein wahres Schreckens=
regiment der Rache und der Reaction. Während die Berichte
wiederum meldeten: „ganz Constantinopel sei ruhig" — erging ein
furchtbares Strafgericht über die Besiegten; Polizei und Tribunale
waren in athemloser Thätigkeit, die Stadt trotz ihrer Oede der
Schauplatz eifriger Nachspürungen und Verhaftungen. Confiscations=
und Verbannungsdecrete, Absetzungen und standrechtliche Executionen
drängten einander von Augenblick zu Augenblick. Tribonian und
Johannes von Kappadocien wurden wieder in Gnaden aufgenommen

und alsbald auch in ihre früheren ministeriellen Aemter wieder ein=
gesetzt. Der Stadtpräfect erhielt die Anweisung, insbesondere auch
die Blauen, die sich den Grünen und den anderen Parteien ange=
schlossen, exemplarischer Strafe zu unterwerfen; die Circusspiele
wurden auf unbestimmte Zeit ganz aufgehoben. Ueberall herrschte
Furcht und Todesangst; Niemand, am wenigsten wer irgend einer
Partei angehörte, wagte sich auf der Straße blicken zu lassen. Alle
Geschäfte stockten oder blieben ganz liegen; alle Läden waren ge=
schlossen; nur diejenigen Locale öffneten sich, wo Speisen und Ge=
tränke zu haben waren. So bot die Stadt, zur einen Hälfte ein
Schutthaufen, zur andern von unheimlicher Grabesstille erfüllt, den
trostlosesten Anblick dar. Viele Senatoren und Patricier, Ritter
(Illustres) und Consularen, hatten sich in Klöster oder andere hei=
lige Gebäude geflüchtet; ihre Häuser wurden sogleich mit Beschlag
belegt, ihrer Personen wurde man allmählig habhaft. Kein einziges
der Mitglieder des Senates, die der Begünstigung des Hypatius
irgendwie verdächtig waren — und sie bildeten die große Mehrzahl
— blieb unbestraft. Sie wurden sämmtlich ihrer Würden entsetzt,
alle ihre Güter zu Gunsten des Fiscus eingezogen; nicht wenige
wurden überdies verbannt, einige hingerichtet. Von den nächsten
Anhängern des Hypatius ist uns nicht jedes Einzelnen Schicksal
bekannt; von Dexikrates wissen wir, daß er den Henkern überliefert
wurde; von Eulogius wird nur die Confiscation seines Vermögens
gemeldet.[84] Der Geheime=Rath Thomas wurde ebenfalls enthauptet;
der Candidat Ephrämius nach Alexandrien verwiesen.

Ein rührendes Geschick traf Anastasia, die Gattin des Pompe=
jus. Nach der Hinrichtung desselben ließ Justinian nicht ab, die
trauernde Wittwe mit den dämonischen Zumuthungen seiner Sinnlich=
keit zu verfolgen. Da ergriff sie, dem Manne selbst im Tode treu,
den Pilgerstab; sie flüchtete nach Egypten, dann nach Syrien; in
dem Kloster des heil. Delberges fand sie ein sicheres Asyl, wo sie
den Rest ihrer Tage verlebte und den Ruf der Heiligkeit erwarb.[85]

15. Schluß.

Also verlief und endete der Nika-Aufstand in Constantinopel.
Die Periode des Terrorismus und der Reaction gebar mitunter die
seltsamsten Maßregeln. Eine der unwürdigsten war diejenige, welche
auf den Rath des bildungsfeindlichen Präfecten Johannes beschlossen
ward; sie verordnete die Einziehung aller Gehalte der öffentlichen Lehrer in sämmtlichen Städten des Reichs. Die Folge war, daß viele
wissenschaftliche Anstalten ganz eingingen, und daß mit dem System
der Verdummung ein noch roherer, sitten- und zuchtloser Sinn
über die Städte kam.[86] Der Grund der Maßregel aber war
nicht sowohl die Furcht vor der Intelligenz, als vielmehr die ewigen
finanziellen Verlegenheiten, die bei der unersättlichen Habgier und
der schamlosen Unredlichkeit der Beamten zu immer verkehrteren
und schmutzigeren Auskunftsmitteln hindrängten. Das Geldbedürf-
niß wuchs um so mehr, je verschwenderischer die Prachtliebe war,
mit der Justinian den Wiederaufbau der Stadt oder der öffentlichen Gebäude betrieb. Die neue Sophienkirche, die in ihrer Großartigkeit noch heut die Hauptzierde Constantinopels ausmacht, erhielt
bei dieser Gelegenheit im Verhältniß zur alten augenfällig eine süd-
lichere Lage[87]; während der neue Senatspalast umgekehrt in eine
nördlichere versetzt ward. Innerhalb der Schloßregion wurden nun
auch Mühlen und Bäckereien, Getreidespeicher und eine Wassercisterne
angelegt; nach ausdrücklicher Angabe: der öffentlichen Zustände halber,
das heißt wohl: um bei Wiederkehr ähnlicher Ereignisse desto sicherer
eine Belagerung im Palast bestehen zu können.

Und in der That schon im November des folgenden Jahres
regten sich auf Anlaß eines Erdbebens, zwar nicht die vor der Hand
vernichteten Parteien des Circus, aber die noch mächtiger angewachse-
nen Monophysiten von Neuem. Einmüthig stimmten sie auf dem
Constantinischen Forum das „Dreimalheilig" an, mit der monophysitischen Formel: „der Du für uns gekreuzigt worden"; stürmisch
begehrten sie vom Kaiser „Aufhebung und Verbrennung der Beschlüsse des chalcedonischen Concils". Da kam die Zeit theilweiser
Zugeständnisse. Es erschien das Edict vom 20. November: „An
meine Bürger".[88] Dasselbe nahm die Glaubenssätze der Monophy-

siten: „Gott ist gekreuzigt worden" und „der Gekreuzigte ist
Einer der gleichwesigen Dreieinigkeit", in die Orthodoxie auf.[89])
Um diese Zeit scheint zugleich eine theilweise Amnestirung in Betreff
des Nika-Aufstandes gewährt worden zu sein. Die Kinder des
Hypatius wie des Pompejus wurden rehabilitirt und erhielten von
ihren Gütern zurück: alles was nicht versteigert, oder verkauft,
oder „an die Freunde des Kaisers verschenkt worden". Das mögen
freilich geringe Ueberbleibsel gewesen sein. Mit ähnlichen Rehabi-
litirungen und Restitutionen wurden auch Andere begnadigt.[90])

    Noch mehr als dreißig Jahre schaltete Justinian über das
Reich und den civilisirtesten Theil der Welt. Was unter ihm
oder durch ihn geschah, ist so allgemein denkwürdig geworden, daß
sein Name weit über alle anderen Regentennamen einer zwölf-
hundertjährigen Staatsgeschichte emporgetragen ward. Und doch,
wie wenig fehlte: so wäre das fünfte Jahr seiner Regierung zugleich das letzte gewesen. Seinen noch so jungen Thron hatte
einzig der männliche Muth eines Weibes gerettet; nur schade, daß
Theodora als weiblicher und sittlicher Charakter ihrer eigenen
Thatkraft, ihrer heldenmäßigen Gesinnung so unwerth war. Justinian aber, der Zagende und Verzweifelnde, konnte nun wieder,
neu aufathmend, nach seiner Weise centralisiren und uniformiren
in Staat und Kirche und Recht; er konnte nun wieder, nach Belieben
und ohne Scheu, Steuern auf Steuern häufen, wie Gesetze auf Gesetze.
Noch im November 533 kamen die „Institutionen" zum Abschluß,
im December desselben Jahres die „Pandekten"; im November 534
erschien die zweite vermehrte Ausgabe des „Codex", und zugleich begann in einem neuen Bett der frische Born der „Novellen" zu rieseln.

    Eins freilich, ob er es auch gewollt hätte, vermochte Justinian
nicht: die entflohenen Sitten durch Gesetze wieder einzufangen.
Wäre auch das Volk von Natur fähig gewesen, noch einmal zu
einem sittlichen Leben zu erstarken, zu gesunden: das ansteckende
Beispiel, der vergiftende Hauch von obenher mußte es fort und fort
wieder entnerven, in die Lage eines krankhaft vegetirenden Daseins
zurückwerfen. Trotz der Systeme der „Zucht" und des „Rechts"
blühte die Zuchtlosigkeit und die Willkür fort, und mit beiden zugleich
die zersetzende Romantik der Intrigue und der Gewalt.

III.

Don Carlos und Philipp II.

—⁓⁓—

1. Vorerinnerungen.

Don Carlos, der Sohn Philipp's II. und der portugiesischen Prinzessin Maria, als Thronfolger Spaniens am 8. Juli 1545 geboren, darf eine universalere Bedeutung in Anspruch nehmen, als man gemeinhin ihm beimißt. Denn an der Entwicklung und dem Schicksal dieses Enkels Kaiser Karl's V. nahm seiner Zeit nicht nur die gesammte spanische Monarchie, sondern ganz Europa, und vor allem Deutschland, den lebhaftesten Antheil. In dem deutschen Reiche, und zumal in den Kreisen der Reformatoren, lebte der Glaube oder die Ueberzeugung, Don Carlos werde einst als Kaiser Karl VI. auch die deutschen Geschicke leiten, und daran knüpfte sich ausgesprochenermaßen die Hoffnung auf eine große europäische Zukunft. Um so natürlicher ist der Reiz, in seinem wirklichen Bestande ein Leben zu ergründen, das in dem politischen Weltsystem zum Range einer Sonne bestimmt schien, und dennoch plötzlich wie eine Sternschnuppe verglomm.

Aber Poesie und Geschichtschreibung haben das wirkliche Bild des Don Carlos auf entgegengesetzte Weise entstellt. Die Poesie schuf aus ihm ein Ideal, die Geschichtschreibung eine Caricatur. St. Réal, dem Schiller folgte, gestaltete ihn zu einem Ausbund von Liebenswürdigkeit, zu einem sentimentalen Helden der Rede; Llorente stempelte ihn zu einem widerwärtigen Ungeheuer, und die Mehrzahl sowohl der gleichzeitigen wie der neueren Geschichtschreiber stellt ihn entweder als einen eingefleischten Bösewicht oder als einen Idioten, als ein wahnsinniges oder blödsinniges Geschöpf dar. Dieser pseudo-historische Carlos und jener poetische sind gleicherweise Phantasiegebilde, und gleichweit von der Wirklichkeit entfernt.[1]

Der pseudo-historische Don Carlos, wie er in der modernen Literatur überwiegend zur Herrschaft gelangt ist, verdankt sein Dasein

vorzugsweise dem Zusammenwirken dreier Factoren: erstens, der
grundsätzlichen Gegnerschaft von Dichtung und Geschichte; zweitens,
der großentheils unlauteren Beschaffenheit des archivalischen Quellen=
stoffes; und drittens, einer unverkennbaren Moderichtung in der
neueren Geschichtschreibung.

Wie die Poesie, gleich der Sage, dem Reize folgt, mit den
Thatsachen der Geschichte ein freies Spiel zu treiben: so überläßt
sich ihrerseits die Forschung gern und fast instinctiv dem Drange,
die freigeschaffenen Fabeln der poetischen Darstellung gründlich zu
zerzupfen. Und im Eifer der Widerlegung geschieht es dann gar
leicht, daß sie ihrerseits in das entgegengesetzte Extrem geräth.
Grade je glanzvoller das Lichtbild war, das St. Réal und Schiller
von Don Carlos entwarfen, desto finsterer gestaltete sich das Schatten=
bild, das die Historiker ihm entgegenstellten. So rief das eine Ex=
trem auf dem Boden der Dichtung, in natürlichem Rückschlag, das
andere auf dem Boden der Geschichtschreibung hervor: der lebens=
frische begeisterte Tugendheld wurde zum lebensunfähigen geisteszer=
rütteten Bösewicht. Und den Anhalt zu diesem Gegenbilde bot aller=
dings ein Theil der gleichzeitigen Ueberlieferung dar. Aber welcher?

In dem Quellenstoffe nehmen die diplomatischen Correspondenzen
sowohl der Masse wie dem Werthe nach ohne Zweifel den ersten
Rang ein. Indeß hat man den Werth derselben, namentlich der ge=
sandtschaftlichen Depeschen, doch bei weitem überschätzt; wie man denn
überhaupt grade mit dieser Art von Quellen heut vielfach einen
ganz ungebührlichen Götzendienst treibt.

Es ist leider nur zu gewiß, daß Geheimthuerei, Verstellungs=
kunst und Lügenhaftigkeit, das grundsätzliche Gepräge fast alles dessen
war, was von Philipp II., seinem Kabinet und dem Kreise seiner
vertrauten Höflinge ausging. Daher verdienen alle diejenigen Mit=
theilungen der Gesandtschaftsberichte das entschiedenste Mißtrauen,
welche sich ausschließlich auf diesen Ursprung zurückführen. Und auf
diesen Ursprung allein führen in der That ausnahmslos alle ex=
tremen Anschuldigungen gegen Don Carlos zurück. Nur das darf
daher in jenen Berichten auf Glaubwürdigkeit Anspruch machen,
was nicht aus jenem grundsätzlichen Lügenherde stammt, was auf
eigener Anschauung und Erforschung, z. B. im unmittelbaren Verkehr

mit Don Carlos, oder auf vollkommen competenten und unparteiischen
Zeugenaussagen, z. B. denen des prinzlichen Beichtvaters Diego de
Chaves und des prinzlichen Leibarztes Olivarez, beruht.

Hiernach sind insbesondere die italienischen Depeschen, die
man so überaus gepriesen und so begierig ausgerupft hat, sachlich
meist nahzu werthlos, weil sie weit überwiegend nur absichtlich
ausgestreute Hofgerüchte melden, die für den unbefangenen
Forscher den Stempel systematischer Verdächtigung des Infanten an
der Stirn tragen. Eine wesentlich größere Glaubwürdigkeit steht
den Berichten der französischen Gesandten zur Seite, weil diese
eine bevorzugte Stellung zur Königin, und damit auch zu Don
Carlos und zu den eingeweihtesten Personen überhaupt einnahmen.
Nur ist es ganz unverkennbar, wie mit dem Scheitern des fran=
zösischen Heirathsprojectes, wodurch der spanische Thronfolger für die
Interessen Frankreichs gewonnen werden sollte, die Theilnahme der
französischen Gesandtschaft an dem Prinzen abnahm, und daher ihr
Eifer für die Einholung lauterer Nachrichten über denselben er=
losch. Weitaus am glaubwürdigsten sind die österreichischen Be=
richte des Freiherrn von Dietrichstein, weil er nach den ersten un=
behülflichen Anfängen davon abließ, den künstlich gemachten Hofge=
rüchten zu trauen, und sich mehr und mehr auf unmittelbare Erfah=
rung, auf selbstständige Anschauung und auf unverdächtige Zeugen
stützte. Durch ihn wissen wir, wie einer der besten Kenner des
Don Carlos, Diego de Chaves, noch drei Monate nach der
Verhaftung desselben, als jede Aeußerung zu Gunsten des Einge=
kerkerten gefährlich war, dennoch unumwunden das Zeugniß ablegte:
daß von einem „Mangel an Vernunft" bei dem Infanten nicht die
Rede sein könne, daß er „neben etlicher Untugend gar große Tu=
genden" besitze, und daß er aller Voraussicht nach „ein tugend=
samer guter Fürst sein werde".

Nichts desto weniger sind die meisten modernen Darsteller in
ihrer Auffassung den italienischen Depeschen und den absichtlich ver=
breiteten Hofgerüchten mit Vorliebe gefolgt. Diese Vorliebe erklärt
sich zum guten Theil aus einer eigenthümlichen Tendenz innerhalb
der modernen Literatur, die darauf ausgeht, die verwerflichsten Cha=
raktere der Geschichte, und daher namentlich auch Philipp II. von

Spanien, aus Vorkämpfern einer willkürlichen und blutdürstigen
Tyrannei in Vertreter der Weisheit und der Gerechtigkeit umzu-
gestalten.

Diese Tendenz aber hängt wiederum mit einer in der modernen
Geschichtschreibung immer mehr aufwuchernden Richtung zusammen,
kraft deren es förmlich zur Mode geworden ist, den sittlichen
Maßstab des historischen Urtheils außer Acht zu lassen oder gar zu
verpönen. Als ob dessen Anwendung irgend etwas gemein hätte mit
der allerdings unwissenschaftlichen Natur der sogenannten moralisiren-
den Geschichtschreibung! Diese will die Leser moralisch bessern, jene
soll die Handelnden sittlich richten. Aber zum Schaden des gesunden und
unentbehrlichen Grundsatzes, daß „die Weltgeschichte das Weltgericht"
sei und sein müsse, liebt man es heut vielfach, um nur gar recht
unparteilich zu erscheinen, fort und fort ängstlich zu laviren und zu
diplomatisiren; jedes auch nur halbe Urtheil, ja jeder leise Ansatz
zu einem solchen, wird sorglichst verclausulirt und womöglich alsbald
wieder abgeschwächt, so daß es schließlich ein Räthsel bleibt, was
denn eigentlich und wie es der Autor meint. Die Wirkung dieses
Verfahrens kann, im glücklichsten Fall, keine andere sein, als daß
das Licht der historischen Wahrheit vor dem Auge des Lesers ver-
dunkelt oder in tänzelnde Irrlichter verwandelt wird. Noch viel
schlimmer aber ist es, wenn — wie es immer häufiger geschieht —
die Nichtachtung oder Verpönung des sittlichen Maßstabes sich bis
zur Verhöhnung desselben steigert; wenn augenfällige Unholde der
Geschichte, wie Philipp II., weil ihnen Glanz, Macht und Erfolg zur
Seite standen, auf Kosten ihrer unglücklichen Opfer gerechtfertigt,
ja idealisirt und bewundert werden. Kraft eines solchen Verfahrens,
auch wenn es noch so stolz im Gewande der Scheinkritik einher-
schreitet, wird nimmermehr die historische Wahrheit, sondern nur
Verzerrungen derselben zu Tage gefördert; und die ebenso unaus-
bleibliche wie unverantwortliche Wirkung auf die Mehrzahl der Leser
kann keine andere sein, als eine verhängnißvolle Verwirrung oder
eine völlige Zerstörung des geschichtlichen und des ethischen Urtheils.

Das poetische Drama, wie es sein soll, führt zur Versöhnung,
weil der Schuld jederzeit die Sühne entspricht. Mit den lebendigen
historischen Dramen, wo nur zu häufig die schuldbeladenen Persönlich-

leiten zeitlebens triumphiren, würde keine ethische Versöhnung der Mit= und Nachwelt möglich sein, wenn nicht wenigstens der Richt= spruch der Geschichte nachträglich die Sühne ersetzt.

Gewiß hat Ranke recht, wenn er sagt: „Um die Ereignisse zu begreifen, sei es nicht nöthig, die Einen zu Teufeln zu machen und die Anderen makellos darzustellen." Dies hebt aber natür= lich nicht die Pflicht des Historikers auf, nicht grundsätzlich grau in grau zu malen, sondern das wirklich Schwarze als schwarz und das wirklich Weiße als weiß erscheinen zu lassen. Trotz alledem ist es von Seiten jener Moderichtung fast schon dahin gekommen, daß man jeden Forscher mit Achselzucken verpönt oder gar zum „Tendenzhistoriker" stempelt, der nicht einerseits Philipp II. als einen makellosen Heros, als einen Inbegriff von „Weisheit" und „Gerechtigkeit" anstaunt, und andererseits nicht den Don Carlos als einen Teufel, oder mindestens als einen Cretin brandmarkt. Das aber heißt offenbar den Richtspruch der Geschichte fälschen. Denn glücklicherweise strahlt die historische Wahrheit so kräftig und intensiv, daß selbst bei denen, die sie willkürlich oder unwillkürlich entstellen, bald durch das unterschiedslose Grau, bald durch die künstlich angebrachten Tünchen, die ächten Farben der Wirklichkeit hindurchschimmern oder hervorbrechen. Unumwundene Urtheile über Philipp's ganzes Thun und Treiben, wie sie Havemann gefällt, werden in der Geschichtschreibung immer seltener. Und doch legt er den Kern der Wahrheit bloß, der nur verhüllt aus jenen Tünchen herausschaut, wenn er auf Grund unumstößlicher Thatsachen sagt: daß Philipp „stets den Schein zu retten beflissen war", in der That aber „mit göttlichen und menschlichen Rechten ein nichtswür= diges Spiel trieb"; und daß man nicht wisse, ob man „mehr vor der feigen Lüge oder vor der Schlauheit und kalten Berechnung des Königs zurückschrecken soll".

In dem wirklichen Don Carlos offenbart sich ein Gemisch von Charakterelementen, die am meisten zu einer Vergleichung — nicht mit Alexei Petrowitsch, sondern — mit Ludwig XI. von Frankreich, Karl XII. von Schweden, Peter I. von Rußland und Friedrich dem Großen herausfordern. In seinen Jugendschicksalen aber zeigt er die überraschendste Aehnlichkeit mit dem französischen Ludwig und mit dem preußischen Friedrich; nur daß er allein mit dem Tode büßte, was jenem glückte und diesem mißlang. Wäre an Friedrich dem Großen, nach seinem vereitelten Fluchtversuche im Jahre 1729, das drohende Todesurtheil wirklich vollzogen worden: gewiß würde die gleichzeitige und die spätere Geschichtschreibung sich bemüht haben, Friedrich Wilhelm I. ebenso wie Philipp II. zu rechtfertigen, und den jungen Friedrich ebenso wie den jungen Carlos unbedingt zu verdammen und zum Bösewicht oder Narren zu entstellen.

Geschichtliche Parallelen haben stets eine sehr bedenkliche Seite, weil sie naturgemäß niemals ganz zutreffen können. Dennoch vermögen sie das Verständniß einer bestimmten Situation oder einer bestimmten Persönlichkeit kraft der Analogie zu erleichtern. Aus diesem Grunde, und da überdies noch in jüngster Zeit ein sehr verdienstvoller Forscher die „Sache" des Don Carlos als eine „elende", und dessen „Persönlichkeit" als eine vorzugsweise „unwürdige" und „unbedeutende" bezeichnet hat, möchte ich mich an dieser Stelle eines vergleichenden Hinblicks auf die Jugendzeit Friedrich's des Großen nicht ganz enthalten. [2]) Muß dieser Hinblick doch Jedermann belehren, wie überaus bedenklich es ist, ein plötzlich gewaltsam unterbrochenes Jugendleben in seiner Entwickelungsfähigkeit, d. h. in seiner wahren Bedeutung abzuschätzen!

Freilich stehen uns zur Vergleichung keine Verläumdungen Friedrich's zu Gebote, wie sie im Fall seiner Hinrichtung unausbleiblich hinterher erfunden worden wären. Aber schon das vorhandene Material stellt es außer allem Zweifel: hätte Friedrich seinen Fluchtversuch mit dem Tode büßen müssen, so würden die heutigen Urtheile über ihn — der doch nachher zum größten Staatsmann und Feldherrn seines Jahrhunderts sich entwickelte — meist gründlich verkehrt sein und ebenso abfällig lauten, wie jene über Don Carlos. Ja, sie würden, in Uebereinstimmung mit den erhaltenen gleichzeitigen Urtheilen, ihn nicht nur als eine überaus unwürdige und unbedeutende Persönlichkeit schildern, sondern sogar — seltsam genug — als eine solche, die sich zu allem eher als zum Staatsmann und Krieger geeignet habe, und

die im Falle der Thronbesteigung unfehlbar einen heillosen
Schaden angerichtet, das Werk des Vaters zerstört, und
dergestalt das Verderben des Staates herbeigeführt hätte.

Als Hauptmaßstab seiner Beurtheilung würden namentlich heut
die durchaus schiefen und gehässigen Urtheile seines Vaters gelten.
Mit den eigenen Worten desselben würde man ihn unzweifelhaft
darstellen als einen durchaus „eigensinnigen", „bösen" und „effemi-
nirten" oder verweichlichten Taugenichts, der „keine menschlichen
Inclinationen" gehabt, der „in Nichts dem Willen des Vaters",
sondern stets nur „seinem eigenen Kopfe folgte", und der überhaupt „nichts aus Liebe that", zu „nichts Lust" hatte und zu
„nichts nütze" war. Man würde ihm ferner nachsagen, daß er
in allem das Gegentheil seines weisen und frommen Vaters
war; er sei „ernst gewesen, wenn dieser gelacht"; er habe „von
der Information im Christenthum nicht viel profitirt"; das „Exer-
ciren" und das „Waidwerk", die „beste Vorübung zum Kriege",
seien ihm ein Gräuel gewesen; er habe „nicht schießen noch reiten
können", und sei allenfalls zum „Querpfeifer", aber zu allem eher
tauglich gewesen als zum „Soldaten". Dabei habe er sich niemals
„populär und affabel" gezeigt, sondern stets „hoffährtig" und
„bauernstolz", habe „mit keinem Menschen gesprochen" als mit
seinen nichtsnutzigen Kumpanen, und habe jederzeit „mit seinem
Gesicht Grimassen gemacht als wenn er ein Narr wäre". Statt
kriegerischen Beschäftigungen und militärischen Uebungen nachzugehen,
die ihm grundsätzlich verhaßt gewesen, habe er sich vielmehr „un-
kriegerisch gekleidet", sich „wie ein Narr frisirt", sich einem „regel-
losen" und „wüsten Leben" geweiht, und „ganz dem wilden Umgang mit losen Frauen hingegeben". Kurzum sein Leben habe „eine
Richtung genommen, die tief in den Abweg führte". Vergebens
habe ihn zu seinem Verdruß der Vater „streng überwacht", vergebens ihn „tausendmal reprimandirt"; der Prinz habe darin nichts
anders als „grausamen Haß" erblickt und „dem Willen des Vaters
sich nicht gefügt". Es sei daher kein Wunder, wenn ob dieses
„Eigensinns" der Vater allerdings „ihn nicht leiden" mochte; wenn
er überzeugt war, daß „keine Besserung" zu hoffen sei; und
wenn er ihn als einen „Entarteten" betrachtete, der „sich nichts

aus den Soldaten mache" und ihm „seine ganze Arbeit verder=
ben" werde.

Aus allen diesen Gründen, würde man weiter erzählen, habe
der König zunächst die „Thronentsagung" des Sohnes erzielt; aber
dieser habe das Verlangen mit den höhnischen Worten zurückge=
wiesen: er werde sich nur dazu verstehen, wenn der Vater ihn für
„unehelich erkläre". Als dann vollends der „entartete" Sohn,
weil ihm der Vater die Heirath mit der englischen Prinzessin vor=
enthielt, den staatsgefährlichen „Fluchtversuch" unternommen habe,
angeblich um sich „der väterlichen Härte und Zucht" zu entziehen:
da sei das Maß voll gewesen, da habe das unvermeidliche Todes=
schicksal ihn erreicht. Denn — würde man vielleicht rechtfertigend
hinzusetzen — sowenig wie Philipp II. von Spanien, sowenig habe
Friedrich Wilhelm es dulden dürfen, daß der Nachfolger „ihm
die ganze Arbeit verderbe" und die mühsam gelegten Fun=
damente des ganzen Staatswesens zerrütte.

Allerdings würde dann vielleicht dem hingeopferten Prinzen
auch einiges Gute beiläufig nachgerühmt worden sein; z. B. daß er
in früher Jugend eine Neigung zur „Wohlthätigkeit", und späterhin
eine Neigung zu den „Wissenschaften" gezeigt. Man würde viel=
leicht seinen Verkehr mit dem Flötenbläser Quantz sowenig wie
den Verkehr des Don Carlos mit dem Schauspieler Cisneros nach
dem zuchtmeisterlichen Maßstabe ihrer Väter verdammen; auch an
dem „zierlichen Haarbeutel und dem goldstoffenen Schlafrock" Fried=
rich's sowenig Anstoß nehmen als an den weiten Stiefeln, die Don
Carlos geliebt. Man würde vielleicht sogar dem stetig „wach=
senden Mißverhältniß" zwischen Vater und Sohn einige Worte des
Bedauerns widmen, und allenfalls eine Härte darin anerkennen,
daß dem gefangenen Friedrich, gleichwie dem gefangenen Don Car=
los, „Messer und Gabel entzogen und alles Essen kleingeschnitten"
vorgelegt wurde. Aber gewiß würde man auch über den preußi=
schen Prinzen, wie über den spanischen, eine Fülle von myste=
riösen Andeutungen zu hören bekommen; namentlich vieldeutige
Aeußerungen über seine zeitweise „finstere Niedergeschlagenheit" vor
dem Fluchtversuche, über seine „kranke Seelenstimmung",
und über die Rückwirkung derselben „auf seine Gesundheit".

Sagt man ihm doch ausdrücklich in diesem Zusammenhange nach, daß er „zusehends abgemagert" sei, und daß seine „Kraftlosigkeit" zu der Befürchtung Anlaß gegeben habe: er werde, auch ohne Anwendung von Gewalt, alsbald „an Schwindsucht enden".

Alles, was wir angeführt, ist wirklich und buchstäblich über Friedrich ausgesagt worden. Wie würde er nicht erst in seinem ganzen Wesen verzerrt und verkleinert worden sein, hätte ein königliches Machtgebot sein Leben mitten in der Jugendblüthe zerschnitten! So aber kam er wieder zu Gnaden, gelangte zum Throne, und entfaltete sich zu einer ungeahnten, Alles überschattenden welthistorischen Größe. Doch genug von ihm! Ziehen wir uns jetzt ausschließlich auf das Drama in Spanien zurück.

2. Der feindliche Gegensatz zwischen Don Carlos und Philipp.

In seiner äußern Erscheinung war Don Carlos, als er im zwanzigsten Lebensjahre stand, nicht grade anziehend. Seine Haltung war etwas gebückt, die eine Schulter höher wie die andere, das rechte Bein verkürzt. Seine Gesichtszüge, denen des Vaters ähnlich, galten nicht als schön, aber auch nicht als unangenehm. Der Kopf war mittelgroß, die Stirn wenig erhaben, das Haar braun und glatt, die Augen grau, das Kinn länglich, die Haut sehr weiß und bleich.

Von früher Jugend an entwickelte Carlos ein eigensinniges, heftiges und unbändiges Temperament. Er hatte als Kind einen gewissen Hang zur Thierquälerei. Er gefiel sich in Unarten, und zeigte sich zuweilen gegen Andere leidenschaftlich bis zu Ausbrüchen thätlicher Gewalt. Dabei war er stolz bis zum Hochmuth. Mußte er als Knabe in Gegenwart seines Vaters oder Großvaters unbedeckten Hauptes verweilen, so überlief ihn ein Unwille, wie wenn seinem Selbstgefühl Abbruch geschähe.

Dagegen war er mitleidig gegen alle, die nach seinem Ermessen Unrecht litten, wohlthätig und freigebig bis zur Verschwendung.

„Wer soll spenden, pflegte er zu sagen, wenn es die Fürsten nicht thun?“ In Ermangelung von Geld, verschenkte er Schmuck, Juwelen und Kleider.

Schon als Kind war er furchtlos in Entschlüssen und ent= schlossen in Handeln. Einer Hausschlange, die er geschenkt erhalten und die ihm in den Finger biß, biß er seinerseits ohne Besinnen den Kopf ab. ³)

Vor allem war er ein Feind der Heuchelei, so rücksichtslos wahrheitsliebend und offen, daß man von ihm sagte, er trage „das Herz auf den Lippen“. Daraus flossen seine raschen Entscheidungen in Liebe und Haß; und hatte er sich einmal entschieden, so war er ebenso beständig in seinen Neigungen wie in seinen Abneigungen. Seinem ehrwürdigen Lehrer Honorato Juan, mit dem er unter anderen Ciceros Werk über die Pflichten las, blieb er in unwandel= barer Anhänglichkeit bis an dessen Ende im Jahre 1566 treu, nannte ihn seinen „besten Freund in diesem Leben“, und erklärte sich bereit, jederzeit „alles zu thun, was er wünsche“. Aber Männer der Verstellung, wie der Herzog von Alba, wie der Minister Ruy Gomez, Fürst von Eboli, und der nachherige Großinquisitor und Kardinal Espinosa, waren ihm in den Tod zuwider.

Selbst nichts weniger als Freund wortreichen Geplauders, empfand Carlos auch einen tiefen Widerwillen gegen alle Phrasen= helden, die ihm als Prahler galten, und eine desto größere Vor= liebe für das Soldatenleben, für ritterliche Waffenthaten. Sein ungestümer Thatendrang, verbunden mit Ehrgeiz und Herrschlust, bewirkte, daß er schon als neunjähriger Knabe von einer Mehrung des Reiches träumte, und in jeder auch nur von fern drohenden Minderung desselben eine unerträgliche Schmach erblickte. Als sein Vater sich damals (1555) in zweiter Ehe mit der Königin Maria von England vermählte, und das Gerücht verlautete „falls dieser Ehe ein Sohn entstamme, so werde derselbe die Niederlande erben“: da entbrannte in ihm ein so gewaltiger Zorn, daß er schwor, er werde jenen künftigen Stiefbruder „zum Zweikampf auf Tod und Leben fordern, um der Schwächung seines Reiches zuvorzukommen“. Und in kindlichem Eifer schrieb er an seinen Großvater Karl V.: „er möge ihm doch nur gleich eine Rüstung schicken“, was den

Kaiser nicht nur sehr belustigte, sondern zugleich im ernstesten Sinne
erfreute. Wo immer in des Carlos Gegenwart ein kriegerisches
Gespräch geführt wurde, da schlich er sich lüstern heran und horchte
aufmerksam zu. Sein Interesse an allem Militärischen war so
groß, daß er die Namen sämmtlicher Offiziere, mit denen er je in
Berührung gekommen, im Gedächtniß behielt.

Als Kaiser Karl V. im Jahre 1656, nach seiner Abdankung,
in Valladolid verweilte, und sich angelegentlich mit seinem nunmehr
elfjährigen Enkel beschäftigte, glaubte er denn auch in ihm das
kriegerische Genie zu entdecken, das er an seinem Sohne Philipp so
ungern vermißte. Er mußte ihm lang und breit von seinen Schlachten
erzählen, und Carlos lauschte in lautloser Spannung; sobald aber
der ergraute Held seine Flucht aus Insbruck berührte, fuhr der
junge Prinz heftig auf, und erklärte entrüstet: „geflohen wäre er
nimmermehr!" Trotz aller Erläuterungen des Großvaters, blieb er
beharrlich bei seinem Ausspruch stehen. So groß aber war seine
Verehrung für den Heldenkaiser, daß er sich in seinen Briefen als
dessen „Sohn" bezeichnete, und auch sonst ihn „Vater", seinen Vater
aber nur „Bruder" nannte. Seine kriegerische Begeisterung ging
alsbald so weit, daß er fast von nichts Anderem mehr hören und
lesen wollte als von Kriegen, und daß er Jedermann schwören lassen
wollte, ihn auf allen seinen künftigen Kriegszügen zu begleiten. Die
Spanier lebten denn auch der Ueberzeugung: Carlos werde einst
„ein zweiter Karl V. werden". Ja Juan Cordero wagte 1558 zu
schreiben und 1561 drucken zu lassen: „Man könne nach sicheren
Anzeichen vorhersagen, daß dieser junge Prinz einst Karl V. und
Philipp II. weit übertreffen werde".

Und mit dieser Lust an ritterlichen Waffenthaten paarte sich
keineswegs eine geistige Beschränktheit, wie nachmals manche Zeit=
genossen aus Parteisucht oder Augendienerei behaupteten. Vielmehr
ist es gewiß, daß Carlos bei allen Anlässen auffallend treffende
und scharfsinnige Bemerkungen hinwarf, und daß eben dies seinen
Lehrer Honorato Juan bewog, sich eine eigene, leider verlorene
„Sammlung" derselben anzulegen.

Auch wurden die überaus günstigen Erwartungen, die Karl V.
von seinem gleichnamigen Enkel hegte, nicht nur in Spanien, sondern

weit über Spaniens Grenzen hinaus, namentlich in Deutschland und Frankreich getheilt. Melanchthon erklärte in seinen geschichtlichen Vorlesungen zu Wittenberg öffentlich: „Von dem Enkel Kaiser Karl's V. höre ich so wunderbare Dinge erzählen, daß ich überzeugt bin, es wird etwas Großes aus ihm; die Constellation seiner Geburt war so ausgezeichnet als sie nur sein konnte; wer weiß, was Gott mit Karl VI. vorhat! vielleicht wird er die Macht der Türken zum Schwanken bringen, oder etwas Aehnliches ins Werk richten." Und darauf erzählt er von ihm charakteristische Züge großmüthiger Freigebigkeit, trotziger Keckheit und stürmischer Entschlossenheit. [4])

Wie man in Frankreich über Carlos dachte, erhellt u. A. aus Brantôme, der die spanischen Zustände und Persönlichkeiten aus eigener Anschauung kannte, und der noch nach dem Tode des Prinzen in seinen Schriften versicherte: „Ich glaube daß dieser Prinz, nachdem er sich einmal die Hörner abgelaufen und das Fegefeuer der ersten Jugend überstanden, ein sehr großer Fürst, Feldherr und Staatsmann geworden wäre".

Die Erziehung des Prinzen war während der vieljährigen Abwesenheit Philipp's, theils in den Niederlanden theils in England, fast ganz seiner Tante, der Regentin Johanna, der Wittwe des verstorbenen Thronfolgers von Portugal, anheim gefallen; und diese war zu schwach um den Trotz der jungen unbändigen Natur zu brechen oder nur zu zügeln. Dazu kam, daß bei der Abwesenheit des Vaters der Glanz der Majestät gewissermaßen an dem Sohne haftete. Hatte er doch noch jüngst, bei der feierlichen Proclamirung Philipp's zum Könige von Spanien, im März 1556, die hervorragendste Rolle gespielt und, die Fahne schwenkend, den Vater als König ausgerufen! Hatte er doch im October, elf Jahr alt, den zurückkehrenden Kaiser, wie ein Landessouverän, an der Grenze durch einen eigenhändigen Brief und einen eigenen „Gesandten" begrüßt, und vor Valladolid in Person an der Spitze der Granden eingeholt! Alles dies machte ihn um so ehrgeiziger, um so herrschbegieriger, und um so reizbarer bei jedwedem Tadel. Wie der Tante, so verursachte er auch dem Großvater manche pädagogische Noth und Sorge. Karl V. drang wiederholt auf eine bessere Zucht:

man solle ihn mehr zum Lernen anhalten, keine Faulheit und keine Grobheit durchlassen. Indeß alles Schmollen gegen Carlos, von der einen oder der andern Seite, war doch immer nur ein rasch vorübergehender Zwischenfall. Denn jede seiner Unarten wurde immer wieder aufgewogen durch seine guten Einfälle, durch sein lebhaftes und entschlossenes Wesen. Jedermann war im Grunde ihm zugethan; alle seine Diener, seine Lehrer, zeigten sich von ihm eingenommen; das Volk schwärmte fast für ihn; und seine Verwandten hatten insgesammt ihn lieb und erwarteten von ihm das Beste; voran eben seine Tante Johanna und sein Großvater Karl, nicht minder aber auch seine Großmutter, die Königin Katharina von Portugal, und alle Glieder der habsburgischen Familie in Deutschland.

Nur ein einziger seiner Angehörigen hatte ihn n i c h t lieb, nur ein einziger seiner Verwandten erwartete n i c h t s G u t e s von ihm. Das war sein eigener Vater Philipp, der im September 1559, nach neuerdings fünfjähriger Abwesenheit, nach Spanien zurückkehrte und in dem nun vierzehnjährigen Sohne alsbald, statt seines Ebenbildes, sein Gegenbild zu erkennen glaubte. Die Unliebe zeugte den Widerwillen, und dem Widerwillen entsproß allmählich der Haß.

In der That bildeten Vater und Sohn in ihrem ganzen Empfinden, Denken und Trachten, einen immer schroffer sich gestaltenden Gegensatz.

Philipp liebte die Verstellung, die Dissimulacion, die er allen seinen Organen ausdrücklich anempfahl und in allen seinen Regierungsakten meisterhaft anwandte; Carlos aber liebte eben Offenheit und Wahrheit.

Philipp war verschlossen, ruhig und kalt; Carlos aber trug eben das „Herz auf den Lippen", war ungestüm und heißblütig.

Philipp lebte sparsam, eingezogen und still; Carlos lebte freigebig, gesellig, und war voll Durst nach Kriegsgewühl und Waffenlärm.

Philipp war ein Mann lauernder Scheu, in seinem Kabinet sich einspinnend in die Fäden der Intrigue, wie die Spinne in ihre Netze, bedacht die ganze Welt in einem Zimmer einzufangen; Carlos, voll jugendlichen Thatendranges, sehnte sich aus den Wänden hinaus in das Freie, um in der weiten Welt die Welt zu erobern.

Philipp wollte eine harte und strenge Niederhaltung seiner Unterthanen durch Rechtsgelehrte und Theologen; Carlos wollte entschieden eine politische Hebung sowohl des Adels wie der Städte.

Philipp war voll äußerlicher Frömmelei, stets von Geistlichen und Beichtvätern umringt, ein verfolgungssüchtiger und blutdürstiger Fanatiker der Religion; Carlos, wenn auch streng katholisch erzogen und fern von dogmatischer Ketzerei, war doch nicht ohne Abneigung gegen die Herrschsucht der „Pfaffen", nicht ohne Widerwillen gegen die Tyrannei der Inquisition, und dachte auch allem Anschein nach freier über Beichte und Messe.

Philipp hatte von den letzten elf Jahren nicht weniger als acht außerhalb Spaniens zugebracht.[5]) Er war nicht im Stande gewesen, aus der Ferne her irgend einen wirksamen Einfluß auf die Erziehung seines Sohnes auszuüben. Daß diese, nach seinem Sinne, nicht nur eine wissenschaftliche, sondern vor allem eine strengkirchliche sein sollte, versteht sich von selbst. Aber er erhielt im Ausland von den verschiedensten Seiten Nachrichten über des Infanten Verhalten, die ihn das Keimen des Gegensatzes ahnen ließen und namentlich den Verdacht des kirchlichen Leichtsinnes und Gleichmuths in ihm rege machten. Seit dem October 1558 war ihm insbesondere gemeldet worden, daß sich der Prinz von seinen Studien (und diese hatten ja vorzugsweise eine kirchliche Tendenz) durch andere Dinge und durch bedenkliche Gesellschaft abziehen lasse; daß der „Erfolg" und die „Frucht des Unterrichtes" ausbleibe; daß der König „die Ursache dessen wohl einst, so Gott wolle, von dem Prinzen selbst erfahren werde", und daß „nur von seiner Ankunft eine Abhülfe zu erwarten sei". Philipp hatte darauf im März 1559 eine strenge Ueberwachung der „Gesellschaft" des Infanten verordnet, während er andererseits nach Rom schrieb: Die Ordnung der kirchlichen Verhältnisse in den Niederlanden werde er rasch und gründlich herbeiführen, da „der Prinz, sein Sohn, diesen Dingen vielleicht nicht dieselbe Fürsorge widmen werde wie er, und wie es der Dienst Gottes erheische".[6]) Zugleich aber hatte er die Inquisition in Spanien zu unerbittlichen Verfolgungen gegen die dortigen „Ketzereien" gestachelt, so daß zahlreiche Mitglieder der vornehmsten Häuser, und namentlich auch des Hauses

der Marquis de Posa, eingekerkert und in Untersuchung gezogen
wurden. Und mit seinem Einverständniß war daraufhin bereits am
21. Mai 1559 in Valladolid mit ungeheurem Pompe das erste
Autodafé abgehalten worden.

Diesem scheußlichen Schauspiel hatte zugleich mit der Prinzessin
Johanna auch Don Carlos beiwohnen müssen. Ja noch mehr! er
war bei diesem Anlaß in auffallend unverschämter Weise genöthigt
worden, laut und öffentlich einen feierlichen Schwur zu leisten, der
ihn verpflichtete: nicht nur stets den wahren katholischen Glauben
aufrecht zu erhalten, die Ketzer zu verfolgen und das heilige Gericht
zu unterstützen, sondern auch alles, was gegen die katholische
Religion gesagt und gethan werde und zu seiner Kennt=
niß gelange, der Inquisition anzuzeigen. Um diese höchst
„befremdliche Zumuthung", vor einer ungeheueren Zuschauermenge,
nicht allzu auffallend erscheinen zu lassen, mußte auch die Prinzessin
denselben Schwur leisten. Dann aber wurde von einer Kanzel
herab mit Stentorstimme der Wortlaut des Eides verkündet, den
soeben der „durchlauchtigste Prinz" geschworen habe. Zwölf volle
Stunden dauerte das mörderische Schauspiel. Zwei der Opfer
wurden lebendig verbrannt; vierzehn — weil sie ihre Meinungen
abschworen — erst nach erfolgter Erdrosselung; sechzehn wurden
zur Versöhnung zugelassen d. h. für infam erklärt, ihrer Titel und
Güter beraubt, und mit Schimpf in den Kerker zurückgeführt, wo
sie meist auf immer lebendig begraben blieben. Es ist hiernach
ebensowenig zu verwundern, wenn Carlos zu einem Gegner der
religiösen Verfolgungssucht, der Inquisition und der kirchlichen Re=
gierungsmaximen seines Vaters erwuchs, als es zu bezweifeln ist,
daß dieser bereits eine entschiedene Voreingenommenheit gegen seinen
Sohn nach Spanien zurückbrachte. Der Kardinal Pacheco aber
meldete am 12. Juli erfreut und zuversichtlich dem Papste: „Philipp
werde eines Ketzers, und wäre es auch sein eigener Sohn, niemals
schonen".

Mit und neben jenem Gegensatz der Charaktere, der Sitten
und der Grundsätze entwickelte sich alsbald ein noch tiefer ein=
schneidendes Mißverhältniß. Philipp fühlte sich nicht sowohl als
Vater denn als Herrn seines Sohnes, sowie aller seiner Unter=

thanen. Carlos aber, pochend auf sein funfzehntes Lebensjahr, als
auf ein Alter, in welchem allerdings so manche Fürsten seiner und
der nächst vorangegangenen Zeit nach Herkommen und Recht, bereits
Ehemänner und regierende Souveräne waren, hielt sich dem zwei=
undbreißigjährigen Vater für ebenbürtig, vielleicht sogar für überlegen
im Wollen und im Können. Er spielte wohl schon damals, und
später noch häufiger und unmuthiger darauf an, daß sein Vater
bereits mit sechzehn Jahren Statthalter der spanischen Königreiche
gewesen; daß ihm selbst, seit seiner Kindheit, die Statthalterschaft
der Niederlande bestimmt worden, und daß die Ausführung dieser
Bestimmung schon im Jahre 1558 in Frage gekommen sei. Philipp,
der jeden derartigen Gedanken unwillig zurückgewiesen hatte, faßte
ein immer tieferes Mißtrauen gegen den Ehrgeiz des Sohnes, in
welchem er ebenso viel Unerschrockenheit als in sich selber Furcht=
samkeit wahrnahm. Ja, er war mehr noch eifersüchtig auf des
Sohnes Zukunft, wie dieser auf des Vaters gegenwärtige Allein=
gewalt. Und er besorgte vor allem, daß die künftige Regierung,
falls Carlos seine Natur nicht vollständig ändere, sich in einer
seinen eigenen Grundsätzen widersprechenden Richtung bewegen werde.
Dem wollte er um jeden Preis vorbeugen; und als das nächste
Mittel dazu betrachtete er den Versuch, die Natur des Sohnes auf
dem Wege strengster Zucht gewaltsam umzuwandeln.

So sollte denn fortan Don Carlos keines andern Willens,
keines anderen Gedankens, keiner anderen Empfindung sein, wie der
Vater, d. h. völlig ihm unterthan. Jede Spur von Selbstständig=
keit, Ehrgeiz und Thatendrang sollte in dem Sohne erstickt, nur
dem Gefühl der absoluten Abhängigkeit in ihm Raum gelassen
werden. Philipp war entschlossen, ihn trotz seiner Mündigkeit von
allen Staatsangelegenheiten, von der Mitwissenschaft aller großen
Fragen fern zu halten. Die dem Prinzen ergebenen und von ihm
geliebten Diener sollten unverweilt aus seiner Umgebung entfernt
und durch andere, d. h. durch Aufpasser oder Zuchtmeister, ersetzt
werden, wenn ihm dieselben auch noch so widerwärtig oder verhaßt
wären. Die ihm zur Verfügung zu stellenden Geldmittel wollte
Philipp auf das kärglichste Maaß beschränken. Er gedachte den
Jüngling wie ein Kind zu behandeln, bei jeglichem Anlaß auf das

Härteste wider ihn zu verfahren und, falls sein stolzes Selbstgefühl
darob in Leidenschaft überschäume, ihm wie einem Sträfling zu be=
gegnen.

Alle diese Vorsätze, die alsbald in Ausführung kamen, hin=
derten freilich den König nicht, seinem Sohne die Ordenszeichen des
goldenen Vließes, dem Beschlusse des zu Antwerpen abgehaltenen
Kapitels gemäß, gebührendermaßen zuzustellen; noch die unerhörter=
weise immer noch nicht eingeholte Anerkennung des Prinzen als
Thronerben durch die Cortes endlich zu betreiben. Vor allem aber
lag ihm daran, neuerdings, in seiner und des Prinzen Gegenwart,
das gräßliche Schauspiel eines Autodafé's zur Aufführung zu bringen.

Dieses zweite Autodafé fand am 8. October 1559, und
ebenfalls in Valladolid, statt. Ein überaus glänzendes Gepräge
wurde wiederum bei diesem fluchwürdigen Anlaß entfaltet. Der
ganze Hof mit dem König und Don Carlos nahm auf der Tribüne
Platz. Philipp leistete nun seinerseits, stehend und mit entblößtem
Degen, öffentlich den Eid: „dem heiligen Amt der Inquisition in
der Verfolgung aller Ketzer und aller Ketzerbegünstiger, ohne Unter=
schied der Person, auf das Kräftigste beizustehen". Drei Personen:
Don Carlos de Sessa, aus einer der berühmtesten Familien, dessen
Gattin vom König Don Pedro abstammte, ferner Domingo de Rojas,
Sohn des Marquis von Posa, und Pedro Cazalla, wurden lebendig
verbrannt; neun wurden erdrosselt, und sechs zu ewigem Gefängniß
verdammt. Als Don Carlos de Sessa, an der königlichen Tribüne
vorüber, zur Richtstätte geführt wurde, und dem Könige die Worte
zurief: „Wie können Sie als ein so hoher Edelmann gestatten, daß
man mich den Flammen überliefert?" — da ließ Philipp mit eisiger
Kälte die schauerliche Antwort vernehmen: „Wäre mein Sohn ein
solcher Frevler wie du, ich würde selbst das Holz herbeitragen, um
ihn zu verbrennen".

Wer wollte die Empfindungen des Prinzen bei diesem grau=
samen Ausspruch ergründen, kraft dessen sich sein Vater für alle
Zukunft von jeder väterlichen Pietät lossprach? Und doch war der=
selbe nicht etwa eine bloße Eingebung des Augenblicks, sondern in
seinem Kern eine fixe Idee, auf die Philipp immer und immer
wieder zurückkam, sowohl fremden Gesandten, wie hohen Würden=

trägern der Kirche und seinen Staatsräthen gegenüber. Als er
bei einem andern Anlaß die Fürbitte für einige adlige Ketzer ab=
schlug, that er es mit den Worten: „Grade das adlige Blut, wenn
es verunreinigt ist, muß durch Feuer gereinigt werden; wäre mein
eigen Blut in meinem Sohne verunreinigt, ich wäre der erste, es
hinein' zu werfen".

Schon nach solchen Aeußerungen kann kein Zweifel sein, daß
Philipp fähig und entschlossen war, unter Umständen in der That
seinen Grundsätzen den eigenen Sohn zu opfern. Wissen wir doch
überdies, daß er nicht nur ein Fanatiker der Religion, sondern auch
ein Fanatiker der „Justiz" d. h. des Richtens und Strafens war;
daß dabei niemals die natürlichen Gefühle des Schmerzes oder der
Trauer, des Zornes oder des Mitleids in ihm aufkamen; und daß
alles und alles bei ihm auf eisig kalter Berechnung beruhte. Seine
Gefühllosigkeit, seine Herzenshärte, war anerkanntermaßen eine so
unerbittliche, daß er „nie einen Verurtheilten begnadigte".[7]

---

3. Spannungen und Ableitungen.

Die plötzliche unbedingte Abhängigkeit von dem despotischen
Willen seines Vaters wurde für Don Carlos eine Quelle heimlicher
Pein und offener Conflicte. Er zeigte sich aufsässig gegen die neuen
Diener, die man ihm aufgedrängt, und die ihm nur als Quäl=
geister und Spione erschienen. Er empfand in seinem Innern einen
wachsenden Widerwillen gegen den Vater und dessen Umgebungen,
gegen die weltlichen und geistlichen Günstlinge, denen derselbe sein
Vertrauen lieh.

Die Lage des Prinzen gestaltete sich um so drückender, als er
eben damals die Hoffnung hatte hegen dürfen, alsbald auf dem
Wege der Vermählung die Selbstständigkeit einer eigenen Haus=
haltung, und in weiterer Folge die Statthalterschaft der Niederlande
zu erlangen. Allein auch diese Hoffnung war auf das Bitterste und
in wahrhaft tragischer Weise getäuscht worden, indem die ihm zu=
gedachte Braut, Elisabeth von Valois, Tochter Heinrich's II. von

Frankreich, plötzlich ihm wieder entzogen, und von seinem eigenen Vater als dritte Gemahlin, als Königin Isabella heimgeführt wurde. Am 31. Januar 1560 fand zu Guadalajara die Vermählung statt, und am 12. Februar zog die Königin in Toledo ein.

Es ist unzweifelhaft verbürgt, daß Don Carlos, bereits eingelebt in die Vorstellung, die Prinzessin gehöre ihm, bei seiner jugendlichen Leidenschaftlichkeit in seinem Vater den Räuber seines Glückes sah; und daß er sich mit desto innigerer Neigung an seine ehemalige Braut und nunmehrige Stiefmutter anschloß, die ihrerseits ihm eine mitleidsvolle Theilnahme und eine zärtliche Fürsorge widmete.

Von der ersten Begegnung an war das Verhalten Isabella's zu dem Vater und dem Sohn ein sehr verschiedenes. Als die schöne fünfzehnjährige Prinzessin zum erstenmal ihrem mehr als achtzehn Jahre älteren Gemahl entgegentrat, sprach sie kein Wort, sondern blickte nur so scharf ihn an, daß Philipp fast verwirrt ward und die seltsame Frage an sie richtete: „ob sie etwa graue Haare auf seinem Kopfe suche?" Bei der ersten Zusammenkunft mit Carlos dagegen, der mit ihr nahezu von gleichem Alter war, trat sie in Haltung und Worten dem Prinzen, der sich zurückgesetzt und verstoßen fühlte, so gütig und rücksichtsvoll entgegen, daß es ihn sofort und dauernd zu ihr hinzog. Sie zeigte sich seitdem unausgesetzt darauf bedacht, ihn auf alle Weise zu zerstreuen und zu erheitern; und in kurzem war sie die einzige weibliche Persönlichkeit, für die er eine wahrhafte Verehrung an den Tag legte, und vor der sich die wilden Wellen seines stürmischen Gemüthes jederzeit brachen und friedlich glätteten. Die angebliche Liebesintrigue Beider ist freilich eine bloße Erfindung; aber ihre gegenseitige innige Herzensneigung läßt sich, der Menge glaubwürdiger Zeugnisse gegenüber, nicht in Abrede stellen. Blicken wir vorläufig nur auf einige derselben!

Brantôme, in der Färbung übertreibend, erzählt: „Als Carlos die Königin zum erstenmal sah, wurde er von ihren Reizen so eingenommen, daß er fortan einen tödtlichen Groll gegen den Vater gehegt und kund gegeben hat, welch' ein großes Unrecht dieser ihm angethan, und um welch' einen schönen Preis dieser ihn gebracht habe. — Auch sagt man, daß dies zum Theil ein Grund seines

Todes wurde, da er sich nicht habe enthalten können, die Königin zu lieben und zu verehren. — Nichtachtend und selbst wegwerfend gegen andere Frauen, war Carlos in Gegenwart seiner Stiefmutter immer wie umgewandelt in seiner Stimmung, seinem ganzen Wesen, und voll Ehrerbietung gegen sie. — Ich selbst habe gesehen (im Jahre 1564), wie die Königin fast angebetet wurde, und wie auch Don Carlos sie verehrte und hochschätzte. — Man versicherte mich, daß man die Königin kaum anzublicken wage, aus Furcht den König eifersüchtig zu machen, und daß dennoch Don Carlos sich in sie verliebt habe".

Leclüse, der ebenfalls im Jahre 1564 in Spanien war und Carlos am Hofe sah, drückt sich also aus: „Es ist gewiß, daß Don Carlos jederzeit Neigung für seine Stiefmutter bewahrte; er schien sie wie seine wirkliche Mutter zu lieben, wie ich dies bei meinem Aufenthalt in Spanien wahrgenommen habe".

De Thou, dem doch vorzügliche Mittheilungen, namentlich Aussagen des mit Philipp und Carlos vertrauten Ingenieurs de Foix, zu Gebote standen, versichert: „Sehr oft habe man den jungen Prinzen, wenn er aus den Gemächern der Königin kam, mit der er lange und häufige Unterhaltungen pflog, sich bitter darüber beklagen hören, daß sein Vater sie ihm geraubt".

Der Bischof von Limoges, französischer Gesandter in Spanien, berichtete an den König von Frankreich unterm 23. Februar und 1. März 1560: „Isabella sei dem armen, körperlich sehr elenden Prinzen so liebevoll entgegengekommen, daß ihm dies außerordentlich wohlgethan, wie er seitdem jederzeit kundgebe, wenn sie ihn besuche; auch biete sie alles auf, ihm an den Abenden durch Spiel und andern anständigen Zeitvertreib, dessen er bedürfe, Vergnügen zu bereiten".

Claudia, eine französische Hofdame Isabella's, berichtete an deren Mutter, die Königin Katharina von Medici: „Sehr oft speist der Prinz Abends mit der Königin und der Prinzessin Johanna; er liebt die Königin absonderlich, dergestalt daß er sich nicht enthalten kann, viel davon zu reden; ich glaube, daß er ihr näher verwandt sein möchte".

Da Isabella an allem, was Carlos betraf, den innigsten Antheil nahm, so zeigte sie sich auch, sobald ihm irgend ein Unfall widerfuhr, äußerst betrübt. Ihre eigene Mutter Katharina war darüber so wenig verwundert, daß sie vielmehr auf einen derartigen Bericht des Gesandten antwortete: „diese Betrübniß ihrer Tochter sei sehr erklärlich; denn Carlos habe ihr stets zu erkennen gegeben, wie sehr er ihr wohlwolle". Isabella selbst schrieb ihrer Mutter in Betreff Philipp's mit frostiger Gemessenheit: daß sie einen „guten Ehemann" habe und ihren „Herrn" alle Tage sehe; zugleich aber erklärt sie, daß sie sich „glücklich" fühle, weil sie sich in „guter Gesellschaft" befinde. Wie könnte man zweifeln, daß sie zu dieser guten Gesellschaft namentlich auch Don Carlos zählte! Dieser nannte seinerseits, in einem von ihm hinterlassenen eigenhändigen Schriftstück, unter den ihm vorzüglich befreundeten Seelen die Königin Isabella an erster Stelle, mit dem Zusatz, daß sie „stets gegen ihn sehr liebevoll (amorosissima) gewesen" sei.

Wer vermöchte die Temperatur dieser Neigung der beiden jugendlichen Altersgenossen noch heut nach Graden zu messen. Sie wegläugnen zu wollen, ist nicht ein kritisches, sondern ein sophistisches Beginnen. Allerdings entsprang sie offenbar, wie bei der Königin aus mitleidsvoller Theilnahme, so bei dem Prinzen aus dem Bedürfniß nach liebreichem Entgegenkommen. Handelte es sich aber dabei auch sicher nur um einen inneren Seelenanschluß, nicht um eine „strafbare Leidenschaft": so war doch die so offenkundig zu Tage tretende Sympathie und Vertraulichkeit Beider unzweifelhaft dazu angethan, das Mißfallen des Königs zu erregen. Nur besaß Philipp Verstellungskunst genug, um dagegen gleichgültig oder gar davon erbaut zu erscheinen. Die Angabe, daß er seiner Gemahlin „keine unwürdige Behandlung" zu Theil werden ließ, beweist noch keinen innerlichen Gleichmuth; und die Behauptung, daß seine eigene Neigung zu ihr „mehr und mehr" wuchs, würde vielmehr für das Gegentheil und für Eifersucht zeugen können. Daß es übrigens keineswegs an ehelichem Unfrieden fehlte, geht zur Genüge schon daraus hervor, daß der französische Gesandte vier Jahre nach der Vermählung (1564) seinem Hofe meldete: „gegenwärtig genieße die Königin alles Ansehen bei ihrem Gemahl"; und der österreichische: seit kurzem „erzeige sich der König" gegen seine Gemahlin „etwas freundlicher denn zuvor".

Während Carlos die tröstende Aussicht auf das Glück ehelichen Lebens verlor, gewann er unvermuthet den Trost der Freundschaft.

Denn kurz vor der Ankunft der Königin war der fünfzehn= jährige natürliche Sohn Kaiser Karl's V., der nachmals als Sieger bei Lepanto so berühmte Don Juan von· Oesterreich, durch seinen Halbbruder Philipp in aller Form anerkannt und an den Hof ge= zogen worden. Das ungewöhnliche Wohlwollen, das ihm der König entgegentrug, erscheint so auffällig und so abweichend von der Natur Philipp's, daß man fast vermuthen sollte, er habe dabei, wenn auch in unbestimmter Weise, die Eventualitäten der Thronfolge im Auge gehabt. Für Don Carlos ward die Begegnung mit seinem plötzlich auferstandenen Oheim von entscheidender Bedeutung. Auf das innigste schlossen sich alsbald die beiden gleichaltrigen, gleich feurigen und gleich ehrgeizigen Jünglinge zusammen, und schütteten vor einander ihre heimlichsten Gefühle und Gedanken aus. Wie scharf die Kritik gewesen sein muß, die in ihren Zwiegesprächen über Philipp's Moral und Politik erging, davon zeugt eine beglaubigte Anekdote. Einst rühmte sich Carlos zu Don Johann, im Hinblick auf dessen uneheliche Geburt, daß er eine bessere Mutter gehabt wie dieser; aber sofort dämpfte Johann diesen Hochmuth durch die sarkastischen Worte: „Dafür habe ich einen bessern Vater wie du".

Nach damaligem Staatsrecht hatte Carlos das Alter der Mündigkeit, wie gesagt, schon erreicht, ohne daß ihm daraus Ehre oder Vortheil erwachsen wäre. Seine Anerkennung durch die Cor= tes ließ sich aber unmöglich wider allen Brauch noch länger hinaus= schieben. Philipp konnte daher nicht umhin, gleich nach seiner Ver= mählung mit Isabella eine Versammlung der Cortes von Castilien zu berufen, und zwar auf den 22. Februar 1560, um wenigstens für die eine Hälfte der spanischen Monarchie seinem Sohne als Thronfolger huldigen zu lassen. Vielleicht sollte dies zugleich, wie man gemuthmaßt, eine Art von Entschädigung oder Genugthuung für die zerrissene Brautschaft sein; in der That aber lag darin für Carlos nur ein neuer Stachel zu bitteren Empfindungen. Bei diesem Anlaß trug er denn auch unzweideutig seine Gefühle der Liebe und des Hasses zur Schau. Als die Infantin Johanna,

seine theure Tante, nach geleistetem Huldigungseide sich dem Thron=
sessel nahete, um der Sitte gemäß ihm die Hand zu küssen: da
wehrte er es ab, sprang auf und umarmte sie mit Inbrunst. Auch
seinen jungen Oheim und Freund, Don Johann, ließ er nur mit
sichtlichem Widerstreben zum Handkuß zu. Wie aber der Herzog
von Alba an die Reihe kam und sich eigenmächtig dieser Sitte ent=
ziehen wollte: da nahm Carlos eine so auffallend verachtende, und
dabei so trotzig gebieterische Haltung an, daß der stolze Günstling
gedemüthigt die Ceremonie nachholen mußte.

Die Nachfeier der königlichen Vermählung und der prinzlichen
Huldigung bildete — ganz in dem eigenthümlich finstern und grau=
samen Sinne Philipp's — ein neues entsetzenreiches Autodafé zu
Toledo am 25. Februar. Zahlreiche Opfer der Inquisition wur=
den vor den Augen Philipp's, Isabella's und des Don Carlos, in
vielstündigem Schauspiel den Martern des Flammentodes und der
Erdrosselung preisgegeben. Nur sittlich verächtliche Historiker kön=
nen es heut noch wagen, für so rohe theatralische Menschenschläch=
tereien ein Wort der Entschuldigung zu stammeln. Waren dieselben
doch viel verdammungswerther und viel verbrecherischer noch, als
die Christenermordungen zu Rom unter Nero! Denn bei diesen
war es doch wenigstens ein Heide, bei jenen aber ein Christ,
der gegen Christen wüthete.

Wie aber mußten, darf man sich wohl fragen, diese wieder=
holten schrecklichen Schauspiele auf Carlos wirken? Doch wahrlich
nicht in niederdämpfender, sondern in aufstachelnder Weise. Eben
weil er ein Augenzeuge der empörenden Religionsverfolgungen sei=
nes Vaters war, mußte er auch in religiösen Dingen, ihm gegen=
über, mehr und mehr in eine oppositionelle Bahn getrieben werden,
ohne daß er deshalb im eigentlichen Sinne ein Ketzer zu sein oder
zu werden brauchte. Wie leicht man aber bei Philipp schon durch
den leisesten Anflug eines selbstständigen Denkens ketzerischer Ge=
sinnung verdächtigt werden konnte, das zeigt zur Genüge das Bei=
spiel des französischen Gesandten St. Sülpice, der sich von ihm
ohne Weiteres als Ketzer verschrien sah. Wurde doch selbst Kaiser
Karl V., wenn auch nur unter der Hand, nach seinem Tode prote=
stantischer Neigungen beschuldigt, und seine letzten Umgebungen,

Geistliche höchsten Ranges, nach dem Heimgange ihres kaiserlichen Freundes, wegen angeblicher ketzerischer Anschauungen, durch die Inquisition bis auf den Tod verfolgt. Von Carlos aber wissen wir, daß er jene Selbstständigkeit des Denkens sich viel entschiede= ner als St. Sülpice, oder als sein kaiserlicher Großvater und dessen Umgebungen, zu wahren bedacht war. Das beweisen schon allein aus seinen letzten Lebensjahren die merkwürdigen Briefe zweier ihm eng befreundeter Männer, seines Lehrers Honorato Juan und seines Rathgebers Hernan Suarez.

Der Erstere legte ihm unterm 10. Januar 1566 bringend die „Vorstellungen" ans Herz, die er ihm, wie er ausdrücklich sagt, schon „oftmals gemacht habe", und die sich daher auf die frühe= ren Jahre zurückbezogen. Er empfahl ihm an „erster" Stelle die „Gebote Gottes (d. i. der Kirche) zu achten und dieselben zu befolgen nicht nur innerlich, sondern auch äußerlich, da er Allen ein gutes Beispiel zu geben verpflichtet sei; demnach der Messe und den gottesdienstlichen Handlungen mit Aufmerksam= keit und Andacht zu folgen; die Angelegenheiten der Kirche und ihrer Diener, sowie die religiösen Orden ohne Unterschied zu achten; namentlich aber auch die Angelegenheiten und die Diener des heiligen Offiz (der Inquisition) durchaus als die seini= gen anzusehen und jederzeit zu begünstigen; denn das sei dermalen eine unerläßliche Nothwendigkeit, nicht nur in Bezug auf die Ehre und den Dienst Gottes, sondern auch insbesondere in Bezug auf den königlichen Stand, auf die Ruhe dieser Königreiche und ihre gute Verwaltung". Schärfer noch drückte sich der Almosenpfleger Hernan Suarez in seinem Schreiben vom 18. März 1567 aus. Es enthielt die Worte: „Was wird die Welt dazu sagen, wenn sie erfährt, daß Ew. Hoheit gar nicht beichtet, und sich noch anderer schrecklicher Dinge schuldig macht, die bei jedem Andern Anlaß geben würden zu einer Untersuchung von Seiten des heiligen Offiz, ob derselbe ein Christ sei oder nicht". [8]

Freilich darf man diese mysteriösen und scharfen Ausdrücke nicht allzu buchstäblich nehmen. Denn es ist gewiß, daß Don Car= los die Pflichten des Cultus keineswegs regelmäßig vernachlässigte, daß er überdies zu jeder Zeit dem Papste eine unbedingte Ehrfurcht entgegentrug, und daß er bei manchem wichtigen Anlaß sich überaus fromm und gläubig im katholischen Sinne erwies. Nur das ist unverkennbar, daß er ähnlich wie sein Oheim Maximilian, im Gegensatz zu der rigorosen Kirchlichkeit und der fanatischen Verfolgungssucht seines Vaters, die freiere Bewegung im kirchlichen Leben oder eine laxere Auffassung der kirchlichen Gebote und Pflichten, und den Grundsatz der Toleranz gegen Andersgläubige vertrat. Aber auch dies schon genügte vollauf, um ihm mehr und mehr den Widerwillen des Vaters zuzuziehen und in diesem die Ueberzeugung zu erwecken, daß der Sohn nicht in seine Fußtapfen treten, nicht seiner kirchlichen Politik folgen, sondern das Werk des Vaters verderben werde. Und so geschah es denn, daß in den Augen Philipp's schon frühzeitig und immer entschiedener Don Carlos als der Thronfolge unwürdig und unfähig erschien.

Während des Jahres 1560, in welchem der Hof nach Madrid verlegt worden war, und ebenso im folgenden litt Carlos häufig am Wechselfieber. Die Aerzte empfahlen eine Ortsveränderung. Endlich entschied sich der König — denn der Prinz, der keinen Willen haben durfte, wurde nicht gefragt — für Alcala. Und so bezog denn Carlos mit Ende October 1561 die dortige Universität zugleich mit Johann von Oesterreich und mit Alexander Farnese, seinem Vetter, dem Sohne der Margarethe von Parma, der natürlichen Tochter Karl's V. Ein intressantes Kleeblatt gleichstrebender Genossen und Freunde! Und dennoch waren diese drei Prinzen, trotz der Uebereinstimmung im Ehrgeiz und im Feuereifer des Thatendranges, unter sich sehr verschieden. Nur Carlos war und blieb in der Gesinnung immer selbstständig, immer sein eigen; Don Johann verstand es dagegen, wenn es sein mußte, sich leicht und rückhaltslos in blinden Gehorsam zu fügen; und Alexander Farnese besaß sogar die Geschicklichkeit, sich fremde Eigenthümlichkeiten anzueignen.

Von den Universitätsstudien des Don Carlos wissen wir nichts. Aber in dieser Zeit hatte er eine Unterredung mit dem damals ihm noch nicht näher bekannten und als Alcabe fungirenden Hernan Suarez, die zu gut beglaubigt ist, um für erfunden gelten zu dürfen, und die zur Genüge zeigt, daß er mit geschichtlichen und staats=

rechtlichen Kenntnissen wohl versehen, selbstständig und aufgeklärt im Den=
ken, von gesundem Urtheil und feind allem Standesdünkel war. Der
Kern des Gesprächs war folgender. „Wer von meinen Vorfahren
hat Ihr Geschlecht geadelt?" fragte Don Carlos den Alcaden.
„Keiner!" antwortete dieser, „ich bin Hidalgo von Geblüt, nicht
durch Verleihung". Ironisch versetzte Carlos: „Diese Unterscheidung
verstehe ich nicht recht. Mein königliches Geschlecht, wenn ich
von mir aufwärts zurücksteige, endet schließlich in Pelagius, der
nicht König war, sondern nach Robrigo's Tode durch Wahl dazu
ernannt wurde. Wenn wir mit Ihrem Geschlecht ebenso ver=
fahren, würden wir doch auch wohl auf einen Ihrer Vorfahren
treffen, der nicht adlig war?" Suarez gab zu, daß „allerdings
alles einen Anfang gehabt habe". Der Prinz aber fuhr fort: „Von
welcher Seite hat denn der Stifter Ihres Geschlechts seinen Adel
empfangen? Er hat sich doch nicht selbst von der Abgabe befreien
können, die bis dahin seine Vorfahren dem König gezahlt! Das
wäre ja offene Rebellion gewesen! Und es ist doch nicht wahr=
scheinlich, setzte er spöttisch hinzu, daß die Hidalgos von Ge=
blüt einen so verbrecherischen Ursprung hätten. Augenfällig war
es vielmehr der König, der sie von der Abgabe befreite und ihnen
damit den Adel verlieh". Suarez gab diese Schlußfolgerung
mit dem Bekenntniß zu, daß die Benennung „Adlige von Geblüt"
eben nur die bezeichne, deren Adelsursprung „unbekannt" sei. Diese
Unterredung, die ganz in der Art und im Charakter des Don Car=
los liegt, hätte wohl schwerlich von Juan Huarte, dem berühmten
Zeitgenossen der beiden Sprecher, so dreist im Jahre 1575 vor=
getragen werden können, wenn sie ihrem Inhalt nach erdacht ge=
wesen wäre.[9])

Gegen Ende December 1561 hatte Don Carlos noch eine
andere bedeutsame Unterredung zu Alcala mit dem Sohne seines
Erziehers und Oberhofmeisters Don Garcia de Toledo. Don Gar=
cia, der Bruder des Herzogs von Alba, hatte seine Stellung beim
Prinzen seit 1556 inne und wurde in derselben auch nach der Rück=
kehr Philipp's, ja bis zu seinem Tode im Jahre 1564 erhalten,
obgleich und vielleicht grade weil Don Carlos ihn nicht leiden
mochte; denn er sah in dem „kleinen" und „mürrischen" Mann nur

einen beschwerlichen Aufseher und Censor. Der Sohn desselben hatte aber das Vertrauen des so leicht sich offen hingebenden Prinzen zu gewinnen gewußt. Zur gedachten Zeit unterhielt er sich mit diesem über Heiraths= und Herzensangelegenheiten, und suchte ihn darüber auszuforschen, welche Gemahlin ihm wohl die liebste sein würde. Ohne Rückhalt erklärte der sechzehnjährige Don Carlos: „er habe sein Augenmerk auf die Königin von Schottland gerichtet; einmal, um seiner Größe willen, und um Rechtstitel und Mittel zu erlangen, in den Niederlanden etwas mehr zu sein als Statthalter seines Vaters, der noch jung sei, und von dem er noch auf lange Zeit hinaus große Staaten nicht erwarten könne; andererseits, weil er sie, nach allen ihm zugekommenen Mittheilungen, als schön, als weise und gute Katholikin, und als Herrin ihrer Rechte kenne". Zum Verständniß der letzteren Worte muß man sich ver= gegenwärtigen, daß eben damals Maria Stuart seit vier Monaten nach Schottland zurückgekehrt war; daß sie sich zwar sofort einen katholischen Hausgottesdienst eingerichtet, zugleich aber die ketzerischen Zustände der vollzogenen Kirchenreformation anerkannt und zu achten gelobt hatte; endlich, daß sie wegen ihrer Ansprüche auf Eng= land eigenmächtig, trotz aller Einreden und Proteste, mit dem schot= tischen Königstitel auch den englischen annahm.

Natürlich wurden jene merkwürdigen Aeußerungen des Prinzen dem Könige hinterbracht, und alsbald ruchbar. Sie gelangten auch zur Kunde des französischen Gesandten, des Bischofs von Limoges, der sie am 3. Januar 1562 brieflich der Katharina von Medici mittheilte. Auf Philipp machten sie ohne Zweifel einerseits den Eindruck eines gefahrbrohenden politischen Ehrgeizes, eines un= gemessenen Strebens nach einer selbstherrlichen Stellung neben ihm selber und zumal in den Niederlanden; andrerseits durften sie ihm als ein Beweis dafür erscheinen, daß Don Carlos die Anerkennung und Duldung ketzerischer Landeszustände nicht nur für verträglich mit der Eigenschaft eines „guten Katholiken", sondern sogar für „weise" erachte. Seitdem war Philipp von der Ueberzeugung durchdrungen, daß er sich vor allem hüten müsse, seinem Sohne auf dem Wege der Verheirathung zu einer irgendwie einflußreicheren oder unab= hängigeren Stellung zu verhelfen; und schon in einer geheimen De=

resche vom 10. März, auf die wir zurückkommen werden, zeigte er sich fest entschlossen: in Rücksicht auf das „Wohl seiner Angelegen= heiten" und auf das „Wohl der Christenheit" sein Verfügungsrecht, über die Zukunft seines Sohnes von jeglicher Eheverpflichtung frei zu erhalten.

Kaum sechs Wochen später, als die Spannungen zwischen Vater und Sohn offenbar bereits eine bedenkliche Höhe erreicht hatten, trat völlig unerwartet eine ableitende und anscheinend günstige Wendung ein, obgleich sie ihrer Natur nach tragisch genug war.

Eines Abends — es war am 19. April 1562 — zog sich Don Carlos durch Unvorsichtigkeit plötzlich eine lebensgefährliche Erkrankung zu. Haftig im Schlosse von Alcala die Treppe hinab= eilend, um der Tochter des Pförtners, die ihm sehr wohlgefiel, in den Garten zu folgen, that er einen schweren Fall. Anfangs wurde die Gefährlichkeit des Sturzes unterschätzt, die kleine Wunde am Hinter= kopf einfach verbunden. Alsbald aber stellte sich ein Rothlauf ein, der Kopf schwoll unförmlich an, die Augen wurden vollständig blind, Fieber und Delirium kamen zum Ausbruch. Carlos erschien sterbenskrank; er selbst glaubte sich am Rande des Grabes.

Am Hofe herrschte die äußerste Bestürzung: Isabella ward, gleichwie die Prinzessin Johanna, von Schmerz und Kummer ergriffen; sie betete und weinte Tag und Nacht. In Philipp zuckte zum erstenmal anscheinend ein Vatergefühl auf; auch er betete ganze Stunden auf den Knien zu Gott. Wer aber dürfte sich vermessen, seine innersten Gefühle zu ergründen, die er nie Jemanden an= vertraut hat? Wer will entscheiden, ob er „für die Erhaltung seines einzigen Kindes" gebetet, oder für dessen Seelenheil und jenseitige Seligkeit? Wer vermag zu prüfen, wie viel überhaupt bei seinem Thun ein Ausfluß wahrer Empfindung oder Berechnung für den öffentlichen Eindruck war? Gewiß ist, daß er seinen Sohn bisher als einen ungerathenen betrachtet hatte, und daß er nunmehr der festen Ueberzeugung lebte: derselbe sei unrettbar dem Tode ver= fallen. Während er daher mit großem Aufsehen öffentliche Gebete und Processionen als Heilmittel verordnete, sorgte er doch vor allem dafür, daß der Kranke schleunigst beichte und das Abendmal em= pfange. Und während er, selbst aus der Ferne, Heilkünstler aller

Art verschrieb, beschäftigten ihn doch schon die Einrichtungen zum Leichenbegängniß. In jener Ueberzeugung eilte er auch nach Alcala und ließ, wenigstens äußerlich, eine Versöhnung eintreten.

Die genauere Untersuchung hatte inzwischen festgestellt, daß der Schädel des Kranken unverletzt sei; nur die Hirnschalhaut schien leicht afficirt. Aber alle Heilmittel blieben erfolglos; man gab dem Kranken am 8. Mai Abends nur noch drei bis vier Stunden zu leben. Eine Consultation der berühmtesten Aerzte führte zu einem letzten Rettungsversuche; man beschloß die Trepanirung. Der Prinz trug alle Schmerzen mit außerordentlicher Energie und Standhaftigkeit. Der Schädel erwies sich gesund, weiß und fest; nur einige Tropfen dunklen Blutes traten hervor. Da nicht sofort eine Erleichterung sich kundgab, schritten die Bevollmächtigten Philipp's, der auffallenderweise trotz dieser Krisis Alcala bereits wieder verlassen, zuvor jedoch Instructionen für die Leichenfeier ertheilt hatte, zu einem kirchlichen oder wunderthätigen Heilversuche. Man holte die Gebeine des längst verstorbenen und für heilig gehaltenen Franziscanermönchs Frater Diego herbei und applicirte sie dem Bett des Kranken; während die Aerzte ihrerseits ihm zur Ader ließen und Schröpfköpfe setzten. Da trat endlich Erleichterung, Schlaf und sichtliche Besserung ein. Mit dem 13. Mai war jede Gefahr vorüber. Die gute Natur des Prinzen hatte sich selbst geholfen; die Aerzte schrieben die glückliche Wendung ausschließlich ihrer Heilkunst zu; Philipp, der Anfangs der Nachricht von der Besserung durchaus keinen Glauben schenken wollte, und der am 14ten nach Alcala zurückkam, glaubte, gleichwie das Volk und Don Carlos selbst, an die wunderkräftige Wirkung jener Gebeine.

Allmählig verschwand auch das Fieber, das Augenlicht kehrte vollständig wieder, der Kopf trat in seine natürlichen Verhältnisse zurück. Doch erst am 14. Juni konnte der Prinz das Bett verlassen, die Messe hören und das Abendmal empfangen. Am 16ten begrüßte er den eben wieder eingetroffenen Vater in dessen Gemächern und empfing ehrfurchtsvoll dessen Umarmung. Im folgenden Monat Juli kehrte er an den Hof nach Madrid zurück, während Don Johann noch bis zum Frühling und

Alexander Farnese bis zu Ende des Jahres 1564 in Alcala verblieben.

So trat denn eine Spanne des Friedens ein; Vater und
Sohn schienen versöhnt. Zwar hatte es den König sicher nicht an-
genehm berührt, daß Carlos auf seinem vermeintlichen Sterbebett
mitten in seinen Fieberphantasien vor allem an sein: politische
Stellung und an die Königin gedacht, und daß er an ihn in einem
lichten Augenblick plötzlich die Worte gerichtet hatte: „er bedauere
seinen Tod um so mehr, als er von der Königin noch keine Kinder
erblicke". [10]) Allein Philipp gab sich vielleicht — so durfte man
voraussetzen — der Hoffnung hin, daß seine gebieterische Er-
ziehungsmethode in Verbindung mit dem Todesschrecken der über-
standenen Krankheit doch am Ende die trotzige Natur des Sohnes
umgewandelt, und ihn der Nachfolge in seinem Sinne würdiger
gemacht habe.

---

4. Scheinfriede und Zwietracht, officielle Ver-
läumdungen.

Nur allzubald indeß erwies sich der Akt der Versöhnung als
ein bloßer Scheinfriede. Das gegenseitige Mißtrauen währte fort,
und fand immer neue und neue Nahrung.

Der finster brütende, heuchlerische und grausame Charakter des Königs begann nach allen Seiten hin seine verderbenbringenden Wirkungen
zu entfalten. Ja, dieser Charakter trat für Jeden, der mit ihm
verkehrte, so deutlich an den Tag, daß es, zumal in den Kreisen
des Hofes, der Staatsmänner und der fremden Diplomaten, fast
sprichwörtlich ward zu sagen: „Von seinem Lächeln bis zum Messer
ist's nur ein Messerrücken weit". Er regierte, nach dem Ausdruck
des damaligen Gesandten Morisini, „die Völker mit einer Eisenruthe". [11]) Seine von der Lobhudelei gepriesene sogenannte „Weisheit" — fern davon, eine Verfolgung edler Zwecke mit offenen
Mitteln zu sein — war nichts weiter als ein Zusammenwirken
feiger Intrigue und berechnender Tücke; seine fälschlich sogenannte

„Gerechtigkeit" bestand nicht in dem Verlangen, auf das strengste zwischen Schuld und Unschuld zu unterscheiden, sondern nur in der gleichmäßigen Bedrohung Aller, der Großen wie der Kleinen, des Fürstensohnes wie des Bettlers, mit jener Eisenruthe oder mit Feuer und Schwert. Immer häufiger und massenhafter loderten in Spanien die Scheiterhaufen auf; und in den Niederlanden vermaß sich Philipp, ein ganzes Volk mit der Todessense wegzumähen. Und doch! wie er trotz seiner Grundsätze über die Solidarität von Thron und Altar gelegentlich keinen Anstand nahm, den letztern oder das Papstthum mit Waffengewalt zu bedrohen und zu bekämpfen: so trug er auch trotz seines grundsätzlichen Glaubenseifers kein Bedenken, die Inquisition, die angeblich nur dem „Dienste Gottes" geweiht sein sollte, zugleich und oft erwiesenermaßen ausschließlich als eine der ergiebigsten Finanzquellen zu handhaben. Denn da die Güter der Verurtheilten dem Staat d. h. ihm selbst anheimfielen, so gelüstete es ihn, ohne Rücksicht auf Schuld oder Unschuld, die Verurtheilungen ins Unendliche zu vervielfältigen. Ausdrücklich huldigte er mit Alba dem entsetzlichen Grundsatz: daß bei „Staatsprocessen" kein juristischer „Beweis" der Schuld und keine Rücksicht auf die „Gesetze" des Landes erforderlich sei. So trieb er in der That „mit göttlichen und menschlichen Rechten" ein frevelhaftes oder, wie Havemann sagt, ein „nichtswürdiges Spiel".[12])

Daß Philipp hartherzig bis zur völligen „Gefühllosigkeit" war, und daß er niemals eine „Begnadigung" aussprach, haben wir schon hervorgehoben. Aber seine unübertreffliche Kunst der Verstellung und seine eisig kalte Ruhe erzeugten zuweilen selbst bei geschulten Beobachtern den täuschenden Eindruck einer sanften und gnädigen Stimmung, dem aber jederzeit die schrecklichste Enttäuschung folgte.[13]) Es war anerkanntermaße die Art des Königs, seine Absichten und Anschläge in der tiefsten Stille seines Innern groß zu ziehen. Niemanden theilte er sie ganz mit, und soweit er sie seiner nächsten Umgebung, seinen vertrautesten Räthen eröffnen zu müssen glaubte, suchte und fand er eine Bürgschaft des Geheimhaltens in der Pflicht der unbedingten Verschwiegenheit, die er allen seinen Vertrauten bei Lebensgefahr auferlegte. Dabei war es dann auch ferner seine Art, um über den wahren Sachverhalt desto sicherer

zu täuschen, ab und zu eine irreführende Parole auszutheilen oder
ein falsches Gerücht aussprengen zu lassen. Insbesondere mußte er
seinen Groll und Haß gegen bestimmte Personen künstlich zu verbergen, und die Wirkungen desselben so lange zurückzuhalten, bis er
den geeigneten Anlaß fand, den entscheidenden Schlag zu führen. [14]

War nun, muß man billigerweise fragen, seit der Versöhnungs-
scene in Alcala, seit dem Sommer 1562, der Widerwille des Königs gegen Don Carlos wirklich beschwichtigt? Oder wußte er nur
auch ihn so lange künstlich zu verbergen, bis seine Absichten gereift
und der geeignete Augenblick zu entscheidendem Handeln nach der
einen oder andern Seite hin gekommen sei? Schon sein ganzer
Charakter und seine Haltung in allen ähnlichen Fällen sprechen für
die letztere Annahme. Aber noch mehr! es spricht dafür mit be-
weisender Kraft eine Reihe der denkwürdigsten Thatsachen, die sämmtlich dafür zeugen, daß er schon seit dem Jahre 1562 den
Gedanken verfolgte, seinen — wie er meinte — entarteten Sohn
nicht zur Thronfolge gelangen zu lassen.

Nichts war natürlicher, als daß sich der nunmehr siebzehn-
jährige Prinz immer dringender sehnte nach der wider Brauch ihm
vorenthaltenen politischen Thätigkeit; nach der Schließung eines Ehe-
bündnisses, als des sichersten Mittels zur Erlangung einer selbstständigen Stellung; nach der so oft ihm verheißenen Statthalterschaft
der Niederlande; und nach der endlichen Anerkennung als Thronfolger auch von Seiten der aragonischen Staaten.

Allein Philipp ließ, trotz jenes Wendepunktes, von seiner Zucht-
methode nicht ab. Es fiel ihm nicht ein, seinen Sohn in irgend
ein Staatsgeschäft einzuweihen; und noch viel weniger, ihm irgend
eine Provinz, wenn auch nur dem Namen nach, zur Verwaltung
zu überlassen. Er stemmte sich gegen alle Heirathsprojecte in Betreff des Prinzen; nur zum Schein ließ er sich auf Verhandlungen
darüber ein, die indeß grundsätzlich dilatorischer Natur waren, und
kraft deren er immer das eine Project durch die anderen in Schach
hielt; über den Zweck dieses Verfahrens äußerte er sich bereits in
der schon erwähnten Depesche vom 10. März 1562 geheimnißvoll
zu einem Vertrauten also: „Zum Wohle meiner Angelegenheiten und zum Wohle der Christenheit ist es erforderlich,

und zwar aus vielen Gründen, den Prinzen frei zu er=
halten (d. h. in Bezug auf ihn freie Hand zu behalten), und in
keine Verpflichtung in Betreff seiner einzugehen bis zu dem Zeit=
punkt, wo die Verheirathung wirklich wird vor sich gehen
sollen".[15] Endlich unterließ er auch, trotz der dringendsten
finanziellen Anlässe, fort und fort die Berufung der Cortes von
Aragonien, und damit die Herbeiführung der dadurch bedingten
Thronfolgerhuldigung.

Alle diese Unterlassungen, die nothwendig den Frieden stören,
die Versöhnung zerreißen und den Groll von neuem anstacheln
mußten, hätten gar keinen Sinn gehabt, d. h. wären offenbar
zwecklos und überflüssig gewesen, wenn Philipp, trotz der Wieder=
genesung des Don Carlos, wie behauptet ward, an einen baldigen
natürlichen Tod, desselben geglaubt hätte. Denn wozu ihm dann,
unter moralischen Peinigungen und unter gegenseitigen Verstim=
mungen, Rechte oder Zugeständnisse vorenthalten, die der Tod ja
doch alsbald wieder cassirt oder dem Geber zurückgegeben haben
würde. Einen Sinn hatten also jene Unterlassungen nur dann,
wenn Philipp Willens war, oder doch mit dem Gedanken sich trug,
den Prinzen unter keinen Umständen zur Thronfolge gelangen zu
lassen, und ihn daher durchaus unter seiner alleinigen Gewalt zu
behalten. Denn nur in diesem Falle konnte er in jedem Augen=
blicke über dessen Person frei verfügen, ihn ohne Einspruch fremder
Mächte und ohne Mitwirkung der Stände (mit Ausnahme der
castilischen, weil diese schon gehuldigt hatten) der Thronfolge ver=
lustig erklären, oder ihn nach Belieben und je nach den Umständen
verhaften, zeitlebens einsperren oder selbst vom Erdboden verschwin=
den lassen.

Und in der That! grade seit dem Jahre 1562 sah sich Phi=
lipp mit wachsender Sehnsucht nach einem andern Thronfolger
um. Sich bereits wie erbelos betrachtend, erhoffte er vor allem,
daß seine Gemahlin Elisabeth ihm „Erben" geben werde. Die
Aeußerung des Prinzen zu Alcala, daß er „noch keine Kinder
der Königin erblicke", hatte ihn wie bitterer Hohn getroffen. In
Folge wiederholt getäuschter Hoffnung gestaltete sich sein Verhältniß
zu seiner Gemahlin immer unfreundlicher; er hörte auf, ein „guter

Ehemann" zu sein. Erst mit dem Juni 1564 besserte sich einiger=
maßen sein Verhalten gegen die Königin; er wurde „etwas freund=
licher" gegen sie. Denn von neuem überließ er sich der Hoffnung,
„daß Gott der Königin Erben gebe".[16]) Allein die Ungewißheit
dieser Aussicht bewirkte, daß er seine Umschau nach einem anderen
Thronfolger zugleich und immer entschiedener nach einer anderen
Seite zuwandte.

Denn bereits seit dem Jahre 1562 betrieb er auch auf das
eifrigste die schon seit 1560 gewünschte Uebersiedelung seiner Neffen
Rudolf und Ernst, der Söhne Maximilian's, aus Deutschland nach
Spanien. Indem er auf die Wirksamkeit des Vertrages von 1551,
kraft dessen ihm selbst, und mithin auch dem Don Carlos, die
Nachfolge in Deutschland und in der Kaiserwürde zufallen sollte,
freiwillig verzichtete, weil er voraussah, daß seine Wahl, bei der
entschiedenen Vorliebe der deutschen Fürsten für Maximilian, doch
nicht durchzusetzen sein werde — erfaßte er vielmehr die Idee, um=
gekehrt die Söhne des Letzteren für die eventuelle Thronfolge in der
spanischen Monarchie heranzubilden. Zu dem Ende wollte er sie
in der strengsten Kirchlichkeit und ganz in seinen eigenen Grund=
sätzen erziehen; ja es kam ihm ausgesprochenermaßen darauf an,
daß sie sich „ganz mit spanischen Ideen und Gefühlen erfüllten":
Insbesondere hatte er dabei, wie sich bald genug herausstellte, die
Eventualität im Auge, den ältesten der beiden Erzherzöge, den
damals zehnjährigen Rudolf, an der Stelle des Don Carlos
zum Nachfolger in Spanien zu erheben.[17])

Hiermit steht nun in auffallender Uebereinstimmung, daß gleich=
zeitig, d. h. ebenfalls im Jahre 1562, in den Kreisen der Diplo=
matie, also offenbar aus officieller Quelle, die ersten Ausstreuungen
über eine zeitweilige Geistesstörung des Infanten umliefen.
Man sprach mit einem Male von seiner „melancholischen Gemüths=
beschaffenheit", von seiner „unablässigen Heimsuchung durch das
Quartanfieber", und von einer damit in Verbindung stehenden „zeit=
weisen Geisteszerrüttung"; man deutete dabei geheimnißvoll an, daß
die letztere „um so bemerkenswerther an ihm sei, als sie ein Erb=
theil seiner Urgroßmutter zu sein scheine". Jedermann wußte aber,
daß diese, die unglückliche Johanna von Castilien, die Mutter Kai=

ſer Karl's V., wegen Wahnſinns enterbt und zeitlebens
eingeſperrt wurde. Man konnte alſo leicht einen Schluß
ziehen auf das möglicherweiſe dem Don Carlos bevorſtehende
Schickſal. Erſt ſpäter kam man auf den Einfall, die angebliche
Geiſteszerrüttung des Prinzen ſeinem Sturze in Alcala zuzuſchrei=
ben, ungeachtet die berühmteſten Aerzte, und zwar alle ohne Aus=
nahme, den Schädel für „unverletzt und geſund" erklärt hatten.
Aber die angeblichen Symptome und Beweiſe derſelben malte man
ſchon ſeit 1562 in lügenhafter Weiſe aus. Man behauptete: er
richte an Jedermann ganz „ungehörige Fragen", die allein ſchon
darthäten, wie „gering ſein Verſtandesvermögen" ſei; ſeine Reden
ſeien „ziellos und ohne Urtheil"; in vielen Stücken ſei er „noch
ſo kindiſch wie ein Kind von ſieben Jahren"; ſeine „Vernunft der=
art, daß er nicht zu unterſcheiden wiſſe, was recht und unrecht,
ſchädlich oder nützlich, möglich oder unmöglich ſei".[18]

     Daß alle dieſe und ähnliche Behauptungen erlogen waren, und
daß von einer Geiſteszerrüttung oder „Verrücktheit" bei Don Car=
los nicht die geringſte Spur zu finden war: dafür bürgen ſchon
allein durch ihre Ausſagen zwei der lauterſten Zeugen dieſer Zeit —
der öſterreichiſche Geſandte, Dietrichſtein, und der Beichtvater des
Infanten, Diego de Chaves.[19] Doch wird ſich im weiteren Ver=
laufe eine ganze Fülle ſchlagender Gegenbeweiſe ergeben.

     Die Geldverlegenheiten des Königs hatten ſich in Jahresfriſt
dermaßen geſteigert, daß er ſich endlich, nach langem Widerſtreben,
im Juli 1563, dennoch zu einer Einberufung der aragoniſchen
Stände verſtehen mußte. Die Thronfolgerhuldigung war demnach
nicht länger zu umgehen, oder ihre Umgehung erſchien vielmehr als
eine Unmöglichkeit.

     Allein Philipp wußte ſie dennoch zu ermöglichen. Ein erneu=
ter Fieberanfall des Sohnes — es war ein dreitägiges Fieber —
diente ihm zum Vorwand, denſelben weder mitzunehmen, als er
im Auguſt nach Monzon abreiſte, noch auch ſpäter dorthin nach=
kommen zu laſſen. Und doch blieben die Cortes daſelbſt ununter=
brochen bis zum Januar 1564 verſammelt! Und doch wäre eine
Luftveränderung das heilſamſte Mittel zur Verſcheuchung der Fieber=
anfälle geweſen! Und doch achtete Philipp des Fiebers, wenn es

ihn selbst befiel, so wenig, daß er sogar an Fiebertagen weder der Geschäfte noch des Reisens sich enthielt! So blieb denn Don Carlos, trotz der vielen fieberfreien Tage, die ihm vollkommen das Reisen gestattet hätten, in Madrid gebannt, von dem er sich nicht ohne die Erlaubniß oder den Befehl des Vaters entfernen durfte. Wie wenig aber jener Krankheitsvorwand, durch den sich so viele Historiker täuschen ließen, ernst gemeint war, und wie sehr es dabei dem König nur um eine heuchlerische Ausflucht ankam — das ergiebt sich vollends aus der Thatsache, daß er im October 1563 seinem verzweifelnden und damals völlig vom Fieber befrei= ten Sohne bereitwillig die Uebersiedelung nach Alcala zugestand, während er ihm die ersehnte Uebersiedelung nach Monzon unter allerhand Winkelzügen vorenthielt und versagte. Ein bloßes Schein= manöver war es natürlich auch, wenn er gegen Ende der Session, am 29. December, den Cortes die Vornahme der Huldigung durch Procuration vorschlug. Denn er wußte wohl, daß dies staats= rechtlich unstatthaft war; und er gab auch deutlich genug zu er= kennen, daß er die Verwerfung des Vorschlags erwarte.

Die Cortes von Aragonien waren in der That mit dem Ver= halten Philipp's in der Huldigungsfrage ebensowenig wie mit dessen sonstiger Politik einverstanden. Abgesehen von anderen oppositio= nellen Regungen, bestanden sie namentlich mit Beharrlichkeit und Entschiedenheit auf einer Einschränkung der Gewalt der Inquisition. Und als sie endlich mit dem Ausgang des Januar 1564 sich trenn= ten, mußte der König ihnen zuvor das feierliche Versprechen leisten, die vertagte Thronfolgerhuldigung „binnen Jahresfrist" nachzuholen. Es braucht kaum gesagt zu werden, daß Philipp dieses Versprechen mit dem Hintergedanken ablegte, es nicht zu halten. Er gedachte vielmehr auf eine unbestimmte Reihe von Jahren hinaus die ara= gonischen Stände nicht wieder zu berufen.

Inzwischen hatte er desto eifriger die Herüberkunft der beiden Erzherzöge, Rudolf und Ernst, betrieben. Im März landeten sie mit ihrem Führer und Erzieher, dem Freiherrn von Dietrichstein, im Hafen von Barcelona. Philipp bereitete dort persönlich den beiden Knaben einen so glänzenden Empfang, als ob es sich um regierende Häupter handelte; und er überschüttete sie mit so auf=

fallenden Beweisen von Zärtlichkeit, als ob sie seine eigenen und
geliebtesten Kinder wären. Anfangs Juni kehrte er nach Madrid
zurück, wo sich nun, mit den Erzherzögen, der gesammte Hof
zusammenfand.

Don Carlos war seit dem October unausgesetzt in Alcala verblieben. Sein einziger Trost daselbst bestand in dem erneuten Zu-
sammenleben mit Don Johann und Alexander Farnese. Im
Uebrigen war seine Stimmung begreiflicherweise eine trübe und
niedergeschlagene; jede Hoffnung für die Zukunft schien von ihm zu
weichen, er war nahezu lebenssatt. Der Umstand, daß im April
1564, zur Begrüßung der Erzherzöge, nicht er, sondern Don Johann nach Madrid beordert wurde, konnte ihn nur neuerdings
schmerzlich berühren. Wer wollte ermessen, welche Gedanken in ihm
aufstiegen, welche Kämpfe in ihm vorgingen! Durfte er sich denn noch
zu den in ihrem Rechte anerkannten Factoren des Staatslebens
zählen? Oder galt er als ein überzähliger und überflüssiger? Auf
alle Fälle überwog in seinen Gefühlen der Kummer den Zorn, und
die Fassung den Kummer. Und aus dieser Stimmung heraus vollzog er am 19. Mai 1564 sein überaus denkwürdiges Testament.
Nach dem Verlust seiner, wie wir noch sehen werden, sehr zahlreichen Schreibereien ist dieses Aktenstück jetzt das einzig noch vorhandene ausführliche Zeugniß seiner selbst, seines Wesens und seiner
Denkweise. Denn der Inhalt gehört ihm selber an, und nur die
juristisch redactionelle Form dem Hernan Suarez. Er zeigt sich
darin fromm ohne Frömmelei, katholisch ohne irgend einen Anflug
von Unduldsamkeit, ehrfurchtsvoll gegen den König mit Vermeidung
jedes Ausdrucks der Liebe, dagegen voll kindlicher Pietät und rüh-
render Hingebung für seinen „Lehrer" Honorato Juan, den er mit
Beweisen und Worten der Liebe überschüttet. Er verhehlt nicht,
daß ihm das weltlich-bürgerliche Leben höher als das geistlich-klöster-
liche steht; einem jungen Mädchen — vielleicht jener Pförtners-
tochter von Alcala — setzt er 1000 Ducaten aus, falls sie sich
dem Klosterleben widmet, 3000 dagegen im Fall der Verheirathung.
Andererseits erweist er sich begeistert für große Kriegsthaten und
Kriegshelden; auch ist er bedacht, die Künste, die Wissenschaft und
den Unterricht zu fördern; er bezeigt sich wohlwollend gegen Alle,

und nicht am wenigsten gegen seine jungen „Sklaven", die er zu
tüchtigen Künstlern und „braven Menschen" erzogen, freigelassen und
zur „Heirath" ausgestattet wissen will; er spendet auf das frei=
gebigste nach allen Seiten hin Vermächtnisse, und setzt schließlich den
König, seinen Vater, falls er selbst „ohne legitime Kinder sterbe",
zu seinem Universalerben ein.   Nicht das Unwichtigste aber ist, daß
dieses Document, um mit Gachard zu reden, „die Behauptung
Lügen straft", als ob Carlos an „Geistesstörung" gelitten habe. Denn,
seinem ganzen Inhalt nach ist es „voll Sinn, Verstand und Herz;
es ist von den edelsten und großmüthigsten Gefühlen durchweht". 20)

Erst mit Anfang Juni wurde Carlos für genesen erklärt und
ihm die Rückkehr nach Madrid gestattet; er traf daselbst, gleichzeitig
mit dem König und den beiden Erzherzögen, am 10. Juni ein. Er
erwies sich in der That körperlich vollkommen gesund, beträchtlich
gewachsen, kräftig und gewandt in allen Leibesübungen. Und sein
geistiger Zustand offenbarte nicht minder für jeden Unbefangenen eine
vollkommene Gesundheit und einen hohen Grad von Verstand.

Kein Wunder daher, wenn Dietrichstein durch die Begegnung
mit dem Infanten einigermaßen überrascht wurde. Denn den
wirklichen Don Carlos fand er doch wesentlich verschieden von
dem Bilde, das man ihm zuvor von demselben entworfen hatte.
Im April hatte er durch bloßes Hörensagen von gewissen Hofleuten
eine dem Prinzen höchst nachtheilige lügenhafte Auskunft im oben=
geschilderten Sinne erhalten, und ausführlich das Gehörte unterm
22ten an Maximilian berichtet. Hatte er aber schon damals dem
Zweifel Ausdruck gegeben, daß „nicht alles wahr sei, was man
sage": so sah er sich vollends im Juni, auf Grund seiner persön=
lichen Bekanntschaft mit dem Prinzen, und nach Maßgabe unbe=
fangenerer Zeugnisse, zum förmlichen Widerruf in den Hauptpunkten
genöthigt.

Nunmehr berichtete er am 29. Juni, im Gegensatz zu seiner
früheren Meldung, über den Infanten: „Er hat mit mir vielmals
geredet und viel gefragt, wie es sein Brauch ist; aber seine Fragen
sind gar nicht ungereimt gewesen, wie man sagt daß er sie thue,
sondern es waren alles Fragen, die zu thun ihm sehr wohl ge=
bührte und anstand. Er hat ein treffliches Gedächtniß,

und macht davon vielfach einen äußerst scharfen Gebrauch. Das
giebt den Leuten zuweilen Veranlassung zu sagen, daß er in seinen
Reden allzu frei, aufrichtig und unbedacht verfahre... Er ist sehr
gottesfürchtig, ein großer Freund der Gerechtigkeit und Wahrheit;
er mag durchaus keine Unwahrheit leiden, und wen er einmal auf
einer Unwahrheit ertappt hat, von dem mag er nichts mehr wissen.
Er hat tapfere, redliche, tugendhafte, ehrliche und ausgezeichnete
Leute lieb; er will, daß ihm gut und fleißig gedient werde, und
den, der dies thut, den liebt und fördert er; auch ist er sehr gast=
frei". „Macht man ihm Fehler zum Vorwurf, so nimmt das ihrer
Viele nicht Wunder; sie meinen, man habe ihm bisher wohl Ursache
dazu gegeben. Was in der Jugend mit ihm versäumt worden, dem
hat man hinterher abhelfen wollen, und wie man ihn vormals hätte
behandeln sollen, so will man ihn jetzt behandeln — was er, der
ein großes und stolzes Gemüth hat, durchaus nicht dulden will.
Alle Diener, die er hat, sind ihm wider seinen Willen gegeben
worden. Auch hat ihn sein Vater zu nichts gebraucht, was ihn
nicht wenig schmerzt, und hat ihn an keinem Staatsgeschäft Antheil
nehmen lassen". Der König, setzt Dietrichstein hinzu, mag wohl
seine Gründe dazu haben. „Denn der Prinz ist heftig und jäh=
zornig, und läßt sich in seinem Zorn zum Aeußersten hinreißen; was
er um's Herz hat, das sagt er frei und unverholen, es treffe wen
es wolle; und wenn er einen Unwillen gegen Jemand gefaßt, so
läßt er ihn nicht wieder fallen; er beharrt hartnäckig bei seiner
Meinung, und was er sich vornimmt, das will er auch durchgeführt
wissen; worüber denn ihrer Viele erschrecken, für den Fall daß er
seinen Verstand nicht zum Rechten gebrauchen sollte".

Hiernach ist es augenfällig, daß Dietrichstein in Don Carlos
einen entschiedenen Charakter und einen scharfen Ver=
stand oder, wie Gachard sich ausdrückt, einen esprit piquant er=
kannte. Und hierin stand er durchaus nicht allein, auch wenn man
ganz von Zeugnissen wie die Brantôme's absieht. Die besten Kenner
des Prinzen, Honorato Juan, Hernan Suarez und Diego de Chaves
urtheilten offenbar ebenso. Und auch die Herzogin Margarethe von
Parma erhielt eben damals von ihren Correspondenten in Spanien
die Auskunft: Don Carlos „gebe in Bezug auf seine Persönlichkeit

und auf seinen Geist zu großen Hoffnungen Anlaß". Gar manche seiner pikanten Fragen und originellen Aeußerungen wurden, zum Verdrusse seiner Widersacher, mit Entzücken von den Spaniern wiederholt. [21])

Neben den böswilligen Gerüchten über Geistesstörungen des Prinzen wurden auch andere Verläumdungen und Fabeln, und zwar ebenfalls schon seit 1562, absichtlich über ihn ausgesprengt. Er habe, redete man damals dem Venetianer Tiepolo auf, „kein Ver= gnügen am Studium, noch an Waffenübungen, noch am Reiten, noch an anderen ehrsamen und anständigen Dingen, sondern nur am Uebelthun"; auch sei er „von Natur ungesund, über die Maßen schwach, und sieche dahin". Im April 1564 hatte man auch dem österreichischen Gesandten geflissentlich erzählt: „Bisher" habe der Prinz keine „Neigung zu etwas Gutem merken" lassen; er gebe sich mit „keinerlei Uebung" ab, und zeige überhaupt keine andere „Lust und Inclination", denn „allein zum Essen". Er „esse so gierig und so viel, daß es nicht zu sagen sei, und wenn er eben erst gegessen, so fange er von neuem wieder an". Dieses „Ueber= essen sei eine Ursache aller seiner Schwachheit, und besorge man deshalb männiglich, er werde bei diesem Wesen nicht lange leben können". [22])

Man fragt sich zunächst unwillkürlich: drückte dieser Schluß die Ueberzeugung oder einen Wunsch des Königs aus? Bezeichnet er seine wirkliche oder seine vorgebliche Meinung? Gefiel sich Philipp wirklich in dem Glauben, noch einmal und erfolgreicher wie im Jahre 1562 zu Alcala, „Instructionen für die Leichenfeier" seines Sohnes ertheilen zu können? Schaute er sich eben deshalb so vorzeitig und so betriebsam nach einem anderen Thronfolger um? Aber wozu waren dann jene unbilligen Unterlassungen, jene Vor= enthaltungen von Rechten erforderlich, von denen wir oben sprachen, und die mit Grund den Sohn so sehr verstimmten und erbitterten! Oder wurde vielmehr die Meinung, Carlos „könne nicht lange leben" nur deshalb ausgestreut, um eventuell selbst einen unnatür= lichen Tod natürlich erklären zu können? Das sittliche Gefühl drängt begreiflicherweise dahin, einen solchen Schreckensgedanken zu verneinen, obgleich es die Art Philipp's war, sich auf alle Even=

tualitäten vorzubereiten, seine Entschlüsse aber nur langsam reifen zu
lassen, und deshalb bedächtig nach allen Seiten hin so lange zu
laviren, bis der Augenblick der vollen Reife des Entschlusses
eintrat.

Gewiß ist, daß Philipp mindestens schon vor Ende des
Jahres 1564, fern davon auf ein baldiges Ableben seines
Sohnes zu rechnen, vielmehr ernstlich daran dachte, ihn ein=
sperren zu lassen. [23]) Gewiß ist überdies, daß mit einer schwa=
chen und zarten Constitution, wie es die des Don Carlos ohne
Zweifel war, nach aller ärztlichen Erfahrung keineswegs nothwendig
eine kurze, sondern sehr häufig grade vorzugsweise eine zähe und lange
Lebensdauer verbunden ist. Gewiß ist endlich, daß die Einleitungen
und die Prämissen, worauf jener Schluß über die voraussichtlich
kurze Lebensdauer des Prinzen beruhte, theils vollständige Lügen,
theils Uebertreibungen und Entstellungen waren.

Zunächst erweist sich bei näherer Prüfung der Gesundheits=
zustand des Don Carlos keineswegs als so trostlos, wie die officiellen
Gerüchte glauben machen wollten. Allerdings litt er häufig am
Fieber; aber dies war auch sein einziges, wiewohl sehr un=
bequemes Leiden; und er theilte dasselbe mit zahllosen Landsleuten
und mit den höchsten Personen des Hofes. An ihm litt z. B. auch
Don Johann im Jahre 1565, der König Philipp selbst in den
Jahren 1562 und 1566, der Erzherzog Ernst im Jahre 1567,
und ein großer Theil des Hofpersonals in den Jahren 1563 und
1564. Der Hauptunterschied bestand nur darin, daß man bei
anderen Personen des Hofes diese Fieberanfälle mit Recht meist
ignorirte, weil sie in der That für die geschichtliche Ueberlieferung
etwas ganz Gleichgültiges sind; während man bei der Person des
Thronfolgers, seitdem über ihm das Schwert des Damokles
zu schweben begann, d. i. seit 1560, derartige Krankheitserscheinungen
geflissentlich ausposaunte und sowohl an Bedeutung wie an Zahl außer=
ordentlich übertrieb. Denn es ist z. B. eine ausgemachte grobe
Lüge, wenn dem Paolo Tiepolo aufgeredet wurde: der Prinz habe
seit 1560 „drei Jahre hindurch fast ohne Unterbrechung
am Quartanfieber gelitten". Nicht nur leuchtet die Albernheit dieser
Aufstellung von selber ein, sondern es ist auch nachweisbar, daß die

fieberfreien Zeitspannen in dieser Periode weitaus überwiegend waren.
Namentlich wissen wir, daß in Alcala, wohin der Prinz am 31. Octo=
ber 1561 abreiste, sofort in Folge der Luftveränderung Besserung
und Genesung eintrat. Erst im Verlauf des Januars 1562 zog
sich Don Carlos durch seine Unvorsichtigkeit einen neuen Fieberanfall
zu, der aber seit Mitte Februar wieder völlig verschwand. Es war
daher eine absichtliche Unwahrheit, wenn Philipp im März nach
allen Seiten die „Besserung" des Prinzen in Abrede stellte; wiewohl
er dabei nicht wagte, den Ausdruck „Fieber" zu gebrauchen, sondern
nur von „Unpäßlichkeit" und „äußerster Schwäche" sprach. Indeß
waren auch diese Formeln wahrheitswidrig; denn Don Carlos zeigte
sich im April, bei seinem Liebesabenteuer und seinem Treppensprung,
vielmehr äußerst kräftig. [24])

Ebenso unglaublich klingt es von vornherein, wenn behauptet
wird, die Fieberanfälle des Prinzen zu Anfang August 1563
hätten bis zum 31. Mai 1564 fortgedauert, und der=
gestalt die Huldigung der aragonischen Stände unmöglich gemacht.
Denn die intimen Organe Philipp's sind hierin durchaus unglaub=
würdige Zeugen. Von den am meisten competenten erfahren wir
in diesem Falle freilich nichts. Bülletins nämlich oder Aussagen
der Aerzte, wie man sie doch bei wirklich schwerer und langdauernder
Krankheit voraussetzen müßte, sind gar nicht vorhanden; und eben=
sowenig ist die Möglichkeit gegeben, aus Correspondenzen Don Jo=
hann's und Alexander Farnese's oder des Hernan Suarez einen
vollen Aufschluß über das Maß des Wahren oder Unwahren zu
gewinnen. Als auffallend muß es indeß gleich auf den ersten Blick
erscheinen, ja als ein Wunder oder Räthsel, daß die zehnmonat=
liche Krankheit die Brütezeit gewesen sein soll für die gesunde,
rüstige, kräftige und an Wuchs beträchtlich geförderte Persönlichkeit,
als die Don Carlos wenige Tage darauf verbürgtermaßen in
Madrid eintraf. Auffallend ist es auch überdies, daß in den Zeiten,
wo der Prinz gewissermaßen Allen sichtbar und zugänglich war,
von den verschiedensten Seiten immer und immer nur gemeldet
wird: der Infant „befinde sich wohl" oder „sehr wohl", sei „ge=
sund" oder „sehr gesund" oder „gesunder und stärker denn je"
u. s. w. [25]) Und so ist es denn von vornherein mehr als wahr=

scheinlich, daß auch die officielle Sage von jener zehnmonatlichen Krankheit insofern in das Bereich der Lügen verwiesen werden muß, als es unmöglich an langen Unterbrechungen gefehlt haben kann. Freilich bieten sich zur Vergewisserung hierüber nur wenige, aber dennoch beweiskräftige Andeutungen dar.

Einmal steht fest, daß der Prinz gleich nach den ersten Fieber= anfällen, und grade zur Zeit der Abreise des Königs nach Monzon, am 18. August 1563, acht Tage hindurch fieber= frei gewesen war; und daß er erst nach diesem für ihn so ver= hängnißvollen Ereignisse, wahrscheinlich in Folge der ungeheueren Erregung, einen heftigen Rückfall bekam. Ferner erscheint er mit dem Beginn des Octobers gradezu als ein „Genesener", der sich „von Tag zu Tag kräftige"; und selbst nachdem der König sich entschlossen, ihn trotzdem nicht nach Monzon kommen zu lassen, sondern nach Alcala zu schicken, ist bis zum Schlusse des Jahres immer nur von „Indisposition des Prinzen" oder von „Schwäche" die Rede, und nur einmal ward angeblich dafür von Seiten des Königs die Bezeichnung „Fieber", ein andermal der Ausdruck „Krankheit" gebraucht. Endlich wird unterm 31. Mai 1564 gemeldet: „Unser Prinz hat noch einmal, seit einigen Tagen, von neuem eine ganz kleine Anwandlung von Tercianfieber gehabt". Diese Ausdrucksweise setzt offenbar voraus, daß das Fieber schon längere Zeit, vielleicht monatelang, ganz verschwunden war. [26])

Wie die Körperschwäche des Don Carlos mit Absicht außer= ordentlich übertrieben wurde: so auch die angebliche „Ursache aller seiner Schwachheit", seine „Inclination zum Essen". Auch in dieser Beziehung sah sich Dietrichstein schon im Juni zum Widerruf ge= nöthigt, indem er nunmehr besser unterrichtet schrieb: „der Prinz ißt allerwegen nicht mehr als eine Speise, bestehend in einem ganzen gesottenen Kapaun, klein geschnitten und mit einer Hammelfleischbrühe übergossen; auch trinkt er nur einmal, und zwar Wasser, denn der Wein ist ihm sehr zuwider". Nach diesem Maßstab sind alle sonstigen Angaben über die vermeintliche Völlerei des Prinzen zu beurtheilen und einzuschränken. Die nur in den Niederlanden auftretende Behauptung, er habe einmal hintereinande

16 Pfund Obst gegessen, trägt den Stempel der Lüge oder des in
seinem Laufe wachsenden und multiplicirenden Gerüchtes deutlich an
der Stirn. Um dem Freiherrn von Dietrichstein gegenüber den
Widerspruch zwischen dem wirklichen Sachverhalt und den früheren
Verläumdungen aufzuheben, griffen die hochstehenden Gerüchtemacher
zu der Ausrede, als ob man inzwischen den Prinzen „zur Diät ge=
bracht" habe. Allein Don Carlos war, wie ja seine Feinde selbst
so eifrig behaupteten, ganz und gar nicht der Charakter, sich wider
Willen eine bestimmte Handlungsweise aufzwingen zu lassen, also
auch nicht eine bestimmte Diät. Ließ er sich übrigens, wie trotz der
unzureichenden Beweise nicht bestritten werden soll, gelegentlich Ueber=
ladungen und Unregelmäßigkeiten, gastronomische Excesse und Diät=
fehler zu Schulden kommen: so wurde er doch darin von zahlreichen
und sehr bedeutenden Fürsten aller Zeiten bei weitem übertroffen.
Jedenfalls steht er in Bezug auf den Weingenuß als ein unüber=
treffliches Muster der allerseltensten Enthaltsamkeit da. Und diese
Thatsache beweist schon allein, daß er seinen Gaumen keineswegs
verwöhnt hatte, und daß eine „Inclination" zu Tafelgenüssen ganz
und gar nicht bei ihm vorhanden war. [27])

Die schnödeste der obigen Verläumbungen war aber die, welche
dem Prinzen jede andere Neigung als die zum „Essen" absprach.
Zu „nichts" soll er „Lust" gehabt haben, und zwar zu nichts „Be=
sonderem", zu nichts „Gutem", zu keinem „ehrsamen und anstän=
bigen" Zeitvertreib, zu „keinerlei Uebungen" und Beschäftigungen,
sei es körperlicher oder geistiger Art. In Wirklichkeit aber
war der Sachverhalt ein ganz anderer, Don Carlos von vielen und
starken Neigungen erfüllt. Sein Hang zu kriegerischen Thaten war
und blieb so augenfällig, daß Badoaro noch 1561 gemeldet hatte:
„Man glaube, er werde einst auf Kriegführung und Eroberung
ausgehen"; und er selbst erging sich noch in seinem Testament von
1564 in wahrhaft schwärmerische Ergüsse über das Verdienst großer
Heldenthaten. Andererseits war seine „Begier, in die Staatsgeschäfte
einzubringen", so mächtig, daß die Gesandtschaftsberichte fortwährend
ihrer gedenken. Und diese zwiefache Neigung, diese doppelte Richtung
seines Thatenbranges bewirkte es ja eben, daß man vielfach, wie
Brantôme im Jahre 1564, sowohl einen „großen Feldherrn" wie

einen „großen Staatsmann" in ihm weissagte. In Betreff der körperlichen Uebungen sah sich Tiepolo selbst zum Widerruf veranlaßt; der Prinz, berichtete er nunmehr, als dieser im zwanzigsten Lebensjahre stand, „reitet und übt sich in den Waffen täglich viele Stunden hindurch." Und ebenso widerrief Dietrichstein am 24. November 1564 mit den Worten: „Der Prinz reitet und geht täglich aus, und thut große Uebung". Vernahm Carlos, daß dieser oder jener „ein guter Fechter" sei, so begehrte er sofort mit ihm einen Gang zu thun. Ueberdies erwies er sich gleich nach seiner Rückkehr von Alcala, bei dem Nationalspiel der jungen Edelleute des Hofes, am 24. Juni, als ein vorzüglich gewandter Stockschwinger; und ebenso war er ein vorzüglicher Schwimmer, in welcher Kunst er selbst den Don Johann von Oesterreich übertraf.[28] Dagegen fand er allem Anschein nach kein Gefallen am Waidwerk; wenigstens finden wir ihn nicht bei den Jagden, wo Philipp so eifrig die Erzherzöge schulte.

Und wie verhielt es sich nun mit seinen geistigen Neigungen und Beschäftigungen? Einen guten Theil des Tages finden wir ihn in häuslicher Zurückgezogenheit eifrig mit Schreibereien und Studien beschäftigt. Denn er hatte, wie später Dietrichstein meldete, die „Eigenschaft, alle seine Absichten und Gedanken aufzuschreiben", sowie „auch alles dasjenige, was Andere ihm gerathen oder mit ihm verhandelt" hatten.[29] Daß er in seiner ganzen Bildung, in der gewandten Handhabung der Sprache und des schriftlichen Ausdrucks, durchaus auf der Höhe seiner Zeit stand, ersehen wir, wie aus seinem Testament, so auch aus den wenigen Briefen, die noch von ihm sich erhalten haben.[30] Neben der spanischen Muttersprache hatte er die lateinische doch mit solchem Erfolg betrieben, daß er sich schon als kaum elfjähriger Knabe den handschriftlichen Codex der Commentarien Cäsar's aus der Bibliothek von Santa Cruz in Valladolid zum Zwecke privater Studien entlieh.[31] Wenn er ihn nach wenigen Tagen mit dem Bemerken zurückschickte, daß er erst nachträglich von dem Verbot Kenntniß erhalten, Bücher aus der Stiftsbibliothek nach Hause zu entleihen: so kann man doch darin nichts weiter als ein Zeichen der ihm eigenen Denkweise erkennen, kraft deren er kein Privilegium in Anspruch nehmen und das Gesetz achten wollte. Auch mit der deutschen Sprache hatte er sich schon frühzeitig beschäftigt; sein Leh= rer darin war Luis be Morisocle gewesen. Mit ganz besonderm Eifer studirte er sie aber, seit er sich mit der Hoffnung schmeichelte, die deutsche Prinzessin Anna, die Tochter Maximilian's, als Braut heimzuführen. Mit dem 1. Juli 1566 begann er bei dem ge= nannten Lehrer einen neuen, außerordentlich stundenreichen Cursus. [32])

Die Studien und die Lectüre des Prinzen breiteten sich namen=t lich über die verschiedenen historischen Disciplinen aus. Sein ge= schichtliches und staatsrechtliches Wissen wird uns durch Juan Huarte und durch den Inhalt des Testaments bezeugt. Seine „Wißbegier", die Ursache seiner Frageluft, wird von Allen anerkannt, die mit ihm verkehrten. In seiner reichhaltigen Bibliothek waren auch die alten Classiker zahlreich vertreten; neben Dichtern, wie Terenz und Aesop, finden wir den Geographen Ptolemäos, die Lebensbeschreibungen Plutarch's, die Werke des Dionysios von Halikarnaß und des Sallust; ferner enthielt sie das Leben Kaiser Karl's V., die Ge= schichte der Päpste und der katholischen Kirche, Werke über Genea= logie und Aehnliches mehr; auch fehlte es nicht an naturwissenschaft= lichen Schriften, an Büchern über Naturgeschichte u. s. w. [33])

Aber noch mehr! Don Carlos war offenbar seiner innersten Neigung nach ein Freund, Gönner und Förderer der Wissenschaften, des Unterrichts und der Künste. Freilich fehlte es ihm an Macht und Einfluß, um dieser Neigung einen vielseitigen, wirkungsreichen und rauschenden Ausdruck zu geben. Aber er that, was in seinen Kräften stand. Wissenschaftliche Forschungen wurden von ihm aus= gezeichnet belohnt; zumal solche, welche die von ihm so sehr ge= liebten und ersehnten Niederlande zum Gegenstande hatten. Dem Geschichtsforscher Ludovico Guicciardini wurde für sein noch heut berühmtes und noch heut unentbehrliches Werk, die historisch=stati= stische „Beschreibung aller Niederlande", ein Geldgeschenk von 200 Ducaten übersandt; Alonso de Laloo, der Secretär des Grafen Horn, der später gleichwie dieser der von Alba geschwungenen Todes= sense erlag, erhielt für sein Werk über den „Orden vom goldenen Bließ" eine Gratification von 2200 Realen. [34])

Während er dergestalt die Wissenschaften aufmunterte, nahm

er auch ſichtlich einen großen Antheil am Gedeihen des Unterrichts=
und Erziehungsweſens. In ſeinem Teſtamente und deſſen Zuſatz=
artikeln beſchäftigte er ſich eifrig mit der Gründung und Erweite=
rung von Lehranſtalten, mit der Vermehrung der Lehrſtühle oder
der Zahl der Profeſſoren, und Aehnlichem mehr. Aus ſeinen Haus=
rechnungen geht hervor, daß er ſogar der Erziehung einzelner Kin=
der, namentlich der Erziehung von Waiſen und Findelkindern, eine
perſönliche Fürſorge widmete. [35])

Wie ſehr er von den Künſten eingenommen war, lehrt nicht
nur der Umſtand, daß er ſich ſelbſt mit der Steinſchneidekunſt ab=
gab, ſondern auch eine Reihe anderer Thatſachen. Eine beſondere
Vorliebe hatte er offenbar für die Bildhauerkunſt. Vor dem Bild=
hauer Jacomo de Trezo, der ſie mit großem Erfolge lehrte, hegte
er eine ſeltene Achtung; ihm wollte er, laut ſeines Teſtamentes,
ſeine beiden jungen Sklaven, deren wir ſchon gedachten, Juan und
Diego, zum Unterricht anvertrauen; der Preis ihrer errungenen
Kunſtfertigkeit und ihrer rechtſchaffenen Haltung ſollte eben die Frei=
laſſung und die häusliche Ausſtattung ſein. Bei ſeiner Liebhaberei
für ſchöne Kunſtwerke war ihm kein Opfer der Erwerbung zu groß.
Ein Anlaß dieſer Art erregte ſogar aus beſonderen Gründen ein
großes Aufſehn. Für ein prachtvolles zu Mailand gefertigtes
Zimmerornament bot er nämlich 20,000 Thaler, ohne ſie zahlen
zu können. Als er die Summe von dem Bankier Grimaldi zu
entleihen begehrte, erwiederte ihm dieſer mit überſchwänglichen Com=
plimenten: „er ſtelle ſich Sr. Hoheit zur Verfügung für alles,
was ſie von ihm begehren möge". Don Carlos, der ſo grundſätz=
lich alle Unwahrheit und demnach alle derartigen höfiſchen Phraſen
haßte, nahm ihn zur Strafe dafür beim Wort und begehrte, unter
ſothanen Umſtänden, 100,000 Thaler. Grimaldi war nun außer
ſich und ſuchte allerhand Ausflüchte, aber vergebens. Don Carlos
behandelte ihn mit Zorn und Verachtung; er erklärte gradezu: „im
Verkehr mit Prinzen ſeiner Art dürfe man nicht dergleichen Com=
plimente in Anwendung bringen"; doch ließ er es am Ende bei
einem Denkzettel von 60,000 Thalern, d. h. bei einer Anleihe von
dieſer Höhe bewenden. Schließlich erwähnen wir noch der eifrigen
Bewunderung, die der Infant der redneriſchen Darſtellungskunſt

widmete. Wenn er an dem berühmten und geistreichen Schauspieler
Alonso de Cisneros ein so überaus großes Gefallen fand, so war
es ohne allen Zweifel das Kunstvolle des Vortrags, was ihn an
dessen Spiel und, allem Anschein nach, an dessen Vorlesungen
fesselte. [36]

Das Vorstehende dürfte schon hinreichend darthun, mit welcher
Beflissenheit die officielle Verläumbung bereits in den Jahren 1562
bis 1564 bedacht war, das Bild des Don Carlos nach den verschiedensten Richtungen hin zu entstellen. Und doch genügten ihr
alle jene falschen Ausstreuungen noch nicht; vielmehr schoß sie den
Pfeil der Verdächtigung gleichzeitig auch noch, in brutalster Weise,
nach einer andern anscheinend unnahbaren Richtung ab.

---

5. Heirathsprojecte und neue Verläumdungen.

Bei der großartigen Machtstellung der spanischen Monarchie
konnte es nicht ausbleiben, daß die Hand des Thronfolgers eine
vielfach und dringend umworbene war. Philipp durfte schon aus
Gründen der Politik die andrängenden Werbungen nicht ohne Weiteres zurückweisen; er mußte sich nothwendig auf Erwägungen und
Verhandlungen einlassen. Wir haben aber schon gesehen, daß er
dies mit dem ausgesprochenen Hintergedanken that, sich nach keiner
Seite hin in bindender Weise zu verpflichten, um für alle Eventualitäten freie Hand zu behalten, und in jedem Augenblick über
das Geschick seines Sohnes ohne An = und Einspruch Anderer verfügen zu können. Das hielt er ausdrücklich für geboten, um sein
politisches System und das Wohl der Christenheit, wie er es verstand, auf die Dauer sicherzustellen. An eine sogenannte „Besserung" seines Sohnes, an eine plötzliche Umwandlung der Natur
und Denkweise desselben, wagte er offenbar kaum mehr zu glauben.
Eine Verheirathung des Prinzen erschien ihm daher als eine so
große Gefahr für seine Politik und für die Religion, daß er sie
um jeden Preis bis auf das äußerste hinzuhalten entschlossen war.

Aus diesem Grunde haben denn auch an und für sich alle

jene Heirathsprojecte für uns kein näheres Interesse. Sie waren
eben niemals von Seiten des Königs ernst gemeint; er spielte nur
mit ihnen, theils um vorübergehend politische Combinationen durch
sie zu fördern, theils um die einen durch die anderen zu paralysi=
ren. Nur insoweit lohnt es sich auf sie einzugehen, als sie ent=
weder die Grundsätze und die Taktik des Königs oder die Haltung
des Prinzen beleuchten.

Drei dieser Projecte tauchten schon im Jahre 1560 auf: das
französische, das schottische und das österreichische. Das erstere
wollte Don Carlos mit Margarethe von Valois, der Schwester
Isabella's, verbinden; das zweite mit Maria Stuart, der Wittwe
Franz II.; das dritte endlich mit Anna, der Tochter Maximilian's
und Enkelin des Kaisers Ferdinand. Mit diesen drei Projecten
wetteiferte als viertes ein noch älteres: das castilianische, das den
Prinzen mit seiner Tante Donna Johanna vermählen wollte. Im
Jahre 1563 gesellte sich dazu vorübergehend ein fünftes: das
navarresische, das eine Verbindung des Don Carlos mit der hugue=
nottischen Königin von Navarra, Johanna d'Albret, der Wittwe
Anton's von Bourbon, erzielte. Dies Project war das einzige,
das kurzweg abgefertigt ward. Philipp, obwohl er ein halbes Jahr
hindurch selbst diese Verhandlung spielen ließ, wollte doch am Ende
ein so ketzerisches Haus nicht einmal in einer Scheinrolle figuriren
lassen. Nimmermehr, erklärte er schließlich, würde er seinen Sohn
einer Frau vermählen, die er „am liebsten vernichten möchte". [37])
So blieben denn nur die vier ersten Projecte als Schachfiguren in
dem Scheinspiel übrig. Philipp handhabte dasselbe mit einer un=
übertrefflichen Verstellungskunst; für ihn war in der That „die
Sprache nur erfunden, um die Gedanken zu verbergen".

Das französische Heirathsproject ging von Katharina von Me=
dici und ihrer Tochter, der Königin Isabella, aus. Die letztere
war von Anfang an eifrigst bemüht, für Don Carlos eine Gattin
zu suchen, die ihm und ihr gleichnahe stehe, und die ein aus=
gleichendes Bindeglied werden könne zwischen Vater und Sohn. Es
war begreiflich, wenn ihre Wahl, in Uebereinstimmung mit den
politischen Berechnungen ihrer Mutter, auf ihre jüngere Schwester
Margarethe fiel. Unablässig betrieb sie diese Verbindung. „Keine

andere Prinzessin", stellte sie dem Minister Ruy Gomez vor, „kann
mehr geeignet sein, das Temperament meines Stiefsohns zu mäßigen und sich ihm anzuschmiegen; keine ist für den Vater wie für
den Sohn in ihren gegenseitigen Beziehungen passender". Aber
Don Carlos wollte nichts von ihr wissen; sie war ihm zu jung;
als er zuerst ihr Porträt sah, im Februar 1561, hatte sie noch
nicht ihr achtes Jahr erfüllt; er nannte sie nur immer lachend die
„Kleine"; auch ihre Züge ließen ihn kalt. Alle Anpreisungen Isabella's und ihrer Hofdamen blieben vergeblich; auch ein vier Jahre
späteres Porträt versagte die Wirkung. „Die Kleine ist recht nied-
lich" oder „sie ist ganz schön" war alles was man, trotz aller Anspielungen und Empfehlungen, aus ihm herausbrachte. Philipp war
innerlich gleichfalls diesem Projecte abgewandt, weil es nur eine
überflüssige Verdoppelung der Familienbande beider Länder darstellte; aber er ließ es nichts destoweniger bis zu Ende des Jahres
1565 fortspielen. [38])

Der schottische Heirathsplan hatte für Don Carlos, wie wir
schon sahen, weit mehr Anziehungskraft; denn er bot seiner ehrgeizigen Phantasie einen weiten Spielraum, und er gestattete den
sofortigen Abschluß der Ehe d. h. den sofortigen Eintritt in eine
mächtige Stellung. Zwar war Maria Stuart um mehr als zwei
Jahre älter wie er; aber diesen Unterschied wogen ihre seltenen
Reize, nach Aller Urtheil, über und über auf. Er sprach im Herbst
1563 ganz offen darüber mit der Königin, indem er dabei die
Hoffnung auf eine Vereinigung Englands mit Schottland deutlich
durchblicken ließ. Dazu kam, daß Maria Stuart selbst die Verbindung mit Don Carlos allen übrigen vorzog und die Verhandlungen mit Eifer betreiben ließ. In der That war auch Philipp
innerlich diesem Plane am meisten gewogen. Er gefiel sich in dem
Gedanken, die beiden Königreiche von der Ketzerei wieder zu befreien
und für die katholische Kirche zurückzuerobern. Allein andrerseits
war er überzeugt, daß für eine solche Aufgabe sein Sohn ein völlig
ungeeignetes Werkzeug sei; er fürchtete vielmehr die ansteckende Kraft
der schottischen Ketzerei und die unberechenbare Politik seines Sohnes,
falls derselbe in die Lage versetzt würde, die Gewalt eines fremden
Thrones zu theilen. Er dachte daher nicht entfernt an die Zu-

läffigkeit einer folchen Verbindung; aber dennoch fetzte er die Ver=
handlungen darüber mit erheucheltem Ernfte fo lange fort, bis er
ihrer nicht mehr zu bedürfen glaubte.

Es fteht feft, daß fich der König am 18. November 1563,
während des Tagens der aragonifchen Stände, im Kreife feiner
vertrauten Räthe zu Monzon dahin entfchied: „Die fchottifche Ehe
convenire nicht, wegen der Difpofition (d. i. der Charakter=
befchaffenheit) des Prinzen, und infofern aus diefem Grunde
fich nicht von ihr die gewünfchten Früchte erwarten ließen, nämlich
die Katholifirung von Schottland und England, und die dadurch
bedingte Sicherftellung der Niederlande". Die Vertrauten des Kö=
nigs äußerten fich zugleich dahin: „Bei der Befchaffenheit des
Prinzen fei jede Parthie unpaffend, die nicht mehr Behaglichkeit
biete und mehr den Unruhen und abenteuerlichen Unternehmungen
entrückt fei, wie die fchottifche". Trotzdem wurden jedoch die Ver=
handlungen keineswegs abgebrochen, weil Philipp diefer Pofition auf
dem politifchen Schachbrett noch zu bedürfen glaubte; er wollte
namentlich die Verbindung der Maria Stuart mit dem König von
Frankreich, Karl IX., verhindern. Das Urtheil Philipp's änderte
fich indeß darum durchaus nicht. Vielmehr fchrieb er noch im
Auguft 1564 an Granvella: „Die Perfönlichkeit des In=
fanten und fo manche daran fich knüpfende Frage drän=
gen mir die Ueberzeugung auf, daß die Zurückführung Schottlands
und Englands unter den Gehorfam des römifchen Stuhles auf dem
Wege einer Vermählung deffelben mit der fchottifchen Königin nicht
zu erreichen ift".

In eben diefer Zeit ließ er allerdings die Scheinunterhand=
lungen über die fchottifche Ehe fallen; aber nicht aus den angeführten
Entfcheidungsgründen, fondern um durch eine Schwenkung zu Gunften
des öfterreichifchen Projectes den immer ernfter auftauchenden Plan
einer Vermählung der deutfchen Prinzeffin Anna mit dem Könige
von Frankreich zu vereiteln. Jedoch behielt er fich vor, dennoch auf
die fchottifchen Verhandlungen wieder zurückzukommen, falls das
Project einer Verheirathung der Maria Stuart mit Karl IX. ernft=
lich auf's Tapet gebracht werde. Dagegen unterftützte er feiner=
feits damals den Erzherzog Karl als Ehecandidaten für die fchot=

tische Königin; später aber den Don Johann von Oesterreich, wäh=
rend er den Erzherzog Karl für die englische Königin Elisabeth be=
stimmte. Trotz alledem wurde die schottische Werbung um den
spanischen Thronfolger im April 1565 noch einmal aufgenommen. [32])

Mittlerweile hatte das castilianische Heirathsproject schon mehr
als eine Phase durchlaufen. Dasselbe war von Donna Johanna
selbst seit 1556 erfaßt und seit 1560 auf das eifrigste betrieben
worden. Daran, daß sie zehn Jahre älter war, als der von ihr
erzogene Don Carlos, nahm sie keinen Anstoß. Galt sie doch als
eine der schönsten und anmuthigsten Frauen Castiliens! Für den
Verlust des portugiesischen Thrones erhoffte sie einen Ersatz in dem
Throne Castiliens, dessen Bevölkerung, sowie überhaupt die Ge=
sammtheit der Spanier, ihr überaus gewogen war. Auch war
Philipp dieser Verbindung im Princip nicht abgeneigt, weil er kraft
ihrer den Sohn noch am ehesten unter seiner Obhut behalten und
zur Hegung von Besorgnissen für die Zukunft weniger Grund ge=
habt hätte. Denn als Regentin hatte sich Johanna schon bewährt;
ihr vielleicht konnte es einst gelingen, die Regierung des Don Carlos
im Sinne der Politik seines Vaters zu lenken und zu beherrschen.

Allein grade gegen dieses Project zeigte seinerseits Don Carlos
einen unverholenen, ja einen so großen Widerwillen, daß man daraus
wunderlicherweise geschlossen hat, er habe gegen seine Tante über=
haupt eine Abneigung gehegt. Ist es doch gewiß, daß er, wie in
seiner Kindheit, so bis an sein Lebensende die aufrichtigste Ver=
ehrung für sie bewahrte. Aber es kennzeichnet nur seinen guten
Geschmack und sein richtiges Gefühl, wenn er diejenige, die er als
Tante und als bejahrte Hüterin seiner Jugend innig verehrte,
ebenso entschieden als Braut und als Gattin verschmähte. Don
Carlos war nicht angethan, sich wider Willen in ein Ehebündniß zu
fügen. Schon im December 1561 erklärte er mit Heftigkeit:
„Eher werde er sich das Leben nehmen, als sich zur Vermählung
mit seiner Tante zwingen lassen, da er sie durchaus nicht (im ge=
schlechtlichen Sinne) liebe". Johanna gab indeß die Hoffnung nicht
auf, den Widerstand ihres Neffen zu besiegen, und den König ihren
Bruder für sich zu gewinnen.

Eine neue Phase dieser Angelegenheit trat in der ersten Hälfte des Jahres 1563 ein, als die Cortes von Castilien in Madrid tagten. Die Partei der Johanna ergriff die Gelegenheit, um die Wünsche derselben durch ein Ständevotum zu unterstützen. Wirklich kam ein Beschluß zu Stande, kraft dessen eine Landtagsdeputation dem Könige die Bitte vortrug: aus Gründen der Zweckmäßigkeit den Thronfolger mit der Prinzessin Johanna zu vermählen. Philipp, weil er überhaupt keine Verpflichtung eingehen, sondern seinen Sohn „frei erhalten" wollte, gab eine ausweichende und zweideutige Ant= wort: „Sie möchten in diesem Punkte ein volles Vertrauen hegen; die Vermählung seines Sohnes mit einer Castilianerin sei in Berathung gezogen worden". Die Zweideutigkeit dieser Worte lag namentlich darin, daß nicht nur Johanna, sondern auch die österreichische Prin= zessin Anna in Castilien geboren war; jene zu Madrid, diese in Valladolid. Nach der Audienz beim Könige begab sich die Depu= tation zu Don Carlos selbst, um ihm anzuzeigen, daß sie bei seinem Vater die erwähnte Bitte gestellt hätten. Don Carlos erwiederte offen und unumwunden: „Wegen ihres gehorsamen Verlangens, von ihm Erben zu sehen, und wegen der an seinen Vater gerichteten Bitte, ihn zu verheirathen, bedanke er sich und nehme dies zu besonderem gnädigen Wohlgefallen an. Daß sie aber die Person, die er heirathen solle, seinem Vater vor= geschlagen: das sei eine sehr große Thorheit gewesen; auch hoffe er, sein Vater werde ihn zu dieser Verbindung nicht zwingen".

Philipp dachte nicht entfernt an einen solchen Zwang. Der Abscheu des Prinzen vor dieser Verbindung war ihm vielmehr sehr willkommen; denn um so gefahrloser konnte er das Project derselben anscheinend stützen, Frankreich dadurch in Schach halten, und seine Schwester mit eitlen Versprechungen trösten, welche angethan waren, die fremden Mächte irre zu führen. Eine Zeitlang war daher auch, in der ersten Hälfte des Jahres 1564, Johanna voller Hoffnung des Gelingens. Schon streute Ruy Gomez das Gerücht aus: „Der Hochzeit werde der König von Portugal beiwohnen, Don Carlos aber gleich nach derselben als Regent der Niederlande dorthin ver= reisen". Da trat gegen die Mitte des Jahres jene Wendung ein, die für Philipp eine Schwenkung zu Gunsten des österreichischen Projectes und daher eine Abstoßung aller übrigen, wenigstens vor

der Hand, unvermeidlich machte. Denn das drohende Gespenst einer
Allianz Deutschlands und Frankreichs, mittelst einer Vermählung
der Prinzessin Anna mit Karl IX., mußte um jeden Preis gebannt
werden. Am 17. Juni erklärte daher angeblich Philipp seiner
Schwester: „Er habe bisher allen Fleiß aufgewendet, um seinen
Sohn zur Verbindung mit ihr zu bereden; doch sei es ihm nicht
gelungen, weil er zur römischen Königstochter Neigung trage. Da
er ihn nun nicht wider Willen zur Heirath mit ihr zwingen
wolle, so sei er entschlossen, in die mit der Erzherzogin Anna ein=
zuwilligen". Gewiß ist, daß mit Anfang Juli der castilianische Plan
anscheinend zu Grabe getragen war. [40])

Das österreichische Heirathsproject war von Kaiser Ferdinand
eingeleitet worden, der es auch bis zu seinem Tode am 25. Juli
1564 auf das eifrigste betrieb. Maximilian als römischer König,
wie nachher als Kaiser, hatte es auf das dringlichste unterstützt;
und alle Glieder des habsburgischen Hauses in Deutschland nahmen
daran den wärmsten Antheil. Don Carlos war von vornherein
einer Verbindung mit seiner Cousine Anna nicht abgeneigt; vier
Jahre jünger wie er, war sie von allen Bewerberinnen im Alter für
ihn die passendste; und alles, was er von ihr hörte, war angethan,
ihn für sie einzunehmen. Freilich konnte die Ehe mit ihr seinem
Ehrgeiz nicht den Eintritt in eine so große Machtsphäre eröffnen,
wie dies bei einer Verbindung mit Maria Stuart der Fall ge=
wesen wäre; aber immerhin würde sie ihm sofort — das stand
außer allem Zweifel — zu der ersehnten Regentschaft der Nieder=
lande verholfen haben. Während des Jahres 1563 schwankte er
noch in seiner Stimmung zwischen diesen beiden Phantasiebräuten;
doch soll er schon jener Landtagsdeputation gegenüber von seiner
Neigung zu der Prinzessin Anna gesprochen haben. Im Verlaufe
des folgenden Jahres, und in eben dem Maße als das schottische
Project in den Hintergrund gedrängt wurde, wandte sich seine Nei=
gung immer ausschließlicher seiner Cousine zu; und sie war nach
ausdrücklichem Zeugniß schon zu einer „großen Affection" gediehen,
als Anna am 1. November 1564 in ihr sechzehntes Lebensjahr
eintrat, während er selbst im zwanzigsten stand. Seit er dann
vollends ersehntermaßen eines Porträts von ihr habhaft geworden:

da sah man ihn oft in den Anblick desselben versunken, und da fühlte er sich dergestalt zu ihr hingezogen, daß er mit Entschieden= heit erklärte: „Nur sie, und keine andere, werde er heirathen; in allem wolle er dem Könige seinem Vater gehorchen, aber die Wahl seiner Gefährtin für das Leben sei seine Sache; er glaube nicht, daß der König seinem Glück ein Hinderniß entgegenstellen oder ihn nö= thigen wolle, sich mit einem Weibe zu vermählen, das er nicht lieben könne". [41])

Schon hieraus geht zur Genüge hervor, daß bis dahin weder eine „Verlobung" des Prinzen noch überhaupt eine „Entscheidung" des Königs stattgefunden hatte. Seinem Princip gemäß — sich nicht eher zur Verheirathung seines Sohnes zu verpflichten, als in dem Augenblick, wo dieselbe wirklich vor sich gehen könne und solle — hatte er sich von vornherein auch dem österreichischen Pro= ject gegenüber in allgemeinen Complimenten, nichtssagenden Phrasen und zweideutigen Ausflüchten bewegt. Jedem Schein eines Ver= sprechens ausweichend, schlüpfte er glatt wie ein Aal mit seinen innersten Gedanken durch die Worte hindurch, ohne sich einen der= selben entgleiten zu lassen. Natürlich erklärte er schon seit 1561 ohne Unterlaß, in wort= und farbenreichen Wendungen, daß der Antrag des Kaisers ihm höchst schmeichelhaft sei, und daß eine Ver= stärkung des Bandes zwischen den beiden Linien des habsburgischen Hauses ihm nur willkommen sein könne; auch zweifelte er nicht, daß sich auf diesem Wege eine stärkere Bürgschaft für die Sicherstellung der Niederlande gewinnen lasse. Allein immer standen ihm, wenn er es überhaupt für gerathen hielt, über bloße Ergebenheits= betheuerungen hinauszugehen, Einwände und Bedenken in Menge zu Gebot. Bald war Don Carlos „noch zu jung" oder zu „kränklich" oder zu „schwach" und von seinen „Fieberleiden so angegriffen", daß eine frühe Verheirathung ihm gefährlich werden müsse; bald war noch dieses oder jenes Ereigniß, die eine oder andere diplomatische Sendung, der Ausgang dieser oder jener Verhandlung abzuwarten; bald endlich sollte das eine Heirathsproject mit anderen in den engsten Zusammenhang gebracht, und der Fortgang des einen von dem gleichmäßigen Fortgange der übrigen abhängig gemacht werden. Der= gleichen Zögerungsvorwände mußten namentlich herhalten, seit

Frankreich, gegen Ende des Jahres 1561, zuerst um die Hand der Erzherzogin Anna für Karl IX. warb.

Dergestalt gelang es auch in der That, Oesterreich und Frankreich bis um die Mitte des Jahres 1564 in Schach zu halten. Die schon erwähnte Resolution des Königs vom 18. November 1563, auf die man zu viel Gewicht gelegt hat, brachte die Angelegenheit um keinen Schritt vorwärts, obgleich sie die Folge einer Kundgebung des Kaisers war, kraft deren derselbe im October auf eine „Entscheidung in der einen oder anderen Weise" drang. Sie constatirte eben nur theoretisch, daß das schottische Heirathsproject „nicht convenire", und daß das österreichische ein „mehr convenirendes" sei. Der Beschluß, von dieser „Auffassung des Königs" und von der „Beschaffenheit des Prinzen" dem Kaiser Mittheilung zu machen, war aber um so unverfänglicher, als ausdrücklich weitere Verhandlungen und die endgültige Entscheidung vorbehalten wurden. Notorisch dauerten denn auch die Verhandlungen n a c h a l l e n v i e r R i c h t u n g e n hin gleichmäßig neben einander fort, und zwar in einer Weise, die es heut deutlich erkennen läßt, daß es für Philipp einzig darauf ankam „Zeit zu gewinnen". Noch im April 1564 erklärte Dietrichstein vergeblich im Namen seines Hofes, daß „wegen Frankreichs Bewerbung um die Erzherzogin eine rasche Entschließung des Königs nöthig sei". Philipp erwiederte ihm: „er werde Se. Maj. gewiß nicht hinhalten, sondern nächstens einen vertrauten Diener mit seiner Entschließung nach Wien senden". Dietrichstein bemerkte dagegen: „eine solche Mission könne sich sehr lange verziehen; sein gnädigster Herr erwarte von ihm eine Antwort". Diese indeß wollte der König „durchaus nicht geben", sondern beharrte bei der „Sendung". Hierauf beschwerte sich Dietrichstein bei Don Luis Mendez de Haro, der „beim Könige in großen Gnaden stand", indem er meinte: „es handle sich doch nur einfach um ein Ja oder Nein des Königs". Haro aber rieth ihm: „nicht eher darum anzuhalten, als bis er den Prinzen gesehen habe". Das hieß, abgesehen von der darin liegenden absichtlichen Verdächtigung des Prinzen, so viel als eine Vertagung der Angelegenheit um zwei Monate fordern. Ob dieses Zögerns war der Wiener Hof und dessen Diplomatie in hohem Grade ungehalten; es erweckte den Verdacht, als

ob Philipp die Entscheidung nur verschleppe, um Muße zum Ab=
schluß eines andern Heirathsplanes zu erzielen. Namentlich fürchtete
man die Concurrenz der Prinzessin Johanna.

Wie verhielt es sich nun mit der Wendung, die seit dem
Juni 1564 eintrat. Ferdinand und Maximilian drohten ganz offen,
die Heirath mit Frankreich abzuschließen, falls Philipp noch länger
mit einem klaren Bescheide zögere. Jenen Abschluß zu verhindern,
lag aber um so mehr im Interesse Philipp's, als man das dem=
nächstige Ableben Ferdinand's allseits voraussah und der König
daher bedacht sein mußte, der allgemeinen Politik halber und wegen
der Sicherstellung der Niederlande, sich nicht das Wohlwollen des
neuen Kaisers zu verscherzen. Daher warf er denn jetzt mit einer
gewissen Ostentation die beiden von Maximilian am meisten bearg=
wöhnten Heirathsprojecte, zunächst das castilianische und dann das
schottische, als hemmenden Ballast über Bord. Daher überschüttete
er ferner den neuen Kaiser mit fast erstickenden Zärtlichkeits=
bezeigungen. Aber eine eigentliche Einwilligung in die Heirath
des Don Carlos mit der Prinzessin Anna hat er weder damals
noch überhaupt jemals ausgesprochen. Während er das fran=
zösische Project in Bezug auf Margarethe, obgleich er es innerlich
verhöhnte, nach wie vor unter hoffnungsreichen Vertröstungen fort=
spielen ließ — sandte er endlich im September jenen „vertrauten
Diener", den Gesandten Chantonay, an Kaiser Max mit der angeb=
lichen Entschließung ab. Dietrichstein wurde dadurch momentan in
den Wahn versetzt, daß die Sache nunmehr „richtig" sei. In der
That aber enthielt die angebliche „Entschließung" nur Einwände
und Phrasen, die „zu nichts verpflichteten".

Philipp ließ nämlich folgende Erklärung abgeben: „So oft
von der Heirath der Prinzessin Anna mit seinem Sohn die Rede
gewesen, habe er mit Wohlwollen und Aufrichtigkeit ge=
sprochen. Zu seinem lebhaften Schmerze müsse er aber wiederholen,
daß die körperliche Beschaffenheit seines Sohnes — (dieser
war damals vollkommen gesund und stärker denn je zuvor) — nicht
gestatte, ihn zu verheirathen. Obwohl derselbe 19 Jahre
zurückgelegt, habe Gott gewollt, daß er in seiner Entwicklung
mehr als alle anderen jungen Leute zurückgeblieben sei. Man

könne sich durch Erkundigung bei geeigneten Personen vergewissern,
daß es sich, wie er glaube, um ein nur zu reelles Hinderniß
handle. In diesem Falle müsse man sich allseits gedulden und
die Angelegenheit bis zu dem Augenblick vertagen, wo die Heirath
wirklich vor sich gehen könne. Denn, wenn sie früher vor sich
ginge, würde das daraus resultirende Uebel beide Familien treffen".
Zum Ueberfluß hing Philipp dem Projecte auch noch ein neues
Bleigewicht an, indem er dessen Verwirklichung von einer anderen
Heirath abhängig machte. „Wenn die Angelegenheit, bemerkte er nämlich,
zur wirklichen Verhandlung komme, dann werde eine der Be=
dingungen, und zwar die vornehmste, die Heirath der Erz=
herzogin Elisabeth mit dem König von Portugal sein; denn es sei
von Wichtigkeit, daß diese Prinzessin keinen andern Fürsten heirathe".
Dagegen war es eine ebenso willkürliche wie müßige Befürchtung
der französischen Diplomatie, daß Philipp eventuell an Maximilian
die Zumuthung stellen werde, den Don Carlos, als seinen Schwieger=
sohn, zum römischen König wählen zu lassen. [42])

So erwärmte sich denn Philipp für die Verheirathung seines
erst zehnjährigen Neffen Sebastian, dem mit erlangter Großjährig=
keit, d. h. mit dem vollendeten vierzehnten Lebensjahre, die voll=
kommen selbstständige Regierung Portugals zufallen mußte, zu einer
Zeit, wo er seinem neunzehnjährigen Sohne jede eheliche und
jede selbstständige Stellung mit schneidender Kälte versagte. Aber noch
mehr! Er brachte es zugleich über sich, in dem lechzenden Drange,
nur gar seinen Sohn unter seiner Gewalt zu behalten, von sich aus
eine neue, überaus rohe Verläumdung gegen denselben in die Welt
zu schleudern. Während er dem französischen Gesandten gegenüber,
zum Vorwande für sein Zögern, den Prinzen neben der „Kränklich=
keit" ungescheut auch der „Verstandesschwäche" (imbécillité)
zeihen ließ: zog er es vor, ihn dem Wiener Hofe gegenüber vor
allem der Heirathsunfähigkeit zu zeihen. Schon seit dem
April war das Gerücht ausgesprengt worden: Don Carlos sei nicht
mannbar, er habe noch keine Probe der Pubertät abgelegt, er sei
überhaupt unfähig zu heirathen. Daraus hatte sogar die Partei
der Johanna Vortheil zu ziehen gesucht, indem sie vorgab: „wenn
überhaupt eine Nachkommenschaft von dem Prinzen zu erhoffen sei,

so sei sie in der Ehe mit i h r zu erhoffen". Dietrichstein hatte
bereits von diesen Gerüchten seinem Hofe Kenntniß gegeben und den
Auftrag erhalten, ihnen näher auf den Grund zu kommen.

Und was war nun der Grund des ganzen Geredes und der
Verläumbung des Prinzen durch seinen eigenen Vater? Kein an=
derer, als das sittsame und tugendhafte Verhalten desselben zu
den Frauen. Don Carlos führte, ganz gegen die Gewohnheiten
des Südens und insbesondere des spanischen Hofes, grundsätzlich
ein durchaus keusches Leben. Als er im Jahre 1562 zu Alcala
„zum erstenmale", so erzählte er selbst, nach einem Liebesverhältniß
„begehrte": da hatte er dies Begehren mit jener schweren lebens=
gefährlichen Krankheit büßen müssen, hatte hierin — wie er sagte —
„eine Strafe Gottes erkannt", und sich selbst das „Gelübde" ge=
than, „nicht eher mit irgend einem Weibe zu verkehren, als bis
er eine Gattin heimführe". Diesem Gelübde blieb er unverbrüchlich
treu, indem er jede Regung seiner Begierden siegreich niederkämpfte.
Noch zwei Jahre später, 1564, ging die „allgemeine Meinung"
seiner Freunde und Feinde übereinstimmend dahin, daß er „noch
niemals bisher Umgang mit einem Frauenzimmer gepflogen habe".
Aber eben deshalb blieben auch mit der Zeit weder die wohlwollenden
Witzeleien der Einen noch der böswillige Spott der Anderen aus.
Jene wußte Don Carlos mit den ernsten Worten abzuwehren:
„Es sei sein Wille, daß Diejenige, die er zum Weibe nehmen werde,
ihn noch rein finde". Den böswilligen Spöttern gegenüber erklärte
er mit zorniger Verachtung: „Und ob man ihn auch darob ver=
höhnen und aufziehen möge, wie wenn er ein Eunuche wäre: so
werde er dennoch mit keinem anderen Weibe verkehren, als mit
Derjenigen, die seine Gattin sein würde".

Obwohl nun daraufhin der Verdacht der Heirathsunfähigkeit
ausgesprochen und von dem berechnenden König in so schnöder und
roher Weise als willkommenes Mittel der Heirathsabwehr gehand=
habt wurde: so fand doch Dietrichstein Niemanden, der es über sich
nehmen wollte, die Heirathsunfähigkeit des Prinzen zu verbürgen.
Es liege eben, hieß es, kein Beweis — weder für noch gegen —
vor. Aus diesem Grunde rieth man denn auch dem Könige, seinen
Sohn eine Probe ablegen zu lassen. Aber dieses Ansinnen lehnte

Philipp ab — natürlich nicht aus Schamgefühl, sondern weil er eine Widerlegung seiner Verläumdungen und damit den Bankerutt seiner Abwehrmittel fürchtete. Im November hielt es endlich Dietrichstein für das Gerathenste, sich unmittelbar an den Leibarzt des Prinzen, den Doctor Olivarez zu wenden, der ja seit Jahren der stete Begleiter, Rathgeber und Helfer desselben war. In einer langen Unterredung, die er mit ihm pflog, „widersprach Olivarez entschieden" jenem Verdachte, und erklärte auch seinerseits die That= sache der Zurückhaltung gegen Frauen aus jenem „Gelübde", das der Prinz selbst ihm anvertraut habe.

Alle Mittheilungen Dietrichstein's erweckten am kaiserlichen Hofe ein lebhaftes Vergnügen. Man erfreute sich einerseits der Nachricht, daß Don Carlos seiner Cousine eine „große Neigung" entgegen= bringe, daß er „gar fleißig" nach ihr sich erkundige, daß er nach der Verheirathung mit ihr sich „leidenschaftlich sehne" und daß man ihn „oft in den Anblick ihres Porträts versunken" finde. Mit Wohlgefallen, ja mit Rührung, nahm man andererseits von seinem „Gelübde" nach dem Sturze in Alcala, und von der Thatsache Kenntniß, daß er keines anderen Weibes begehre. Zur besondern Genugthuung gereichte auch dem Kaiser die Erklärung des Arztes Olivarez, die den Erklärungen des Königs schroff entgegenstand. Philipp fühlte sich denn auch wirklich in seinem Gewissen getroffen, als Chantonay in einem Briefe die obigen Ergebnisse der kaiserlichen Erkundigungen ihm mittheilte; deshalb schrieb er eigenhändig für den Secretär den Vermerk darauf: „Diesen Brief soll Niemand sehen". Er war entschlossen, von dem Vorwand der Heiraths= unfähigkeit des Prinzen nicht abzustehen, und unter keinen Umständen seine Einwilligung zur Heirath zu ertheilen. [43]

Dietrichstein wurde denn auch, trotz seines übergroßen Ver= trauens und trotz seiner Unfähigkeit, den Charakter des Königs ganz zu durchschauen, schon damals an den ernsten Absichten desselben irre. Mehr als einmal machten ihn die versteckten und räthselhaften Winkelzüge stutzig. „Ich weiß nicht, schrieb er bereits am 19. April 1564, wie ich das verstehen soll; ob man etwa gern eine Ursache fände, damit wir die Sache aussetzen?" Am 29. Juni bemerkte er: „Man macht mir Vorwürfe wegen meiner eifrigen Betreibung dieser Angelegenheit; ja man hält mir die Eigenschaften des Prinzen vor, so daß es mir oft vorkommt, als mache man die Einstreuungen, um zu bewirken, daß von den Heirathsanträgen ganz abgesehen" werde. Am 11. Juli erzählt er, daß dem französischen Gesandten gegenüber die Entscheidung des Königs bald von dem „Ausgang der damaligen Krankheit des Kaisers Ferdinand", bald von dem „Gesundheitszustand des Don Carlos", bald sogar von der „Schwangerschaft der Königin" abhängig gemacht werde — als ob im Falle eines Erben von dieser Seite die Frage über die Verheirathung des Don Carlos eine ganz andere Wendung hätte nehmen können. Noch am 12. Februar des folgenden Jahres schrieb er an Maximilian: „Der Verzug des Königs in Betreff der Heirathseinwilligung ist mir unerklärlich. Ich weiß nicht, was für ein anderes Hinderniß bestehen sollte, als die angebliche Heiraths= unfähigkeit des Prinzen. Ich muß einen Argwohn deshalb hegen. Denn als ich dieser Tage dem Don Luis Mendez de Haro (dem schon erwähnten Günstling des Königs) meine Verwunderung ob der langsamen Resolution äußerte, gab er mir zur Antwort: Es sei nicht gut gethan, die Einwilligung zugeben, falls man sie später zurücknehmen müßte".[44])

Diese räthselvolle Antwort eröffnete den Blick in einen Ab= grund lauernder Hintergedanken. Und zugleich eröffnete sie die Aus= sicht auf eine dauernde Schwebe der Einwilligungsfrage. Welch' ein furchtbares Spiel wurde mit dem Glück des Prinzen gespielt, bloß weil er nicht das Ebenbild des Vaters zu werden versprach! Und doch wahrlich! verderblicher wie Philipp's Nachfolger und dieser selbst hätte für Spanien und die Welt die Regierung eines Don Carlos nimmer werden können.

---

6. Scheinzugeständnisse, verschärfte Ueberwachung, wachsendes Zerwürfniß.

Als Don Carlos am 10. Juni 1564 von Alcala in Madrid eintraf, war er von tiefem Unmuth erfüllt oder, wie Dietrichstein

sagt, „halb verzweifelt" über die Zurücksetzungen und die Vorent=
haltungen, die er von Seiten seines Vaters erfuhr. Die Behaup=
tung, daß er sich „sofort gegen den König und dessen Befehle wider=
spenstig gezeigt", scheint sich nur auf den hartnäckigen Widerstand
zu stützen, den der Prinz dem erneuten Scheinversuche entgegenstellte,
ihn für die Ehe mit seiner Tante Johanna zu gewinnen.

Philipp hielt es indessen jetzt doch für gerathen, seinen Sohn
nach so vielen Enttäuschungen einigermaßen zu beschwichtigen; um
so mehr, als sich die bisherige Ausschließung desselben von jedem
Staatsgeschäft unmöglich auch in dessen zwanzigstem Lebensjahre
fortsetzen ließ, ohne auf allen Seiten Aufsehen, Mißbilligung und
Verdacht zu erregen. Die Verstellung war sein Lebenselement;
und so fiel es ihm denn nicht schwer, um mit Dietrichstein zu
reden, „sich gegen Don Carlos etwas besser zu erzeigen, als bis=
her geschehen". Er stellte sich „entschlossen", ihn „hinfüro" in die
Staatsgeschäfte einzuführen, und berief ihn mit dem 16. Juni in
den Staatsrath. Dieses erste Zugeständniß war indessen ebensosehr
ein nur scheinbares, wie ein nothgedrungenes. Denn weit davon
entfernt, dem Prinzen die Selbstständigkeit und Macht zu geben,
wonach sich sein Ehrgeiz sehnte, versetzte es ihn vielmehr in die
Rolle einer geschäftigen und streng controlirten Ohnmacht. Alle
großen und wichtigen Fragen der Politik wurden nämlich im Kabinet
des Königs, im engsten Kreise seiner vertrautesten Rathgeber be=
handelt und entschieden. Der Staatsrath dagegen hatte nur die
untergeordneten Angelegenheiten zu berathen; und bei diesen Be=
rathungen konnte Don Carlos zwar hören und reden so viel er
wollte, aber nach keiner Richtung hin stand ihm eine irgendwie ent=
scheidende Stimme zu. Es war daher vom Standpunkte Philipp's
ebenso klug als ungefährlich, ihm das Sitzen im Staatsrath zu
gestatten; vom Standpunkt des Prinzen aber war diese Rolle an=
gethan, ihn wohl auf einige Monate, doch nimmermehr auf die
Dauer zu befriedigen. [45])

Mit jenem ersten ging ein zweites Scheinzugeständniß Hand
in Hand. Man wußte allgemein, wie sehr Don Carlos von der
Sehnsucht nach der Regentschaft der Niederlande erfüllt, und wie

sehr er überzeugt war, daß diese Stellung, die ihm von Kindheit an zugesagt worden, ihm von Rechtswegen gebühre. Was kam es für Philipp darauf an, eine Verstellung mehr oder weniger zu üben! und er war daher, um den Ungestüm des Sohnes für den Augenblick zu beschwichtigen, gewissenlos genug, absichtlich in ihm eine falsche Hoffnung zu nähren. Er stellte sich entschlossen, eine Reise nach den Niederlanden in Begleitung seines Sohnes zu unter= nehmen, alle Angelegenheiten daselbst in Ordnung zu bringen, und dann die Regierung dieses Landes dem Prinzen zu übertragen. Aber er hütete sich, dafür irgend eine Zeitbestimmung anzusetzen; und als Vorbedingung ließ er gelten — was doch einzig und allein von ihm selber abhing — daß die Heirath mit der Erzherzogin Anna wirklich beschlossen werde und zum Vollzuge komme.⁴⁶) Hiernach verpflichtete er sich in Wahrheit zu nichts; und selbstverständlich war er ernstlich entschlossen, seinen angeblichen Entschluß niemals auszuführen.

Es ist ein Irrthum, wenn man meint, eben damals sei auch dem Prinzen zuerst ein Hofstaat begründet worden. Man hat sich dadurch irre führen lassen, daß das einzige Verzeichniß der Mit= glieder desselben aus dieser Zeit stammt. Die Liste beweist aber nichts weiter, als daß der Hofstaat damals aus den genannten Personen zusammengesetzt war. Ein „Haus" oder „Hofstaat" des Prinzen bestand naturgemäß von langer Zeit her, und zwar seit 1553; nur war er vielfach verändert und vermehrt, seit 1559 aber gründlich umgestaltet worden. Auch im Jahre 1564 fand nur eine Veränderung und Erweiterung statt. Die letztere mag bedeutend genug gewesen sein, um die neue Ausstattung als ein weiteres Zugeständniß erscheinen zu lassen. Aber einmal wurde auch jetzt nicht ein einziges neues Mitglied des Hofstaats auf den Wunsch oder nur mit Befragung des Prinzen berufen; vielmehr die Gesammtheit der Neuangestellten ihm octroyirt, so daß sie nur wieder in seinen Augen, und mit Recht, als ihm vorgesetzte Wäch= ter, nicht als ihm verpflichtete und ergebene Diener sich darstellten. Ueberdies mußte jede etwaige Illusion in dieser Beziehung vollends vor der Thatsache schwinden, daß der König zu Anfang August an die Spitze des prinzlichen Hauses als „Oberhofmeister" seinen ersten

Minister, den Fürsten von Eboli stellte. Dieser, der einen so mächtigen
Einfluß besaß, daß man ihn nicht Ruy Gomez, sondern Roi Gomez
zu nennen pflegte, war ja notorisch dem Prinzen in hohem Grade, und
namentlich noch viel mehr zuwider, wie sein Vorgänger Don Garcia
de Toledo. Warum wurde denn, so durfte sich billig Don Carlos
fragen, sein Oberstallmeister Luis Quijaba, der seit dem Tode
Garcia's zu Ende Januar jenen höchsten Posten provisorisch beklei=
dete, und den er ebenso lieb hatte wie dieser ihn, nicht endgültig
darin bestätigt? Es war ihm hiernach hinreichend klar, um was
es sich eigentlich bei dem Vorgehen seines Vaters handelte, nämlich:
um eine verschärfte Ueberwachung seiner Person.

Nach dem Willen des Königs sollte Ruy Gomez bis zur Ent=
scheidung über das Schicksal des Prinzen oder, wie man sich vor=
sichtig ausdrückte, bis zu dessen eventueller Verheirathung „bei dem=
selben" verbleiben, und „stets recht nahe bei ihm" sein. Aus dem
letztern Grunde ist es mehr als wahrscheinlich, daß die Gemächer,
die dem Minister in dem damaligen, 1734 verbrannten Schlosse
eingeräumt wurden, und die er bis in den August 1567 inne hatte,
dicht an die Gemächer des Don Carlos anstießen. Diese aber lagen
in einem der Zwischenstockwerke, und wurden auf der einen Seite
durch einen Thurm mit einem einfenstrigen Zimmer, auf der an=
dern wahrscheinlich von dem Arbeitskabinet des Ministers begrenzt.
Es unterliegt übrigens keinem Zweifel, daß sich, gegen den Wunsch
des Königs, zwischen dem Prinzen und so manchem Gliede seines
Hofstaats ein Verhältniß gegenseitiger Neigung und Vertraulichkeit
entwickelte. Die Meinung jedoch, daß es auch dem höfisch geschmei=
digen Ruy Gomez gelungen wäre, sich wenigstens auf kurze Zeit
in das Vertrauen des Don Carlos einzuschleichen, kann durchaus
nicht für erwiesen gelten. Denn wenn dieser ihm einmal einen Ge=
fallen that, so ist dies noch kein Zeichen von Vertraulichkeit. Es
lag eben in der Art des Prinzen, zu Zeiten auch seinen Gegnern
Wohlthaten, Gnaden oder gute Dienste zu erweisen.[7])

Bereits vor dem Ende des Jahres 1564 erwuchsen allem
Anschein nach bedenkliche Reibungen und Conflicte. Denn eben da=
mals, wie wir schon andeuteten, faßte Philipp zuerst ernstlich
den Gedanken, seinen Sohn einsperren zu lassen, unter dem

Vorgeben, daß er geisteskrank sei, und ihm dergestalt in der That das Schicksal seiner Großmutter zu bereiten. Die Zeugen für diese denkwürdige Thatsache sind die vertrautesten Rathgeber des Königs: der Bischof von Cuenca, sein Beichtvater, und der Fürst von Eboli, sein erster Minister; in minder bestimmter und in mehr verhüllter Weise wurde sie auch durch Espinosa und durch Philipp selbst bestätigt. Es ist überdies gewiß, daß der König seit Ende 1564 den Gedanken der Einsperrung nie wieder fallen ließ, aber theils aus Furcht vor dem „Gerede der Welt", theils aus Angst vor einer Empörung zu Gunsten seines Sohnes, theils in dem Wunsche womöglich erst eines andern leiblichen Erben theilhaftig zu werden, die Ausführung immer und immer wieder vertagte. Der Fürst von Eboli machte hinterher das furchtbare Geständniß: dem französischen Heirathsproject, betreffend die Vermählung des Königs von Frankreich mit der Erzherzogin Anna, wie es durch Katharina von Medici der spanischen Befürwortung empfohlen wurde, d. i. im Jahre 1565, habe „damals von Seiten des Königs Philipp nicht entsprochen werden können", weil er sonst hätte befürchten müssen, „den von ihm gefaßten Entschluß, den Prinzen seinen Sohn einzusperren, dadurch zu verderben; denn, wenn auch nur die geringste Vermuthung darüber verlautbart hätte, so würde seine Absicht vereitelt worden sein, woraus große Mißstände hätten erwachsen können". Außerdem bezeugt der französische Gesandte Fourquevaulx auch unterm 21. August 1567: daß Philipp, eine „Entweichung seines Sohnes fürchtend", nach der Meinung gewisser Personen, denselben „in einem Thurm festsetzen würde, wenn er nicht an dem Gerede der Welt Anstoß nähme", oder wie aus seinem Berichte vom 23. September desselben Jahres hervorgeht: wenn er der Geburt eines andern „Sohnes" gewiß wäre. [48])

Eins ersehen wir also aus allen diesen Zeugnissen mit voller Bestimmtheit: daß der König seit Ende 1564 unausgesetzt nur auf den rechten Moment lauerte, um durch Einsperrung seines Sohnes die Enterbung desselben einzuleiten. Warum aber erfaßte er grade damals zuerst ernstlich diesen Gedanken? Denn grade während der letzten Monate des genannten Jahres hören wir wenigstens von schärferen Conflicten mit seinem Sohne oder von Entweichungsplänen desselben nicht ein Wort. Dagegen liegt es auf der Hand: die damalige Ausführung des Gedankens würde ihn von vielen momentanen Schwierigkeiten, vorzüglich aber von zwei großen Verlegenheiten befreit haben; nämlich einmal von seinem, den aragonischen Ständen geleisteten Versprechen, die Huldigung für den Thronfolger „binnen Jahresfrist“, d. h. bis zum Januar 1565 einzuholen; und andererseits von dem lästigen Andrängen des Kaisers und seiner Organe um Ertheilung des Heirathsconsenses für Don Carlos. Von seinem festen Vorhaben, diesen nie zu ertheilen, vielmehr sich des Prinzen auf die eine oder andere Weise zu entledigen, legt nunmehr auch jene Erklärung seines Günstlings Haro zu Anfang Februar 1565, über die Unzweckmäßigkeit einer „Einwilligung“, die man doch wieder „zurücknehmen müßte“, ein schlagendes Zeugniß ab. Sie fußte eben auf der Kenntniß von den Gewaltabsichten des Königs.

An besonderen Anlässen, welche dem Einsperrungsgedanken Leben gaben, kann es freilich nicht gefehlt haben, wenn wir auch nichts darüber wissen. Jedenfalls ist der Grund der damaligen Unzufriedenheit Philipp's nicht in den sogenannten „Nachtschwärmereien“ des Prinzen zu suchen, die sicher damals noch gar nicht vorkamen; und ebensowenig in der angeblichen „Heirathsunfähigkeit“ oder in der angeblichen „Geistesverwirrung“ desselben, an die Philipp selbst gar nicht glaubte. Dagegen ist es nicht unwahrscheinlich, daß Don Carlos schon gegen Ende 1564 Aeußerungen vernehmen ließ, die auf die Absicht hindeuten konnten, sich dem harten und neuerdings noch verschärften Bevormundungssystem, sowie überhaupt der Gewalt seines Vaters, durch die Flucht zu entziehen. Und ebenso dürfte er schon damals, sei es in den Sitzungen des Staatsraths oder außerhalb derselben, Meinungen kundgegeben haben, die eine oppositionelle Auffassung, in kirchenpolitischer und in reinstaatlicher Beziehung, an den Tag legten. Wenigstens könnte man sich nicht wundern, wenn er schon damals, wie später, die Behandlung der Aragonier für eine gehässige, die Lasten der Städte für drückend, die einfache Aufhebung der Steuergerechtigkeiten der Granden für eine Ungerechtigkeit erklärt hätte.

Und so glaube ich denn, daß jener erste Einsperrungsgedanke des Königs aus der Berührung und dem Zusammenwirken zweier Besorgnisse und zweier Wünsche hervorging: aus der Doppelbesorg= niß vor einer Flucht und vor den oppositionellen Kundgebungen des Prinzen, und aus dem Doppelwunsche nach einer Zerreißung seiner moralischen Verpflichtungen sowohl den aragonischen Ständen wie den kaiserlichen Eheanträgen gegenüber.

Im ersten Drittel des Februar 1565 kam Graf Egmont als Träger der niederländischen Beschwerden auf etwa einen Monat nach Madrid. Es versteht sich von selbst, daß er auch dem Thronfolger seine Aufwartung machte und mehrfach mit ihm verkehrte. Was sie auch mit einander gesprochen haben mögen: so viel wird man als zweifellos betrachten dürfen, daß Don Carlos aus seinen Sym= pathien für die Niederlande und deren Bewohner kein Hehl machte. Daran ist nicht zu denken, daß der überaus bedächtige Egmont ihn zu einer heimlichen Entweichung dahin aufgefordert haben sollte. Aber nicht unwahrscheinlich ist es, daß derartige Ideen in dem Prinzen von selbst aufzuckten, und daß er sie nicht ganz in seinem Innersten zu verschließen verstand. Wenigstens würden nur so ge= wisse räthselhafte Vorgänge im Monat März sich erklären. Zwischen der Königin Isabella und ihrer Mutter Katharina war nämlich für den Juni eine Zusammenkunft in Bayonne verabredet worden. Französischerseits wünschte man, daß der Fürst von Eboli die Kö= nigin begleite. Philipp wies aber dies Begehren, wahrscheinlich Anfangs März, mit den Worten ab: „der Prinz, sein Sohn, solle nach Unserer=Lieben=Frauen von Guadalupe wallfahrten; denselben möchte er aber keinem Menschen in der Welt außer Ruy Gomez anvertrauen; denn es sei die Gefahr vorhanden, wenn dieser nicht stets recht nahe bei ihm sei, daß man ihn bei der Rückkehr nicht da wiederfände, wo man ihn bei der Abreise gelassen hätte". Deuten schon diese Aeußerungen auf die Befürchtung eines Fluchtversuches, so wird man noch stutziger, wenn man vernimmt, daß gleich darauf, noch vor Mitte März, Philipp seine Disposi= tionen änderte und beschloß, den Prinzen zu sich, nach dem Kloster Guisando, wo er selbst verweilen wollte, kommen zu lassen. Dieser Beschluß, meldete der französische Gesandte am 16. März, sei

„noch nicht bekannt geworden"; auch „lasse sich über die Veranlassung dazu noch nichts schreiben". [49])

Unabhängig von diesen dunklen Märzvorgängen stehen offenbar
diejenigen da, auf welche drei Monate später Dietrichstein anspielte.
Am 6. Juni schrieb dieser nämlich dem Kaiser über Philipp lakonisch: „Man glaubt, sein Sohn habe ihm allerlei Anfechtungen und Nachdenken verursacht"; mit dem Zusatz: der
Prinz sei „seit einiger Zeit sehr umgewandelt, viel gesünder und
stärker denn zuvor". Woher jene Anfechtungen des Königs? Handelte es sich wieder um eine Fluchtbefürchtung, oder um einen ge-
scheiterten Fluchtversuch? Wäre wirklich ein Kern von Wahrheit in
der seltsamen Fluchtgeschichte des Ferreras u. A., die Mouy in
ihrem ganzen Detail für baare Münze nimmt, Gachard aber als
unverbürgt völlig übergeht, obwohl er dem Don Carlos eine „mehr-
malige Absicht, aus Spanien zu entfliehen", zuschreibt. Schält man
aus jener Erzählung den Kern heraus, so hätte Don Carlos, auf
die Nachricht von der Bedrohung Malta's durch die türkische Flotte,
unter dem Vorwand sich an der Rettung desselben zu betheiligen,
eine Entweichung nach den Niederlanden geplant; Ruy Gomez aber
hätte diesen Plan durch ein rechtzeitiges Einschreiten vereitelt und dem
Könige davon Kenntniß gegeben. Alle Einzelheiten, wonach Ruy
Gomez als der Vertrauensmann des Prinzen auftritt, und diesen
von seinem Vorhaben durch Mittel abbringt, die beide als gleich
einfältig erscheinen lassen, sind zweifellose Erfindungen. Jener Kern
aber wird gestützt durch die Angabe Cabrera's, wonach der Graf
von Gelbes und der Marquis de Tabara die Rathgeber des Prinzen bei diesem Anlaß gewesen wären. Er hat um so weniger die
Wahrscheinlichkeit gegen sich, als er sich in die Zeitfolge der Dinge
völlig ungezwungen einfügt, und daher auch vollkommen zu Dietrichstein's geheimnißvoller Andeutung stimmt. Die erste Benachrich-
tigung von der Bedrohung Malta's war nämlich schon im Mai zu
Madrid eingetroffen. Die jenem Briefe Dietrichstein's beigefügte
Mittheilung, daß „die türkische Armada schon zu Malta gesehen"
worden, stellt bereits eine jüngere Nachricht dar, die nach seinem
ausdrücklichen Vermerk am Tage zuvor, also am 5. Juni, in
Madrid einlief. Der Fluchtplan des Prinzen und die Anfech-

tungen des Königs würden sich also am natürlichsten in die Woche vom 29. Mai bis 5. Juni einfügen, die durch keine dem widersprechende Notiz aus dem Leben des Don Carlos besetzt ist. [50])

Uebrigens hindert nichts anzunehmen, daß die Theilnahme des Prinzen für Malta nicht ein bloßer „Vorwand", und seine vermeintliche Absicht, unter diesem Deckmantel s o f o r t nach den Niederlanden sich zu wenden, nur ein Verdacht des Ruy Gomez und des Königs gewesen sei. Wissen wir doch, daß Don Carlos ein Todfeind des Muhamedanismus und der Türken war; daß er eben deshalb als der Zukunftsheld galt, der „die Macht der Türken zum Schwanken bringen" werde; daß er als eifriger Christ im fünften Artikel seines Testamentes 10,000 Ducaten für den Loskauf solcher Christensklaven aussetzte, die ihre Freiheit im tapfersten Kampf mit den Ungläubigen eingebüßt; daß die Begeisterung, die er den Kriegsthaten Martin's von Cordova im Jahre 1563 zuwandte, dem heldenmüthigen Ringen mit den Türken galt! Machte doch die Botschaft des Großmeisters Johann von Lavalette und sein bringendes Hülfsgesuch einen so gewaltigen Eindruck in Spanien, daß alle jüngeren Gemüther davon ergriffen wurden, und daß Philipp die schleunigsten Rüstungen gebot! Wie hätte da die kriegerische und ritterliche Begeisterung des Don Carlos stumm bleiben oder, ganz seinem Charakter entgegen, die Gestalt der Lüge annehmen sollen? jene Begeisterung, die er seit sechs Jahren mit seinem Freunde Don Johann von Oesterreich theilte, und die jetzt auch in diesem so gewaltig aufflammte, daß sie ihn ebenfalls zu dem kecken Unternehmen eines Fluchtversuches antrieb.

Don Carlos war angeblich bei seinem Versuche, von Madrid aus, nur bis zu einem benachbarten Landhause gekommen, als er von Ruy Gomez eingeholt und zurückgeführt wurde. Don Johann drang, ein paar Wochen später, unter den heftigsten Fieberanfällen über Torija und Saragossa bis Tarragona vor. Zahlreiche Edelleute brachen nach Barcelona auf, um dort sich ihm anzuschließen. Aber nach allen Richtungen hin waren ihm Couriere nachgeflogen und Befehle des Königs, die ihm bei schwerer Ungnade die unverweilte Rückkehr geboten. Noch vor der Einschiffung von ihnen erreicht, wagte er nicht dem ausdrücklich ausgesprochenen Willen des

Königs zu widerstehen, und fügte sich ihm in Gehorsam, wenn auch
mit tiefem Schmerz und Verdruß. Zurückgekehrt begleitete er im
Juli den Don Carlos nach Segovia, um dort die von Bayonne
zurückkehrende Königin mitzubegrüßen, und zum erstenmal wieder
mit Philipp zusammen zu treffen. [51])

Alle Wünsche des Don Carlos concentrirten sich damals in
der Sehnsucht nach seiner Vermählung mit der Prinzessin Anna.
In seiner künftigen Gattin erblickte er seine Erlöserin; durch sie
hoffte er sein Verlangen nach Selbstständigkeit endlich gestillt zu
sehen. Ueber die Kundgebungen dieser Sehnsucht giebt uns namentlich
Dietrichstein Auskunft. Kaiser Maximilian, offenbar um dem
scheinbar unentschlossenen Philipp einen Sporn zu geben, hatte
gegenüber der Bewerbung Frankreichs um die Prinzessin Anna aus=
drücklich die Erklärung abgegeben, daß er Spanien den Vorrang
einräume. Philipp hatte sich ob dieser Erklärung „hoch zufrieden"
bezeigt, aber ohne darum auch nur um ein Haar breit der „Ein=
willigung" näher zu treten. Don Carlos aber empfand bei jener
Erklärung eine so große Genugthuung, daß er, wie Dietrichstein am
12. Februar 1565 berichtete, diesem sofort auftrug, dem Kaiser
„zu vermelden, wie hoch er sich dieser freundlichen Erzeigung gegen
seinen Vater erfreut habe, neben Erbietung seiner Dienste und
großer Danksagung". In seiner Ungeduld erkundigte er sich fort
und fort bei dem Gesandten, wie dieser am 16. März berichtet:
„was derselbe in dieser Sache von seinem Vater für einen Bescheid
erhalten habe". Unterm 6. April meldet Dietrichstein: „Der Prinz
habe sich bei ihm wegen des von seinem Vater verursachten Heiraths=
verzuges beschwert und versichert, daß die Schuld nicht an ihm ge=
legen sei, er vielmehr nichts lebhafter als ein Ende in dieser Sache
begehre". Philipp suchte eben damals ein neues Hemmniß in der
Forderung, daß „die Heirath des Erzherzogs Karl mit der Königin
von England und die des Don Juan d'Austria mit der Königin
von Schottland einen gleichmäßigen Fortgang nehme". Am 16. April
und am 6. Juni weiß der Gesandte zu melden, daß Don Carlos
„über die Zögerung des Vaters den größten Unmuth empfinde",
und daß derselbe nach dem Abschluß der Sache „absonderlich ver=
lange und begierig sei".

Aber vergebens stellten der Kaiser und die Kaiserin dem Kö= nige vor: daß jeder von der schwachen Gesundheit des Prinzen ent= nommene Zögerungsgrund hinfällig sei; daß sie wüßten, derselbe er= freue sich der besten Gesundheit; daß es ihnen auch wohlbekannt sei, wie sehr der Prinz selber nach der Vermählung mit ihrer Tochter sich sehne.   Vergebens erklärte Maximilian: daß er nicht länger „in der Ungewißheit über das Schicksal seiner Tochter verbleiben könne"; er wünsche „positiv zu erfahren, ob Don Carlos sie hei= rathen würde, sonst werde er sie dem Könige von Frankreich geben". Vergebens erbat sich Dietrichstein in einem unmittelbaren Schreiben an den König, und im Auftrage seines Hofes, unterm 11. Mai diese positive Entscheidung.   Der König hüllte sich theils in Schwei= gen, theils in unbestimmte Floskeln ein.   Dem Gesandten des Kai= sers ertheilte er, wie dieser am 6. Juni berichtet, den charakteristischen Bescheid: „Er sei bedacht, diese Sache allein mit dem Kaiser zu tractiren; er habe demselben auch schon geschrieben; hierauf erwarte er eine Antwort, die er dann nicht unerwiedert lassen werde". [52])

Don Carlos hatte ein richtiges Gefühl seiner Lage.   Er war überzeugt, daß sein Vater ihn mißachte, ihm grundsätzlich jede selbst= ständige Stellung verschließe, und deshalb auch seiner Verheirathung grundsätzliche Hemmungen bereite.   Andererseits hatte er zwar Kennt= niß von der guten Meinung, die seine Verwandten in Deutschland von ihm hegten, und von dem Eifer, womit sie sein Glück zu för= dern sich abmühten.   Aber desto trüber gestaltete sich seine Stimmung, in dem Bewußtsein der kalten Unerschütterlichkeit seines Vaters. Fast nur der Verkehr mit seinem Freunde Don Johann und mit seiner stets liebevollen Stiefmutter gewährte ihm einigen Trost.

Seine Anhänglichkeit an die Königin wuchs überhaupt in dem= selben Maße, als sein Vater ihn abstieß.   Sie gab sich fortdauernd alle nur denkbare Mühe, um ihn zu zerstreuen und zu erheitern. Sie interessirte sich an allem, was er dachte oder unternahm.   Sie war die Vertraute seiner Neigungen und seiner Abneigungen.   Sie hätte so gern sein Geschick nach seinen Wünschen gestaltet, und hätte alles darum gegeben, dem wachsenden Zwiespalt zwischen ihm und seinem Vater ein Ende bereiten zu können.   Don Carlos bezeigte ihr dagegen bei allen Gelegenheiten eine tiefe Verehrung, eine oft

auffällige Zuvorkommenheit und eine ebenso zarte als dankbare Auf=
merksamkeit. Jederzeit bedacht, ihr diese oder jene Freude zu be=
reiten, überraschte er sie bald mit kleineren, bald mit größeren
und kostbaren Geschenken. Es fehlt doch nicht an Zeichen, daß
Philipp an der Innigkeit dieses Verkehrs ein Mißfallen hatte und
ihm zu Zeiten Grenzen zu setzen suchte. Als im August 1564
die Königin in eine gefährliche und langwierige Krankheit verfallen
war, gestattete er seinem Sohne nicht ein einziges Mal sie zu
sehen, während z. B. der französische Gesandte so oft, wie er nur
wollte, Zutritt zu ihr erhielt. Als sie im April 1565 nach Bayonne
abreiste, gab ihr Don Carlos nicht nur mit einem großen Gefolge
das Geleite bis zum ersten Nachtlager, sondern ließ sie auch auf
der Strecke bis Valladolid noch dreimal in seinem Namen begrüßen,
um ihr seine Anhänglichkeit zu bezeigen. Und als sie von Bayonne
zurückkehrte und in Sepulveda mit ihrem Gemahl sich wieder ver=
einigt hatte, eilte er ihr am 30. Juli, in der Begleitung Don Jo=
hann's, von Segovia aus sehnsuchtsvoll entgegen, sprang hastig zur
Erde um sie zu begrüßen, und drängte sich eifrig darnach, ihr die
Hand zu küssen. Don Johann aber, nur auf die Kundgebung seiner
Unterwürfigkeit bedacht, wandte sich sofort an den König, bat ihn
wegen seines unbesonnenen Unternehmens um Verzeihung, und
empfing dafür dessen Umarmung.[53])

Mehrere Monate hielt sich darnach der Hof in und bei Segovia
auf. Von der damaligen trüben Stimmung des Don Carlos, und
von dem unverrückbarsten Ziele seiner Sehnsucht, giebt uns eine
interessante Thatsache Kunde, die der französische Gesandte sofort
seinem Hofe meldete. An einem Nachmittage — es war offenbar
zwischen dem 4ten und dem 8ten September — lud die Königin
den Prinzen zu einer Spazierfahrt in den Park auf einem stier=
bespannten Wagen ein, woran auch mehrere Hofdamen theilnahmen.
Don Carlos saß der Königin gegenüber und blickte längere Zeit
stumm und träumerisch in die Ferne. Da fragte ihn Isabella:
„wohin sein Gedanke schweife"; er erwiederte: „weiter als zwei=
hundert Meilen von hier". „Und wo ist, fragte sie, dies Weiter?"
„Ich denke, versetzte er, an meine Cousine".[54])

Philipp stellte auch damals seinen Sohn in auffälliger Weise

gegen seine beiden Neffen Rudolf und Ernst zurück. Dietrichstein
berichtete am 26. September, wie Philipp mit diesen auf die Jagd
gegangen, wie „er selbst ihr Jägermeister gewesen, sie geführt und
angestellt habe, bis jeder von ihnen einen Hirsch geschossen". Dann
setzte er hinzu: „Der König erzeige sich gegen die Erzherzöge noch
ebenso freundlich wie zu Anfang, und zwar weit mehr als
gegen seinen Sohn. Obgleich nun Don Carlos deshalb wohl
Ursache hätte, auf dieselben eifersüchtig zu sein: so erzeige doch auch
er insbesondere den Erzherzögen eine große Liebe — wahrscheinlich
ihrer Schwester halber".

Auch begannen damals von Neuem, und mit verstärktem Nach=
druck, die böswilligen Ausstreuungen gegen Don Carlos. Aus
Anlaß von Diätfehlern, die ihm ein Unwohlsein zuzogen, erhob
sich wieder, wie wir aus Dietrichsteins Bericht vom 22. October
ersehen, die Anklage: „sein unordentliches Wesen lasse be=
sorgen, daß er nicht werde alt werden". Obwohl man nicht
läugnen konnte, daß er „nicht mehr als einmal" des Tages esse,
so behauptete man doch: „er esse dafür des Abends so viel auf
einmal, daß es Anderen zu zwei und drei Malen genug wäre".
Und obwohl man zugeben mußte, daß er „nur Wasser trinke", so
schalt man doch darauf, daß er — was mit ihm unzählige andere
Spanier thaten — „das Wasser im Schnee kühlen lasse und es
dennoch kaum kalt genug" bekommen könne. „Von dieser Unordnung,
versicherte man neuerdings, rühre allein alle seine Schwachheit her".
Zugleich trat auch wieder, und in der unverschämtesten Weise, die
Anklage der Heirathsunfähigkeit auf, in Verbindung mit der
Behauptung, daß sie der eigentliche Grund sei, weshalb der König
„die Sachen so lange hinziehe". Der ungeduldige und unzufrie=
dene Prinz, als ihm das Gerede zu Ohren kam, erklärte ärgerlich
und verächtlich: „Er nehme sich vor, ein guter Ehemann zu sein,
und vermeine in der Probe zu bestehen". Dietrichstein aber fand
das Verhalten des Königs unbegreiflich. Denn, meinte er, wenn
„nichts Anderes als dies" der Grund der Heirathsverzögerung sei,
so „könne sich ja der König dessen am ehesten und leichtesten mittelst
einer Probe vergewissern". Aus einem Zusatz scheint hervorzugehen,
daß selbst der Kaiser bei Philipp darauf drang.

Gegen Ende des Jahres trat eine Art von Wendung ein.
Katharina von Medici drang aus Anlaß der Bayonner Zusammenkunft
noch einmal nachdrücklich bei Philipp auf Annahme des Vorschlags:
daß Carlos mit Margarethe von Valois, die Erzherzogin Anna
aber mit dem Könige von Frankreich vermählt werde. Philipp ge=
rieth dadurch in die äußerste Verlegenheit; um so mehr, als anderer=
seits auch der Kaiser nach dem Rathe, den ihm Dietrichstein schon
am 29. Juni 1564 ertheilt hatte, immer kategorischer drohte: bei
längerem Zögern Philipp's seinerseits „mit Frankreich abzuschließen".
Wie wir schon sahen, trug sich Philipp auch im Herbst 1565 fort und
fort mit dem Gedanken der „Einsperrung" seines Sohnes. Er
wollte ihn daher so wenig mit Anna, wie mit Margarethe ver=
mählen. Da aber die Verbindung der Ersteren mit Karl IX. von
Frankreich um jeden Preis verhindert werden sollte: so blieb ihm
nichts übrig, als dem Kaiser ein neues Zeichen der Bevorzugung
und eine neue Vertröstung zu geben. Er lehnte daher — wahr=
scheinlich im December — anscheinend definitiv die Bewerbung
Frankreichs durch die Erklärung ab: Obschon ihm in Betreff der
Verheirathung seines Sohnes nichts erwünschter sein könne, als die
vorgeschlagene Verbindung, so sei er doch bereits „Verpflichtungen
eingegangen, von denen er, obgleich ihm nicht die Hände gebunden
seien, fortan nicht mehr zurücktreten könne". Indem er dann
Dietrichstein und den Kaiser von dieser Erklärung in Kenntniß setzte,
gab er ohne Zweifel zu verstehen, daß damit jede andere Heiraths=
eventualität als die mit der Prinzessin Anna ausgeschlossen sei,
wiewohl er sich die definitive Einwilligung zu der letzteren immer
noch vorbehielt, und daher auch die Sachlage vor seinem Sohne
verheimlicht wissen wollte. Philipp handelte demnach in dieser An=
gelegenheit nunmehr nach dem Grundsatze, daß eine halbe Ver=
pflichtung noch keine ganze sei, und daß eine Verpflichtung anerkennen
noch nicht heiße, sie halten wollen. Er beugte ja solchen Schlüssen
ausdrücklich durch die Bemerkung vor, daß trotz allem „die Hände
ihm nicht gebunden seien". Uebrigens konnte er es nicht verhindern,
daß der neue Schachzug, den er „geheim halten wollte", dennoch
ruchbar wurde und für viel bedeutsamer galt, als er in der That
war. Man hielt nunmehr im Januar 1566, die Heirath des

Prinzen mit der Prinzeffin Anna „für beschloffen und gewiß", und auch Don Carlos selbst theilte diese „Gewißheit".[55])

Aber nur desto höher schwoll in dem Prinzen die Ader des Mißmuths an. Er beschwerte sich bitter über die endlose Verzöge= rung seines häuslichen Glückes. Warf man ihm eine unordentliche und unregelmäßige Lebensweise vor, so verhieß er ja selbst: „wenn er verheirathet sein werde, würde er sich anders halten". Und auch Dietrichstein sprach wiederholt die Ueberzeugung aus: „die Erzherzogin Anna werde an ihm einen guten Ehemann haben, und ihn auch zu besserer Ordnung und Haltung zu bringen vermögen". Don Carlos beklagte sich jetzt auch um so gereizter, daß er „trotz seiner Jahre (er hatte das 21ste zur Hälfte vollendet) immer noch keine Macht und Gewalt habe, vielmehr wie ein Minderjähriger gehalten werde". An der beschränkten und bedeutungslosen Thätig= keit im Staatsrath, die er nunmehr, statt einiger Monate, seit länger denn anderthalb Jahren geübt, fand er in der That — und „nicht mit Unrecht" wie selbst Gachard sagt — kein Genüge mehr. Es lag ihm daran, seine Kraft und Fähigkeit zu erproben, sich „als Verwalter irgend eines größern Landes" zu bewähren. Warum, klagte er unwillig, wurden ihm noch immer die längst verheißenen Niederlande vorenthalten? warum noch immer die Anerkennung seiner Thronfolge durch die Cortes der aragonischen Staaten ver= schoben? Wir wissen schon die Antwort, und Dietrichstein wieder= holte sie im Januar 1566: sein Vater „traute ihm nicht", und wollte ihm nicht „zu viel Gewalt geben". Er fürchtete, wie der neue französische Gesandte Fourquevaulx versicherte, daß sein Sohn als Statthalter, sei es in Italien oder in den Niederlanden, die Dinge verwirren könnte. Auch deutete er in dreisterer Weise als zuvor, dem Kaiser und dessen Gesandten gegenüber, auf die Mög= lichkeit oder Wahrscheinlichkeit hin, daß, statt des Don Carlos, der Erzherzog Rudolf sein „Erbe" und „Nachfolger" sein werde. Als Zwischenträger gebrauchte er hierbei namentlich den Herzog von Alba; als Motiv diente ihm wahrscheinlich die angebliche „Besorgniß, daß Don Carlos nicht werde alt werden"; und als Nebenzweck ver= folgte er dabei ohne Zweifel die Absicht, den Eifer, womit der

Kaiser die Verheirathung seiner Tochter mit dem Infanten betrieb, abzuschwächen oder lahm zu legen. [66])

Man kann sich in der That nicht wundern, wenn Don Carlos in seinem gerechten Mißmuth immer mehr in Opposition zu seinem Vater gerieth; wenn er sich nach Aussage des französischen Gesandten verleiten ließ, fort und fort „die Handlungen desselben zu mißbilligen oder zu bekritteln"; wenn er, nach Dietrichstein's Bericht, sich „sehr frei mit Reden" über ihn erging, und ihm „nicht alles hingehen ließ". Auch an allem, was andere hervorragende Personen thaten oder redeten, war ihm dies und jenes nicht recht oder genehm. Um so mehr fiel es auf, daß er dagegen „alles gut fand, was die Königin that oder sagte". „Es giebt Niemand", erklärte Fourquevaulx, „der wie sie ihn beherrscht; und alles dies geschieht ohne Arglist und Verstellung; denn der Prinz versteht nicht, sich zu verstellen oder zu heucheln". Dem Einfluß der Königin war es auch ohne Zweifel zum guten Theil zuzuschreiben, wenn er es, trotz allem, nicht an äußerer Achtung, an „Anstand und Gehorsam" gegen seinen Vater fehlen ließ. [67])

Begreiflicherweise nahm sein wachsender Mißmuth zugleich die Form eines wachsenden Widerwillens gegen die Minister und gegen alle diejenigen Personen an, welche die Werkzeuge oder die Günstlinge des Königs waren. Und ihnen gegenüber hielt er sich nicht für verpflichtet, seiner gereizten Stimmung unter allen Umständen Zügel anzulegen. So konnte es geschehen, daß aus seiner trüben und dumpfen Resignation ab und zu plötzlich wie blitzartig ein Akt des Jähzornes hervorzuckte. Dahin gehört der angebliche Vorfall mit dem Günstling Espinosa, der, von „geringem Herkommen", dem geistlichen Stande angehörte oder, wie Dietrichstein sagt, ein „Pfaffe" war. Doctor und Mitglied des „königlichen Rathes" oder des „Rathes von Castilien", wurde er „gegen die Erwartung Aller" im August 1565 zum „Präsidenten" dieses Tribunals und damit zu einer der höchsten Stellungen der Monarchie erhoben. Großinquisitor wurde er erst im November 1566, Kardinal und Bischof erst zu Anfang des Jahres 1568 nach des Don Carlos Verhaftung. Sein Einfluß beim Könige war schon um den Januar 1566 ein ganz außergewöhnlicher. Und in diese Zeit muß jener Vorfall gesetzt werden, der nur von Cabrera und Ferreras erzählt wird, und daher als historisches Factum, zumal in seinen Einzelheiten, durchaus nicht unanfechtbar ist.

Der schon genannte Schauspieler Cisneros, zu der Truppe von Lope de Rueda gehörig, gab nämlich damals Vorstellungen zu Madrid, und Don Carlos, der ihn bewunderte, beschied ihn zu sich in's Schloß, um sich privatim an seiner Kunst zu ergötzen. Der Prinz konnte um so weniger ein Arg dabei haben, als ja Philipp selbst es liebte, sich in seinem Zimmer sogar mit Possen= reißern oder Hofnarren die Zeit zu vertreiben. Sein Verkehr mit Cisneros war dagegen unvergleichlich viel würdigerer Art. Dennoch nahm es sich Espinosa heraus, als Präsident des hohen Rathes und ohne Zweifel auf Veranlassung oder doch mit Wissen des Kö= nigs, nicht nur die Theatervorstellungen in Madrid, sondern auch den Verkehr des Cisneros im Schlosse zu untersagen. Don Car= los, der solchergestalt einer geistreichen und belehrenden Unterhal= tung, überdies aber der Zerstreuung und der Ableitung seines Kummers beraubt wurde, deren er so sehr bedurfte, war tief empört. Da geschah es, daß er dem Espinosa in den Schloß= räumen begegnete; und sofort loderte sein Zorn empor. Er packte ihn, heißt es, so heftig beim Kragen, daß der mächtige Günstling zitternd in die Knie sank, und fuhr ihn, die Hand an den Dolch legend, mit den Worten an: „Du elendes Pfäfflein! Du wagst es, dich an mich zu vergreifen, indem du verhinderst, daß Cisneros zu mir komme, um mir Dienste zu leisten? Beim Leben meines Vaters! ich werde dich tödten". Doch kam natürlich Espinosa mit dem bloßen Schrecken davon. [58])

Denn es lag in des Prinzen Natur, zwar im ersten Auf= flackern seines Jähzorns die gewaltthätigsten Drohungen auszustoßen, aber glücklicherweise, ganz im Gegensatz zu den fürstlichen Sitten seiner Zeit, niemals aus ihnen Ernst zu machen. Es war indeß auch nach dieser Richtung hin schon seit 1562 ein verläumberisches Lügengewebe gesponnen worden, aus dessen Netzen leider noch heut die Geschichte sich nicht frei zu machen vermocht hat. Jedes ge= legentliche Drohwort des Don Carlos ist zu einer „Absicht" oder gar zu einer „vollbrachten That", jedes Anfassen oder Anzucken des

Dolches zu einem „Mordanfall" gestempelt worden. Rief er viel=
leicht einmal in sittlicher Entrüstung aus: „der Lump muß castrirt
werden": gleich machte man daraus (vor 1563) die Anklage, er
habe dies „durchaus gethan" wissen wollen. Zankte er ein ander=
mal seinen Schuhmacher, der ihm statt der bestellten weiten Stiefel
enge brachte, mit den Worten aus: „er werde zur Strafe die
Stiefel in kleine Stücke zerschneiden, diese rösten lassen und ihn
zwingen, sie zu verzehren": so wurde alsbald (vor 1564) dieses
geniale Drohwort in eine tyrannische That verwandelt; was um so
leichter geschah, als jenes Wort den Beifall des Volkes gewann
und in einem Volksliede frei verarbeitet ward. Daß der Prinz die
ersten besten Besucher mit der Fuchtel oder der Bastonnade habe
bedienen lassen, wie 1563 behauptet wurde, ist völlige Erfindung
oder ebenfalls Verzerrung eines Drohwortes. Wenn er im October
1566 ein paar Kinder durchprügeln ließ — und es ist nicht gesagt,
daß sie es nicht verdient hätten — so that es ihm doch sofort leid,
und er zahlte dem Vater ein Sühngeld. Wenn ihm später einmal
aus einem Hause Wasser auf den Kopf geschüttet wurde und er
im ersten Augenblicke sich verschwor, daß kein Stein auf dem andern
bleiben und daß alle Insassen massacrirt werden sollten: so wissen
wir doch, daß thatsächlich das Haus völlig unversehrt blieb, und
daß keinem einzigen der Insassen auch nur ein Haar gekrümmt
ward. Wenn man ihm nachsagt, er habe das eine Mal einen
Kammerherrn, das andere Mal einen andern Beamten alles
Ernstes zum Fenster hinausstürzen wollen und sei nur durch
herbeieilende Diener daran verhindert worden: so ist dagegen zu
bemerken, daß Carlos wohl fähig war zornig zu drohen „ich
werde dich zum Fenster hinauswerfen", daß aber mehr als Einfalt
dazu gehört, ihm bei seinen schwachen Körperkräften auch nur den
Versuch zur Ausführung einer solchen Drohung zuzutrauen; jeder
Angegriffene wäre, auch ohne Beihülfe Anderer, ihm überlegen ge=
wesen. Seine sogenannten „sechs Mordattentate", von denen noch
heut mancher Autor faselt, führen sich in vier Fällen theils auf
Erfindungen theils auf Drohungen zurück, in den beiden anderen
aber auf Vorgänge, die, schon an sich ungenügend beglaubigt, jeden=
falls unblutig verliefen. [59]) Das Thatsächliche ist vielmehr dies:

Während so mancher andere Fürst und Prinz jener Zeit, voran Philipp II., mehr als Einen Mord direct oder indirect vollbrachte, hat Don Carlos niemals, weder mittelbar noch unmittelbar, das Blut eines Andern vergossen: er hat in Wahrheit Niemandem, soviel wir wissen, auch nur die Haut geritzt.

Dagegen hat er allerdings Alle, die um ihn weilten oder ihm sich näherten, die Folgen seiner Gereiztheit empfinden lassen. Er hat namentlich diejenigen seiner Diener, die ihm besonders zuwider waren, schroff und rücksichtslos behandelt. Er hat sich häufig beleidigender Worte gegen sie bedient, und bisweilen seinem Zorne durch einen Schlag oder eine Ohrfeige Ausdruck gegeben. Er hat auch Andere, Bekannte und Unbekannte, Besucher und Bittsteller, oft dadurch in peinliche Verlegenheit gesetzt, daß er sie über ihre eigenen Gesinnungen und über die Handlungen Dritter auszuforschen bedacht war.

Aus dem Eindruck derartiger Thatsachen ging zum Theil das bereits erwähnte merkwürdige Schreiben hervor, das Honorato Juan, nunmehr auf Betrieb des Prinzen Bischof von Osma, am 10. Januar 1566 an seinen ehemaligen Zögling richtete. Nachdem er ihm darin, wie wir sahen, die Einhaltung der kirchlichen Pflichten und die Begünstigung der Inquisition dringend empfohlen, ermahnte er ihn ebenso angelegentlich: in allem unbedingt seinem Vater zu Diensten und zu Willen zu sein, und wohl zu bedenken, daß „alle anderen Wege gefährlich und trügerisch seien, und zu reellen Verwickelungen führten". Er legte ihm ferner an's Herz: seine Diener „in Worten und in Handlungen mit Liebe und Sanftmuth zu behandeln", das gleiche Verhalten auch „gegen die Diener und die Minister seines Vaters zu beobachten", sowie „gleicherweise gegen alle Anderen". Er möge an „Besuchende und Bittsteller keine abseitsliegende Fragen richten, sie nicht zu Antworten nöthigen, die sie sich gern ersparen möchten". Er möge überhaupt „sich nicht um das Leben Anderer kümmern, nicht deren Fehler zu erforschen trachten". Schließlich vertraut er dem „richtigen Verständniß" des Prinzen, wünscht ihn „von Gott und der Welt geliebt, für die großen Thaten heranwachsen zu sehen, welche die Lage der Dinge erfordere". Noch am 13. März bewilligte der Papst, auf die Fürbitte des Don Carlos, dem treuen Rathgeber desselben einen aus-

gebehnten Dispens von der Verpflichtung des Aufenthalts in seinem
Sprengel. Doch schon am 30. Juli erlag Honorato Juan seinen
körperlichen Leiden.

Die wohlgemeinten Rathschläge seines geliebten väterlichen
Freundes zu erfüllen, lag doch nicht ausschließlich in der Macht des
Prinzen. Ja, wenn Philipp eine Persönlichkeit gewesen wäre, die, wie
Honorato Juan, Liebe verdient und Liebe einzuflößen verstanden
hätte! Warum wäre denn Don Carlos von so Vielen, die ihm nahe
standen, von der Königin und der Prinzessin Johanna, von Hono=
rato Juan und Hernan Suarez, von Luis Quijaba und Rodrigo
de Mendoza und Anderen, die zu den Besten zählten, geliebt worden,
wenn er seinerseits wirklich verdient hätte, verdammt und gehaßt
zu werden? Und wie hätte er seinerseits den lieben können, der —
abgesehen von allen Gegensätzen des Charakters und der Grund=
sätze — ihn statt anzuziehen vielmehr so verächtlich von sich stieß,
so rechtswidrig unterdrückte und so unverschämt verläumdete, wie nie=
mals ein Vater seinen Sohn!

Grade um die Zeit, wo Don Carlos jene Rathschläge empfing,
machte er die grauenhafte Entdeckung, daß sein Vater nicht nur —
was er schon zu seinem Schmerze wußte — ihm die Heirath vor=
enthielt, um ihm desto leichter die politische Selbstständigkeit vor=
enthalten zu können, sondern auch, daß er jene Vorenthaltung mit
dem Vorwande der Heirathsunfähigkeit begründe und, um diesen
Vorwand dauernd aufrecht erhalten zu können, nichts von einem
Beweise derselben oder des Gegentheils wissen wolle. Und so sah
sich der Unglückliche in die Alternative gestellt: entweder sein Ge=
lübde der Keuschheit zu brechen, um jenen Vorwand zu zerstören, oder
dem Gelübbe treu zu bleiben, damit zugleich aber auch jenen Vorwand
und seine Ehelosigkeit zu verewigen. In dem letztern Falle wäre das
Gelübbe zweck= und sinnlos geworden. Und so entschloß er sich für
das Erstere. Offen erklärend: „er wolle nicht mehr, daß man
einen bösen Argwohn von ihm hege", suchte er im Verlauf des
Januar oder Anfangs Februar den Umgang mit der Tochter eines
Gerichtsdieners in Madrid, des Namens Salinas. Es war, wie
Dietrichstein sagt, „ein gar schönes Mädchen". Sie wurde darauf
in einem Kloster untergebracht. Noch bis in den Mai und Juni

des folgenden Jahres wird in der Correspondenz des deutschen Gesandten auf sie angespielt. Der Ausgabeposten von 11,000 Realen „für eine gewisse geheime Person“, der in den prinzlichen Rechnungen unter dem Monat April 1567 aufgeführt ist, dürfte sich auf sie beziehen. [60])

Seit dem Februar 1566 lebte natürlich Don Carlos des guten Glaubens, daß er sich nunmehr in den Augen seiner Wider=sacher und des Königs „aus dem Verdacht gebracht“ habe. Desselben Glaubens war auch Dietrichstein, und gab ihm fortwährend Aus=druck. Um so mehr wunderte er sich, daß die Heirathsfrage trotz=dem unverrückt in der Schwebe blieb. Er wisse nicht, schrieb er am letzten März dem Kaiser, warum man noch immer „die Sache in die Länge ziehe“; der Prinz sei jetzt „ganz wohlauf“; nur werde ihm „die Weile sehr lang“, und sei er sehr ungehalten wegen „des Verzuges“. Erst allmählich kam dem Gesandten der Gedanke, daß alle bisherigen Zögerungsgründe des Königs nur Vorwände gewesen, und daß der eigentliche Grund viel tiefer liege. Am 10. August gestand er offen dem Kaiser: „Ich kann das Mysterium des Verzuges mit des Prinzen Heirath nicht anders verstehen, als daß sie (Ihre Königl. Würden, d. i. der König) die Sache n i c h t s e i n e r G e s u n d h e i t h a l b e r hinziehen — denn er wird täglich stärker und hat sich nicht wenig gebessert —, sondern allein s e i n e t= h a l b e n (d. i. seines Charakters halber), damit er seine Sitten und seine Beschaffenheit bessere“. Das ahnte freilich Dietrichstein nicht, daß der König auch auf keine „Sittenbesserung“ wartete, sondern lediglich auf den rechten Moment der „Einsperrung“ und Beseitigung des Prinzen.

Philipp war damals neuerdings eines „Erben“ von Seiten der Königin gewärtig. Auf dem Schlosse Balsain bei Segovia harrte sie mit ihm ihrer Niederkunft. Don Carlos blieb vorläufig in Madrid zurück, und athmete eben deshalb freier auf. Denn — meldete Alonso de Laloo, als niederländischer Agent, dem Grafen Horn — „in Abwesenheit des Vaters fühlt sich unser Prinz sein eigener Herr“. Im Uebrigen führte er sein gewöhnliches Leben; er speiste täglich auf der Casa del Campo, dem Lustschloß am jen=seitigen Ufer des Manzanares; er übte in dem Flusse nach Herzens=lust seine Schwimmkunst; und man kann nicht zweifeln, daß er auch schon damals, in Erwartung seiner Vermählung, mit Eifer und tagtäglich das Studium der deutschen Sprache betrieb. In der Nacht zum 12. August gebar endlich die Königin, im siebenten Jahre ihrer Ehe, nicht einen Erben, sondern eine Tochter. Philipp hatte diesen Fall vorgesehen, und schon sechs Monate zuvor durch den Herzog von Alba dem kaiserlichen Gesandten den Wunsch er= öffnen lassen: daß der Erzherzog Rudolf, „obgleich er wohl ohne= dies sein Erbe sei", im Fall die Königin „eine Tochter bekomme", diese „zur zukünftigen Gemahlin belieben" möge.

So erging sich der König bei Lebzeiten seines Sohnes in Combinationen, die dessen Tod zur Voraussetzung hatten. Es war, wie wenn Don Carlos von unbestimmten Ahnungen oder von dem Mißgefühl beschlichen wurde, daß ihm eine Art von Nebenbuhlerin erwachsen sei. Durch Befehl des Königs zum Pathen bestimmt, konnte er es allem Anschein nach nicht über sich gewinnen, die Tochter seines Vaters über die Taufe zu halten. Denn es liegt doch auf der Hand, daß er die „körperliche Schwäche" nur vorschützte, um sich durch Don Johann vertreten zu lassen. [61])

7. Aufstand der Niederlande, Erregtheit des Don Carlos.

Seit Jahr und Tag war in den Niederlanden die Gährung immer höher gestiegen; die grausame Härte Philipp's brachte sie zum Ueberströmen. Am 5. April 1566 fand zu Brüssel bei der Statthalterin Margarethe von Parma die Auffahrt des Adels statt, um ihr die Bitten und Beschwerden des Landes schriftlich zu überreichen. Um diese bei Philipp selbst zu befürworten, wurden zugleich von Seiten des niederländischen Adels der Baron von Montigny und der Marquis von Bergen nach Spanien gesandt. Der Erstere langte am 17. Juni in Madrid, der Letztere am 16. August in Segovia bei dem Könige an. Am 3. September lief die Nachricht von den Bilderstürmereien, am 8ten der ausführliche Bericht darüber ein. Guter Rath schien theuer. Im Kabinet des

Königs empfahl die Mehrheit, der Herzog von Feria, der Staats=
secretär Antonio Perez, und vor Allen auch Ruy Gomez, den Weg
schonender Milde; nur Philipp, durch seinen kirchlichen Fanatismus
verblendet, und der jederzeit hartherzige Herzog von Alba stimmten
und entschieden für unerbittliche tyrannische Strenge.

Auch um die hochangeschwollene Zwietracht zwischen Philipp und
Don Carlos zum Ueberströmen zu bringen, bedurfte es nur eines
letzten Anstoßes. Und diesen Anstoß führte eben die Bewegung in
den Niederlanden herbei. Auf die Kunde davon war Carlos wie
elektrisirt; er hegte ja von jeher eine lebhafte Sympathie für die
Niederlande; er war ja von Anfang an für die Verwaltung der=
selben bestimmt gewesen; er wurde nun mehr denn je ergriffen von
der Idee, dort eine selbstständige Thätigkeit zu gewinnen, dort sich
Kriegs= und Thatenruhm zu erwerben und, ohne Zweifel auch, dort
seinen Grundsätzen Geltung zu verschaffen. Es ist mehr als wahr=
scheinlich, daß er die Lage der Niederländer mit der seinigen ver=
glich; daß er, der stets für die Leidenden und Unterdrückten Partei
nahm, weil er selbst litt und unterdrückt war, auch eine innere
Theilnahme für die Bestrebungen eines Volkes empfand, das in
seiner Gesammtheit unter dem Regiment seines Vaters einem ähn=
lichen Druck ausgesetzt war, wie er selbst.

Nothwendig und unvermeidlich mußte Don Carlos, wie früher
mit Egmont, so jetzt mit Montigny und Bergen in Berührung
kommen. Es lag in der Natur der Umstände, daß sie alle drei
bedacht sein mußten, den muthmaßlichen Thronfolger für die Bitten
und Beschwerden der Niederlande zu interessiren. Findet sich auch
von eigentlich verrätherischen Verbindungen keine Spur: so
läßt sich darum doch nicht bezweifeln, daß überhaupt Verbindungen
zwischen dem Prinzen und den flandrischen Häuptern stattgefunden
haben. Nicht nur Brantôme, Cabrera und Strada, sondern auch
Antonio Perez stellt diese Behauptung auf. Daß Montigny we=
nigstens eine geheime Unterredung mit Don Carlos pflog, wird
von Ranke behauptet, von Gachard bestritten; gesprochen haben sie
sich jedenfalls. Auch eine fortgesetzte Correspondenz ist nicht wohl
in Abrede zu stellen. Nach Lafuente fanden sich später bei Egmont

Briefe des Prinzen, worin er seiner Liebe zu den Niederländern
Ausdruck gab und vor Alba warnte.

Welcher Art aber auch, welches Inhalts und welcher Aus=
dehnung die Verbindungen des Prinzen mit den flandrischen Großen
gewesen sein mögen: für seine beispiellose Theilnahme bürgt zur
Genüge sein Verhalten. Mit gespanntester Aufmerksamkeit lauschte
er auf alles, was in den Provinzen vorging; mit wahrhafter Be=
gier haschte er nach dem geringsten Gerüchte; mit Ungeduld horchte
er jeden Ankömmling aus, der den Herd der Bewegung soeben ver=
lassen hatte. Alle Mitglieder des Staats= und des Kriegsraths
wurden einzeln von ihm ermahnt „doch ja bei dem König darauf
hinzuwirken, daß er die niederländischen Angelegenheiten eifrig be=
treibe und ihrer Abhülfe alles Andere nachstelle“. Es war sein
heißester Wunsch, selbst nach den Niederlanden zu gehen; und er
soll „geschworen“ haben, „nicht unter seinem Vater zu verbleiben“.[62])

Auf alle Fälle hielt sich Don Carlos für die geeignetste Per=
son, um als Pacificator die Aufregung der Provinzen zu beschwich=
tigen; und er stellte daher das dringendste Gesuch, ihn mit dieser
Aufgabe zu betrauen. In fieberhafter Ungeduld harrte er der Ent=
scheidungen. Eine Erregtheit sondergleichen bemächtigte sich seiner,
als diese immer und immer ausblieben. Abgeschlossen von jeder
Theilnahme an den Berathungen des Königs, wagte er es einmal,
um den Anfang August, als der ganze Hof zu Valsain versammelt
war, an der Thür des Zimmers zu horchen, wo der König eben
einen geheimen Kabinetsrath über die niederländischen Dinge abhielt.
War dies Lauschen ungehörig, so war es nicht minder die War=
nung, die sein Kammerherr Don Diego de Acuna ihm deshalb zu
ertheilen sich herausnahm, mit den Worten: „wenn der König
plötzlich herausträte, würde er erstaunt sein, ihn hier zu finden“.
Der Prinz war gar nicht darauf ausgegangen, sein Thun zu ver=
hehlen. Ihm war es vielmehr ganz recht, daß er sich den Blicken
der Hofdamen von oben und der Pagen von unten her ausgesetzt
wußte. Und auch der Anblick des Königs in diesem Augenblick
hätte ihn weit eher erfreut als erschreckt; denn eine solche Be=
gegnung würde vielleicht den Vorwurf seiner Ausschließung von den
Berathungen am schlagendsten gerechtfertigt haben. Daher brachte

ihn die anmaßliche Zurechtweisung Acuna's, der ihn schon seit Jahren
wegen ungebührlicher und zudringlicher Einmischungen in seine
Heirathsangelegenheiten verhaßt war, dergestalt in Harnisch, daß er
ihm einen Faustschlag versetzte. Die Folge war, daß Philipp seinem
Sohne einen nachdrücklichen Verweis ertheilte, den Kammerherrn
aber durch Versetzung in den königlichen Hofstaat entschädigte, und
durch eine einträglichere Stellung belohnte. [63])

Den Wunsch des Sohnes zu erfüllen, kam Philipp nicht in
den Sinn. Denn von ihm glaubte er sich womöglich noch eines
Schlimmeren versehen zu müssen, als von den Niederländern. Desto
angelegentlicher ging er anscheinend damit um, sich in eigener Person,
als Züchtiger, nach den Provinzen zu begeben. Nun stellte Don
Carlos das Verlangen, ihn dahin zu begleiten. Philipp nahm die
Miene an, als wolle er diesem Verlangen willfahren. In Wahr=
heit aber ging seine Absicht dahin, weder ohne seinen Sohn noch
mit ihm die·Reise zu unternehmen. Denn im erstern Fall hätte
er ihm für die Zeit seiner Abwesenheit nothwendig die Statthalter=
schaft in Spanien anvertrauen müssen; und im zweiten hätte er
nicht umhin gekonnt, ihn in den Niederlanden als Statthalter
zurückzulassen. Wie aber hätte er, der seit zwei Jahren nur auf
den geeigneten Zeitpunkt wartete, um seinen Sohn als einen „Ver=
rückten" zeitlebens „einzusperren" und durch einen andern „Erben"
zu ersetzen, auch nur entfernt daran denken können, ihn aus seinen
Augen zu lassen und, sei es da oder dort, ihm eine Gewalt zu über=
geben, welche die Absicht seiner „Einsperrung" auf immer vereitelt
und sofort, wie er meinte, die unheilvollste Verwirrung herauf=
beschworen haben würde! War es doch denkbar, wie man sich nicht
verhehlte, daß in den Niederlanden „eine Pacification nicht gelänge",
daß dann der König „in der Mitte von Rebellen, weder Sicherheit
für das Bleiben noch für das Fortkommen hätte". Waren ihm
doch überdies „England und·Frankreich nicht hold, und ebensowenig
die deutschen Fürsten, deren Länder er durchschreiten müsse". Und
war man doch selbst in Spanien „mit ihm nicht in allen Dingen
zufrieden und schwierig genug".

Diese Besorgnisse waren auch in der That keineswegs un=
begründet. Sie wurden namentlich von der fremden Diplomatie

getheilt. Aber freilich nur deshalb, weil Philipp von einer „güt=
lichen Vergleichung" nichts wissen wollte, als welche seiner „Hoheit,
Autorität und Reputation", sowie „seinem Gewissen" und dem „ka=
tholischen Bekenntniß zuwider" sei. Von einem bloßen „Strafen"
aber, von dem Versuche, die jedenfalls doch zum Theil berechtigte
Bewegung ohne jede Unterscheidung mit brutaler Gewalt nieder=
zuschlagen, fürchtete mit Dietrichstein so mancher einsichtige Politiker,
daß es „kein gutes Ende nehmen werde". Leicht könnte dadurch,
schrieb der Genannte an den Kaiser, auch „den Unterthanen a n =
d e r e r Länder des Königs, denen bisher vielleicht mehr die Ge=
legenheit als der Wille zu Empörungen gemangelt, Anlaß gegeben
werden, die Furcht und Scham vor der Widersetzlichkeit gegen ihn
zu verlieren". Als diejenigen, die „zu allem" d. i. zur äußersten
Gewalt antrieben, bezeichnet Dietrichstein „die Geistlichen und Seel=
sorger", als welche „am wenigsten" bedenken, „zu welchem Ende es
gerathen mag", und immer nur mit dem „Papste" erklären: „es
sei eine Angelegenheit Gottes, und Gottes Beistand werde seiner
Sache nicht fehlen". Obgleich es nun Manche gäbe, „die es gar wohl
verstehen, daß es für den König unmöglich sein werde, den Abfall
von der Religion wieder rückgängig zu machen, so dürften sie doch
nichts widerrathen bis man zuvor alles Aeußerste versucht".
Inzwischen schritten die gewaltigen und kostspieligen Rüstungen ihrer
Vollendung entgegen. [64])

Noch erschien bei der außerordentlichen Verstellungskunst des
Königs alles ungewiß, und noch glaubte man vorzugsweise, daß
er sich selbst an die Spitze der Expedition stellen werde: als am
11. December in Madrid die Cortes von Castilien zum Zwecke
neuer Geldbewilligungen eröffnet wurden. In ihren Vorconferenzen
wurde, auf Vorschlag einiger Mitglieder, die Frage erörtert, ob
es nicht zweckmäßig sei, einen Antrag einzubringen, kraft dessen der
König ersucht werde, im Falle seiner Abreise und für die Zeit sei=
ner Abwesenheit den Thronfolger als Generalstatthalter in Spanien
einzusetzen. Es verlautete, daß die Mehrheit für diesen Antrag
sei. Da erschien plötzlich unter ihnen Don Carlos, in der höchsten
Aufregung; denn „all sein Sinnen und seine Gedanken standen
hinaus" und er hatte ja „geschworen", nicht in Spanien zu blei=

ben, sondern seinen Vater „zu begleiten". Er erklärte daher den
Abgeordneten, die er in der Conferenz versammelt fand: „Er habe
gehört, wie Etliche aus ihrer Mitte bedacht seien, an seinen Vater
das Gesuch gelangen zu lassen: er möge, falls er in die Nieder=
lande ziehe, ihn hier zurücklassen. Er wolle sie hiermit gewarnt
haben, sich dessen nicht zu unterfangen. Denn er sei entschlossen,
mit seinem Willen nicht unter seinem Vater (b. i. in Spa=
nien) zu bleiben. Müßte er zurückbleiben, so würde ihm dies zu
nicht geringer Betrübniß gereichen; aber sie sollten überzeugt sein,
daß es, wenn sie dazu den geringsten Anstoß gäben, auch ihnen
nicht zum Guten gereichen werde, vielmehr sie und ihre Städte es
bereuen würden. Auch bei den letzten Cortes (im Jahre 1563)
hätten sie es sich herausgenommen, seinem Vater zu bedenken zu
geben, welche Prinzessin er ihm zur Gemahlin geben solle; und sie
hätten ihn dadurch nicht wenig beleidigt. Sie möchten zusehen und
schaffen, was ihres Amtes sei, aber nicht in dergleichen Sachen sich
einmischen, sondern ihn unbetrübt lassen". Noch ehe sich die Be=
stürzung der Anwesenden legte, entfernte sich Don Carlos wieder,
ohne eine Antwort abzuwarten. Die Akten der Cortes enthalten
über diesen Vorgang natürlich kein Wort, weil er gar nicht in
einer ordentlichen Sitzung derselben statt fand, wie viele Dar=
steller sich einbilden. Der fragliche Antrag aber unterblieb. Dies
konnte dem Könige nur willkommen sein, und er hatte daher auch
keinen Anlaß, wegen dieses Vorfalls dem Sohne zu zürnen.

Die Gründe, die nach Dietrichstein's Angabe den Prinzen so
unwiderstehlich drängten, auf der Begleitung seines Vaters nach
den Niederlanden zu bestehen, waren: einmal, die wohlbegründete
und durch Vorspiegelungen genährte Hoffnung, noch auf dem Wege
dahin die „Heirath" mit der Erzherzogin Anna verwirklicht zu
sehen; und dann die Aussicht auf „mehr Freiheit als er bisher
gehabt". Denn vor allem, fügt Dietrichstein hinzu, „schmerzen
ihn diese zwei Dinge, daß sein Vater die Heirath so wenig beför=
dert, und daß er ihm bei so vorgerückten Jahren nicht mehr Ge=
walt und Freiheit läßt; es dünkt ihm — da er sich aus dem
Verdacht der Heirathsunfähigkeit gebracht und nunmehr einundzwan=
zig Jahre alt ist —, sein Vater unterlasse es aus keiner andern

22*

Ursache, als weil er ihm nicht traue und die Besorgniß hege, so=
bald er verheirathet sei, werde er ihm mehr Gewalt geben müssen
oder er (der Prinz) werde sich unterfangen, diese Gewalt sich selbst
zu nehmen".[65]

Grade bei diesem annähernd richtigen Verständniß seiner Lage,
mußte es Don Carlos im höchsten Maße stutzig machen, als im
December zuerst mit einer gewissen Zuversicht verlautete: der Her=
zog von Alba solle zum Oberbefehlshaber der Expedition nach
den Niederlanden ernannt werden, und ehestens dahin abgehen, um
dem Könige den Weg zu bereiten. Schon seit dem October hatte
man die Losung ausgesprengt: „vorerst müsse der König eine starke
Truppenmacht und einen tüchtigen Anführer nach den Niederlanden
senden, der des Spiels einen Anfang mache". Mit dem
Januar 1567 stürzten die Hoffnungen des Prinzen noch tiefer zu=
sammen. „Die Reise des Königs, hieß es jetzt, ist ganz unge=
wiß; gewiß aber die des Herzogs von Alba, sowie die Ueber=
tragung des Oberbefehls auf ihn, und nur der Termin seiner
Abreise sei ungewiß". Diese Kunde verursachte nach allen Seiten
hin eine große Aufregung. Jedem, der noch auf einige Milde gegen
die Niederlande und deren ketzerische Bevölkerung gehofft hatte, wurde
es nun zu seinem Entsetzen klar, daß es auf ein blutiges und
barbarisches Zermalmen derselben abgesehen war. Man wandte sich
in weiten Kreisen des Adels von dem Schreckensnamen Alba's ab.
„Mit Ausnahme seiner Verwandten, schrieb Dietrichstein an den
Kaiser, nenne man nur Wenige vom Adel, die mit ihm zögen".
Und noch später versichert er: „die meisten Spanier" seien gegen
die „Sendung Alba's nach den Niederlanden". Unbeschreiblich war
der Eindruck, den alle diese „Gewißheiten" und „Ungewißheiten"
auf Don Carlos machten. Es wurde ihm wie mit einem Schlage
klar: er war geprellt; „ziehe Alba ab, so werde sein Vater da=
bleiben", und mithin auch er.[66]

Noch unbeschreiblicher war die Stimmung, die ihn während
der nächsten Monate, d. h. bis zur letzten Entscheidung beherrschte.
Mit dem Steigen der Gefühle des Schmerzes und der Enttäuschung
steigerte sich auch anscheinend sein abstoßendes und heftiges Wesen
gegen seine Umgebung. Aber die Bethätigungen desselben wurden

von den höheren und niederen Feinden des Prinzen in böswilliger
Absicht übertrieben und entstellt; von den höheren, um auf die ver=
hängnißvolle Krisis vorzubereiten, die ihn bedrohte; von den niede=
ren, um durch Anschwärzung des Prinzen sich als treue Diener
des Königs zu erweisen. Es ist sogar zu verwundern, daß es
überhaupt noch unter den Dienern des Don Carlos solche gab, die
sich ihm ergeben und anhänglich bezeigten, die nicht bloß Spionen=
und Denunciantendienste thaten, und die nicht durch Ungunst gegen
das ohnmächtig verglimmende Gestirn des Thronfolgers um die
Gunst der allmächtig strahlenden Sonne des Throninhabers buhlten.
Das Ziel der Anschwärzungen war: die erhöhte Reizbarkeit des
Prinzen, nicht als natürliche Wirkung seiner immer schwerer ge=
täuschten Hoffnungen in Verbindung mit seinem angeborenen Jäh=
zorn darzustellen, sondern als Folge der vorgeblichen Geistes=
zerrüttung, die er von seiner Urgroßmutter geerbt oder durch seinen
Unfall zu Alcala sich zugezogen, und die nur hinter Schloß und
Riegel unschädlich sei.

Es ist in hohem Grade merkwürdig, daß man trotz alledem
heut nur v i e r Vorkommnisse in der Zeit von Ende December bis
Ende März anzuführen vermag, die dem Gerede zum Anhalt dien=
ten oder dienen konnten. Das erste erweist sich als völlig entstellt,
das zweite als wesentlich begründet, das dritte als bedeutungslos,
und das vierte endlich als schamlos erlogen.

Das erste ist der Vorfall mit Juan Estevez de Lobon im
Januar 1567. Bei demselben war Don Carlos so unbestreitbar
im Recht, daß sich dessen Feinde sogar Mühe gaben, ihn zu ver=
tuschen; und zwar mit so großem Erfolg, daß die Kunde davon,
zwar in die Akten der Behörden, aber weder in die Kreise der
Diplomaten noch der gleichzeitigen Geschichtschreiber eindrang. Ja,
Dietrichstein verbrieft uns gewissermaßen diese Thatsache und diesen
Erfolg geflissentlicher Vertuschung durch die ausdrückliche Bemerkung,
daß Don Carlos seit jenem Auftritt bei den Cortes bis zu Anfang
März „n i c h t U r s a c h e gegeben habe, ihn anderweitig zu tadeln."

Lobon, ein noch junger Mann, wenig älter als Carlos, be=
kleidete officiell die Stelle eines Garderobemeisters. Er war wohl
der Einzige in dem Hofstaat des Prinzen, dessen Ernennung dieser

gewünscht, aber erst nach zweijährigem Ringen 1563 durchgesetzt
hatte. Don Carlos war so sehr für ihn voreingenommen, daß er
ihm eine rückhaltlose Freundschaft entgegentrug, ihm seine Geheim=
nisse und seine Gelder anvertraute. Mehr als drei Jahre zehrte
Lobon an diesem Vertrauen, um es schließlich zu mißbrauchen. Es
spricht nicht das Geringste gegen die Annahme, daß der Verdacht
des Prinzen gegen ihn nicht „plötzlich“, sondern allmählig erwachte;
und zwar der Verdacht der Vermntreuung. Es handelte sich offenbar
um Entwendung von „Papieren“, und vielleicht auch von Geldern.
Ja, die officielle Geheimhaltung und geflissentliche Unterdrückung
des Vorfalls dürfte dafür zeugen, daß es sich um verrätherische
Unterschlagung und Verwendung vermeintlich compromittirender Pa=
piere handelte. Um so mehr, als Carlos selbst das Geschehene
nicht nur als „Diebstahl“, sondern auch als „Majestätsverbrechen“,
d. i. als Verrath bezeichnete. Daß aber auch die Frage der Ver=
untreuung von Geldern im Spiele war, dafür scheint zu zeugen,
daß sich die angestellte Untersuchung namentlich auf das Rechnungs=
wesen bezog. Als die Krisis eintrat, muß der Verdacht des Prin=
zen zur Gewißheit erstarkt gewesen sein. Es handelte sich bei dieser
ausdrücklich um ein abhanden gekommenes Papier. Heftig loderte
der Zorn in dem Prinzen empor; es gab eine lärmende Scene,
die mehrere Bedienstete herbeizog. Lächerlich ist die 16 Jahre spä=
ter erfolgte Aussage des Einen derselben, als ob Carlos den Lobon
habe „zum Fenster hinauswerfen wollen“, und als ob es erst der
Mehrzahl von Helfern bedurft hätte, um diesen seinen Händen zu
entreißen. Sie ward auch von anderen Zeugen nicht wiederholt.
Dagegen ist nicht zu zweifeln, daß der Prinz ihn „Schurke, Dieb
und Majestätsverbrecher“ schalt. Er setzte sofort auch aus dreien
seiner höheren Beamten eine Untersuchungscommission nieder zur
Einleitung eines Processes. Die Ergebnisse der Commission fielen
entschieden gegen den Angeklagten aus; Lobon wurde seiner Stelle
entsetzt; der weitere Proceß aber, wahrscheinlich auf höhere Ver=
anlassung, unterblieb. Der schmerzvollste Ertrag für Carlos aber
war: in einem seiner theuersten Freunde hatte er den heimlichen
Feind seiner Interessen erkannt.

	Der zweite Vorfall, in den ersten Tagen des März, betraf

den Kammerherrn Alonso be Corboba, und wurde eifrig in die Kreise der
Diplomatie getragen, jedoch mit absichtlicher Verschweigung des An=
lasses. Dem kaiserlichen Gesandten wurde nur hinterbracht: der
Prinz habe dem genannten Kammerherrn „ohne Ursache eine
Maulschelle gegeben". Der florentinische Gesandte erfuhr noch: der
Prinz habe dabei erklärt, daß er sie ihm „seit mehr als sechs
Monaten zugedacht habe, wegen gewisser Worte, die derselbe ge=
äußert". Davon weiß wieder Cabrera nichts, führt aber als Anlaß
das „Ueberhören der Glocke" an, und ersetzt die Ohrfeige wieder
einmal durch einen lächerlichen Ringkampf, wonach der Prinz den
Kammerherrn zum Fenster hinaus in den Graben stürzen wollte,
und nur durch die auf das „Hülfsgeschrei" herbeieilenden Diener
„daran verhindert" wurde. Es versteht sich von selbst, daß diese
Version Lüge ist; sie zeigt aber zugleich, wie phantasiereich das be=
wußte und unbewußte Gerücht seine Fäden wob. Merkwürdig ist,
daß auch Don Alonso, gleichwie früher Acuna, aus dem prinzlichen
Hofstaat, wie zur Entschädigung und Belohnung, in den königlichen
versetzt ward. Die königliche Gnade leuchtete also in bevorzugendem
Maße für die, welche sich die Ungnade des Prinzen verdient hatten.
Während Philipp den Vorfall mit Lobon ignorirt hatte, nahm er
den mit Alonso be Corboba „sehr übel" auf. Dietrichstein macht
bei dieser Gelegenheit die Bemerkung: „eine größere Ungleichheit in
allem könne es nicht geben, als die zwischen dem König und seinem
Sohn". Und er fügt hinzu: „Sofern der Prinz seine Eigenschaft
nicht umwandelt und seinen Affect etwas besser regieren sollte, wäre
es nicht gut". Uebrigens gehe „all' seine Beschwerde dahin, daß
man ihn so lange mit der Heirath hinziehe".

Der dritte Vorfall, der vor dem 18. März statt gefunden
haben muß, bestand darin, daß Don Carlos in Zorn seinem Haus=
hofmeister Don Fabrique Enriquez das Drohwort zuwarf: „er werde
ihn erdolchen". Die Ursache des Zornes, worauf doch sehr viel
ankommt, wurde wiederum verschwiegen. Das Drohwort aber stem=
pelte man böswilligerweise zu einer Absicht oder wohl gar, wie in
der neuern Geschichtschreibung, seltsamerweise zu einem „Mord=
attentat". Wir wissen indeß schon, wie wenig ernst ein solches
Drohwort im Munde des Prinzen war. [67])

Das vierte angebliche Vorkommniß, das in die Zeit zwischen
dem 10. und 16. März fallen müßte, ist ganz anderer und so
scheußlicher Natur, daß Don Carlos, wenn es begründet wäre, noth=
wendig sofort hätte eingesperrt und mit vollem Recht für „wahn=
sinnig" erklärt werden müssen.   Daß dies nicht geschah, ja daß in
der überreichen Correspondenz der fremden Diplomaten, die über
die unbedeutendsten Handlungen des Prinzen berichteten, nicht einmal
mit einer Silbe dieser ihm zur Last gelegten Niederträchtigkeit ge=
dacht wird, beweist zur Genüge, daß der wirkliche Anlaß zu der
ganzen Geschichte der allerunbedeutendste und daher gar nicht der
Erwähnung werth, die Geschichte selbst aber eine boshafte Er=
findung war.   Nach der einen Version hätte Don Carlos im
Marstall das Lieblingspferd seines Vaters dergestalt miß=
handelt, daß es kurz darauf starb; nach der andern hätte derselbe
im Marstall dreiundzwanzig Pferde so mißhandelt, daß man
sie im kläglichsten Zustande vorgefunden hätte.   Seltsam! die erste
Version findet sich nur bei Cabrera, und er weiß von der zweiten
nichts; die zweite findet sich, natürlich als Gerücht, nur in dem
Briefe des Hernan Suarez vom 18. März, und er weiß seinerseits
nichts von der ersten.   Dies deutet auf den möglichen Anlaß zu
dem ganzen Lügengewebe hin.   Don Carlos besichtigte möglicher=
weise in jenen Märztagen die Abtheilung des Marstalls, in welcher
sich das Lieblingspferd des Königs befand; dieses litt vielleicht schon
an einer Krankheit, die der Grund des Besuches war; zufällig starb
es kurz darauf, und nun sollte Don Carlos den Tod verschuldet
haben.   Vielleicht fanden sich in der Abtheilung im Ganzen 23
Pferde; und nun sollte er diese sammt und sonders fast zu Tode
mißhandelt haben.   Zu der Brutalität der Erfindung gesellt sich der
namenlose Unsinn des Details.   Der Oberstallmeister läßt den
Prinzen „schwören", dem Favoritpferd „nichts zu Leid zu thun",
und doch thut er selber nichts, es zu verhindern.   Der Prinz
„schließt sich fünf Stunden lang in dem Stalle ein", und wäh=
rend dieser ganzen Zeit kommt Niemand ihn zu stören; es entsteht von
Seiten der gemarterten Thiere kein Mordlärm, wie man ihn doch
erwarten müßte; sie mucksen nicht und der Uebelthäter kommt, wie

von einer Liebkosung und Schäkerei, ohne Quetschungen und Huf=
schläge davon.

Den Schlüssel zur Lösung des Räthsels, das in dem Auf=
tauchen so nichtswürdiger Gerüchte gefunden werden könnte, liefert
Suarez selbst, indem er zugesteht: „Die Feinde des Prinzen würden
von Tag zu Tag immer zahlreicher; das könne auch gar nicht an=
ders sein, da Jeder von dem Mißverständniß unter=
richtet sei, das zwischen ihm und seinem Vater herrsche", d. h.
für den König Partei nehme. Die „Feinde des Prinzen" seien aber
lüstern nach „Vorwänden, um ihn für wahnsinnig und re=
gierungsunfähig zu erklären".

Dennoch aber trägt Suarez in seinem Schreiben an Don Carlos
fast nur Anklagen vor, die lediglich aus diesen Schichten der Feinde
desselben hervorgingen und, wie er selbst andeutet, eben als „Vor=
wände" zu dem gedachten Zwecke dienen sollten. Er weiß daher
nichts von Lobon, aber er erwähnt der Vorgänge mit Alonso und
Fabrique, und reiht daran jene alberne Erfindung von den 23 fünf
Stunden hindurch gemarterten Pferden. Im Uebrigen war sein Brief
von denselben Gesinnungen der Liebe und Besorgniß eingegeben, wie
derjenige Honorato Juan's. Wie schon im December, so warnte er
ihn jetzt einerseits, in der schon erwähnten drastischen Weise, vor
einer unkatholischen Haltung, andererseits vor dem „Ungehorsam"
gegen seinen Vater, und vor einer „feindlichen" Stellung zu dem=
selben. Das könne nur zu „dem schlimmsten Ende" führen; schon
jetzt sei die Lage eine „sehr gefährliche", und „kein Mittel mehr ab=
zusehen", ihn von dem „Untergange" zu retten, dem „er sich aus=
setze". Er empfiehlt ihm schließlich, sich ganz dem Präsidenten Es=
pinosa anzuvertrauen, und unbedingt dessen Rathschlägen zu folgen;
offenbar, weil er nur zu gut wußte, daß dieser — nun auch Groß=
inquisitor — der Hauptfeind des Prinzen war, vor dem sich beugen
vielleicht allein noch Rettung bringen konnte. Der ganze Brief war
mit den stärksten Ausdrücken verbrämt. Dennoch zürnte Don Carlos
dem Schreiber nicht; vielmehr setzte er ihm noch im August, als
seinem „sehr großen Freunde", mittelst eines Codicills, ein Legat
von 10,000 Ducaten für die Ausstattung seiner drei Töchter aus.

Gewiß darf man jene Ausbrüche des Jähzornes nimmermehr

rechtfertigen oder auch nur entschuldigen wollen. Aber ebensowenig
sind sie angethan, den Prinzen im Lichte eines „Bösewichts" oder
eines „Verrückten" erscheinen zu lassen. Kennt doch die Geschichte
Fürsten genug, die ähnlicher Zornausbrüche und ähnlicher Hand=
greiflichkeiten sich schuldig machten, und die dennoch weder dem einen
noch dem andern jener Urtheile verfielen, sondern von der Nachwelt
verehrt oder sogar als seltene Größen der Geschichte anerkannt
wurden. Weit davon entfernt „Beweise des Wahnsinns" zu sein,
wofür die Feinde des Don Carlos sie ausgaben, waren jene That=
sachen nur Ausschreitungen derselben Art, wie sie dem jugendlichen
Brausekopf von jeher eigen waren. Der gesteigerte Grad seiner
Reizbarkeit erklärt sich zur Genüge aus seinem naturgemäß an=
schwellenden und naturwidrig bekämpften Selbstständigkeitsdrange;
aus dem wachsenden Bewußtsein, von lauernden Widersachern um=
ringt zu sein; und aus einem Zuge von Menschenverachtuug, der
sich beim täglichen Anblick des Intriguenspiels von Servilismus,
Heuchelei und Frivolität, sichtlich immer stärker in ihm ausbildete.

Ueber äußerlichen Ungehorsam des Prinzen sich zu beklagen,
hatte Philipp übrigens auch damals keinen Grund. Don Carlos
bewahrte stets ihm gegenüber, sowie in Gespräch mit Fernerstehenden,
die Ehrerbietung, die er ihm schuldete. Auch waren es gar nicht
sowohl die Handlungen seines Sohnes, die er verdammte, als
vielmehr die Gesinnungen, die derselbe durch seine freien Aeuße=
rungen kund gab, und in denen er das Widerspiel seiner selbst er=
kannte. Daß er ihn deshalb haßte und von der Thronfolge um
jeden Preis zu beseitigen bedacht war: daraus erwächst mit Recht
das Verdammungsurtheil gegen ihn selbst. Denn die Geschichte
kennt genug Beispiele von Thronfolgern, die nicht nur die Re=
gierungsgrundsätze und die Regierungshandlungen ihres Vaters oder
Vorgängers tadelten, sondern sogar dagegen rückhaltlose Verwahrungen
einlegten, ohne daß sie deshalb der Liebe desselben und der Thron=
folge verlustig gingen. Daß Philipp selbst seinen Sohn nach wie
vor nicht für wahnsinnig hielt, sondern es nur in seinem Interesse
erachtete, ihn dafür auszugeben oder ausgeben zu lassen: das beweist
fort und fort der Verlauf der Thatsachen.

Mit dem Anfang des April blieb für Don Carlos kein Zweifel

mehr, daß wirklich Alba in die Niederlande gehe und der König in Spanien verbleibe. Am 15. April ging Alba nach Aranjuez, um daselbst mit Philipp die letzten Conferenzen abzuhalten und definitiv das in Anwendung zu bringende blutige Schreckenssystem festzustellen. Hierauf verabschiedete er sich, wie beim König, so auch bei Don Carlos, der ebenfalls in Aranjuez weilte. Bei diesem Anlaß entspann sich eine heftige Scene unter vier Augen; und es wäre in der That bei dem Charakter des Prinzen als ein Wunder zu erachten, wenn es nicht geschehen wäre. Allein welcher Art diese Scene war, darüber läßt sich nichts mit Sicherheit sagen; denn der einzige Zeuge war ja Alba, der entschiedene Widersacher des Prinzen. Wüßten wir auch noch so genau, was derselbe darüber dem Könige oder Anderen ausgesagt, wir würden dessen Worten nicht trauen dürfen. Erst neun Monate später, nach der Verhaftung des Prinzen, wurde den fremden Diplomaten mitgetheilt: dieser habe bei jenem Anlaß gegen Alba den Dolch gezückt. Was Cabrera darüber erzählt, ist auf Grund von allerlei Gerede im Sinne grundsätzlicher Gehässigkeit gegen Don Carlos zugestutzt. Allem Anschein nach erklärte dieser in dem Wortwechsel, daß die Mission, die Alba übernommen, von Rechtswegen ihm selber als dem Thronfolger gebühre; daß es Alba's Pflicht gewesen wäre, sie abzulehnen und darauf zu bringen, daß sie ihm, dem Prinzen, überlassen würde. Ferner drang er ohne Zweifel darauf, zu erfahren, in welchem Sinne Alba in den Niederlanden auftreten werde, und was für Aufträge er in dieser Beziehung von dem Könige erhalten habe. Erst als Alba sich hartnäckig weigerte, ihm hierüber auch nur die geringste Andeutung zu geben, weil dies ein „Geheimniß" bleiben müsse, scheint Don Carlos den Dolch gezückt zu haben: was dem starken und geschulten Herzog gegenüber natürlich nicht der Anfang zu einem ernsten Ringkampf sein sollte, sondern lediglich eine Demonstration. Das Ringen Beider, wie es Cabrera so eingehend schildert, als ob er dabei gewesen, kann nur als Erfindung oder starke Uebertreibung gelten.

Daß ein Gerücht von dem Vorgefallenen schon bald nachher umlief, dafür scheint der Bericht Dietrichstein's vom 26. April zu zeugen, worin er sagt: „Der Prinz begehrt nichts heftiger (als die

Heirath). Viele meinen, daß er so seltsam (sich bezeige), sei kei=
nem andern Grunde weiter beizumessen, als daß er einen so großen
Verdruß hat, weil sein Vater so nachlässig dazu thut. Es ist
schwer, von ihm zu judiciren". Er begreife nicht, fügt er
auch diesmal hinzu, „warum man die Heirath in die Länge ziehe,
da zu verhoffen" sei, daß die Erzherzogin Anna einen wohlthätigen
Einfluß auf den Prinzen üben werde. [68])

Durch den Brief von Suarez hatte Don Carlos, wenn nicht
zuvor schon, in Erfahrung gebracht, daß man darauf ausgehe, ihn
als wahnsinnig und als regierungsunfähig darzustellen. Und die
Vorstellung dieser Absicht prägte sich ihm so tief ein, daß sie beim
Eintritt der Katastrophe, wie wir sehen werden, ihm sofort als Er=
klärung der Thatmotive seines Vaters vor die Seele trat. Sie hat
ihn auch in der Zwischenzeit, und seit jenem Briefe, sichtlich nicht
selten beherrscht, wenn auch noch ab und zu ein Hoffnungsstrahl
ihre Herrschaft durchbrach. Einen plötzlichen Gewaltakt fürchtend,
hat er eben deshalb seitdem immer ernstlicher an die Sicherstellung
seiner Person und an die Unternehmung einer Flucht gedacht. Schon
gleich nach der Scene mit Alba durfte er der höchsten Ungnade ge=
wärtig sein. Statt derselben trat aber unerwartet in seiner Lage
vielmehr eine anscheinend höchst günstige Wendung ein.

8. Verstellung des Königs, Enttäuschung und Flucht-plan des Prinzen, Katastrophe.

Wohl mochte schon damals den König das Gelüst anwandeln,
den längst genährten Gewaltplan gegen seinen Sohn ohne weiteres
Zögern zur Ausführung zu bringen. Aber dieses Gelüst mußte
rasch vor den Schwierigkeiten schwinden, welche die Ausführung
unter den gegebenen Umständen hätte herbeiführen können. Erst
dann frühestens war die geeignete Zeit zum Handeln gekommen,
wenn man der vollen Erfolge Alba's in den Niederlanden gewiß war.
Diese mußten also erst abgewartet, und die letzte Entschließung noch
ferner verschoben werden. Indeß konnte ein bloßes Warten

allein nicht allen Schwierigkeiten vorbeugen. Bei der fieberhaften
Erregtheit und Ungeduld seines Sohnes fürchtete Philipp einen
Verzweiflungsstreich desselben, eine glückliche Flucht, eine offene Empörung oder irgend ein anderes Wagniß, das seine eigenen weit-
blickenden Pläne und Berechnungen hätte kreuzen und stören, wo
nicht gar zerstören können. Von dergleichen Gedanken und Wag-
nissen mußte man ihn daher um jeden Preis abziehen; und um ihn
abziehen zu können, mußte man seine gefahrdrohenden Stimmungen
beschwichtigen. Daher entschloß sich denn Philipp neuerdings
zu einer „Dissimulation", wie sie seiner Verstellungssucht entsprach;
zu einem Spiel mit erlogenen Empfindungen, mit täuschenden Zu-
geständnissen und mit wissentlich falschen Versprechungen. Auf diese
Weise wollte er die Zeit abwarten, bis der rechte Augenblick gekommen, wo er die Maske fallen lassen und die Einsperrung des
Sohnes vollziehen könne.

Und so erheuchelte er denn, unmittelbar nach jener Scene
zwischen Don Carlos und Alba, plötzlich ein Vertrauen zu dem
Ersteren, wie er es nie besessen. Er ernannte ihn zum Präsidenten
des Staats- und des Kriegsraths, in die nun auch Don Johann
von Oesterreich eintrat; er verlieh ihm damit die Gewalt, über gewisse Regierungsangelegenheiten zu verfügen; er erhöhte seine Do-
tation von 60,000 auf 100,000 Ducaten; und er gab ihm auch
das förmliche Versprechen, ihn demnächst nach den Niederlanden zu
führen. Als Termin der Abreise wurde zuerst der Mai, dann der
August in Aussicht gestellt; „wäre dem auch nicht so, sagt Dietrichstein, so wollen sie doch (der König und seine Räthe), daß man es
glauben soll." Ueberdies wurde, um nicht nur den Prinzen und
dessen nächsten Anhang, sondern auch die weitesten Kreise zu beruhigen, in betrüglicher Absicht ausgesprengt, einerseits: der König
werde die „Cortes der aragonischen Staaten" berufen und „dem
Prinzen huldigen lassen", und andererseits: es solle nunmehr auch
„die Heirath des Prinzen in Ordnung gebracht werden".

Don Carlos athmete wieder hoffend auf, obwohl er dem
wundersamen Umschlag in der Haltung des Vaters doch nicht völlig
zu trauen vermochte. Mit musterhaftem Fleiße und lebhafter Theilnahme lag er seinen neuen Präsidialgeschäften ob; er zeigte sich ihnen

gewachſen, und ſehr beſcheiden; er ſtattete pünktlich und gewiſſenhaft
nach jeder Sitzung dem Könige Bericht ab. Einen Monat hindurch
herrſchte dergeſtalt wenigſtens äußerlich das beſte Einvernehmen, ſo
daß Dietrichſtein am 18. Mai dem Kaiſer ſchreiben konnte: „Vater
und Sohn ſtehen jetzt ſehr gut". Dietrichſtein fällte bei dieſem
Anlaß folgendes Urtheil: „Der Prinz hat viel böſe Eigenſchaften
(und er verſteht darunter, wie aus dem Bericht vom 21. Januar
1568 erhellt, namentlich „Eigenſinn, Ungeduld und Jähzorn");
andererſeits hat er aber auch viele gute Eigenſchaften; er hat ſich
ſtark vorgenommen, ſeinem Willen in nichts Unrechtem nachzuhängen;
kommt er dem nach, ſo hoffe ich fürwahr, er werde noch viel
anders werden als man vermeint."[69])

Aber eben in jenen Tagen trat auch ſchon wieder der erſte
Riß in dem ſcheinbar guten Einvernehmen ein. Der König ver=
langte, daß in Betreff der Heirathsfrage „bis zu ſeiner Zuſammen=
kunft mit dem Kaiſer alles dahingeſtellt bleiben möge". Und als
Vorwand tauchte zur höchſten Verwunderung Vieler wieder die Be=
hauptung auf: daß der Prinz körperlich noch nicht reif ſei; man
läugnete, daß ſich derſelbe ſchon als heirathsfähig bewährt habe;
man beſtritt die Wahrhaftigkeit der Vorgänge vom Februar des ver=
gangenen Jahres. Don Carlos war tief entrüſtet: Immer alſo
noch diente das Vorgeben, das er längſt Lügen geſtraft zu haben
glaubte, als Mittel zur Verhinderung ſeiner Heirath und damit
aller ſeiner Hoffnungen für die Zukunft. Durch den wiederauf=
lebenden „Argwohn" ließ er ſich von neuem zu einer ſogenannten
„Probe" drängen. Er wußte ſich ja bei ſeinem Oheim, dem
Kaiſer, dem Vater ſeiner geliebten Anna, in einer Weiſe an=
geſchwärzt, die er nicht ertragen konnte. In faſt offenkundiger Weiſe,
damit endlich „das Geſchrei" ſeiner Widerſacher verſtummen müſſe,
betrieb er ſein Vorhaben. Deshalb zog er mehrere Aerzte herbei,
deren Autorität auch den Schreiern gegenüber unanfechtbar war.
Die Donna, die ſich um den 20. Mai ihm hingab, betrachtete er
wie eine Märtyrerin, der er Vergeltung ſchulde. Er kaufte für ſie
und ihre Mutter ein Haus, das er ihr zu eigen gab; er ſtattete ſie
mit 12,000, ihre Mutter mit 1000 Ducaten aus. Seinen Zweck
hatte er aber dennoch verfehlt. Seine Feinde wußten ſich zu helfen;

sie erklärten jenen Beweis der Heirathsfähigkeit für einen erkünstelten, der für die Zukunft nicht bürge. Sie erfanden eine Menge bos=
hafter Gerüchte, die sich der Mittheilung entziehen, und die schon des=
halb als völlig erlogen betrachtet werden müssen, weil sich in den
prinzlichen Rechnungen auch nicht die geringste Spur einer Be=
gründung findet. In dem Berichte Dietrichstein's vom 5. Juni
muß man wohl unterscheiden, was jenen hämischen Gerüchten ent=
nommen ist, und was ihm der Prinz „selber bekannte", um den
etwaigen „Verdacht" des Kaisers zu zerstreuen. Die Hoffnung
Dietrichstein's, daß der König, der es „dazu hat kommen lassen",
nunmehr, da der Prinz „die Probe bestanden", die Heirath „besser
als bisher betreiben werde", ging natürlich nicht in Erfüllung.
Don Carlos sah sich wieder einmal auf das schändlichste betrogen
und bitter enttäuscht. [70]

Bald folgte seitdem eine Enttäuschung der anderen. Die
Thätigkeit des Prinzen als Präsident des Staats= und Kriegsraths
wurde von seinem Vater immer häufiger bemäkelt und gerügt; Be=
schlüsse und Maßnahmen, die von ihm ausgingen, beanstandet oder
rückgängig gemacht. Aber erst nach seinem Sturze wurde von den
Satelliten Philipp's in mysteriöser Weise behauptet: er habe im
Staatsrath gegen die Interessen des Königs gehandelt, die ihm an=
vertraute Gewalt zum Nachtheil desselben mißbraucht, jeder Be=
rathung Hindernisse bereitet, alle Geschäfte verwirrt, und das Geld
in zweckwidrigen und thörichten Ausgaben verschleudert; ja es sei
eben damit offenbar geworden, daß er des „Verstandes beraubt",
und daher „der Regierung unfähig" sei. Wir werden diese An=
klagen dahin verstehen dürfen: daß Carlos im Staatsrath, ab=
weichend von den Grundsätzen seines Vaters, mehr und mehr sich
selbst, seine eigenen Anschauungen werde geltend gemacht haben. Die
Mißverständnisse zwischen Vater und Sohn wogten daher wieder
ungestümer auf. Dennoch verbarg Philipp, abwartend, seinen Groll;
denn wir wissen, daß er den Prinzen das Präsidialamt unangefochten
bis zur Katastrophe ausüben ließ. [71]

Mit Juli und August traten für Carlos die letzten Ent=
täuschungen ein. Von einer Berufung der aragonischen Cortes war
nicht mehr die Rede. Seine Heirathsangelegenheit wurde förmlich

todt geschwiegen, während sein Vater doch so geräuschvoll die des viel jüngeren Königs von Portugal betrieb. Seine Theilnahme für die Niederlande und seine Sehnsucht dahin konnte nur gewachsen sein, seit er das Werk von Ludovico Guicciardini in Händen hatte, und seit es deutlich wahrzunehmen war, daß Philipp allen Nieder= ländern Verderben geschworen. Von den beiden Abgesandten der= selben war Bergen, wider Willen in Spanien zurückgehalten, am 25. Mai am Heimweh oder am gebrochenen Herzen gestorben; die Aerzte hatten von seinem Verbleiben in Spanien den Tod, von seiner Rückkehr in die Heimath Besserung prophezeit; dennoch gab der König dem Fürsten von Eboli den Befehl, ihn nur ziehen zu lassen, falls trotzdem der Tod erfolgen müsse, aber nicht, falls Genesung möglich sei. Montigny, ebenfalls zurückgehalten, aber lebenskräftig, wurde wie ein Schwerverdächtiger auf Tritt und Schritt überwacht. Von der Begleitung des Don Carlos, sobald der König nach Flandern reise, war kaum mehr oder doch viel weniger die Rede, als von derjenigen der beiden Erzherzöge Rudolf und Ernst, die Philipp nach wie vor in auffallender Weise auszeichnete. Als Ernst am Fieber litt, beehrte ihn der König mit „fast täglichem Besuche". Schon im Juli aber sprach man von der Möglichkeit einer neuen Verschiebung der Reise des Königs. Und als vollends am 28. August die Kunde eintraf, Alba sei in Brüssel eingezogen und das Heer im ganzen Lande vertheilt: da wurde kein Hehl mehr daraus gemacht, daß die Reise auf unbestimmte Zeit vertagt d. h. aufgegeben sei.

Das war ein Donnerschlag für Don Carlos; der letzte Rest seiner Hoffnung sank dahin. Unmuthig spottete er über „die großen Reisen des Königs Don Felipe", die keine anderen seien als „von Madrid nach dem Pardo, von dem Pardo nach dem Escurial, vom Escurial nach Aranjuez, von Aranjuez nach Toledo, von Toledo nach Valladolid u. s. w." [72]) Die gegenseitige Erbitterung zwischen Philipp und Don Carlos erklomm den Gipfel. „Wenn der Vater den Sohn haßt", schrieb Fourquevaulx am 12. September der Ka= tharina von Medici, „so haßt der Sohn nicht minder den Vater". Und er fügte hinzu: „Je mehr der Sohn seinen Vater haßt, desto mehr wächst seine Neigung zu der Königin; denn zu ihr nimmt er seine ganze Zuflucht, und sie ist so weise, dabei mit Discretion zu verfahren."

Das Hauptergebniß der Enttäuschungen war in Don Carlos der Entschluß zur Flucht. Schon im Juli war der Gedanke daran wieder in ihm aufgetaucht; seit dem August traf er Vorbereitungen zur Ausführung. Sein Plan ging dahin, entweder nach Portugal oder nach Italien zu entfliehen, und von bort sich, je nach den Umständen, in die Niederlande oder zum Kaiser in Deutschland zu begeben. Da ihm aber die Kunst der Verstellung abging, die erforderlich war, um einen solchen Plan zu betreiben, so bekam Philipp Witterung. Gern hätte dieser nun sofort seinerseits den Plan der Einsperrung seines Sohnes zur Ausführung gebracht, wie aus den schon erwähnten Berichten Fourquevaulx' vom 21. August und 23. September erhellt; allein der rechte Zeitpunkt war noch nicht gekommen. Denn vor allem mußte er wissen, ob er auf die Unterwerfung der Niederlande rechnen könne, ob die ersten Gewaltschläge Alba's gelungen seien. Und so entschloß er sich denn auch jetzt zur Dissimulation; nur dafür sorgend, daß Carlos genügend umstellt und beobachtet werde, um jedes Entrinnen unmöglich zu machen.[73]

Inzwischen hatten die erneuten Mißverhältnisse zwischen Vater und Sohn schon seit dem Juli auch von Neuem die Verläumbungssucht aller Widersacher des Letztern entfesselt. Zu den alten Anklagen gesellten sich neue. Während man nicht Worte genug finden konnte, seine „Verschwendungen" zu übertreiben, schuldigte man ihn auch roher Ausschweifungen und Nachtschwärmereien an. Der florentinische Gesandte Nobili berichtete am 24. Juli: der Prinz „verbringe ganze Nächte auf wenig anständige und sehr herausfordernde Weise im Bordell". Es wäre an sich wohl denkbar, daß Don Carlos in seiner Verzweiflung, und da man in den Kreisen seiner Widersacher immer noch die Mannbarkeit ihm absprach, sich ab und zu einem wüsten Leben hingegeben hätte, wie es zu seiner und zu anderer Zeit an den Höfen Sitte war. Allein die Angabe Nobili's wird durch nichts verbürgt. Allen übrigen Berichterstattern, und selbst dem Cabrera, sind jene angeblichen Bordellbesuche unbekannt. Die Data, die Gachard aus den prinzlichen Rechnungen beibringt, lassen sich viel harmloser erklären. Und überdies wäre es doch allzu seltsam, wenn die=

selben Kreise, die dem Prinzen damals unter den gemeinsten Spöt=
tereien die Mannbarkeit bestritten, um gleichen Athemzuge ihm gewisser=
maßen die Bethätigung derselben bezeugt und zur Last gelegt hätten.

Es ist daher wahrscheinlich, daß jene Angabe nur auf einer
falschen Deutung einer andern Art von Nachtschwärmereien beruht,
die erwiesenermaßen dem Prinzen von seinen Gegnern zum Vor=
wurf gemacht wurde. Selbst von diesen weiß übrigens Cabrera
nichts weiter zu sagen als: „der Prinz schweifte zur Nachtzeit auf
anstandswidrige Weise am Hofe umher". Und auch der venetiani=
sche Gesandte Cavalli wußte erst nach der Verhaftung des Prinzen
zu erzählen: „die ganze Nacht trieb er sich mit einer Büchse be=
waffnet umher, indem er allerhand Insolenzen beging". Der außer=
ordentlichen Knappheit dieser Aeußerungen, sowie auch derjenigen
Nobili's, merkt man es an, daß die Schreiber nicht eben viel Ge=
wicht auf die Sache legten. Diese im Detail auszumalen war da=
gegen Brantôme der geeignete Mann. Was er darüber sagt, kann
er erst nach seinem Aufenthalt in Spanien durch Hörensagen oder
durch Correspondenzen vernommen haben. Wie sehr bei allen der=
artigen Angaben die Phantasie mitthätig war, zeigt schon der viel=
fache Widerspruch der verschiedenen Aussagen. Nach Brantôme hätte
es Carlos geliebt, nicht nur „Nachts", sondern auch am Tage
umherzuschweifen; und zwar nicht „am Hofe", noch „im Bordell",
sondern in den Straßen; bewaffnet nicht mit einer „Büchse",
sondern mit dem Degen; und auch nicht etwa allein, sondern mit
zehn oder zwölf jungen Edelleuten; er habe dann gelegentlich
Hiebe ausgetheilt, und wenn er einer schönen Dame begegnete, so
habe er sie, selbst wenn sie zu den vornehmsten des Landes gehörte,
vor aller Welt umarmt und geküßt, zugleich aber mit Spott= und
Schimpfnamen der gemeinsten Art belegt.

Offenbar sind hier vereinzelte Vorgänge zu einer Gewohnheit
des Prinzen gestempelt, und sein Verhalten zu seinem Nachtheil
gehässig übertrieben worden. Das Motiv aber für jene unbekann=
ten Vorgänge war, wie Brantôme selbst schließlich kundgiebt, nichts
weniger als ein rohes und gemeines, sondern ein achtbares und
tugendhaftes. „Don Carlos hatte nämlich, fügt er erläuternd
hinzu, eine sehr schlechte Meinung von allen Frauen, und zumal

von den vornehmen Damen, die er in Bezug auf Liebe für sehr
scheinheilig und verrätherisch hielt; denn im Geheimen und hinter
dem Vorhange wären sie mehr Buhlerinnen wie die anderen.
Kurz er war die Geißel aller Frauen, mit Ausnahme der Königin".
Auch diese Erläuterung muß indeß eingeschränkt werden; denn es
ist erwiesen, daß Don Carlos viele Frauen und auch unter den
vornehmen achtete, ob er gleich keine höher schätzte und mehr ehrte
als Isabella. Aber als ebenso gewiß darf es allerdings betrachtet
werden, daß er, von den sittlich verderbten und ränkevollen Zuständen des spanischen Hofes angewidert, die entschiedenste Miß-
achtung gegen viele und zumal jüngere Frauen, nicht nur hegte,
sondern nach seiner offenen Weise ihnen unverholen entgegentrug.
Wissen wir doch, daß er namentlich die Fürstin von Eboli haßte
und verachtete, die Meisterin des Ehebruches, die es zu vereinigen
wußte, gleichzeitig die Gattin des Ministers Ruy Gomez, die
Mätresse des Königs Philipp und die Buhlerin des Staatssecre-
tärs Antonio Perez zu spielen. Was man früh schon vermuthete,
daß der nachherige Herzog von Pastrana ein Sohn des Königs von
der Eboli sei, ist bekanntlich durch Mignet bis zur Gewißheit erhärtet worden. Auch Donna Eufrasia de Guzman, die Hofdame
der Prinzessin Johanna, gehörte schon seit 1559 zu den zahlreichen
Geliebten des Königs, der namentlich im Pardo und in Aranjuez
seine Galanterien betrieb. So wenig wie der Königin, so wenig
blieb dem Prinzen das unzüchtige Treiben verborgen, wodurch sein
Vater dem gesammten Hofe ein überaus ansteckendes Beispiel gab.
Eine Fülle von Liebesintriguen, von Weibern eingefädelt, spann
sich so zu sagen unter den Augen des Don Carlos am Hofe ab.
Wie sollte man sich da wundern, oder es ihm als einen besondern
Vorwurf anrechnen, wenn er die Weiber dieser Kategorie, die am
Hofe beliebten und viel umworbenen Schönheiten, jederzeit seine Verachtung empfinden ließ; wenn er gelegentlich sogar mit beleidigendem
Hohne der weiblichen Unkeuschheit die Maske des erheuchelten Anstandes abzureißen wagte, und derartige „vornehme Damen" selbst
öffentlich als das behandelte und bezeichnete, was sie zum Schaden
der Sittlichkeit wirklich waren, als ehrlose Concubinen und Ehebrecherinnen.

23*

Was über das Gesagte hinaus an jenen „Nachtschwärmereien"
des Don Carlos noch als unerklärt und doch als begründet er=
scheinen mag: das erklärt sich zur Genüge aus den beklagenswerthen
Sitten der Zeit, der damaligen Höfe und zumal der romanischen.
Der Umstand, daß selbst die großen Städte noch gar keine oder
nur eine schlechte Straßenbeleuchtung hatten, begünstigte die Nacht=
schwärmereien der Großen, der Prinzen und ihrer Edelleute. Bald
war es dabei auf den Betrieb unsittlicher Abenteuer, bald auf
Raufereien abgesehen. Im ersteren Fall liebte man es, sich in
Masken umherzutreiben, die noch im achtzehnten Jahrhundert in
Paris mit dem populären Spottnamen Chiant-lit belegt waren.
Nach dieser Richtung hin hatte jedenfalls Philipp II. Niemanden
etwas vorzuwerfen, da er mit seinen maskirten Nachtschwärmereien
in den Straßen jeden seiner Nachkommen weit überbot. Von der
Maßlosigkeit seiner geschlechtlichen Ausschweifungen leiteten seiner
Zeit die fremden Diplomaten, und namentlich die italienischen, seine
„Kahlköpfigkeit" und seine „Schwachbeinigkeit" ab. Mit welcher
beklagenswerthen Vorliebe andererseits, und bis zu welchen Extre=
men, die nächtlichen Raufereien in jener Zeit von den hochgestellten
Personen betrieben wurden, sollte doch allen Historikern, die so vor=
urtheilsvoll den Don Carlos verdammen, zur Genüge bekannt sein
und sie eines Bessern belehren. „In den Straßen und auf den
Plätzen von Paris, sagt Dulaure, verübten die großen Herren des
Hofes, und selbst einfache Edelleute, ungestraft bei Nacht und so=
gar am Tage, aus Privathaß und zuweilen im Auftrage des
Königs, so viele Mordthaten, daß es eine ermüdende Aufgabe
wäre, sie zu berichten." Es gehörte förmlich in Paris und an
anderen Höfen zum guten Ton, Insolenzen und Missethaten aller
Art, Ueberfälle und Morde bei nächtlicher Weile auszuführen. Wahr=
lich! für den Kenner der Sitten= und Hofgeschichte Europas müßte
das Verhalten des Don Carlos selbst dann noch, wenn alle obigen
Notizen über seine Nachtschwärmereien begründet wären, was sie
nicht sind, als ein verhältnißmäßig gelindes und gemäßigtes erschei=
nen. Denn, wenn er auch „allerhand Insolenzen" und „Anstands=
widrigkeiten" beging: so ließ er sich doch, wie seine Gegner selbst
bezeugen, auch bei derartigen Anlässen nie, gleich anderen Großen,

eine Missethat oder gar einen Mord zu schulden kommen. Auch
darf man nicht übersehen, daß Brantôme seine Schilderung trotz
allem mit dem schon erwähnten Urtheil schließt, daß nach seiner
Ueberzeugung Don Carlos, „nachdem er die Feuer der ersten Ju=
gend überstanden, sich zu einem sehr großen Fürsten, Feldherrn
und Staatsmann entwickelt haben würde". [74]

Endlich am 19. September Morgens traf die Nachricht Alba's
ein, daß die Gefangensetzung der Grafen Egmont und Horn glück=
lich vollzogen sei. Sofort, noch an demselben Abend, wurde
Montigny in seiner Wohnung verhaftet, und zugleich der königliche
Kammerdiener Vandenesse, ein Niederländer von Geburt. Daß nicht
damals schon auch Don Carlos verhaftet wurde, erklärt sich zum
Theil dadurch, daß Philipp um keinen Preis die Vermuthung auf=
kommen lassen wollte, als stehe derselbe in irgend einem Zusammen=
hang mit der niederländischen Bewegung. Auch fürchtete er von
einer Verhaftung des Thronfolgers so sehr eine üble Rückwirkung
auf den Gang der Dinge in den Niederlanden, zumal da der Prinz
von Oranien und andere Häupter der Bewegung glücklich der Ver=
haftung entronnen waren, daß er am liebsten erst die Kunde von
der völligen Vernichtung der Rebellen und Ketzer, mindestens aber
die Kunde von der widerstandslosen Hinrichtung Egmont's und
Horn's abgewartet hätte. Daß dem unglücklichen Montigny ein
grauses Geschick bevorstand, ahnten alle Tieferblickenden. Deshalb
schrieb Dietrichstein bei diesem Anlaß am 26. September dem Kai=
ser: „Unter solchen Umständen ist Bergen zu rechter Zeit gestorben".

Zu den Tieferblickenden gehörte auch Don Carlos. Die Ver=
haftung Montigny's hatte daher zur Folge, daß sie ihn in seinem
Entschlusse zur Flucht bestärkte und inzwischen zur äußersten Vor=
sicht in Betreff der Sicherstellung seiner Person antrieb. Ent=
schlossen, lieber zu sterben als sich verhaften zu lassen, legte er
sich nie mehr anders zu Bett, als wohlversehen mit Waffen, die
er im ersten Augenblick des Erwachens ergreifen konnte; während
er sich andererseits durch den Ingenieur de Foix einen Thürver=
schluß anfertigen ließ, der ihn vor jedem geräuschlosen nächtlichen
Ueberfall schützen sollte.

Hatte jenes Ereigniß ihn aufgeschreckt, so gereichte ihm ein

anderes zu großer Ermuthigung. Das war, in der zweiten Hälfte
des October, die Ernennung Don Johann's zum Oberbefehlshaber
der Seemacht. Frei von jedem Neid, erfüllt von dem Gefühl der
freudigsten Theilnahme und Genugthuung, und jede feindselige Re=
gung gegen seinen Vater niederkämpfend, eilte er nach dem Escurial,
um demselben ehrerbietig dankend die Hand zu küssen. [75] Was
ihn so überaus freudig erregte, war aber ohne Zweifel die instinc=
tive Empfindung, über die er sich erst allmählig klar wurde, daß
die nunmehrige Stellung seines Oheims und Freundes seinem Flucht=
plan in hohem Grade zu statten kommen werde und kommen müsse.
Hatten doch Beide schon früher gleichmäßig über Entweichungsplänen
gebrütet! Waren doch Beide gleichmäßig von dem Hange nach küh=
nen Unternehmungen beseelt! Träumten doch Beide gleichmäßig
— denn auch von Don Johann ist dies ja vollkommen erwiesen —
von einer selbstständigen Herrschaft über Länder und Königreiche!
Nichts war daher natürlicher als der Glaube des Don Carlos:
Don Johann werde, als Gebieter über die Flotte, nicht nur seine
Flucht begünstigen und erleichtern, sondern wohl gar sie theilen.

· Auf das Eifrigste betrieb nun der Prinz seine Vorbereitungen.
Sollte indeß das Wagniß glücken, so mußte es nothwendig im tief=
sten Geheimniß und mit allen Künsten der Verstellung betrieben
werden. Dazu war aber eben Don Carlos vollkommen unfähig.
Um die erforderlichen Geldmittel aufzutreiben, um Genossen und
Helfer zu seiner „wichtigen Reise" — wie er sich ausdrückte — zu
werben, und um beim Vollzuge des Unternehmens der öffentlichen
Meinung gewiß sein zu können, vertraute er sein Vorhaben münd=
lich und schriftlich allzu vielen Personen an. Allerdings zeigten sich
Manche, wie der Herzog von Sesa, der Herzog von Medina de
Rioseco und der Marquis von Pescara, bereit ihm zu folgen.
Aber Andere, wie der Admiral von Castilien, hatten nichts Eilige=
res zu thun, als sein Vorhaben dem Könige zu verrathen. Dieser
wachte und schwieg.

Endlich hielt Don Carlos den Augenblick für gekommen, sich
auch ganz und voll seinem theuren Don Johann anzuvertrauen.
Die erste darauf bezügliche Unterredung Beider fand wahrscheinlich
am 23. December statt. Alles, was darüber gemeldet wird, ist

unverbürgt, weil es nicht auf Aussagen des einen oder des andern
Theils, sondern lediglich auf den Angaben der Vertrauten Philipp's
nach der Verhaftung des Prinzen beruht. Doch kann es keinem
Zweifel unterliegen, daß Carlos seinen Oheim dringend zur Theil=
nahme an der Flucht einlud und mindestens dessen Beistand begehrte;
daß er zwar keine Zusage, aber auch keine Abweisung erhielt; und
daß vielmehr verabredet wurde, eine neue Besprechung nach vier=
undzwanzigstündiger Ueberlegung abzuhalten. Don Johann entzog
sich indeß dieser Verabredung, indem er sich am andern Tage unter
dem Vorwande, plötzlich zum Könige beschieden zu sein, nach dem
Escurial begab. Was er dort mit Philipp verhandelte, ist ebenfalls
mit einem Schleier bedeckt. Nur das kann wiederum keinem Zweifel
unterliegen, daß er in seiner nunmehrigen Stellung es für das
Gerathenste hielt, das Vorhaben seines Neffen auch seinerseits dem
Könige zu verrathen. [76]) Er verblieb bei diesem im Escurial bis
zu den Tagen der Krisis, aber ohne auch nur entfernt dessen Ge=
waltabsichten gegen. Don Carlos zu ahnen. Hatte er selber doch
für einen derartigen Fluchtplan, und zwar für einen nicht nur ge=
hegten, sondern wirklich ausgeführten, so rasch und so leicht des
Königs Verzeihung erlangt!

In der That kann man es als gewiß betrachten, daß eine
Ausgleichung zwischen Vater und Sohn selbst in diesem vorgeschrit=
tenen Stadium der Feindschaft noch möglich war, wenn Philipp sie
gewollt hätte. Denn wir wissen durch Dietrichstein, daß noch im
December der Hauptverdruß des Prinzen darin be=
stand, daß sein Vater ihm, der nun im 23. Lebensjahre stand,
noch immer die Heirath vorenthalte, während derselbe doch so eifrig
die des dreizehnjährigen Königs Sebastian von Portugal betreibe.
War es doch nahezu unerhört in den romanischen Ländern, daß
ein Thronfolger von mehr als 20 Lebensjahren noch unvermählt
dastand! Hatte doch bisher das 16. und 17. Lebensjahr als der
normale Zeitpunkt der Verheirathung gegolten, und hatte doch Phi=
lipp selbst sich schon im 16. Lebensjahre vermählt! Es kann daher
nicht im geringsten bezweifelt werden, daß die endliche Ertheilung
des Heirathsconsenses selbst noch im äußersten Augenblick den Un=
gestüm des Don Carlos beschwichtigt haben würde. Die Vorent=

haltung desselben stachelte ihn vor allem, aus dem Bereiche der
väterliche nGewalt hinauszukommen, und bestimmte seinen Plan jetzt
dahin, zunächst über Italien nach Teutschland zu entfliehen d. h.
zu seinem kaiserlichen Oheim und zu seiner Cousine Anna, die er
unverbrüchlich als die ihm gebührende Braut betrachtete; erst dann,
„außerhalb der Reiche seines Vaters", gedachte er, diesem gegen=
über Stellung zu nehmen. Die Vorenthaltung der Heirath war
es daher auch vor allem, die in ihm die Antipathie gegen seinen
Vater zu einem glühenden Hasse steigerte, obwohl er nicht einen
Augenblick die dem Könige schuldige Ehrerbietung, noch seine Pflichten
als Präsident des Staatsraths vernachlässigte. [77] ·

Eingedenk der Ermahnungen, die er von Honorato Juan und
Hernan Suarez empfangen hatte, gedachte Don Carlos am 28. De=
cember, gleich der königlichen Familie, öffentlich das Abendmal zu
nehmen. Am Abend des 27ften begab er sich in das Hieronymiten=
kloster vor Madrid, um daselbst zu beichten. Als er in der Beichte
voller Wahrheitsliebe gestand, „daß er tiefen Haß gegen Jemand
im Herzen trage", nahm der Beichtiger Anstand, ihm ohne höhere
Ermächtigung die Absolution zu ertheilen. Eine Commission von
Theologen sollte die Frage entscheiden. Vierzehn Mönche des Klosters
von Atocha, darunter der Prior, sowie ein Augustiner= und ein
Trinitariermönch bildeten die Commission. Als auch diese sich gegen
die Absolution entschied, begehrte er, daß ihm das Abendmal mit
einer ungeweihten Hostie ertheilt werde. Auch dies wurde als eine
„Heiligthumsschändung" entrüstet abgelehnt; und die Folge war,
daß die Communion, gleich wie die Absolution, unterblieb. Es kann
dahin gestellt bleiben, ob wirklich der Prior von Atocha dem Prinzen,
durch das listige Versprechen einer eventuellen Absolution, das Ge=
ständniß entlockte, daß der Gehaßte sein Vater sei; denn das war
auch ohne Geständniß zu errathen. Gewiß aber ist, daß der Prior
sofort den König auch von diesen Vorgängen unterrichtete; und wenn
Philipp wirklich, wie es heißt, den Bericht mit den Worten auf=
nahm „der Jemand, den der Prinz so in der Seele haßt, bin ich",
so wäre damit jene erstere Angabe augenfällig unvereinbar. Uebrigens
vernahm Philipp durch diese Denunciation nichts Neues. Ihm war
bereits das Wort seines Sohnes zu Ohren gekommen: „Unter den

fünf Personen, die er am meisten hasse, stehe der König und Ruy
Gomez obenan". Und das Begehren nach einer ungeweihten Hostie
bestätigte ihm nur, wovon er längst überzeugt war, daß die kirch=
liche Strenge, die er als die unerläßliche Grundlage der spanischen
Politik betrachtete, niemals in seinem Sohne einen Vertreter, sondern
vielmehr einen Gegner finden würde.

Einer Stärkung in seinen Entschlüssen wider Don Carlos be=
durfte der König natürlich nicht mehr; sie waren ja schon seit Jah=
ren fest gefaßt. Nur reiften sie unter dem Eindruck der Nachrichten,
die ihm über die Haltung des Sohnes von den verschiedensten Seiten
zugingen, rascher als er es noch jüngst gedacht. Obgleich ihm die
Königin am 10. October gegen Verhoffen keinen „Erben", sondern
wieder nur eine Tochter geboren halte, und obgleich er gern noch weitere
Nachrichten aus den Niederlanden abgewartet hätte, hielt er es doch nicht
für rathsam, den entscheidenden Schritt noch länger zu verschieben. Denn
er fürchtete, daß bei längerem Zögern der Fluchtplan des Sohnes
am Ende doch reifen und gelingen könne; er zweifelte nicht, daß in
diesem Falle alsbald alle Unzufriedenen im Reiche sich an Don
Carlos wenden und ihn bestürmen würden, sich an ihre Spitze zu
stellen; und er traute den fremden Mächten, selbst dem kaiserlichen
Hofe, das Gelüste zu, eventuell den entflohenen Sohn wider den
Vater und dessen Macht als willkommenes Werkzeug zu gebrauchen.
Und in der That, wer möchte behaupten, daß damals das kaiserliche
Haus den Don Carlos eventuell nicht ebenso unangefochten nach den
Niederlanden hätte ziehen lassen, wie nachmals den Erzherzog Matthias.
Aber auch selbst wenn der Fluchtplan des Don Carlos nicht zur Aus=
führung kam oder mißlang, hätte doch bei längerem Zögern, wie
Philipp fürchtete, durch weitere Vorbereitungsschritte seines Sohnes
eine wachsende Aufregung und Verwirrung angerichtet werden können,
der mithin vorzubeugen war.

Anfangs Januar 1568 pflog der König im Escurial allem
Anschein nach mit seinen Vertrauten: Ruy Gomez, Espinosa, Feria,
Antonio de Toledo und Belasco die entscheidenden Berathungen.
Um den 11ten war die Gefangensetzung des Don Carlos beschlossene
Sache. Denn um dieselbe Zeit verordnete Philipp Gebete in den
Klöstern von Madrid und Umgegend, um den Beistand des Himmels

in einer wichtigen Angelegenheit zu erflehen. Am 15ten, als sich derselbe vom Escurial nach dem Pardo begeben, beschied Don Car= los in der Ahnung, daß etwas gegen ihn im Werke sei, seinen Oheim Don Johann und den Prior Antonio de Toledo zu einer geheimen Unterredung in der Nähe des Schlosses. Nachdem sie sich mit Genehmigung des Königs eingestellt, befragte er sie: wie sein Vater sein Verhalten in Bezug auf die Nichtbetheiligung an der Communion oder dem Jubiläumsablaß aufgenommen. Sie ver= sicherten, nichts weiter zu wissen, als daß derselbe großes Miß= vergnügen darüber bezeigt habe. Nach einigen weiteren Fragen kehrte der Prinz nach Madrid zurück; die beiden Anderen aber zum König, dem sie Bericht erstatteten.

Sonnabend den 17. Januar zog Philipp wieder in Madrid ein. In den Gemächern der Königin, wohin er sich mit Don Jo= hann begab, und wo er zugleich die Prinzessin Johanna vorfand, erschien sofort auch Don Carlos, um ihn in Veranlassung seiner Rückkehr zu begrüßen. Der Prinz legte eine vollkommene Ehrer= bietung, der König weder Zorn noch Mißbehagen an den Tag.

Nach der Verabschiedung nahm Don Carlos seinen Oheim Don Johann mit sich, und verschloß sich mit ihm in seinem Zimmer. Die Unterredung währte zwei Stunden; in derselben lehnte ohne Zweifel Don Johann die persönliche Theilnahme an dem Flucht= versuch definitiv ab. Nach der wahrscheinlichsten Version d. h. nach dem Lissabonner Manuscript, das nothwendig dem Luis Quijada zugeschrieben werden muß, begehrte der Prinz nunmehr, daß Don Johann ihm um 12 Uhr Nachts die nöthigen Papiere zustelle, um sich auf einer der zu Cartagena versammelten Galeeren einschiffen zu können; denn er sei entschlossen, alsbald abzureisen, und habe zu dem Ende schon den Oberpostmeister beauftragt, ihm Pferde be= reit zu halten. Don Johann suchte Zeit zu gewinnen und ver= sprach, sich am folgenden Tage um 1 Uhr Mittags wieder ein= zufinden, um sich mit ihm über die Ausführung des Unternehmens zu verständigen. Auf Grund dieses Versprechens entließ ihn Don Carlos. Nach einer zweiten Version, die erst nach erfolgter Ver= haftung des Prinzen verbreitet wurde, hätte dieser wissen wollen, was Don Johann die ganze Zeit hindurch im Escurial mit dem

Könige verhandelt habe; als die erhaltene Auskunft ihn unbefriedigt gelassen, wäre er mit dem Dolch auf Don Johann eingedrungen, und nur herbeieilende Diener hätten der lärmenden Scene ein Ende gemacht. Aus Dietrichstein's Angaben läßt sich vermuthen, daß diese Scene, gleichwie die analoge mit Alba, in ihren Einzelheiten erst hinterher erfunden oder ausgemalt wurde, um die alle Welt über= raschende Verhaftung des Prinzen sofort in den Augen der Diplo= maten durch einen Scheingrund zu erklären. Denn Dietrichstein, gleichwie andere Gesandte, erhielt zunächst die Erklärung: die Ver= haftung solle ein „Remedium" gegen derartige Vorkommnisse sein, die der König „nicht länger dulden könne", weil es seine „Schuldig= keit sei, seinen Unterthanen kein Unrecht und keine Unbill zufügen zu lassen". Das Tendenziöse dieser Erklärung verrieth sich durch die Andeutung: der Prinz solle „als ein Unvernünftiger" behandelt werden.

Don Johann begab sich nach jener Unterredung sofort zum Könige und setzte ihn von dem Inhalt derselben in Kenntniß. In seiner äußersten Verlegenheit, gezwungen zwischen dem mächtigen Gebieter und dem ohnmächtigen Freunde zu wählen, und nichts von dem wissend was dem Prinzen bevorstand, hatte er sich immer willenloser in die Rolle des Verräthers gefügt. Inzwischen machte auch der Oberpostmeister Raymund von Taxis dem Könige die Anzeige: Don Carlos habe acht Postpferde bestellt; er habe sie ihm verweigert in der Meinung, nicht ohne höhern Befehl handeln zu dürfen, und unter dem Vorgeben, daß er keine Pferde mehr zur Verfügung habe. So brach der Verrath von allen Seiten über den Unglücklichen herein.

Am Sonntag den 18ten um 1 Uhr Mittags traf bei Don Carlos, statt des sehnlichst erwarteten Don Johann, ein Schreiben ein, worin derselbe das Nichthalten seines Versprechens durch Un= wohlsein entschuldigte, sich aber — offenbar nach dem Rathe Phi= lipp's — ganz bestimmt auf Mittwoch den 21sten um 1 Uhr Mit= tags anmeldete. Der Prinz schöpfte nun zwar den Verdacht, daß sein Vorhaben ruchbar geworden, daß es bis zu den Ohren des Königs gedrungen, und daß vielleicht sein theuerster und geliebtester Freund an ihm zum Verräther geworden sei; aber die neue Frist=

stellung ließ ihn die Nähe der Katastrophe nicht ahnen. Nur um Erörterungen und Geständnisse zu vermeiden, ließ er sich ebenfalls krank melden, und legte sich um halb neun Uhr zu Bett; ohne Zweifel aufgeregt bei dem Gedanken, möglicherweise in Bezug auf das Verhalten Don Johann's die schmerzlichste aller Enttäuschungen zu erfahren, die er je erlebt; aber ohne Arg für den Augenblick, so daß er auch alsbald in einen festen Schlaf verfiel.

Um 11 Uhr Nachts versammelten sich in dem Kabinet des Königs die auserkorenen Helfer der That: Ruy Gomez, der Herzog von Feria, der Prior Don Antonio und Luis Quijada. Philipp sprach zu ihnen, nach dem Lissabonner Manuscripte, Worte „wie nie ein Mensch sie sprach", d. h. nicht rührende, wie man fälschlich ausgelegt, sondern eisigkalte und entsetzliche Worte, indem er ohne Zweifel, haßerfüllt und erbarmungslos, sein furchtbares Vorhaben durch die Pflichten seines königlichen Amtes zu beschönigen beflissen war. Darauf setzte man sich leise unter Kerzenschein in Bewegung zu den Gemächern des Prinzen. Das Gefolge bildeten: zwei Kammerherren, Pedro Manuel und jener Diego de Acuña; ferner zwei Kammerdiener mit Hämmern und Nägeln, und ein Offizier mit 12 Mann der königlichen Leibwache. Philipp selbst, wie wenn er persönlichen Gefahren entgegen gehe, trug unter dem Gewande einen Panzer, auf dem Kopf einen Helm, und unter dem Arm einen Degen. Die dienstthuenden Edelleute in den prinzlichen Gemächern, Graf Lerma und Rodrigo de Mendoza, wurden angewiesen, Niemanden den Eintritt zu gestatten. Dann wandte man sich zum Schlafzimmer des Don Carlos. Vorsorglich hatte der König durch den Ingenieur de Foix jenen von ihm gefertigten Thürverschluß, dem Prinzen unvermerkt, außer Wirksamkeit setzen lassen. So ward die Thür ohne Mühe, jedoch nicht ganz ohne Geräusch geöffnet. Die zunächst eintretenden Minister bemächtigten sich rasch der Waffen am Kopfende des Prinzen. Aus dem Schlaf auffahrend, rief ihnen dieser ein „Wer da" zu. Auf die Antwort „der Staatsrath", springt Carlos aus dem Bett, greift vergeblich nach seinen Waffen umher, und erblickt nun beim hereinbringenden Kerzenschimmer den eintretenden König. Ein höchst erschütternder Auftritt war die Folge.

„Was ist das?" rief der Prinz seinem Vater entgegen; „will Ew. Majestät mich tödten?" Philipp erwiederte gelassen: „Das sollst du gleich erfahren". Nun wurden die Fenster vernagelt, die Thüren verwahrt, alles Eisenzeug beseitigt, der Kasten mit den Papieren des Prinzen nebst dem vorhandenen Geld in Beschlag genommen, und Anordnungen zu seiner Bewachung getroffen. Von einer entsetzlichen Ahnung ergriffen, stürzte sich Carlos zu den Füßen seines Vaters mit dem Rufe: „Möge Ew. Majestät mich tödten, aber nicht einsperren! denn das würde für die Königreiche ein großes Aergerniß sein". Und als der König schwieg, setzte er hinzu: „Wenn Ew. Majestät mich nicht tödtet, werde ich mich selber tödten". Mit schneidender Kälte antwortete Philipp: „Dich selber tödten, das wäre die That eines Wahnsinnigen". Da fuhr Carlos auf; diese Unterstellung des Wahnsinnes, von der er ja schon durch Suarez Kunde erhalten, regte ihn auf das Aeußerste auf. „Nein! rief er, ich bin nicht ein Wahnsinniger, ich bin ein Verzweifelnder; durch die üble Behandlung Eurer Majestät werde ich zur Verzweiflung gedrängt". Philipp achtete der Klagen des Sohnes nicht; mit den Worten: „Ich werde dich fortan nicht mehr als Vater, sondern als König behandeln", wandte er sich von ihm ab. Hierauf ermahnte er noch „bei ihrem Eide" die sechs Genannten: Ruy Gomez, Feria, Don Antonio, Quijada, Lerma und Rodrigo de Mendoza, denen er die Bewachung des Gefangenen anvertraute, ihn mit Niemanden reden zu lassen und von jedem Verkehr mit der Außenwelt abzusperren. Dann kehrte er, ohne ein letztes Wort des Trostes oder des Abschiedes, der Verzweiflungsscene den Rücken, und zog sich, herzlos und aller Vatergefühle baar, mit dem Entschluß in seine Gemächer zurück, seinen Sohn niemals wiederzusehen. [76])

Don Carlos aber hatte sich in verzweiflungsvollem Schmerze auf sein Bett geworfen. Todesstille herrschte nun rings um ihn her; denn strenge Räumungsbefehle hatten aus diesem Theil des Palastes eine menschenleere Einöde gemacht. Sein trostloses Geschick stand ihm klar vor der Seele: er fühlte sich als ein zeitlebens Gefangener; er wußte sich auf immer von der Welt abgeschnitten; er war lebendig begraben.

9. Gefängniß und Tod.[79])

Man kann sich des Gedankens nicht erwehren, daß es vorzugsweise ein und dasselbe Motiv war, das den Prinzen und den König
bestimmte, für die Ausführung ihrer beiderseitigen Pläne, der Flucht
und der Verhaftung, gerade den 18. Januar in Aussicht zu nehmen.
Am Tage darauf nämlich, am 19ten, vollendete der König Sebastian
von Portugal sein 14. Lebensjahr. Sein diesmaliger Geburtstag
war daher zugleich das Fest seiner Großjährigkeit und seines selbstständigen Regierungsantritts. Dieses Fest sollte auf Veranlassung
seiner Mutter, der Prinzessin Johanna, auf das Großartigste und
Glänzendste in Madrid gefeiert werden. Ein solches Fest aber war
angethan, den Neid des neuntehalb Jahre ältern und machtlosen
Don Carlos herauszufordern, und ihn entweder zur Flucht oder,
falls er blieb, zu auffälligen Manifestationen zu verleiten. Augenfällig überwog in Don Carlos die Begier, diesen Tag nicht mehr
unter der Gewalt seines Vaters zu erleben; in Philipp aber das
ängstliche Verlangen, seinen Sohn' an diesem Tage nicht mehr auf
freien Füßen zu wissen. Natürlich wurde, in Folge der nächtlichen
Katastrophe, am 19ten in der Frühe die ganze Festlichkeit ab-
bestellt.

Die Verhaftung des Prinzen rief in Spanien und in ganz
Europa den ungeheuersten Eindruck hervor. Allgemein war die
Verwunderung, fast einmüthig der Tadel in hohen und niederen
Kreisen.

Die Königin Isabella, eingedenk der gegenseitigen innigen
Neigung, die sie mit Don Carlos verband, war außer sich vor
Schmerz; ihre Thränen flossen unaufhörlich zwei Tage hindurch,
bis der König ihr auf das Strengste das Weinen verbot; noch
zwei Monate später war sie von dem Seelenschmerz so angegriffen,
daß ihre Gesundheit gefährdet erschien. Auch die Prinzessin Johanna
wurde durch das entsetzliche Ereigniß tief erschüttert und betrübt.
Und Don Johann, nun bestürzt ob der ungeahnten schweren Folgen
seiner Angeberei, erschien sofort, die allerhöchste Ungnade kühn
herausfordernd, öffentlich in Trauerkleidern und legte sie nur auf

ausdrückliches Geheiß des schwer erzürnten Königs ab. Aus dem
Schooße des Adels wurden Stimmen laut, welche die Verhaftung
unumwunden als einen Willkürakt bezeichneten, da sie nicht ohne den
Beirath der Granden hätte erfolgen dürfen. In den Provinzen
betrieb man Deputationen, um von dem König Aufklärung und die
Freilassung des Thronfolgers zu verlangen. Selbst am Hofe gab
sich, außerhalb des Kreises der königlichen Vertrauten, nirgend
Billigung kund, sondern nur entweder furchtsames Blicketauschen und
Schweigen oder offener und unbedingter Tadel. Das Volk in und
außerhalb Madrid's wagte laut zu murren, ja in den „breitesten
und zügellosesten" Reden sich zu ergehen über Philipp und dessen
Minister, namentlich über den allzu einflußreichen Espinosa. Ge=
mäßigtere ließen sich dahin vernehmen: „Ein Verbrechen des Prin=
zen liege nicht vor, gegen bloße Pflichtverstöße dürfe man nicht mit
solcher Gewaltthätigkeit verfahren; leider aber seien Souveräne
gewöhnlich eifersüchtig auf ihre Nachfolger. Fürsten, die rücksichtslos
gegen ihre Kinder verführen, seien es auch gegen ihre Unterthanen;
den Thronfolgern einen vernünftigen Antheil an der Regierung ein=
zuräumen, liege im Interesse der Regierten und gewähre diesen eine
Bürgschaft für die Zukunft."

Philipp selbst war in hohem Grade beunruhigt; nicht Ge=
wissens, sondern Feigheits halber. Das Gespenst einer möglichen
Empörung quälte und verfolgte ihn. Vier Tage hindurch durften
keine Posten und keine Couriere die Stadt verlassen, als ob dadurch
das rasche Kundwerden des Geschehenen verhindert werden konnte.

Acht Tage nach der Verhaftung, am 25. Januar, wurde Don
Carlos aus seinem provisorischen Gefängniß in das definitive über=
geführt, d. h. aus seinem Schlafgemach in jenes Thurmzimmer am
Endpunkt seiner Wohnung, das nur mit Einem Fenster und
mit Einer Thür versehen war. Das Fenster hatte man vergittert
und so dicht verschlagen, daß das Licht nur von obenher eindringen,
und Don Carlos weder frische Luft athmen noch in das Freie
blicken konnte. Seine bisherigen Gemächer wurden dagegen seinem
Hauptwächter, dem Fürsten von Eboli, sowie dessen Gemahlin, als
Wohnung eingeräumt, so daß nunmehr das Kabinet des Ministers
an den Thurmkerker anstieß.

Zugleich wurden, mit Ausnahme Eboli's und Lerma's, alle
persönlichen Umgebungen des Prinzen gewechselt; theils aus Miß=
trauen gegen deren Mitleid, wie bei Cuijaba, der schon dem alten
Kaiser Karl so treu gedient; theils aus Besorgniß, daß sich im
fortgesetzten Verkehr mit dem Unglücklichen Theilnahme und Ver=
traulichkeit entwickeln könne. Als sich dergestalt Don Carlos auch
von seinem theuren Freunde Robrigo de Menboza trennen mußte,
loderte ein tiefer Schmerz in ihm auf. Er rief ihn noch einmal
zu sich; er schloß ihn inbrünstig in seine Arme und sagte: „Don
Robrigo, ich bedauere, daß ich dir nicht thatsächliche Beweise der
Neigung gegeben habe, die ich für dich hege und stets hegen werde. Wollte
Gott, ich wäre einst in der Lage, dir Zeichen derselben geben zu können".
Hierauf, die Augen voll Thränen, drückte er ihn so fest an sich, daß
man Mühe hatte, sie zu trennen. Robrigo stand erst seit zwei
Monaten im persönlichen Dienste des Prinzen; aber dieser hatte in
ihm, wie ausdrücklich bezeugt wird, so viel „Seelenadel, Ritterlich=
keit und hervorragenden Verstand erkannt, daß er für ihn eine leb=
hafte Werthschätzung gewann".

Ueber die Beweggründe und die Absichten Philipp's liefen die
buntesten Gerüchte um. Bald sollte Don Carlos ein Attentat gegen
seinen Vater begangen oder beabsichtigt, bald einen Aufstand in
diesem oder jenem Theile der Monarchie angezettelt haben; bald
wiederum hieß es: er habe Einverständnisse mit den Niederländern
gepflogen, oder: er sei ketzerischer Sympathien und ketzerischer Lectüre
überführt worden. Der französische Gesandte gestand: es gebe
„nicht sechs Personen, welche die Wahrheit wüßten". Die Absichten
des Königs betreffend, sahen die Einen in der Verhaftung des
Prinzen eine Strafe, Andere ein Besserungsmittel, die Meisten aber
nur die Einleitung zu einem gewaltsamen Tode.

Philipp selbst war sich in seinen Antrieben und in seinen
Zwecken, wie wir sahen, schon seit mehreren Jahren voll=
kommen klar. Er wollte seinen Sohn beseitigen, weil er ihn tödt=
lich haßte; weil er in ihm, statt des ersehnten Conterfei's, das ge=
fürchtete Widerspiel seiner selbst erkannte; weil ihm, dem kalten
Verstandesmenschen, die leidenschaftliche Gefühlsnatur des Sohnes
immer unerträglicher ward; weil er früher oder später eine wirk=

liche Entweichung desselben, und in ihrem Gefolge allerhand Ge=
fahren, Erschütterungen und Aufstände besorgte; vor allem aber,
weil er ihm politische und kirchliche Grundsätze zutraute, die an=
gethan wären, wenn nicht bei seinen Lebzeiten, so doch nach seinem
Tode, sein eigenes Werk zu verderben, d. h. die Früchte seiner des=
potischen und ultramontanen Politik preiszugeben. So das Wirken
seines Sohnes gleichmäßig für die Gegenwart und für die Zukunft
fürchtend, war er fest entschlossen, ihn um jeden Preis von der
Thronfolge auszuschließen, ·ihn zeitlebens eingesperrt zu halten und
mithin dafür Sorge zu tragen, daß der Gefangene ihn nicht über=
lebe. Zu dem Ende, und als Zeichen dessen, wurde schon mit dem
25. Januar der Hofstaat des Prinzen aufgelöst.

Aber über die Mittel zur Sicherung seiner Zwecke blieb der
König auch nach der Katastrophe noch schwankend. Den Gedanken,
seinen Sohn durch einen politischen Akt der Thronfolge verlustig zu
erklären, verwarf er zuerst; denn dazu hätte er der Mitwirkung
der Cortes von Castilien bedurft, als welche den Thronfolger schon
anerkannt hatten. Um aber diese Mitwirkung zu erlangen, wäre
der öffentliche Nachweis der Regierungsunfähigkeit des Don Carlos
erforderlich gewesen; und diesen Nachweis führen zu wollen, schien
mehr als bedenklich. Denn was den Prinzen in den Augen Phi=
lipp's vorzugsweise der Nachfolge unwürdig und unfähig machte,
konnte ihn leicht in den Augen Anderer, und auch der Stände, als
vorzugsweise würdig und befähigt erscheinen lassen. Nichts lag
daher im Fall einer Berufung der Cortes näher als die Gefahr,
statt einer Mitwirkung vielmehr den Einspruch derselben hervor=
zurufen.

Etwas länger ging Philipp mit dem Gedanken einer förmlichen
Prozeßführung um. Zu dem Ende setzte er eine Untersuchungs=
commission ein, bestehend aus Ruy Gomez, Espinosa und dem
Rechtskundigen Birviesca, die eine Menge Vernehmungen ver=
anstaltete und die Papiere des Prinzen einer Prüfung unterzog.
Philipp wohnte selbst den Sitzungen bei. Unter den in seinem Ka=
binet deponirten Papieren des Prinzen befanden sich angeblich viele
Briefe desselben, die nach seiner Abreise befördert werden sollten.
Darunter ein Brief an den König, worin er erklärte, daß er Spa=

nien verlasse, weil es ihm unmöglich sei, die Beweise der Miß=
achtung des Königs länger zu ertragen. Ferner Briefe an den
Papst, den Kaiser, die Fürsten Europas, die Granden und die
Hauptstädte Castiliens, u. a. m., worin er seinen Schritt zu recht=
fertigen und die Theilnahme der Abressaten zu gewinnen bedacht
war. Außerdem fand sich namentlich ein Schriftstück vor, das eine
Art von Programm enthielt über das von ihm nach der Abreise
zu beobachtende Verhalten. Endlich das schon erwähnte Verzeichniß
seiner „Freunde", obenan die Königin, die so „liebevoll" gegen ihn
sei, dann Don Johann von Oesterreich sein „sehr theurer und ge=
liebter Oheim", Luis Quijada, Don Pedro Faxardo u. A.; daneben
die Liste seiner „Feinde", obenan der König, dann Ruy Gomez und
seine Gemahlin, Espinosa, Alba und einige Andere. Alle diese
Angaben sind übrigens unzureichend verbürgt, weil Niemand außer
den erbittertsten Gegnern des Prinzen Einsicht in die Papiere erhielt.

Schließlich gab indeß der König auch die Absicht einer Proceß=
führung auf; theils weil er, um jedes Aufsehen und jede Er=
muthigung der Ketzer und der Rebellen zu vermeiden, doch am Ende
Bedenken trug, seinen Sohn eines Verbrechens wider das Leben
des Vaters, oder der Ketzerei, oder hochverrätherischer Complotte
anzuklagen; theils aber auch, weil ohne allen Zweifel das gewonnene
Material nach keiner dieser Richtungen hin zu einer Beweisführung
und Verurtheilung ausreichend war. Auch konnte das zuständige
Tribunal, der hohe Rath von Castilien, das Thronfolgerecht nur
aberkennen auf Grund ketzerischer Meinungen oder eines Attentats
gegen den König; nicht aber auf Grund eines Empörungs = oder
eines Fluchtversuches, noch gar eines bloßen Fluchtplanes. Zu
dem allen kam endlich noch augenfällig ein anderer Grund, der es
rathsam erscheinen ließ, sowohl von der richterlichen wie von der
ständischen Mitwirkung abzusehen. Beide Wege nämlich verbürgten
jedenfalls nicht die volle Erreichung des Zieles. Denn führte auch
in erfolgreichster Weise ein Ausspruch der Cortes oder ein Urtheil
des höchsten Tribunals zu einer rechtskräftigen Ausschließung des
Prinzen von der Thronfolge: so führten sie doch darum noch nicht
zu einer Verkürzung seines Lebens oder auch nur zu seiner rechts=
kräftigen Einschließung auf Lebenszeit.

Und so gewann denn bereits Ende Januar und Anfang Fe=
bruar mehr und mehr der Entschluß die Oberhand, auf dem Wege
der bloßen Thatsachen zu beharren, jedes Verbrechen oder Vergehen
des Prinzen in politischer oder kirchlicher Beziehung vielmehr in
Abrede zu stellen und dagegen, in Anlehnung an die früheren Aus=
streuungen, ihn des Wahnsinns zu zeihen, als welcher, zur Sicher=
stellung der Einzelnen und der Gesammtheit, seine Einschließung
erforderlich mache, und seine Regierungsunfähigkeit constatire. Dieser
Weg des Verfahrens war um so entsetzlicher, als Philipp selbst nach
wie vor nicht entfernt an den Wahnsinn seines Sohnes glaubte, da
er ja sonst nimmermehr auch nur einen Augenblick an eine Proceß=
führung und an eine richterliche Verurtheilung hätte denken können.
Aber eben dieser Weg entsprach am meisten seinem Charakter, da
er jede öffentliche Sensation haßte, und schon deshalb es vorzog,
auf stillen, dunklen und geheimnißvollen Pfaden vorläufig die Welt
hinzuhalten und das Reifen seiner weiteren Entschlüsse abzuwarten.
Dabei behielt er sich dennoch vor, unter Umständen auf den Weg
des Processes zurückzukommen; und deshalb erschien es ihm rath=
sam, bei der Behauptung des Wahnsinns wenigstens vor der
Hand so behutsam zu verfahren, daß daneben jener Weg noch
offen blieb.

Hiernach gestalteten sich nun die officiellen Angaben des Königs,
sowie seiner Minister und Vertrauten. Bis gegen Ende Januar
überwiegt in allen ihren Kundgebungen die Idee des Processes,
indem man als Grund der Verhaftung das „Benehmen", das
„Naturell", den „Charakter", die „Handlungen" und „Gesinnungen",
die „Excesse und Neigungen" des Prinzen geltend machte. Seitdem
aber wurde, besonders im Februar, theils daneben theils vorzugs=
weise und später immer ausschließlicher „Mangel an Verstand",
„Verrücktheit", „Beraubtsein der Sinne", als Einsperrungsgrund
bezeichnet. „Seit mehr als drei Jahren — lauteten nun über=
einstimmend die officiellen Aussagen — habe der König erkannt,
daß es mit dem Verstande des Prinzen noch schlimmer bestellt
sei wie mit seiner Körperbeschaffenheit, daß dessen Handlungen und
Gesinnungen nicht sowohl aus jugendlicher Leidenschaft und Herrsch=
begierde als eben aus Mangel an Verstand und Urtheilskraft

hervorgingen, und daß derselbe mithin der Thronfolge unfähig sei.
Deshalb habe auch der König sich schon seit mehr denn drei Jahren
mit dem Gedanken der Einsperrung getragen. Der Prinz werde
fortan so sorgfältig bewacht werden, daß er außer Stande bleibe,
Anderen ein Leid zuzufügen, oder zu entweichen und aus Spanien
zu entfliehen". Nunmehr wurde nach allen Seiten hin ausdrücklich
verkündet: Es handle sich weder um „Ungehorsam" oder „Mangel
an Ehrerbietung" oder um ein „Verbrechen wider den König", noch
um eine „Rebellion" oder um „religiöse Verirrungen"; und daher
solle die Einsperrung auch weder als „Strafe" noch als „Besserungs=
mittel" dienen. Vielmehr handle es sich lediglich um die „so gro=
ßen Verstandesmängel", d. h. um die „geistige Unzurechnungsfähig=
keit", und daher um die dauernde „Regierungsunfähigkeit" des Prin=
zen; durch sie werde schon für die Gegenwart, und mehr noch für
die Zukunft, der „Dienst Gottes" und die „Wohlfahrt der Völker",
die „Aufrechterhaltung der orthodoxen Religion und des Gehorsams
gegen den heiligen Stuhl" in Frage gestellt; denn namentlich sei
bei der „Verstandesschwäche" des Prinzen zu fürchten, daß „falls
er zur Regierung gelange, sofort alle Reiche den Ketzern verfallen
würden"; deshalb dürfe auch das Geschehene „nicht eine zeitweilige",
sondern „müsse eine unabänderliche" Maßnahme sein. Daher wollte
auch Philipp, daß von Don Carlos am Hofe nicht mehr die Rede
sei, daß er als ein für immer Beseitigter betrachtet werde. Im
Februar und März melden alle Gesandten, daß man vom Prinzen
nicht mehr spreche, gleich als ob er „zu den Todten gehöre" oder
„niemals in der Welt existirt" habe. Und Anfangs April wurde
dem kaiserlichen Gesandten officiell eröffnet: „da der König keinen
Sohn habe, so sei der Erzherzog Rudolf dessen nächster Thron=
folger".

Es lag nun aber auf der Hand, daß der bloße Gewahrsam
des Prinzen durchaus keine sichere Bürgschaft für die Erreichung
der Absichten des Königs war. Denn in jedem Augenblick konnte
dieser sterben, und der Tod des Vaters öffnete sicher das Gefängniß
des Sohnes. Es wurde auch ganz offen die Meinung ausgesprochen:
Don Carlos werde in seinem Gefängniß „sitzen bleiben, so lange
sein Vater lebe". Dieser Eventualität mußte Philipp, wenn

er seines Zieles sicher sein wollte, nothwendig vorbeugen. Daher eben war ein großer Theil des Publicums überzeugt: der König werde es nicht bei der Haft bewenden lassen, dem Prinzen drohe ein gewaltsamer Tod. Auch Dietrichstein u. A. prophezeiten: „es werde kein gutes Ende nehmen"; es dürfte „noch ein böserer Aus= gang" zu erwarten sein.

Philipp war in der That zu der äußersten Gewaltthat ent= schlossen. Sein Beichtvater, der Bischof von Cuenca, erklärte im Februar dem venetianischen Gesandten: „Der König werde ganz zuverlässig die Sache bis zum Aeußersten fortführen, da er lange überlegt bis er sich entschlossen und, wann er einmal Entschluß gefaßt, bis an's Ziel zu gehen pflege". Unablässig erklärte Philipp persönlich und durch das Organ seiner Vertrauten: er stehe nicht an, dem „Dienste Gottes" und der „Wohlfahrt seiner Völker" sein eigen „Fleisch und Blut" zu opfern. An Alba schrieb er schon am 23. Januar: „ihm brauche er nicht erst begreiflich zu machen, welches Ziel er sich in dieser Sache setze"; und am 6. April: „das Ziel sei eine wahre und vollständige Ab= hülfe für die Zukunft". An Kaiser Maximilian schrieb er am 19. Mai: die Haft des Prinzen sei nur der „erste Schritt"; dieser werde „andere Maßnahmen zur Folge haben, wie sie in einem Falle dieser Art erforderlich wären, je nachdem es nöthig und angemessen erscheinen werde, zu einer Entschei= dung zu gelangen; man werde dann mit reiflicher Ueberlegung vorgehen". In seinem Briefe an den Papst vom 9. Mai schraubte er sich sogar zu der ruchlosen Aeußerung empor: er werde nun= mehr „je nach Bedürfniß der Sache reiflich die Mittel erwägen, um zu seinem Ziele zu gelangen ohne sich dem Tadel von irgendwem auszusetzen".

An die Wiederaufnahme der Proceßitze kann Philipp bei die= sen Aeußerungen im Mai, auch wenn er sie vielleicht also gedeutet wünschte, selber nicht gedacht haben, da er eben damals alles daran setzte, die Welt an den Wahnsinn des Prinzen glauben zu machen. Er hatte zu Ostern, in der zweiten Hälfte des April, denselben nicht beichten und communiciren lassen wollen, damit man nicht daraus folgern könne: „Don Carlos sei nicht seiner Sinne be=

raubt"; um indeß andererseits auch in den Ketzern nicht die Mei=
nung aufkommen zu lassen: „Don Carlos sei n i ch t ein guter
Katholik", gab er schließlich nach, aber nur unter dem ausgespreng=
ten Vorwande, daß es ja „Intervalle im Irrsinn" gebe und der
Prinz sich momentan in einem solchen Intervall befinde. An die
Kaiserin schrieb der scheinheilige Heuchler selbst am 19. Mai: „Man
solle nur gar nicht aus der Gestattung des Abendmahls folgern, daß
der Prinz n i ch t im Zustande des Irrsinns sei; bei Verrückten gebe
es Augenblicke, wo der Geist gesunder sei als in anderen; zur
Strafe seiner Sünden habe Gott diesen Verstandesmangel in seinem
Sohne zugelassen". Dagegen muß es für Jeden, der in die Ge=
danken=verhüllende Sprache Philipp's eingedrungen ist, zu Tage
liegen, daß „zum Ziel gelangen ohne dem Tadel sich auszusetzen"
im gegebenen Fall so viel hieß, als: den gewaltsamen oder künst=
lichen Tod so einzurichten, daß er in Aller Augen als ein natür=
licher erscheine.

Es kann gar keinem Zweifel unterliegen, daß Philipp, seine
Minister und Rathgeber, sowie alle Helfershelfer, den Tod des
Prinzen immer krampfhafter herbeisehnten; von Espinosa, dem nun=
mehrigen Großinquisitor und Kardinal, ist dies insbesondere gewiß.
Philipp selbst fand nirgend Ruhe; er hielt sich nicht für sicher, so
lange Don Carlos unter den Lebenden war; das Gespenst einer
drohenden Empörung schlich ihm unablässig nach auf Tritt und
Schritt; die Kritik, die sich selbst in seiner nächsten Nähe seit dem
März, und besonders seit April und Mai, immer unverhaltener
Luft machte, beängstigte ihn mehr und mehr; denn sogar „viele im
Lande einflußreiche Personen" begannen offen zu „tadeln und zu
murren". Der Palast wurde für ihn und für Alle zu einem
„Lager voller Schrecken"; „alle Augenblicke gab es einen Lärmen
um nichts"; und bei dem geringsten Geräusch fuhr Philipp zusam=
men, horchte auf, und glaubte den Augenblick gekommen, wo das
empörte Volk heranstürme, um den Prinzen aus seinem Gefängniß
zu befreien; er wagte kaum mehr, die Hauptstadt zu verlassen, und
doch sehnte er sich so sehr nach seinen Lieblingsaufenthalten, dem
Escurial, dem Pardo und Aranjuez, ohne die er nicht leben zu
können meinte. Hatte Philipp nach allen Seiten hin verkündet und

verkünden lassen, daß Carlos niemals die Freiheit wiedererlangen
werde: so mußte er auch an seinen eigenen Wahrnehmungen und
an seiner wachsenden Furcht erkennen, daß es für dieses „Niemals"
keine andere unfehlbare Bürgschaft gebe als den Tod.

Daß die Minister und Rathgeber des Königs nur in dem
Tode des Prinzen ihr Heil erblicken konnten, liegt ebenso klar zu
Tage. Hatte dieser sie doch stets gehaßt! und wie mußte er sie
erst hassen seit der Katastrophe, die sie mit Rath und That über
ihn herbeiführen halfen! Durch den Brief des päpstlichen Nuntius
vom 4. Februar erfahren wir ausdrücklich, daß „die Günstlinge des
Königs überzeugt waren, es werde ihr und ihrer Nachkommenschaft
Verderben sein, wenn Carlos je zur Regierung gelange". Sie
mußten daher alles daran setzen, daß dies nicht blos unwahrschein=
lich, sondern unmöglich werde. Nun Gomez und die übrigen Wächter
des Prinzen befanden sich zudem in einer unerträglichen Lage, die
allein schon beweist, daß es nicht auf eine lange Gefangenschaft
abgesehen sein konnte. Denn unmöglich hätten die vornehmsten
Würdenträger, die treuesten Diener des Königs, mit einem so
beschwerlichen und peinvollen Wachdienst bei Tag und Nacht auf
Decennien hinaus belastet werden können. Ihrem Munde entfuhr
denn auch oft im Unmuth über den Prinzen das Wort: „Es sei
unmöglich, daß er leben bleibe".

Seiner Gewohnheit nach schob Philipp die äußersten Entschlüsse
so lange wie möglich auf, in der Hoffnung, daß — statt der Cor=
tes und der Gerichte — die Natur ihm zu Hülfe kommen werde,
oder mit anderen Worten in der Erwägung, daß die im Kerker
sich aufzehrende Lebenskraft des Prinzen ein baldiges Ende dessel=
ben vermuthen lasse. Diese Erwägung, die er ohne Zweifel sehr
oft seinen Vertrauten kundgab, kam für diese der Anweisung gleich,
dafür zu sorgen, daß sie in Erfüllung gehe. Man lauerte auf
den Moment, wo man die Verkündung „Carlos sei wahnsinnig"
mit der anderen verbinden könne „Carlos sei sterbenskrank".

Was aber ging denn nun im Gefängniß seit dem 25. Januar
vor? Wir wissen es nicht. Denn überreich an diplomatischem Ge=
klätsch, aber überkarg an verbürgter Wahrheit sind die Nachrichten

über Don Carlos seit jener Zeit. Es wurde nichts über ihn aus=
gesagt, als was der König auszusagen gebot. Seine Wächter waren
bei Todesstrafe eidlich verpflichtet worden, Niemanden mitzutheilen,
was sie „hörten, sähen oder wüßten". Aus dem Wust officieller
und grade deshalb' völlig werthloser, willkürlicher und lügenhafter
Angaben heben sich fast nur die nichtofficiellen Aussagen Diego's
de Chaves als lautere Elemente der Wahrheit ab. Diego war
nicht nur der Beichtvater des Don Carlos, sondern auch der Erz=
herzöge Rudolf und Ernst. Von ihm, der in der ersteren Eigen=
schaft im April Zutritt in das Gefängniß erlangte, vernahm Dietrich=
stein, wie er am 13ten meldete: „Der Prinz sei viel stiller und
geduldiger", als man ihn zuvor geschildert; aber „das Vergeben
und Vergessen könne er nicht über's Herz bringen". Am 22ften
aber, nachdem Don Carlos gebeichtet und communicirt hatte, machte
Dietrichstein dem Kaiser folgende höchst bedeutsame Mittheilung, auf
die wir bereits hingewiesen: „Des Prinzen Beichtvater, schrieb er,
ist ein sehr feiner, christlicher, frommer und geschickter Mönch. Der
hat mich hoch und theuer versichert, daß ich gewißlich glau=
ben könnte, so viel die Religion betrifft, daß der Prinz ein guter
Katholik sei. Auch habe er wider seines Vaters Person nicht allein
nichts Thätliches zu unternehmen vorgehabt, sondern es sei ihm dies
auch nicht einmal in den Sinn gekommen. Der Prinz habe seine
Mängel, die er nicht verneinen noch entschuldigen wolle; diese seien
aber mehr dadurch verursacht, daß er in aller Freiheit erzogen
wurde und eines unstäten harten Gemüths und eigensinnig ist, als
daß er sonst an Vernunft einen Mangel hätte. Er hoffe, die jetzige
Heimsuchung werde ihm zur Besserung und zur besseren Selbst=
erkennung gereichen. So dies geschehe, wie er zu Gott vertraue,
hoffe er, daß derselbe ein tugendsamer guter Fürst sein werde; denn
ob er schon etliche Untugenden habe, so habe er doch daneben sehr
große Tugenden".

Eine tyrannische Strenge beherrschte das Reglement, wonach
der Gefangene behandelt wurde. Das Tageslicht ward ihm ver=
kümmert, die frische Luft und der Blick in die Außenwelt abge=
schnitten. Nur von Feinden Tag und Nacht bewacht, durfte er mit
keinem Andern, weder mündlich noch schriftlich, verkehren. Keine

einzige befreundete Seele durfte ihm nahen; nicht seine Großmutter, die verwittwete Königin von Portugal, die sich erbot, ihn mütterlich zu pflegen; nicht seine Stiefmutter Isabella und seine Tante Johanna, die in ihrer Betrübniß vergeblich Zutritt zu ihm begehrten; nicht sein Oheim Don Johann noch wer sonst es wohl mit ihm meinte. Die Speisen wurden ihm klein geschnitten vorgelegt, ihm niemals der Gebrauch eines Messers gestattet; vielleicht minder damit er sich nicht selbst, als damit er nicht Anderen ein Leid zufüge. Im Gespräch auf Gegner angewiesen, denen vorgeschrieben war, nur auf Fragen des Dienstes zu antworten, auf alle anderen aber zu schweigen, wurde er auch der Lectüre beraubt, da man ihn nur mit Andachtsbüchern versorgte, die er als einen auferlegten Zwang von sich wies.

Es mag schon sein — denn es ist nur allzu begreiflich —, daß es nicht in dem Kerker an grauenvollen und peinlichen Vor=gängen fehlte; daß bei dem Prinzen Zornausbrüche mit finsterem Hinbrüten wechselten; daß er, des Lebens satt, sich nach dem Tode sehnte. Wenn es aber nicht unmöglich erscheint, daß er, wie die officiellen Angaben besagen, verzweiflungsvoll auf seine Gesundheit einstürmte: so ist doch vor allem zu beachten, daß dies nicht nur gern gesehen, sondern förmlich begünstigt wurde. Es ist wohl denk=bar, daß der Unglückliche in fieberhafter Erregung, wie die officielle Anklage lautet, den Fußboden mit kaltem Wasser überschüttet und stundenlang, baarfuß auf dem naßkalten Gestein, darin gewatet habe, oder daß er Flaschen mit Schnee und Eis gefüllt zur Nachtzeit sich in's Bett gelegt; aber abgesehen davon, daß diese Operationen in Spanien nichts Seltenes waren und nicht nothwendig die Gesund=heit gefährdeten, wer anders trug die Schuld daran, als Philipp selbst, der trotz des tyrannischen Reglements und trotz der demon=strativen Vorkehrungen gegen den Selbstmord, es doch zuließ, daß dem Gefangenen zu dergleichen Zwecken so viel kaltes Wasser, Schnee und Eis zugetragen wurde, als er nur immer wünschte. Es ist ebenso möglich, daß Carlos aus Lebensüberdruß bald mehrere Tage hindurch sich jeglicher Nahrung enthielt, und bald wiederum die Speisen im Uebermaß verschlang; aber es leuchtet doch ein, daß wenigstens der übermäßige Genuß von Speisen eine Unmöglichkeit

war, wenn sie nicht absichtlich im Uebermaß ihm vorgesetzt wor=
den wären.

Schon frühzeitig wurde ausgesprengt: der Prinz sei krank.
Am 18. Februar meldete der französische Gesandte nach officieller
Auskunft: „Don Carlos magere sichtlich ab, und schwinde mehr
und mehr dahin; seine Augen seien tief in ihre Höhlen zurückge=
treten". Am 26. März mußte er aber im entgegengesetzten Sinne
zu berichten: „der Prinz befinde sich körperlich wohl, und nur in
seiner Stimmung sehr krank".

Bis Mitte Juli war in der That Don Carlos nicht bedenk=
lich krank; denn man wagte nicht einmal ihn dafür auszugeben.
Um so mehr indeß mußte die Ungeduld derer sich steigern, die sein
Ende herbeiwünschten; und da die von ihnen erhoffte Hülfe der
Natur ausblieb, so lag der Gedanke nahe, ihrerseits der Natur
nachzuhelfen. Dazu kam, daß um diese Zeit anspornende Nach=
richten von außenher eintrafen.

Klang es doch zunächst wie eine Ermuthigung, daß der Papst
auf die Eröffnungen Philipp's, nach dem Bericht des spanischen
Gesandten vom 25. Juni, antworten ließ: „Das Wohl der
Christenheit hänge allerdings nicht nur von einer möglichst
langen Regierung Philipp's, sondern auch davon ab, daß derselbe
einen Nachfolger habe, der in seine Fußtapfen trete". Die
Möglichkeit, daß Don Carlos trotz der Verhaftung doch noch sein
Nachfolger werde, mußte also ein für allemal gründlich ausge=
rottet werden.

Die jüngsten Brüsseler Nachrichten feuerten ebenfalls zum Vor=
gehen an. Philipp hatte von vornherein die niederländische Be=
wegung so aufgefaßt, daß er nicht eher ihrer Herr zu sein glaubte,
als bis Egmont und Horn aus der Welt geschafft wären. Er
hatte deshalb den Herzog von Alba noch vor dessen Abreise ver=
pflichtet, beide, sobald er ihrer habhaft werde, zu Tode zu bringen.
Alba hatte aber trotzdem nicht umhin gekonnt, nach ihrer Verhaf=
tung im September wenigstens einen Scheinproceß einzuleiten, der
sich unerwartet viele Monate hinzog. Endlich am 5. Juni 1568
waren beide öffentlich hingerichtet worden. Noch vor Mitte Juli
war Philipp nicht nur von diesen Hinrichtungen, sondern auch davon

unterrichtet, daß sie keine neue Bewegung zur Folge gehabt, und
daß demnach — so vermeinte man — die Rebellion nunmehr mit
zerschmettertem Haupt am Boden liege. Philipp athmete auf; es
fiel ihm ein Stein vom Herzen; er glaubte jetzt nichts mehr fürchten
zu müssen, und auch in der Sache des Don Carlos dem „ersten
Schritt" nunmehr ohne weitere Rücksichtnahme den zweiten und
letzten folgen lassen zu dürfen.

Und zwar um so mehr, als ihrerseits auch die Wiener Nach=
richten, nicht durch ermuthigenden Inhalt, sondern vielmehr durch
ihre drohende und beängstigende Haltung zu raschen Entschlüssen
hindrängten. Schon im April war, wie Dietrichstein sagt, „von
Vielen nach Spanien hereingeschrieben" worden, daß der Erzherzogin
Anna das Geschick des Prinzen „sehr zu Herzen gegangen" sei;
man erwartete, sie werde auf dessen Freilassung bestehen oder, wie
man sich ausdrückte, ihn „ledig machen"; und die Kaiserin deutete
an: ihre Tochter dürfte geneigt sein nach Spanien zu gehen und
eventuell dort in ein Kloster zu treten. Kaiser Maximilian selbst,
der sowenig wie die übrigen Fürsten Europa's an den Wahnsinn
des Prinzen glaubte, zeigte sich dem spanischen Gesandten gegenüber
am 21. Juni, beim Empfange der Briefe Philipp's vom 19. Mai,
im höchsten Grade aufgeregt; er begriff sofort, daß es des Königs
Absicht sei, bei der Einsperrung „nicht stehen zu bleiben"; er er=
klärte dem Gesandten wiederholt: „In seinem ganzen Leben habe
er zu nichts so sehr Lust gehabt, als jetzt dazu, augenblicklich Post=
pferde zu nehmen und den König aufzusuchen, um sich mit ihm zu
besprechen; er würde ihm solche Vorschläge machen, daß der König
keinen Grund wissen werde, sie abzulehnen; so zu handeln gebiete
ihm die Verwandtschaft mit dem Prinzen und die Neigung, die er
für ihn hege". Nach diesen Nachrichten, die schon in einem an=
scheinend verschwundenen Bericht Chantonay's vom 21. oder 22.
Juni enthalten gewesen und Mitte Juli in Madrid eingetroffen sein
müssen, durften Philipp und dessen Vertraute an jedem Tage, in je=
der Stunde, der überraschenden Ankunft des Kaisers gewärtig sein,
der ja nach Maßgabe der damaligen Verkehrsmittel, wenn er Tag
und Nacht mit Postpferden reiste, durch keine Depesche und durch
keinen Courier überholt werden konnte. Und wie nun, wenn er

plötzlich in Barcelona landete und in Madrid erschien? wenn er sich
als Haupt der Familie den Kerker seines Neffen öffnen ließ, um sich
mit ihm zu verständigen? und wenn er wirklich dem Könige ein
unabweisbares Abkommen vorschlug, das die Freiheit des Prinzen
bedingte? Alle langgehegten Pläne des Königs konnten mit Einem
Male zertrümmert werden, und über der Zukunft aller Betheiligten
das Gewitter der Rache des Gequälten sich zusammenziehen.

Unter diesen Umständen ist es denn doch eine auffallende That=
sache, daß Personen aus der nächsten Umgebung des Staatsgefan=
genen, als dessen Tod Eid und Zunge löste, Folgendes aussagten:
„Am 17. Juli (also unmittelbar nach dem Eintreffen jener Nach=
richten aus Rom, Brüssel und Wien) wurde dem Prinzen eine
Rebhühnerpastete servirt, die er sammt der Kruste verzehrte. So=
fort empfand er einen glühenden Durst, in Folge dessen er unauf=
hörlich aber vergeblich kaltes Wasser trank. In der Nacht stellte
sich Diarrhöe und Erbrechen ein, dessen Gefährlichkeit von Stunde
zu Stunde wuchs. Die ihn behandelnden Aerzte waren die Aerzte
des Königs; Niemand sonst, außer den bestellten Wächtern, wurde
zum Patienten gelassen. Schon nach zwei Tagen war der Tod un=
abwendbar". Nunmehr erst, am 19ten, ließ Philipp, des Resultates
sicher, verkünden: der Prinz sei krank. Nach dem officiellen Bericht
verschied derselbe am 24. Juli in der Frühe. Und er verschied
einsam; selbst auf dem Todbett wurde ihm der Anblick jedes wahr=
haft theilnehmenden Wesens, seiner Stiefmutter, seiner Tante, seines
Oheims, versagt. Philipp selbst, der während der ganzen sechs
Monate den Gefangenen nicht ein einziges Mal zu sehen begehrt
hatte, lehnte auch jetzt es ab, ihn in der Scheidestunde zu be=
suchen, obwohl der Sohn den Vater darum bitten ließ. Der
Verdacht, den alle diese Thatsachen erwecken, ward von verschiedenen
Seiten vor und nach den entscheidenden Julitagen theils ausgesprochen,
theils angedeutet. Der französische Gesandte berichtete seinem Hofe
geheimnißvoll von gewissen, dem Prinzen verabreichten Kraftbrühen
oder Suppen, die — wie er sich ausdrückt — „insgeheim zu=
bereitet würden, und zwar in dem an das Gefängniß des Prinzen
anstoßenden Kabinet des Ministers Ruy Gomez".

Ob Don Carlos, wie Philipp sehr geflissentlich verkünden ließ,

in „chriftlicher Weife" ftarb, ob er neuerdings ein Teftament gemacht,
und ob er feinen Feinden vergeben, läßt fich nicht entfcheiden.
Daran ift aber jedenfalls nicht zu denken, daß er zu folchen tefta=
mentarifchen Verfügungen fich verftanden habe, wie die officiellen
Behauptungen glauben machen wollen.   Denn darnach hätte er
fchließlich feine bitterften Todfeinde als feine geliebteften Freunde
bedacht.

Man hat oft die Frage erörtert, ob Philipp der Mörder
feines Sohnes gewefen.   Sie muß unbedingt bejaht werden; und
der Mord, den er an ihm vollzog, war ein viel fchrecklicherer, als
wenn er ihn thatfächlich gleich bei der Verhaftung, oder unter dem
Schein eines gerichtlichen Verfahrens kurze Zeit darauf hätte voll=
ziehen laffen.   Denn er hat fechs Monate hindurch täglich feinen
Sohn hundertfache moralifche Todesqualen beftehen laffen; er hat
ihm abfichtlich alle Mittel zur Verfügung geftellt, um fich langfam
körperlich zu zerreiben; und er hat endlich, der höchften Wahr=
fcheinlichkeit nach, mit dem 17. Juli der zögernden Natur durch
ein wirkfames Mittel nachgeholfen.

Was den Verdacht gegen Philipp faft bis zur vollen Gewiß=
heit fteigert: das ift einmal die Thatfache, daß bei früheren ähn=
lichen oder gleichen diätetifchen Exceffen des Prinzen niemals ähn=
liche lebensgefährliche Erfcheinungen eingetreten waren; und zweitens
der Umftand, daß die Vorgänge vom 17.—19. Juli in allen
officiellen Angaben völlig vertufcht wurden.   Sie finden fich nur in
den Berichten des florentinifchen Gefandten Nobili vom 30ften, und
eines fächfifchen Agenten vom 26. Juli verzeichnet.   Die Berichte
des kaiferlichen und des franzöfifchen Gefandten über die Tage der
letzten Krifis find fpurlos verfchwunden — ein Zeichen, daß ihr
Inhalt von außergewöhnlichem Intereffe war.

Daß Carlos vergiftet worden fei, verfichert nicht nur de Thou
auf das Zeugniß des Venetianers Giuftiniani; nicht nur Mezeray,
der franzöfifche Reichshiftoriograph des fiebzehnten Jahrhunderts;
und nicht nur Llorente auf Grund der von ihm benutzten geheimen
Denkwürdigkeiten von Palaftbeamten, fondern auch der Staats=
fekretär des Königs, Antonio Perez, der Vertraute des Ruy Gomez,
mit ausdrücklicher Berufung auf die Mittheilungen des Letzteren felbft.

An faſt allen Höfen war man damals und ſpäter von dem gewaltſamen Tode des Don Carlos überzeugt, nur daß eine Fluth von Fabeln über die Todesart und die näheren Umſtände erwuchs. Der Prinz von Oranien bezeichnete den König in der beſtimmteſten Weiſe als den „Mörder" ſeines Sohnes. Ludwig XIV. von Frank= reich verſicherte, wie dies auch Mezeray andeutet, daß Carlos ſchließlich erſtickt und erwürgt worden ſei. Auch am preußiſchen Hofe galt es als eine feſtſtehende Thatſache, daß Philipp dem Thron= folger das Leben geraubt. Daher, nach dem geſcheiterten Flucht= verſuche des Kronprinzen Friedrich, das kühne Wort der Haushof= meiſterin Frau von Kamele zu Friedrich Wilhelm dem Erſten: „Der Fluch der Nachwelt werde über ihn kommen, wenn er dem gefangenen Sohne ein Schickſal bereite, wie Philipp dem Don Carlos".

Es verſteht ſich von ſelbſt: Don Carlos hätte unter allen Umſtänden, auch wenn ſein Vater noch ſo ſehr im Unrecht war, ſich ihm fügen müſſen; und da er ſtatt deſſen ſich der Gewalt deſſelben durch die Flucht entziehen wollte, ſo war Philipp im Recht, wenn er ſich ſeiner Perſon durch die Haft verſicherte. Aber wie ohne allen Zweifel das Zerwürfniß zwiſchen Vater und Sohn durch die Schuld des Erſteren ſich ſo verhängnißvoll zugeſpitzt hatte: ſo war es auch ohne allen Zweifel Philipp allein, an dem jede Möglichkeit einer Ausgleichung nach wie vor der Verhaftung ſcheiterte. Nichts wäre natürlicher geweſen, als wenn der König die Haft ſeines Soh= nes als Straf= und Beſſerungsmittel betrachtet hätte, um auf dieſem Wege zur unbedingten Unterwerfung deſſelben, und damit zur Ver= gebung und Verſöhnung zu gelangen. Aber Philipp wollte gar keine Unterwerfung und keine Verſöhnung; denn ſie hätten ſeine Befürchtungen für die Zukunft dennoch weder aufgehoben noch gemindert. Er wollte gar nicht ſtrafen oder beſſern, wie er es ſelbſt geſtand. Er wollte auch ſeinen Sohn gar nicht bloß der Freiheit berauben; denn dazu wäre, wie Gachard treffend hervorhebt, nicht eine Behandlung erforderlich geweſen, wie die eines Verbrechers; nicht die Vorenthaltung von Luft und Raum; nicht die Abſperrung von allen Freunden und Dienern; nicht die ſchnöde und ekelhafte Spionage in jedem Augenblick bei Tag und Nacht. Philipp wollte

eben durch alles dies seinen Sohn vielmehr zur äußersten Ver=
zweiflung treiben — wie denn ein Eingeweihter das geflügelte Wort
sprach: der Prinz im Gefängniß „müsse verrückt werden,
wenn er es noch nicht sei". Mit Einem Wort: Philipp, in seiner
Feigheit jede offene That vermeidend, wollte seinen Sohn zu Tode
martern, und er hat es gethan.

Ob Carlos, im Fall er zum Throne gelangt wäre, die Hoff=
nungen zahlloser Zeitgenossen erfüllt haben würde, ob er wirklich
ein „guter, tugendsamer Fürst", ein „großer Feldherr und Staats=
mann" geworden wäre — Niemand kann dies wissen, und Nie=
mand darf es eben deshalb verneinen. Daß es ihm nicht an
bedeutenden Anlagen mangelte, liegt zu Tage. Man wird auch
nicht verkennen dürfen, daß seinem Wesen etwas Originelles und
Pikantes eigen war, woraus eben die Fülle seiner Schroffheiten
hervorwuchs. Er hatte einen Hang zum Seltsamen und Unge=
wöhnlichen; er war eine Art Sonderling und seine Heftigkeit gab
ihm den Anstrich des Ueberspannten und Exaltirten. Die weitesten
Kreise des Volkes liebten und betrauerten ihn tief. Die Granden
hatten sich unter ihm, im Gegensatz zu dem Klerus, einen erhöhten
Einfluß, und fast alle Schichten der Gesellschaft eine minder despo=
tische Regierung versprochen. Die Volksstimmung machte sich auch
alsbald in den kräftigsten Volkspoesien Luft, die den König scho=
nungslos geißelten.

Isabella, die „fromme, freundliche und tugendliche Königin",
wie Dietrichstein sagt, war begreiflicherweise bei der Nachricht von
dem Tode des Don Carlos lange untröstlich gewesen. Drei Mo=
nate später, am 3. October, starb auch sie plötzlich, in ihrem
dritten Wochenbett, welches wiederum dem König keinen „Erben"
gebracht. Nicht lange darnach führte Philipp die vierte jugendliche
Gemahlin heim, und — zum Erstaunen der Welt — wiederum
die frühere Braut seines Sohnes, Anna von Oesterreich.

Auch auf dem Tode Isabella's muß noch heut der Verdacht
der Unnatürlichkeit haften bleiben. Nicht nur hat der Prinz von
Oranien öffentlich den König des Mordes der Gattin geziehen;
auch der französische Gesandte berichtete seinem Hofe in sehr bedenk=
lichen Ausdrücken: „die Aerzte hätten den Zustand der Königin

anfangs verkannt, und die ihr dargereichten Arzeneien hätten einen nachtheiligen Einfluß auf ihre Gesundheit ausgeübt; der König habe die Sterbende zwar besucht, aber sich mit großer Angst in sein Zimmer zurückgezogen". Katharina, voller Argwohn, gab dem Gesandten den Auftrag, die genauesten Informationen über den Tod ihrer Tochter zu erheben und einzusenden. Der desfallsige Bericht ist an der gehörigen Stelle der Akten nicht mehr vorhanden; aber Mezeray, als französischer Reichshistoriograph, lehrt uns augenfällig das Resultat dieses Berichtes kennen, indem er erzählt: „Kurze Zeit darnach (d. i. nach des Carlos Ermordung) vergiftete Philipp seine Gemahlin Elisabeth, wie deren Mutter, die Königin Katharina, dies feststellte durch geheime Informationen, die sie erheben ließ, und durch die Aussagen, welche die Domestiken jener Fürstin ablegten, als sie nach Frankreich zurückgekehrt waren". Erwägt man die Gewichtigkeit jener Zeugnisse, und bedenkt man, wie oft sich Philipp der Mordbefehle und der Mörderhände bediente, um sich der Personen zu entledigen, die ihm als gefährlich oder auch nur als unbequeme und hindernde Gewichte erschienen: so wird man in der That nicht geneigt sein können, die mangelhaften Gründe als ausreichend gelten zu lassen, wodurch man bisher den König von dem Verdacht der Ermordung seiner Gattin zu reinigen gesucht hat. Gewiß ist, daß der Tod derselben ihn von einer Ehe befreite, die ihn notorisch deshalb zu einem so häufig nicht „guten" und nicht „freundlichen" Ehemann machte, weil sie jederzeit seine Hoffnung auf einen andern Erben täuschte. Gewiß ist ferner, daß Philipp die freigewordene Hand der Erzherzogin Anna nur dadurch dem Könige von Frankreich entziehen konnte, daß er sie selbst in Anspruch nahm. Gewiß ist endlich, daß er nur auf diesem Wege das enge Verhältniß zu dem Kaiserhause wieder kitten konnte, das er durch seine Stellung zu Don Carlos in bedenklicher Weise gelockert hatte. Und auf diesem Wege erzielte er denn auch in der That mit bestem Erfolg den so lange ersehnten „Nachfolger, der in seine Fußtapfen trete".

Kurze Zeit nach dem Tode des Carlos und der Isabella starb auch Montigny in seiner Gefangenschaft auf der Festung Simancas;

wie es hieß und wie der König selbst versicherte, eines „natür=
lichen" Todes am „Zehrfieber". Alle Aussagen, alle Berichte der
Minister, der Gesandten und selbst der richterlichen Tribunale,
stimmten damit überein. Und doch war dies alles nur eine künst=
lich erzeugte Täuschung. Heut lehren uns die von Gachard auf=
gefundenen geheimen Instructionen Philipp's in schaubererregender
Weise, daß der damalige Verdacht der Niederländer begründet war,
daß auf des Königs Befehl Montigny bei voller Gesundheit heim=
lich zu mitternächtlicher Zeit erdrosselt wurde, und daß alle die
Thatsachen, wodurch das Gerücht von einem natürlichen Tode dessel=
ben Anstoß, Nahrung und Verbreitung fand, nur von der dämo=
nischen Verstellungssucht und Verstellungskunst des Königs in Scene
gesetzt worden, um das öffentliche Urtheil irre zu führen. Zu
diesen veranstalteten Thatsachen gehörten die ausgesprengten Nach=
richten über die angebliche Erkrankung des Gefangenen und über
die angebliche Verschlimmerung seines Zustandes, das angeordnete
ängstlich besorgte Hin= und Herrennen in der Festung, das Schein=
schauspiel einer ärztlichen Behandlung, das öffentliche Bereiten un=
schädlicher Arzeneien und das eilige Dahintragen derselben über den
Festungshof, wie wenn es den letzten Versuch gelte, einen Sterben=
den zu retten.

Auch über die Krankheit und den Tod des Don Carlos wur=
den auf Befehl des Königs, noch im Jahre 1568, officielle Berichte
in Form einer Broschüre veröffentlicht, um die Meinung der Welt
über den wahren Hergang zu täuschen. So glaubte Philipp sein
dem Papst gegebenes Wort erfüllt und kraft „reiflicher Prüfung
der Mittel sein Ziel erreicht" zu haben „ohne sich dem Tadel
von irgend wem auszusetzen". Als ob indeß alle diese
Künste der Dissimulation ihm noch nicht genügten, ließ er später
dem Don Carlos einen Leichenstein errichten mit einer Inschrift,
die dem „ewigen Gedächtniß" die „unvergleichliche Seelen=
größe, Wohlthätigkeit und Wahrheitsliebe" desselben
anempfahl. Das war die Krone, zu der sich die Werke der Heuchelei
gipfelten.

Anmerkungen zu Perikles.

1) (S. 8). S. Thuc. 1, 18.

2) (S. 9). Thuc. 1, 19. 95 ff. Diod. 11, 46 ff. Plut. Arist. 23 ff.

3) (S. 11). Hauptquellen über Perikles und sein Zeitalter: 1) Thu-
kybides B. I. u. II. Von den übrigen geschichtlichen Primärquellen,
sowie von sämmtlichen Secundärquellen, sind nur Fragmente erhalten.
2) Diodor B. XI u. XII. Seine Hauptquelle ist Ephoros; den Theopomp hat er nicht benutzt. S. Volquardsen, Unters. üb. die Quellen
der griech. u. sicil. Gesch. b. Diodor B. XI bis XVI (Kiel 1868), der
aber das chronologische System Diodor's, obwohl schon Bömel und A.
Schäfer darauf hingewiesen hatten, augenfällig verkennt und daher dessen
Werth sehr unterschätzt. Jenes System beruht darauf, daß Diodor grundsätzlich unter jeder Jahresrubrik das zweite Semester des vorangegangenen
Archontenjahres und nur das erste des laufenden erzählen will. Von
einer Reihe von Irrungen abgesehen, die dem Anschein nach zum Theil gar
nicht auf seine Rechnung zu setzen sind, wendet er die bei aller Geschichtschreibung unvermeidlichen, ja oft erforderlichen Anticipationen und Nach-
holungen von Ereignissen nach ziemlich verständigen Regeln an. 3) Plutarch im Kimon und im Perikles. Seine weitüberwiegende Grundlage
im Kimon ist Theopomp; daneben benutzt er namentlich auch den
Stesimbrotos von Thasos. S. Rühl, Die Quellen Plutarchs im Leben
des Kimon (Marburg 1867); vgl. unten Anmerkung 16. Im Perikles
legte Plutarch nach meiner Ueberzeugung hauptsächlich den Stesimbrotos
zu Grunde, und zog nur in zweiter Linie von den übrigen Primärquellen
Thukydides und Jon, von den Secundärquellen Ephoros, Idomeneus
und Theopomp, von den Tertiärquellen ersten Grades Duris von Samos
zu Rathe. Vgl. H. Sauppe, Die Quellen Plutarchs für das Leben des
Perikles (Göttingen 1867). Rühl, in Jahn's Jahrbüch. f. Philol. u. Pädag.
1868. Bd. 97. S. 657 ff. — Hülfsmittel (Ich citire nur solche Schriften,
die mir durch eigene Einsicht bekannt sind, obwohl ich auf eine Beurtheilung ihres äußerst verschiedenen Werthes schon des Raumes halber
verzichten muß): Kuffner, Perikles der Olympier, eine biogr. Darstellung, 2 Th. Wien 1809; Crawfurd, On Pericles and the arts in
Greece, Lond. 1815; Boeckh, orat. de Pericle, Berol. 1821; O. Müller,
de Phidiae vita, in Commentt. soc. Gotting. recent. Vol. VI. 1828;
Kutzen, de Pericle Thucydideo spec. I. II. Vratisl. 1829, 1831; Derselbe, P. als Staatsmann während der gefährlichsten Zeit seines Wirkens,
Grimma 1834; Derselbe, de Atheniensium imperio Cimonis atque
Periclis tempore ad Strymonem fluvium constituto, Vratisl. 1837;
Boot & Clarisse, de Periclis vita, in Annal. acad. Traject 1833—34.
Boot, Vita Periclis. Comment. praemio ornata in acad. Rheno-Tra-
jectana 1834; Clarisse, Vita Periclis, Trajecti ad Rhenum 1835

(ebenfalls gekrönte Preisschrift); Lorentzen, de rebus Athen. Pericle
potiss. duce gestis, Gotting. 1834; Tullio Dandolo, Studii sul
secolo di Pericle, Milano 1835; Sintenis, Plutarchi Pericles (mit sehr
reichhaltigem Commentar), Lips. 1835; Wendt, P. und Kleon, Posen
1836 (Gymnas.-Programm); Bischer (Wilh.), Die oligarch. Partei und
die Hetärien in Athen, Basel 1836; Tromp, de P. ejusque reipubl.
Athen. administratione, Lugd. Batav. 1837; Ogienski, P. et Plato,
Vratisl. 1837; Büttner, Gesch. der polit. Hetärien in Athen, Leipz.
1840; Westermann, Art. Pericles in Pauly's Real-Encyclop. Bd. V.
Stuttg. 1848; Grote, Hist. of Greece, Uebers. v. Meißner, Bd. III.
Leipzig 1853; Schömann, Die Verfassungsgesch. Athens, nach Grote's
Hist. of Greece kritisch geprüft, Leipz. 1854; Prisich, Zur Charakteristik
des P. und Kleon, Brieg 1859; Bissing, Athen und die Politik seiner
Staatsmänner (479 bis 445 v. Th.), Heidelb. 1862; Curtius, Griech.
Gesch., Bd. II. Aufl. 2, Berlin 1865; Oncken, Athen und Hellas,
Th. II. (Perikles. Kleon. Thukydides), Leipzig 1866; Schneiderhahn,
die Entwicklung der attisch. Demokratie von Perikles bis in die Zeit des
Demosthenes, erste Abth: Vom Sturze Kimons bis zur Capitulation
Athens, Rottweil 1866; Die Einheit Griechenlands, Athen und
der nordgriechische Bund, Erlangen 1867 (Tendenzschrift, zum Theil roman-
haft eingekleidet); Köhler, Urkunden und Untersuchungen z. Gesch. des
delisch-attischen Bundes (aus den Abh. der Akad. der Wiss. z. Berlin 1869),
Berlin 1870; Filleul, Hist. du siècle de Périclès, 2 T. Paris 1873
(ist mir erst spät während des Druckes zugekommen). Vgl. außerdem:
Boeckh's Staatshaushaltung der Athener (2. Ausg.); Wachsmuth's Hellen.
Alterthumskunde; Rötscher's Aristophanes; Hermann's Griech. Staats-
alterthümer; Schömann's Griech. Alterthümer, und ähnliche Werke; in Bezug auf Chronologie: Clinton, Fasti Hellenici ed. Krueger, Lips. 1830;
Derselbe, Epitome of the chronology of Greece from the earliest
accounts to the death of Augustus, Oxford 1861; A. Schaefer, Disput.
de rerum post bellum Persicum usque ad tricennale foedus in Graecia
gestarum temporibus, Bonnae 1865. — Unter den romanhaften Darstellungen
des perikl. Zeitalters, nach Art von Barthelemy's Anacharsis, stehen voran:
Wessenberg, das Volksleben zu Athen im Zeitalter des Perikles, 2. Ausg.
Zürich 1828; Perikles, eine Erzählung aus dem athenienf. Leben in
der 83sten Olympiade, aus d. Englischen von J. Fröbel, 2 Bde., Leipz.
1847 und 1851. In poetischer Beziehung erwähne ich die neugriech. Dichtung von Βλάχης, Φειδίας καὶ Περικλῆς, Athen 1863. — Begreiflicherweise muß ich es unterlassen, die Abweichungen meiner Forschung in jedem
einzelnen Falle ausdrücklich hervorzuheben.

4) (S. 17). Dies alles folgt aus Plut. Per. c. 17, im Vergleich
mit dem Gesammtverlauf der Thatsachen. S. Abschn. 9 und die dazu gehörigen Anmerkungen.

5) (S. 18). Hier glaube ich bemerken zu sollen, daß dies von den
bisherigen Darstellern, auch von Grote, nicht erkannt worden ist. Am
nächsten steht meiner Auffassung diejenige Oncken's.

6) (S. 19). Plut. Per. c. 8.

7) (S. 29). Vgl., außer Thukydides, Plut. Per. c. 5. 7. 8; de
libris educ. ed. Reiske T. VI. p. 20; reip. ger. praec. T. IX. p. 200
s. 233. Platon. Phaedr. c. 120. Cic. de orat. 2, 22. 3, 34; Brut.
7; Orator 4. Aelian. V. H. 4, 10. Schol. ad Plat. ed. Bekk. p. 318.
Perikles mit Pisistratos verglichen: Valer. Max. 8, 9 ext. 2.

8) (S. 33). Plut. Cim. c. 10. Aelian. 3, 17.

9) (S. 33). Valer. Max. 3, 8 ext. 4.

10) (S. 34). Aelian. 11, 9.

11) (S. 34). Plut. Per. c. 7. Plat. de rep. lib. 8. p. 562. Dieser nennt zwar den Ephialtes nicht, aber er will ihn augenfällig bezeichnen, wenn er in seiner antidemokratischen Stimmung von den „schlechten Mund- schenken" redet, die durch das Kredenzen der demokratischen Freiheit den „Verfall" des Staats herbeiführen.

12) (S. 36). Plut. Per. c. 9. Vgl. über Demonides Steph. Byz. v. Ὄα. Plut. de audiend. poet. ed Reisk. T. VI. p. 64 s. Sinten. l. c. p. 102 f. Die Conjectur von Oncken S. 12 erscheint unhaltbar. Was die Zeitbestimmung für diese socialen Maßregeln betrifft, so sagt Plutarch ausdrücklich: Ἐν ἀρχῇ μὲν γὰρ κ. τ. λ.

13) (S. 38). Thuc. 1, 101. Plut. Cim. c. 14. Per. c. 10. Die Eroberung von Thasos setzt auch O. Müller (l. c. p. 125) Ol. 79, 2 d. i. 463/2.

14) (S. 45). Thuc. 1, 102. Plut. Cim. 15—17. Per. 9. Diod. 11, 64. 77. Justin. 3, 6. Critias b. Müller, Fr. hist. gr. II. 70, 9. Jon fr. 7. Demosth. c. Aristocrat. p. 688. Vgl. Grote S. 283—294

15) (S. 46). Plut. Per. c. 37. Diod. 11, 71. Aelian. 6, 10. 13, 23. Thuc. 1, 104. Philoch. fr. ed. Sieb. p. 51 f. (Schol. ad Aristoph. Vesp. 716). Der Königsname Psammetich und die Beziehung auf das Jahr 445/14 sind irrig; die Entstellung rührt wahrscheinlich von dem Scholiasten her; nicht nur der innere Zusammenhang, sondern ebenso die Ausdrucksweise des Plutarch, die Angaben des Diodor, und der von Athen unterstützte Abfall Aegyptens weisen gleichmäßig, in Bezug auf das Gesetz und dessen Durchführung, auf die Jahre 461 und 460 hin (Vgl. Abschn. 11). Der Verlauf der Ausgeschlossenen ist eine Fabel, die auf Mißver- ständniß beruht; denn bei dieser allgemeinen Revision auf Grund eines eben gegebenen Gesetzes konnte es sich selbstverständlich nicht, über den Aus- schluß hinaus, um eine Bestrafung handeln, wie dies allerdings bei Klagen gegen einzelne gesetzwidrige Eindringlinge der Fall war. Endlich spricht alles dafür, daß das Gesetz selbst als ein neues, nicht wie man gemeint als die Wiederherstellung eines alten Solonischen, betrachtet werden muß. S. Hermann a. a. O. §. 118; Duncker, Gesch. des Alterthums 4, 235.

16) (S. 47). Plut. Per. 29; Cim. 16 (Stesimbrotos von Thasos, dem Diodor der Perieget widerspricht). Sinten. l. c. p. 204 f. p. 253. Vgl. Abschn. 11. Die Schrift des Stesimbrotos ist trotz neuester An- fechtungen entschieden ächt; ich werde anderwärts dies erhärten.

17) (S. 49). S. Grote 3, 332 f. Curtius 2, 282 f. Oncken 2, 131. 153. 162 f. Otf. Müller, de Phid. vit. l. c. p. 127. Der Müller'schen Zeitbestimmung folgt augenfällig auch Westf. b. Pauly R. E. 5, 1340. Die aus der Ausdrucksweise Plutarch's (Per. 17) resultirende Zeitbestimmung wird, was man übersehen zu haben scheint, schlagend erhärtet durch Plat. Menex. 13. p. 242, der als die ersten Folgen der „Eifersucht", d. h. nach Plutarch der „Beunruhigung" Spartas, die Kämpfe von 459 und die Schlacht von Tanagra setzt; mithin ist auch nach ihm der „Anfang" der Beunruhigung oder der Eifersucht Spartas vor den Kämpfen von 459 zu setzen. Andrerseits versteht es sich von selbst, daß der perikleische Einigungsversuch nicht vor dem Jahre 460 stattgefunden haben kann, da ihm nothwendig die Verbannung Kimons und die Entwicklung der im Text erwähnten Gründe zur Eifersucht Spartas (461) vorange- gangen sein mußte. — Daß die Verlegung der delischen Bundeskasse nach Athen 460 erfolgte (s. oben S. 52 f.), kann nach Justin. 3, 6 nicht be- zweifelt werden; denn er setzt sie ganz ausdrücklich, nicht nur nach dem

Bruche mit Sparta 462 61, sondern auch vor den Anhetzungen der Peloponnesier durch die Lacedämonier zum Kriege gegen Athen d. i. vor 459.
Köhler (Urkunden u. s. w. S. 102, vgl. S. 99) hat die letztere Zeitbestimmung ganz übersehen und hält daher ohne Bedenken die Zählungsepoche
der Quotenlisten, d. i. das Jahr 454/3 für das Jahr der Schatzverlegung.
Jene Zählungsepoche kann allerdings nicht durch die Einsetzung der
Dreißigmänner motivirt sein, auch wenn dieselbe gleichzeitig stattfand;
aber andrerseits beweist sie nichts weiter, als daß dem Akte der Schatzverlegung im J. 460 erst sechs Jahre später die förmliche Uebertragung der
religiösen Schirmherrschaft folgte, so daß von 454/3 ab die Weihquoten
der Steuern nicht mehr dem delischen Apollon, sondern der attischen
Burggöttin Athene dargebracht wurden; und damit trat naturgemäß eine
neue Zählungsepoche der Quotenlisten ein. — Daß die Verlegung des
Bundesschatzes nach Athen mit dem perikleischen Einigungsversuch in zeit-
licher und grundsätzlicher Verbindung stand, beweist die Angabe
des Ephoros bei Diod. 12, 38. Denn daß dieser Versuch ganz besonders
eine dauernde Organisirung der attischen Meeresherrschaft erstrebte, kann
nach dem Wortlaut der Propositionen (s. oben S. 53 f.) nicht bezweifelt
werden. Nun aber heißt es bei dem allzuknapp excerpirenden Diodor
ausdrücklich: „Als die Athener die Meeresherrschaft anstrebten,
verlegten sie den Bundesschatz von Delos nach Athen." Die Nachrichten
Plutarch's über den perikleischen Einigungsversuch, gleichwie die Nachrichten
Justin's (d. i. des Trogus Pompejus) über die Verlegung der Bundeskasse, waren allerdings ohne Zweifel ebenfalls im Ephoros enthalten
(Sauppe S. 35; Köhler S. 99); doch stammen dieselben ebenso sicher
wie die Reden des ältern Thukydides und des Perikles über den Bundesschatz b. Plut. Per. 12 aus dem Werke des Stesimbrotos über „Themistokles, Thukydides und Perikles", aus dem ja Plutarch ausdrücklich
auch andere Reden jener Zeit anführt (Per. 8. vgl. c. 28); Ephoros,
Theopomp und andere Secundärquellen konnten alles dies nur aus einer
Primärquelle, wie es Stesimbrotos war, entlehnen. Daß Thukydides so
wichtige Thatsachen wie die Schatzverlegung und den Einigungsversuch
in der Einleitung unerwähnt ließ, beweist nur, wie kritisch unzulässig
jedes Argumentiren e silentio ist. An Anspielungen auch auf diese wie
auf andere von ihm übergangene Thatsachen, oder an Voraussetzungen
derselben, fehlt es indeß in seiner Detaildarstellung der späteren Ereignisse
nicht. — Zu S. 52 (vgl. S. 48) bemerke ich noch: daß Ephialtes gegen
Ende des Jahres 460 ermordet ward, wird durch Diod. 11, 77 d. i. durch
Ephoros verbürgt (cf. Aristot. b. Plut. Per. 10 fin. u. Prodic. fragm.
b. Mullach, Fr. philos. gr. 2, 139); daß seine Recognoscirungsfahrt,
sowie die des Perikles, also ihr beiderseitiges Feldherrnamt, in das Jahr
461/0 fallen muß, geht aus Kallisthenes b. Plut. Cim. 13 hervor; Oncken
S. 153 setzt irrig das Feldherrnamt des Ephialtes in das Jahr 449/8,
als derselbe längst zu den Todten zählte.

18) (S. 65). Plut. Per. 10. Cim. 14. Ueber die Mißgunst des
Perikles gegen die Söhne Kimon's nach dem Tode des Letzteren (oben S.
67) s. Plut Per. 29.

19) (S. 79). Crater. b. Plut. Cim. 13. Diod. 12, 2—4. Aristod.
c. 13 (b. Müller, Fr. hist. gr. V., zuerst herausgegeben von Wescher,
Poliorcetica, 1867. Er erzählt die Ereignisse von Themistokles bis auf den
pelop. Krieg in kurzen Zügen und in meist richtiger chronologischer Folge).
Aus Aristodemos hat, wie sich nun ergiebt, Maxim. Planud. Schol. ad

Hermog. b. Walz, Rhet. Gr. 5, 388 wörtlich geschöpft. Vgl. oben S. 37. Eine kritische Begründung meiner Resultate behalte ich mir vor.

20) (S. 62). Plut. Per. 21. Aristod. 14 f.

21) (S. 85). Thuc. 1, 35. 144. 7, 18.

22) (S. 87). Daß er in dem Jahrzehnt vor seinem Tode Epimelet oder Finanzvorsteher war, bezeugt ausdrücklich Ephoros bei Diod. 12, 39; für die Jahre 460 ff. liegt dieß implicite in dem χρήματα φυλάττειν b. Diod. 12, 38; für die Zeit seit 444 verbürgt es Plut. Per. 15 (φόρους). Als Epistaten erwähnt ihn Philochoros zweimal, in Bezug auf die Zeit des Lyceumbaues und in Bezug auf die Zeit der Aufrichtung der Athenestatue im Parthenon (438/37); s. Philoch. fr. 91 u. 97 b. Müller, Fragm. hist. gr. I. Vgl. Böckh, St. H. 1, 222 ff. 2, 123.

23) (S. 88). Plut. Per. 20 fin. 21 init. 22 init., Reip. ger. praec. T. IX. ed. Reisk. p. 201.

24) (S. 89). Plut. Per. 11. Plin. H. N. 7, 57 fin. cf. Plut. Per. 27. Plin. 34, 8, 19. Schol. ad Aristoph. Acharn. v. 802. Diod. 12, 28. Sintenis l. c. p. 192 f.

25) (S. 90). Plut. Per. 13. Plat. Gorg. c. 10. p. 456. Harpocrat. in Διὰ μέσου τείχους. Aus dieser letztern Stelle folgt nur, daß die mittlere Mauer, weil sie zur Südseite des Piräeus auslief, später die südliche (nämlich die südliche piräische) genannt wurde, und die ursprünglich südliche nunmehr die phalerische.

26) (S. 91). Plut. Per. 8. Vgl. Cic. de orat. 2, 22. Brut. 7. Dagegen Quintil. 3, 1, 12.

27) (S. 92). Plut. Per. 15 fin. 16. Vgl. oben S. 13.

28) (S. 93). Plut. Per. 24. Plat. Protag. p. 314. Schol. ad Plat. ed. Bekk. p. 387.

29) (S. 93). Xenoph. Memorab. 1, 2. Pamphila b. Gell. 15, 17. Plut. Alcib. 1. Diod. 12, 38. Corn. Nep. Alcib. 2. Sinten. p. 275 ff. Die Bezeichnung des Perikles als Oheim ist ebenso ungenau wie die Bezeichnung des Alkibiades als Stiefsohn. Die letztere entstand vielleicht daher, daß Alkibiades nachmals die Tochter des Hipponikos, Hipparete, die Schwester des verschwenderischen Kallias, also des Stiefsohnes von Perikles, heirathete. Doch war Hipparete nicht eine Tochter der ersten Frau des Perikles aus ihrer Ehe mit Hipponikos, sondern diesem muß sie aus einer späteren Ehe geboren sein, da sie sonst beträchtlich älter gewesen wäre wie Alkibiades.

30) (S. 96). Vgl. Menagius, Hist. mulierum philosoph. p. 5 ff.; Le Conte de Bièvre, Hist. des deux Aspasies, Amsterd. 1737 (180 Seiten); Wieland, Aspasia, Werke Bd. 43. S. 47 ff.; Jacobs, Aspasia, Attisch. Mus. Bd. 3. S. 207—216; fast völlig unverändert wieder abgedruckt in den Vermischten Schriften Bd. 4. S. 379—397; Fr. v. Raumer, Perikles u. Aspasia, ein Vortrag, aus d. Pantheon bes. abgedruckt, Berlin 1810; Staël (Fr. v.), Aspasia, eine Charakterzeichnung, aus d. Französ., Paris u. Berlin 1811; Cobet, Prosopogr. Xen., Lugd. Batav. 1836. p. 73 ff.; Sintenis, l. c. p. 172 ff. 258; Pauly, Real-Encyclop. Bd. I. S. 866 ff. (von Jacobs, wie ausdrücklich im Art. Hetärai gesagt ist); 2. Auflage (1866) S. 1874 ff. (von West. revidirt, sehr unkritisch); Mähly, de Asp. Milesia, im Philologus 8. Jahrg. 1853. S. 213—230 (nimmt in gelehrter Form: jegliches Geklätsch für baare Münze); Capefigue, Aspasie et le siècle de Périclès, Paris 1862 (ebenso leichtgläubig als oberflächlich); Grote 3, 389—91; Curtius 2, 208 f.; Oncken 2, 92—96. Nachträglich schalte ich gern die Bemerkung ein, daß das eben (1873) erschienene Werk von Filleul (s. oben Anmerkg. 3) T. I. p. 378 ff.,

ganz wider mein Erwarten, zum erstenmal eine vollkommen richtige Würdigung der Aspasia vorträgt, im offenbaren Gegensatz zu Capefigue; doch ist das Quellenmaterial nicht erschöpft, und von eigentlicher Quellenkritik kaum die Rede. In Bezug auf die poetische Behandlung erwähne ich das neugriechische Drama von Ἰακωβάκης, τραγωδία Ἑλληνικὴ Ἀσπασία, Leipz. 1923. — Der alte echte Stamm der Ueberlieferung, wonach der Aspasia nicht der geringste sittliche Makel anhaftete, wird vertreten: 1) durch die Sokratiker Aeschines und Antisthenes, deren jeder einen Dialog unter dem Titel „Aspasia" schrieb; die daraus erhaltenen wenigen Fragmente müssen als die lauterste zeitgenössische Quelle die Grundlage jeder Untersuchung bilden; freilich mit Beseitigung der mehrfach eingeschlichenen Mißverständnisse. So ist z. B. zu beachten, daß bei Athen. 5 p. 220 das Urtheil aus dem Dialog des Aeschines: „Die Jonischen Weiber sind insgesammt Ehebrecherinnen und Koketten", natürlich eine Aeußerung des Gegensprechers ist. 2) Durch die Sokratiker Xenophon und Platon in ihren noch vorhandenen und unten citirten Schriften. Diesen vier Primärquellen schließen sich unter den abgeleiteten namentlich an: die Schol. ad Platon. Menex. ed. Bekk. p. 291; die Schol. ad Aristoph. Acharn. v. 527; Harpocrat. v. Ἀσπασία; später Aristid. p. 127 (212), p. 131 (217 f.); Georg. Syncell. u. A. Das junge Pfropfreis der Fälschungen dagegen, das erst seit dem ersten und zweiten Jahrhundert nach Chr. nachweisbar ist, und wodurch Aspasia zu einem sittlich verworfenen Geschöpf umgestempelt wurde, wird namentlich vertreten durch den jüngern oder einen pseudonymen Heraklides Pontikos, durch Lucian und Alkiphron; später durch Maximus Planudes u. A. Beide Standpunkte, d. h. die der echten und der gefälschten Ueberlieferung, werden — was eben nur seit dem ersten Jahrhundert nach Chr. möglich wurde — mit einander verquickt bei Plut. Per. 24 f., bei Athen. a. v. O., in den Schol. ad Aristid. p. 469 ed. Dind. (p. 173 ed. Frommel), bei Suidas Ἀσπασία und Ἀσπασίαι, u. A. Alle nachchristlichen Angaben, wie sich hieraus ergiebt, müssen mit äußerster Vorsicht behandelt werden, weil sie aus den verschiedensten lauteren und unlauteren Zeugnissen bunt zusammengewürfelt sind.

· 31) (S. 97). Ausgangspunkte der Entstellung: Kratinos und Eupolis b. Plut. Per. 24, und Aristoph. Acharn. v. 527. Auf die nähere Erörterung muß ich der Raumersparniß halber verzichten.

32) (S. 101). Lucian. Imagg. c. 17, nach Aeschines.

33) (S. 101). S. namentlich Plat. Menex. c. 3. c. 4. Vgl. Schol. ad Plat. l. c. p. 391: παρὰ Σωκράτει πεφιλοσοφηκυῖα, ὡς Ἀιόδωρος ἐν τῷ περὶ Μιλήτου συγγράμματι φησίν. Athen. 5 p. 219: ἡ σοφὴ τοῦ Σωκράτους διδάσκαλος τῶν ῥητορικῶν λόγων. Hermesianax b. Athen. 13 p. 599.

34) (S. 104). Aeschin. b. Cic. Rhet. oder de Invent. 1, 31. Vgl. Quintil. 5, 11, 27 ff.

35) (S. 105). Xenoph. Memorab. 2, 6. v. fin. Oeconom. c. 3. v. fin.

36) (S. 105). Schol. ad Plat. l. c. αὕτη Ἀξιόχου, Μιλησία, γυνὴ Περικλέους. Schol. ad Aristoph. Acharn. v. 527: γαμετή. Plut. Per. c. 24: τὴν Ἀσπ. λαβών. Suid. l. c. γαμετὴ αὐτοῦ γέγονεν. Georg. Syncell. ed. Bonn. 1, 482: γαμετὴ αὐτοῦ.

37) (S. 106). Antisthenes der Sokratiker b. Athen. 13 p. 589. Plut. l. c.

38) (S. 106). So ist es zu verstehen, wenn sie eine Lehrerin des

Perikles, zumal in der Redekunst, genannt wird. Plat. Menex. c. 3. Aeschines der Sokratiker, im Dialog Kallias, s. Schol. ad Plat. l. c. Vgl. Philostrat. ed. Kayser p. 364, 11. Harpocrat. und aus ihm Suid. ll. cc.

39) (S. 107). S. Athen. 5 p. 219 f. Die von dem Kratetier He‍robilos angeführten Verse der Aspasia sind anerkannt unächt, wie Athenäos auch selber andeutet; dennoch aber bezeichnet er darauf hin die Aspasia als „Liebeslehrerin." Vgl. Maxim. Tyr. 38, 4. p. 225. Synes. Dion. p. 59 (ed. Petav.).

40) (S. 107). Daß ein förmliches Gesetz die Freiheit der Komödie garantirt habe, wie zuerst Cic. de rep. 4, 10 und de orat. 3, 34, dann Themist. Or. 8 p. 110 angiebt, und auch Meineke, Fragm. Comic. gr. I, 39 noch annimmt, ist nicht denkbar, so lange diese Freiheit nicht angefochten ward. S. Th. Bergk, Ueber die Beschränkungen der Freiheit der ältern Komödie zu Athen, in meiner Zeitschr. f. Geschichte Br. II. 1844. S. 198 ff.

41) (S. 107). So die Komiker Kratinos, Eupolis, Teleklcides u. a. bei Plut. Per. c. 3. 16.

42) (S. 107). Die Komiker bei Plut. Per. 24. Schol. ad Plat. l. c.

43) (S. 108). Plut. Per. 8. Cic. de off. 1, 40. Valer. Max. 4, 3 ext. 1 und auch bei anderen Auteren.

44) (S. 108). Das Fragment des Komikers Teleklcides bei Athen. 10 p. 436 fin., worin es heißt: „Perikles liebe die Chrysilla", ist natürlich nur ein schlechter, auf einer Art Wortspiel beruhender Witz. Man hat mit Athenäos angenommen: Perikles habe die korinthische Hetäre dieses Namens geliebt und sei so der Nebenbuhler des Jon von Chios geworden. Und daraus hat man dann, wunderlich genug, die Feindschaft des Letzteren gegen Perikles erklärt, die selbstverständlich rein politisch-particularistischer Natur war, gleichwie bei Stesimbrotos von Thasos. Teleklcides aber, indem er jene scheinbare Anspielung auf die Hetäre Chrysilla machte, wollte damit in Wahrheit nur eine Anspielung auf die Gold- und Geldunter‍schleife machen, deren Perikles zur Zeit der Processe gegen ihn selber und gegen Phidias fälschlich beschuldigt wurde. Wie die Komiker behag‍lich die sogenannten „nothwendigen Ausgaben" (τὸ δέον) des perikleischen Budgets bewitzelten: so Teleklcides an jener Stelle des Perikles vermeint‍liche „Liebe zum Goldchen". Dahin geht auch die Meinung von Welcker, Die gr. Tragöd. S. 941. Vgl. Meineke, Fr. comic. gr. 1, 89. 2, 367. fr. 4. Ich mache auf eine Analogie aufmerksam. Aristot. Rhet. 3, 2 bemerkt: „Aristophanes in den Babyloniern sagt spottend Goldchen (χρυσίδιον) statt Gold." — Die Hetären, die sich nach dem Samier Alexis bei Athen. p. 572 fin. dem Troß der samischen Expedition des Perikles anschlossen, standen selbstverständlich, und wie auch aus der Stelle deut‍lich folgt, nur in Beziehung zu den Mannschaften.

45) (S. 108). Athen. 13 p. 569. Plut. Per. 13. 32. 36.

46) (S. 109). Athen. l. c. ἀνὴρ πρὸς ἀφροδίσια πάνυ καταγερής.

47) (S. 109). Meineke, Fr. comic. gr. 1, 51—109.

48) (S. 110). Xenoph. de rep. Athen. c. 2. Die Schrift gehört ohne Zweifel der Zeit an, erschien aber wahrscheinlich anonym und wurde später fälschlich dem Xenophon zugeschrieben, mit dessen ganzer Sinnes‍richtung sie in vielen Punkten im allerschroffsten Widerspruch steht.

49) (S. 111). Bergk a. a. O. S. Anmerkg. 40.

50) (S. 112). Schol. ad Aristoph. Acharn. v. 65 ff. Vergl. S. 201 ff.

51) (S. 113). Schol. ad Aristoph. l. c. Auf diesen Gesetzgebungs‍akt des Jahres 437 sind die Angaben von Cicero und Themistius (s.

Anmerkg. 40) zurückzuführen. Daß Perikles der Urheber desselben war, wird zwar nicht ausdrücklich gesagt, liegt aber in der Natur der Umstände, da im J. 437 sicher in dieser Frage nichts ohne seinen Willen geschehen konnte. Dahin geht auch Bergk's Meinung S. 203.

52) (S. 113). Die Freiheit der Komödie bestand von 437 bis 415 ungeschmälert fort; dann wurde sie zwar neuerdings beschränkt, aber diese Beschränkung nach dem Sturz des oligarchischen Regimentes, 411, jedenfalls wieder aufgehoben; erst seit der Fesselung, die sie 405/4 erlitt, kam die alte Komödie nicht wieder zu Kräften. Vgl. Meineke, Fr. comic. gr. 1, 41 ff.

53) (S. 113). Plut. Per. 16 u. 24.

54) (S. 114). Plat. Phaedr. c. 54. Xenoph Memorab. 1, 2, 46. Plut. Per. 6. 8 init. 35. Valer. Maxim. 8, 11 ext. 1. Ueber das ernste Wesen des Anaxagoras s. Aelian. V. H. 8, 13.

55) (S. 115). Plut. Per. 5 fin. Schol. ad Plat. ed. Bekk. p. 387.

56) (S. 115). Plut. Per. 36. Consolatio ad Apollon. c. 33. ed. Reisk. T. VI. p. 450 f. Hier berichtet Protagoras über den Tod der beiden Söhne des Perikles im J. 430, und über des Letztern Verhalten dabei; die Stelle belegt seine Intimität mit Perikles und dessen Hause. Platon in seinem „Protagoras“ setzt zur Zeit dieses Dialogs sowohl Perikles wie dessen Söhne noch als lebend voraus. Vgl. Plat. Cratyl. p. 385 f., Theaet. p. 152. 160 f. 171. 178. Aristot. Rhet. 2, 5. Timon Phlias. v. 45 b. Mullach, Frag. philos. gr. 1, 87 (bekräftigt das gesellige Unterhaltungstalent des Protagoras). Cic. Brut. 8.

57) (S. 116). Vgl. Cic. de off. 1, 30.

58) (S. 117). Herod. 6, 131. Er zuerst erzählt, und wie wenn er damit eine neue Epoche markiren will: „Agariste träumte, sie gebäre einen Löwen, und nach wenigen Tagen gebar sie den Perikles.“ Mit diesem Effectsatz kehrt er zu dem abgebrochenen Faden der früheren Geschichte zurück.

59) (S. 118). Athen. p. 603.

60) (S. 119). Nicht Weiberhasser. Athen. p. 557. 582. 603.

61) (S. 120). Plut. Per. 6. Reip. gerend. praecept. ed. Reisk. T. IX. p. 237. Diod. 12, 10. Schol. ad Aristoph. a. v. O.

62) (S. 123). Plut. Per. 13. Vgl. Otf. Müller, Archäol. 83 und a. a. O. Brunn, Gesch. der griech. Künstler Th. I. 1853, Th. II. 1859.

63) (S. 126). Hauptquelle: Pausanias 1, 2 ff. Gesammturtheile: Isocrat. περὶ ἀντιδόσ. 234. 299. Πανηγυρ. c. 10 ff. Demosth. Ὀλυνϑ. γ̄. 21 ff. περὶ συντάξ. 26 ff. Plut. Per. 12 und 13. Vgl. Bursian, Geogr. v. Griechenl. 1, 271 ff. Derselbe, de foro Athenarum disput. Turici 1865, u. b. Pauly, R. E. Th. I. 2. Aufl. Art. Athenae. Curtius, Sieben Karten z. Topogr. v. Athen, 1868. Ferner Otf. Müller, de Phidiae vita u. Archäol. der Kunst; Kugler, Handb. der Kunstgesch., 3. Aufl. Bd. I. und Gesch. der Baukunst Bd. I.; sowie die Werke von Schnaase (Gesch. der bildenden Künste), von Lübke (Gesch. der Architektur, Gesch. der Plastik) und Overbeck (Gesch. der griech. Plastik).

64) (S. 126). Vgl. Thuc. 2, 13. Plat. 1 Alcib. p. 104.

65) (S. 127). Schol. Aristoph Acharn. v. 548.

66) (S. 132). Kugler, Handb. der Kunstgesch. 3. Aufl. Bd. I. S. 131, und Gesch. der Baukunst Bd. I. (1856) S. 198 f. 218. 224. 231. 239. 242. Pauly, R. E. Art. Parthenon. Vgl. Vitruv. 3, 3 (3, 4, 5). Bötticher's Einspruch (Unters. auf d. Akrop. 1863) überzeugt nicht.

67) (S. 134) Plut. Per. 13. Plat. Jon p. 530. Lysias ἀπολ.

Ἱερόδ. 2. Vgl. Aristoph. Acharn. v. 501 ff. Schol. in Demosth. p. 124, 13 sqq. ed. Beiter et Sauppe.

68) (S. 140). Leake, Topogr. v. Athen 331 ff. Heliodor bei Harpocrat. s. v. προπύλαια. Die Kostenangabe bezieht sich ausdrücklich nur auf die Propyläen; überdies stand sie im „ersten" der 15 Bücher über die Akropolis, das naturgemäß sich zunächst mit den Propyläen beschäftigen mußte. Die Stellen bei Suid. und Phot. haben, da sie bloße Abschreibereien sind, nur in sofern einen Werth, als sie den Text des Harpokration bestätigen. Ueber das Folgende vgl. Xenoph. Anab. 7, 1, 27. Thuc. 2, 13. Diod. 12, 38. Böckh, St. H. 1, 574. 583 f. Ueber die Selbstrechtfertigung des Perikles Plut. Per. 12. Ueber Demetrios von Phaleron Cic. de off. 2, 17. Eingehendere Berechnungen der Baukosten und der Finanzen überhaupt behalte ich mir für einen andern Ort vor.

69) (S. 143). Rangabé, Antiqq. Hell. 1, 276 ff. 289 ff. 308 ff. Böckh, St. H. 2, 369 ff. gelangt S. 663 zu einer Gesammtzahl von 267 bis 334 Staaten oder Städten. Köhler, Urkunden u. s. w. S. 110 zählt 287 sichere und nur „wenige" schwebende Namen. Der Ausspruch des Perikles bei Aristot. Rhet. 3, 4.

70) (S. 149). Thuc. 1, 115 ff. vgl. 8, 76. Diod. 12. 27 f. Plut. Per. 24 init. 25 ff. Androtion b. Schol. Aristid p. 485 ed Dind., p. 182 ed. Frommel (bei Müller, Fr. hist. gr. I. fehlt dies Fragment). Schol. Aristoph. Vesp. 283, wonach die ganze samische Angelegenheit unter den Archonten Timokles und Morichides, d. i. 440 und 439, sich abspann. Ueber die Förmlichkeiten einer solchen Leichenfeier s. Thuc. 2, 34. In Betreff der Fragmente f. Stesimbr. b. Plut. Per. 8 fin. und Aristot. Rhet. 3, 10. Auf Grund der ersten Expedition hatten die Samier 80 Talente Strafe und Ersatz zu zahlen nach Diod. 12, 27. Für die zweite mußten sie nach Thuc. 1, 117 die sämmtlichen Kosten in Ratenzahlungen tragen. Wenn Diod. 12, 28 sie nur 200 Talente zahlen läßt, so ist damit wohl nur die erste Rate gemeint. Denn die Gesammtkosten betrugen nach Isocrat. περὶ ἀντιδόσ. §. 111 (p. 69) 1000, nach Cornel. Nep. Timoth. c. 1 aber 1200 Talente.

71) (S. 150). Herod. 1, 170.

72) (S. 150). Aristot. in Bekk. Anecd. p. 436, 1 hebt ausdrücklich die Vertragsmäßigkeit dieses Gerichtszwanges hervor. Nach Thuc. 8, 48 erblickten die Unterthanenstädte in demselben eine Bürgschaft. Vgl. außerdem Grote a. a. O. S. 341 ff. Oncken S. 110 ff.

73) (S. 151). Plut. Per. 12. Vgl. für das Folgende ib. 11. Diod. 12, 10.

74) (S. 152). Plut. Per. 15 u. 16.

75) (S. 153). Ib. 5. 7. 9. 12. 22—24. 29.

76) (S. 155). Ib. 16. 36.

77) (S. 157). Thuc. 1, 35. 44 ff. 139. 82 ff. Plut. Per. 29 ff. Inschrift bei Rangabé, Antiq. Hell. I. n. 115. p. 169 ff.

78) (S. 155). Thuc. 1, 126 ff. 135. 139. Plut. Per. 33.

79) (S. 158). Daß die Processe des Anaxagoras, des Phidias und der Aspasia in oder um 432 fallen und dem Verfahren gegen Perikles voraufgingen, ist vollkommen gewiß.

80) (S. 161). Diod. 12, 39. Plut. Per. 6. 32. Nic. 23. De exil. 18. De profect. in virt. 15. Diog. Laërt. 2, 11 ff. Xenoph. Mem. 4, 7, 6 f. Liban. Apolog. Socrat. p. 679 ed. Morell. Vgl. Bergk. a. a. O., bes. S. 204. Zeller, Philos. der Griech. 2. Ausg. 1, 663 ff. Schwer begreiflich ist übrigens, bei den zweifellosen Zeugnissen hierüber, daß Zeller den Verkehr des Sokrates mit Anaxagoras anzweifelt.

81) (S. 162). Plut. Per. 31. De vitando aere alieno, ed. Reisk. T. IX. p. 292. Diod. 12, 39. Vgl. Otf. Müller, de Phidiae vita l. c. p. 152 f. Pauly R. E. Art. Phidias. Brunn a. a. O. 1, 166 ff.

82) (S. 163). Aeschin. b. Plut. Per. 32 u. b. Athen. p. 589. Schol. ad Aristoph. Equit. v. 969. Auf diesen Proceß spielt ohne Zweifel das wunderliche rhetorische Declamationsthema an, das der Anonym. Schol. ad Hermog. b. Walz, Rhet. Gr. 7, 165 vorbringt: „Wie wenn ein Vorbellwirth, der den Vorbellbirnen die Namen der Musen beilegt, der Asebeia beschuldigt wird. Wie wenn Perikles, weil er den Dienerinnen die Namen der Musen beilegt, der Götterverachtung beschuldigt wird" (οἷον Περικλῆς ταῖς θεραπαίναις τὰ τῶν Μουσῶν ὀνόματα ἐπιθεὶς κρίνεται ἀσεβείας).

83) (S. 168). Plut. Per. 23. 32. Alcib. 7. De Herod. malign. ed. Reisk. T. IX. p. 397 f. Ephor. b. Diod. 12, 38 f. (fr. 118 f. b. Marx, fr. 119 b. Müller 1, 266). Aristoph. Nub. 855 ff., Acharn. 512, Pax 587 ff. 605 ff., und die Scholien zu diesen Stellen des Dichters. Vgl. Valer. Max. 3, 1 ext. Aristid. II. p. 244 ed. Jebb. (401 f.). Schol. Aristid. p. 267 ed. Frommel (p. 691 ed. Dind.). Suid. v. δέον. Sinten. l. c. p. 169 f. — Böckh, St. H. 1, 274 f. nimmt eine allgemeine Rechenschaftsforderung an, obwohl dies mit seinen eigenen Theorien wenig vereinbar ist. Ebenso Curtius 2, 317. 333 f. Auf das δέον bezieht sie Oncken S. 67 ff. vgl. 172 (die Meinung, daß das Epimeletenamt des Perikles durch „keine ausdrückliche Quellenangabe erhärtet" sei, ist schon im Hinblick auf Ephoros bei Diod. 12, 39 irrig). In Betreff der einschlägigen Finanzverhältnisse f. Böckh, St. H. 1, 222—277. 2, 123. 338 f. Er stimmt übrigens unbegreiflicherweise ziemlich unverhohlen gegen Perikles in den Vorwurf der „Verschwendung" und selbst des Mangels an „Uneigennützigkeit" ein (1, 242. 275). Ueber die Rechtschaffenheit des Perikles f. u. A. Thuc. 2, 56. 65. (cl. 60). Plut. Per. 15. 16. 25. 35. 37. Ueber Alkibiades ist die originale Tradition in den Quellen bei Plut. Alcib. 7 zu suchen; die Quelle des Valer. Max. hat wenigstens die Anlässe und Zeitpunkte noch nicht absolut vermengt (er bezeichnet sogar den Alkibiades als adhuc puer); wohl aber schon Ephoros, falls Diodor ihn treu wiedergiebt. Die Erzählung des Letztern ist oft wiederholt worden, auch noch von Maxim. Planud. in Rhet. Gr. ed. Walz 5, 270, und von dem Anonym. Schol. ad Hermog. ib. 7, 254. Auf Grund der Gerüchte, daß Plistoanax und Kleandridas im J. 446 von Perikles bestochen und dadurch zur Umkehr bestimmt worden seien, wurden beide in Sparta verurtheilt; der erstere entzog sich der Geldstrafe durch ein freiwilliges Exil in Arkadien; der andere kam der Todesstrafe durch die Flucht nach Thurioi zuvor. Wann diese Processe in Sparta stattfanden, habe ich nicht constatiren können. Nach Plut. Per. 22 sollte man voraussetzen, daß es schon im J. 445 geschah; aber damals war Thurioi noch nicht einmal gegründet, und überdies der Sohn des Plistoanax, Pausanias, noch nicht geboren; denn 427 erscheint dieser noch bei Thuc. 3, 26 als unmündig, und doch zugleich als König, was er, im Exil geboren, nicht hätte sein können. Auf die Angabe, daß Plistoanax 19 Jahre (445—426) im Exil gelebt, ist natürlich nichts zu geben; es ist ein nachträgliches Rechenexempel; weder Thukydides (vgl. noch 2, 21 u. 5, 16), noch die Quellen Plutarch's und Diodor's (13, 106) geben die Zahl an.

84) (S. 169). Thuc. 1, 140. 144 f. 2, 8. 4, 85. 108. 7, 18.

85) (S. 170). Justin. 3, 7. Polyaen. 1, 36. Pollux Onom. 3, 60.

86) (S. 170). Thuc. 2, 28. Plut. Per. 35. Heis, Wochenschrift
f. Astron. 1870 Nr. 15, vom 13. April, S. 114. Bei Plutarch ist die Finsterniß
irrthümlich in das Jahr 430 gesetzt, in welchem sich, wie mich Heis auch
brieflich vergewissert hat, „keine für Attika sichtbare Finsterniß" ereignete.
Das Auftreten des Perikles bei dem Anlaß erzählt auch Valer. Maxim.
8, 11 ext. 1.

87) (S. 171). Thuc. 2, 35 ff. Platon. Menex, c. 3. 4. Ich lasse es
unerörtert, inwiefern etwa die angebliche Rede der Aspasia bei Platon
eine versteckte Kritik der Rede des Perikles sein soll. Diese, in der Gestalt wie sie Thukydides wiedergiebt, kann natürlich nicht in jedem Worte
auf Authenticität Anspruch machen.

88) (S. 171). Thuc. 2, 60 f. Dionys. Halic. de Thucydid. judic.
c. 44. p. 924.

89) (S. 172). Thuc. 2, 65. Plut. Per. 35 (giebt die Buße auf
15 bis 50 Talente an; zu seinen Quellen gehören hier auch Idomeneus,
Theophrast und Heraklides Pontikos der Aeltere). Plut. Aristid. 26.
Diod. 12, 45 (50 Talente). Plat. Gorg. c. 71. p. 515. Pseudo-Demosth.
c. Aristogit. 2, 6 ff. p. 502 (50 Tal.). Aristid. II. p. 244 (401 f.); er
polemisirt entschieden und mit Recht gegen Platon; von einer Verurtheilung wegen „Unterschleife" und „Veruntreuung" kann in der That nicht
die Rede sein. Schol. Aristid. p. 267 ed. Fromm., p. 691 ed. Dind.;
Liban. Apol. Demosth. p. 452 ed. Morell. u. Hyperid. pro Demosth.
p. 473 ed. Morell.; Sopat. in Rhet. Gr ed. Walz 5, 53 f. (der den
Archidamos statt des Plistoanax als den von Perikles Bestochenen bezeichnet). Vgl. oben Anmerkg. 83. Ueber Simmias f. Plut. reip. ger.
pr. p. 805.

90) (S. 172). Plut. Per. 36. Protag. b. Plut. Consol. ad Apollon. 33,
ed. Reisk. VI. p. 450 f. Aelian. V. H, 9, 6. Valer. Max. 5, 10 ext. 1.

91) (S. 174). Thuc. 2, 65. Plut. Per. 37. Platon. Alcib. 1.
p. 104. Liban. Apolog. Socrat. p. 680. ed. Morell.

92) (S. 174). Plut. Per. 38; Apophth. ed. Reisk. VI. p. 707; u.
De sui laude ib. VIII. p. 147 f. Daß er nicht von der Pest ergriffen
ward, sagt Maxim. Tyr. 13, 4 ausdrücklich ($\check{a}νοσος$ $καὶ$ $ὑγιὴς$ $μένων$ . . .
$ἀντετάττετο$ $τῷ$ $λοιμῷ$); Plutarch drückt sich unbestimmter aus.

93) (S. 175). Thuc. 2, 65.

94) (S. 176). Thuc. 2, 65. Plut. Per. 39. Auch Maxim. Tyr.
l. c. sagt: Perikles sei gewesen $οἷον$ $ψυχὴ$ $πόλεως$.

95) (S. 177). Nach Cic. de finib. 5, 2, 5 lag das Grab am Wege
nach Phaleron zu rechter Hand.

96) (S. 178). Plut. Per. 24. Schol. in Plat. ed. Bekk. p. 391.
(Auf eine Kritik des entstellten und falsch geänderten Textes kann ich
hier nicht eingehen. Die Worte des Komikers Platon dürften dem Wesen
nach dahin gelautet haben: $Ἀσπασία$ $αὐτὸν$, i. e. $Λυσικλέα$, $δεινότατον$
$ἐποίησεν$ $ῥήτορα$, $ἐκ$ $δὲ$ $τούτου$ $πορνιστὴν$ $ἔσχε$.) Vgl. Schol. in
Aristoph. Equit. v. 132. Harpocrat. v. $Ἀσπασία$. Ueber die Behörde
der Poristen f. Herrmann St. A. §. 151. n. 12; Böckh, St. H. 1, 225.

97) (S. 179). Xenoph. Hellen. 6, 24. Diod. 13, 101. Plut.
Per. 37.

Anmerkungen zum Nika=Aufstand.

1) Anthol. lib. 5 p. 394 ed. II. Stephan. Cedren. hist. comp. p. 648 ed. Bonn.

2) Ammian. Marcellin. 14, 1, 9.

3) Sie hießen vorzugsweise ϑυρα.

4) Du Cange, Constantinopolis christ. in Hist. byz. duplici comment. illustr. 1680. Gyll. de Constantinop. topogr. 1632. Banduri Imp. orient. 1711. Daselbst p. 664 Plan der Circusreste im 14. Jahrhundert.

5) Agath. 5, 21. p. 324 ed. Bonn.

6) L. 5. C. de summa trinitate. Bei angesehenen Kirchenhistorikern unserer Zeit finde ich es nicht erwähnt. Vgl. Hist. arcan. c. 13.

7) Marcellin. Com. chron. ad. ann. Justinian. 1.

8) Zonar. 14, 6. ed. Du Cange II. p. 61.

9) L. 23. C. de nupt. — Nov. 5. tit. 1: Reverendissima Justiniani a Deo data conjux. Hist. arcan. c. 4. 9. 15. Daß dies Buch von einem Augenzeugen und Sachkenner herrührt, ist nicht zu bezweifeln; es enthält sehr viel Beglaubigtes und Glaubwürdiges; allein der pamphlet= artige und übertreibende Ton stimmt nicht mit der Weise Prokop's. Nach c. 3. schmachtete in einem der Kerker Theodosius, mit dem Halse an einer Krippe so knapp festgeschnürt, daß er sich nicht zu regen vermochte. Nach c. 4. kam eines der Gefängnisse, wohin man nur durch viele Umwege gelangte, der Hölle gleich. Das Dingen von Meuchelmördern war so üblich, daß Belisar in steter Furcht vor ihnen lebte.

10) Procop. bell. Pers. p. 121 sq. 130. ed. Bonn.

11) παρεδρος. Procop. l. c p. 121 sq. 129.

12) Priscian. panegyr. in Anast. imp. v. 11 sqq.

13) Chron. Pasch. p. 609 ed. Bonn.

14) Du Cange, famil. byz. p. 87.

15) Marcellin. Com. ad ann. Justinian. 5. Du Cange l. c. 86.

16) Priscian. v. 298 sqq.

17) Theophan. p. 274 ed. Bonn. Procop. l. c. p. 51 sq.

18) Procop. l. c. p. 124.

19) Chron. Pasch. p. 624. Alemann. in Hist. arcan. not. p. 448 ed. Bonn.

20) Joh. Carpath. Episcop. bei Du Cange not. hist. in Zonar. p. 56; der Pompios daselbst ist wohl Pompejus. Chron. Pasch. p. 609.

21) Theophan. p. 243. Du Cange, famil. byz. p. 86.

22) Procop. l. c. p. 57.

23) vincas; βιγχας, νιχα. Auch bei Lebehochs üblich. Die Byzan= tiner brauchten die lateinische Form fast häufiger bei ihren Acclamationen als das griechische Wort.

24) Procop. bell. Pers. p. 119 sq.

25) Auch von Willen, Ueber die Partheien der Rennbahn, vor= nehmlich im byzant. Kaiserthum. Abhandl. der kgl. Akad. der Wissensch. zu Berlin, aus d. J. 1827. Berlin 1830. Hist. philol. Klasse. S. 217 ff. (Zugleich im Histor. Taschenb. 1830. S. 295 ff.).

26) Hist. arcan. c. 7. 18. 9. Theophan. p. 375. Agath. p. 307. 321.

27) Hist. arcan. c. 11. Die entschiedenste Richtung des Arianismus vertraten die Eunomianer (ib. c. 1).

28) Z. B. Neander und Gieseler.

29) Chron. Pasch. p. 629.

30) ἕνα τῆς ὁμοουσίου τριάδος; unum ex trinitate. L. 6. C. de summa trinit. Chron. Pasch. p. 632. Gieseler, Kirchengesch. 3. Aufl. I. 638. d.

31) εἰς ἕνα βαπτίζεσθαι. Theophan. p. 280.

32) θεὸν σταυρωθέντα.

33) Chron. Pasch. p. 629.

34) θεοτόκος.

35) Theophan. l. c. Die Ausleger haben diese Losung freilich sehr aprosdionysisch erklärt. Auch Wilken (a. a. O.) S. 228 u. 233 geht in der Irre. Gibbon, hist. of the decline and fall of the Rom. Emp. Vol. VII. Lipsick 1829. p. 71 ahnt das Richtige: A secret attachment to the family or sect of Anastasius was imputed to the greens; the blues were zealously devoted to the cause of orthodoxy and Justinian.

36) Schol. ined. bei Alemann in Hist. aroan. not. p. 368.

37) Theophan. p. 243.

38) Von den folgenden Ereignissen ist mir keine einläßliche Darstellung in neueren Sprachen bekannt. Ludewig (Vita Justiniani etc.) fertigt sie in einer kurzen Anmerkung ab (p. 174); Wilken widmet ihnen eine Seite (a. a O. S. 233); Gibbon in der kleinsten Octavausgabe fünf bis sechs (p. 74—79). Die Zeitfolge ist vollends nirgend berücksichtigt worden; ich glaube, daß es mir gelungen, sie mit Zuverlässigkeit wiederherzustellen. Nur über die Ausdehnung der Feuersbrünste an den einzelnen Tagen bleibt hie und da ein Zweifel übrig.

39) Malal. p. 474 ed. Bonn.

40) Theophan. p. 281, wo ich mit Alemann. lese εἰκοστὸς ἕκτος.

41) Vgl. Constantin. Porphyrogenit. de cerim. I. p. 284—349 ed. Bonn. Malal. l. c. (μετὰ τρεῖς ἡμέρας) giebt den chronologischen Anhalt.

42) L. 3. C. de offic. rectoris prov.

43) Theophan. p. 279 sqq. cl. Chron. Pasch. p. 620. Es ist zu beachten, daß im römischen und im byzantinischen Reich alles, was der Kaiser sprach und was zu ihm gesprochen wurde, protokollirt ward. Das Obige ist aus einem Protokoll entlehnt, betitelt: Ἄκτα διὰ Καλοπόδιον τὸν κουβικουλάριον καὶ σπαθάριον.

44) Nach Malalas müßte man den 11ten annehmen. Dagegen aber spricht schon die Heiligkeit des Sonntags. Auch war der Irrthum leicht möglich, das Datum des Vorangegangenen auf das Nächstfolgende mitzubeziehen. Endlich wäre bei jener Annahme der Montag ruhig vorübergegangen, was eine innere Unmöglichkeit ist.

45) Malal. p. 473. Theophan. p. 283.

46) Procop. bell. Pers. p. 120. cl. 122. Theophan. p. 282.

47) Theophan. p. 283. Malal. p. 474. Procop. p. 121. Daß damals schon der Erzhof des Palastes und die Sophienkirche vom Brande erreicht worden sei, ist nicht nur topographisch unglaublich, sondern widerspricht auch dem historischen Verlauf und den bestimmteren Angaben des Chron. Pasch.

48) Procop. p. 126 sq.

49) Malal. p. 475. Procop. p. 123. Chron. Pasch. p. 620 sq.

50) Mervellin. Com. ad ann. Justinian. 5.

51) Chron. Pasch. p. 621 sq. Procop. p. 121. Malal. p. 475. Cedren. p. 647.

52) Theophan. p. 284. Chron. Pasch. p. 622.

53) Du Cange, Constantinop. christ. p. 152 sq. scheint beide zu verwechseln und topographisch zu identificiren.

54) Chron. Pasch. u. Theophan. II. cc. Cedren. p. 647 sq.

55) Procop. p. 126.

56) Chron. Pasch. l. c.

57) Zonar. II. p. 61 sq. ed. Du Cange. Chron. Pasch. p. 622 sq: ἐφόνευον τοὺς ἀνθρώπους καὶ ἔσυρον αὐτοὺς καὶ ἔβαλλον εἰς θάλασσαν ὡς παραχεχωτάς. Dindorf hat die seltsame Interpolation οἱ δῆμοι hinter ἐφόνευον in den Text aufgenommen, wodurch statt der „Soldaten" die „Volksparteien" zu Thätern werden. Sie verräth sich als solche im Zusammenhang auf den ersten Blick; selbst wenn man zu bequem ist, um den Zonaras damit zu vergleichen. Uebrigens ist ihre Tendenz, die Rohheiten des Militärs dem Volk aufzubürden, ungemein charakteristisch für den Kautz, der sie ersann.

58) Zonar. l. c.

59) ἀπονύχιον. Chron. Pasch. p. 623.

60) Zonar. p. 62. Malal. p. 475.

61) συγχωρῶ ὑμῖν τὸ πταῖσμα τοῦτο καὶ οὐ κελεύω τινὰ ἐξ ὑμῶν συσχεθῆναι, ἀλλ' ἡσυχάσατε. Chron. Pasch.

62) Chron. Pasch. p. 624. Der Zuruf σγαίδαρι, wofür Du Cange γαίδαρε liest, erscheint ebenso bedenklich wie die Erklärung durch „Esel". Man möchte glauben, daß es sich hier um eine byzantinische Verstümmelung des lateinischen garrulus „Schwätzer" oder scurra, scurrula „Possenspieler" handelt. Beides wäre dem Zusammenhange eher angemessen und entspräche dem römelnden Kauderwelsch der byzantinischen Griechen. Daß der Verfasser der Hist. arcana den Justinian mit einem Esel vergleicht (c. 8 init.), ist ein rein gelegentliches und subjectives Urtheil, und kann um so weniger zur Deutung herbeigezogen werden, als dabei der Ausdruck ὄνος gebraucht wird.

63) Zonar. l. c.

64) Chron. Pasch. p. 624. Procop. l. c. p. 123. Hieraus, und mit Rücksicht auf das folgende τῇ δὲ ὑστεραίᾳ, geht hervor, daß der entscheidende Tag der 19te war und nicht der 18te, wie das Chron. Pasch. annimmt; daß mithin alle weiteren Tagesangaben des Letzteren falsch sind, d. h. immer um einen Tag hinter der Wirklichkeit zurückbleiben.

65) Marcellin. Com. l. c.

66) Mich. Glycas p. 495 ed. Bonn.

67) Procop. p. 124 sq.

68) Marcellin. Com.: de foro ad invadendum palatium conscendunt.

69) Theophan. p. 284.

70) Procop. p. 125 sq. Mich. Glycas p. 495 sq.

71) Chron. Pasch. p. 624 sq., wo ποιήσω für ποίησον gelesen werden muß.

72) Theophan. p. 284. Chron. Pasch. l. c.

73) Procop. p. 127.

74) Zonar. p. 62. Chron. Pasch. p. 626. Theophan. p. 285. Malal. p. 476.

75) Malalas: ἐξ ἀμφοτέρων τῶν εἰσόδων.

76) Chron. Pasch.: διὰ τῶν θυρῶν.

77) Ib. διὰ τῆς σφενδόνης.

78) Vgl. Mich. Glycas p. 496.

79) Marcellin. Com.

80) Die erste Zahl findet sich bei Procop. p. 129; ich möchte sie aber für ein Einschiebsel halten, da die Notiz zwei zusammengehörige Sätze

auffällig unterbricht und also jedenfalls an ungehöriger Stelle eingeschaltet ist. Die zweite Zahl haben Malalas, Theophanes, Cedrenus, Glykas, Manasses (v. 3226) und das Chronicon Paschale; das letztere sagt sogar kurz vorher in seltsamer Uebertreibung: es sei keiner der im Circus befindlichen Bürger und Fremden mit dem Leben davon gekommen. Die dritte Zahl endlich steht bei Zonaras. Vorsichtiger spricht Marcellinus Comes nur von „zahllosen Getödteten", und Victor Tununensis von „vielen Tausenden".

81) Chron. Pasch. p. 627 sq.

82) Nicht den 19ten, wie das Chron. Pasch., in Folge der Zusammenziehung der Ereignisse der beiden vorhergehenden Tage, fälschlich berechnet.

83) So übersetze ich βασιλεὺς τῆς Λούππας.

84) Joh. Carpathus Episcop. l. c. Theophan. p. 286. Chron. Pasch. p. 628 sq.

85) Du Cange, famil. byz. p. 86.

86) Zonar. l. c p. 63.

87) Daher denn auch die Expropriationen in der Nachbarschaft des Circus. Mich. Glycas p 496 sq.

88) Chron. Pasch. p. 630: πολίταις ἡμετέροις. L. 6. C. de summa trinitate. Das hier befindliche Datum vom „März" 533 kann, der unbefangenen Erzählung des Chron. Pasch. gegenüber, nicht als ursprünglich gelten. Vielleicht wurde bei der Aufnahme in den Codex repetit. praelect. absichtlich zurückdatirt, um das Gesetz nicht als Concession erscheinen zu lassen; sowie es denn auch nun adressirt wurde „An die Constantinopolitaner". Andere Muthmaßungen will ich hier bei Seite lassen und nur bemerken, daß die interessanten Angaben bei Vict. Tunun. ad ann. 531 und 533 Bezug zu haben scheinen auf die Lex 6 und das Jahr 533; die Consulatsangaben Decio Cos. und Post Consulatum Belisarii secundo sind als irrig zu betrachten.

89) θεὸν σταυρωθέντα ἕνα εἶναι τῆς ὁμοουσίου τριάδος.

90) Procop. p. 129. Hist. arcan. c. 12.

Anmerkungen zu Don Carlos.

1) Neuere Literatur: Llorente, hist. critique de l'Inquisition d'Espagne. T. III. p. 127 ff. Ranke, Zur Gesch. des Don Carlos, in den Wiener Jahrbüchern der Literatur, 1829, Bd. 46. S. 227 ff. Raumer, Briefe aus Paris zur Gesch. des sechzehnten und siebzehnten Jahrhunderts, 1831, Thl. I. S. 113 ff. und Gesch. Europas Bd. III. S. 120 ff. De Castro, historia de los protestantes españoles, 1851, p. 319 ff. Lafuente, historia general de España, 1854, T. XIII. Prescott, hist. of the reign of Philipp the second, 1855, Vol. II. p. 480—551. Motley, the rise of the dutch republic, 1856, Vol. II. Koch (M.), Quellen zur Geschichte des Kaisers Maximilian II., 1857, S. 109—251. Helfferich, Don Carlos von Spanien, in Raumer's Histor. Taschenbuch, 1859, S. 3 ff. Gachard, Don Carlos et Philippe II. Brux. 2 Tomes, 1863 (Hauptwerk, das Urtheil über Don Carlos ist relativ das gerechteste, das Material nahezu erschöpfend). Mouy, Don Carlos et Philippe II. Paris 1863, nouv. éd. 1864 (unabhängig

vom vorigen, kritisch viel mangelhafter). Warnkönig, Don Carlos.
Nach den neuesten Biographien. Stuttg. 1864 (flüchtige Zusammenstellung). Havemann, das Leben des Don Juan d'Austria, 1865. S. 33 ff.
Maurenbrecher, Don Carlos, in Sybel's Histor. Zeitschr. Bd. XI.
1864; S. 277 ff. (anknüpfend an Gachard, gründliche Kritik). Derselbe,
Don Carlos. Vortrag gehalten in Dorpat, in Virchow's und Holtzen-
dorff's Sammlung, Heft 90. Berlin 1869 (die Auffassung dieses zweiten
Aufsatzes kann ich in wesentlichen Punkten nicht theilen). — Die vorstehende Literatur umschließt zugleich fast den gesammten Quellenstoff, den
die zeitgenössischen Historiker und die gleichzeitigen Archivalien darbieten.
Die wichtigen Dietrichstein'schen Berichte, die Gachard viel zu wenig berücksichtigt hat, sind in dem Werke von Math. Koch zusammengestellt.
Leider ist aber deren Text offenbar hier und da verstümmelt, und zwar
zum Nachtheil des Don Carlos, wie das Beispiel bei Gachard 2, 621
schlagend erweist. Denn daraus ersieht man, daß in der Aussage des
Diego de Chaves bei Koch S. 214 die Worte ausgelassen sind: „hoff er,
daß er (Don Carlos) ain tugentsamer gueter Fürst sein werde".

2) Maurenbrecher (Vortrag) S. 3 f. Für das Folgende siehe den
Brief Friedrich Wilhelm's vom 11. Sept. 1728, bei Preuß, Friedrich's
des Großen Jugend und Thronbesteigung S. 43 f.; sowie ferner bei
diesem S. 10 f. 17. 19. 41—48. 53—56. 60. 101.

3) Biscia scodarella nach dem Bericht Badoaro's, una di quelle
serpi domestiche nach Orazio della Renna; Mouy 32 übersetzt couleuvre,
Gachard 34 tortue.

4) Manlius, Locorum communium collectanea ex lectionibus Me-
lanchthonis, 1594. p. 599.

5) Er war abwesend vom October 1548 bis Juli 1551, und vom
Juli 1554 bis September 1559.

6) Alles dies erhellt aus dem Briefe des Honorato Juan vom
30. October 1558, aus den Briefen Philipp's vom 31. März 1559 an
den Genannten und an Garcia de Toledo, und aus der Instruction
vom 6. März 1559 bei Döllinger; die Kenntniß der letzteren verdanke
ich Maurenbrecher (Histor. Zeitschr.) S. 286.

7) Gachard 261 ff. 56 f. Porreño spricht doch wohl von einem
andern Anlaß. Vgl. Maurenbrecher S. 287.

8) In dem Briefe Honorato Juan's sind die entscheidenden Worte
(non solamente interior, pero aun exterior) von Gachard 277 f. fälschlich im entgegengesetzten Sinne übersetzt worden (aussi bien intérieure-
ment qu'extérieurement). Den Brief des Hernan Suarez datirt Mouy
279 ff. fälschlich vom „18. April 1568"; ebenso falsch ist das Datum
des „18. März 1568" bei De Castro; als richtig dagegen darf das am
besten belegte Datum vom „18. März 1567" gelten. Jedenfalls stimmt
der Inhalt des sehr ausführlichen Briefes gar nicht mit den Situationen des Jahres 1568, wohl aber mit denen des Jahres zuvor. Sehr
richtig sagt Gachard 2, 398 f.: „Nach der Verhaftung des Don Carlos (18. Januar 1568) würde sich Suarez wohl gehütet haben, den Brief
zu schreiben; aller Verkehr des Prinzen mit der Außenwelt war damals
durch den König streng untersagt". Gegen die Aechtheit des Briefes ist
bisher von keiner Seite ein Bedenken erhoben worden, obwohl mancher
Umstand Anstoß erregen muß. Jedenfalls beweist die augenfällige Fabel
von der „fünfstündigen" Mißhandlung von „23 Pferden", daß der Brief-
steller nicht bloß auf Thatsachen, sondern auch auf böswilligen Gerüchten fußt.

9) Juan Huarte, Examen de ingenios para las ciencias, 1575. Ich stimme hier im Wesentlichen De Castro bei. Mouy p. 59 möchte nicht nur die Form, sondern auch den Inhalt verwerfen, was ganz seiner Tendenz entspricht, den Don Carlos als einen unzurechnungsfähigen „Narren" darzustellen.

10) Bericht des Bischofs von Limoges an Karl IX. vom 11. Mai 1562.

11) S. die Belege bei Gach. 259. 265 f.

12) Hav. 32. Motley (deutsche Ueberf.) 2, 122. Nicht nur Mouy's, sondern auch Gachard's Urtheile über die justice und die sagesse Philipp's (f. S. 261 f. 295) sind verfehlt. Wie seltsam ist es, wenn er die Bildung „neuer Bisthümer" in den Niederlanden eine „weise" Maßregel nennt, und doch gleich darauf (S. 296) andeutet, daß die Absicht derselben dahin ging, sich „Werkzeuge für seine Kirchenpolitik" zu verschaffen. Den oben angeführten rechtswidrigen Grundsatz theilt Gachard in seiner Notice s. le cons. des troubles selbst mit.

13) Es klingt heut fast wie Ironie, wenn Dietrichstein in seinem Bericht vom 14. Dec. 1567 grade in Bezug auf Egmont's und Horn's Verhaftung bei Philipp eine „Neigung zur Sanftmüthigkeit und Begnadigung" voraussetzt.

14) S. Gach. 252 f. 265.

15) Philipp II. an den Grafen von Luna; f. Gach. 1, 197.

16) Dietrichstein vom 29. Juni 1564 (bei Koch S. 124)

17) Natürlich reifte der Gedanke erst allmählig u. nach Maßgabe der Zwischenfälle. S. die Berichte Dietrichstein's vom 11. Febr. u. letzten März 1566, sowie vom 13. April 1568 (bei Koch S. 154 f. 155 f. 211 f.). Vgl. Koch S. 226. Maurenbrecher (Zeitschr.) S. 299 f. (Vortrag 22).

18) Tiepolo's Bericht vom 19. Januar 1563, der auch sonst von Fabeln und Wahrheitswidrigkeiten über Carlos strotzt. Dietrichstein vom 22. April 1564 (b. Koch S. 122).

19) S. Dietrichstein vom 29. Juni 1564 und vom 22. April 1565 (b. Koch S. 128 u. 214).

20) S. das Testament bei Gach. 1, 125 — 142.

21) Brief der Herzogin von Parma an Lazarus Schwendy vom 26. August 1564 (Gachard 155). Tiepolo's Bericht vom 19. Jan. 1563.

22) S. die in Anmerkg. 18 citirten Berichte.

23) Aussage des Bischofs von Cuenca, f. Anmerkg. 48.

24) S. Gach. 70 f. 190 f. 196 f.

25) St. Sülpice an Katharina von Medici, vom 12. Juni 1564. Tisnacq an die Herzogin von Parma, vom 29. Juni 1564 („notre prince se porte très-bien"). Dietrichstein's Berichte vom 29. Juni und 24. Nov. 1564 („wohlauf und gesunder als zuvor"), vom 6. Juni 1565 („viel gesunder und stärker denn zuvor") u. f. w. (f. Gach. 144, 154. Koch 127, 134, 141). Don Carlos an Honorato Juan, wahrscheinlich vom Juni 1566: „Ich befinde mich wohl" (f. Mouy p. 94).

26) Tisnacq an die Herzogin von Parma vom 15. u. 21. August und vom 15. Oct. 1563; St. Sülpice an Katharina vom 11. Octbr., 1. und 25. Nov., und 17. Dec. 1563; endlich Tisnacq an die Herzogin v. P. vom 31. Mai 1564: „notre prince a encore, depuis quelques jours, derechef eu quelque petit excès (soll wohl heißen accès) de sa tercaine". S. Gach. 97. 103 f. 141.

27) Dietrichstein vom 29. Juni 1564 (b. Koch S. 128). Oranien an den Grafen Ludwig vom 2. Nov. 1565 (b. Gach. 170) Wein trank Carlos nur dann, wenn es die Aerzte ihm verordneten.

28) Tisnacq an die Herzogin v. Parma vom 28. Juni 1564. Fourquevaulx an Karl IX. vom 11. Sept. 1566.

29) Dietrichstein vom 31. Januar 1568 (b Koch S. 203).

30) Dahin gehört der Brief an Kaiser Karl V. vom 2. October 1556 (b. Gach. 1, 20) und der an Kaiser Ferdinand II. vom 15. Aug. 1562 (b. Gach. 2, 641 f.). Daß seine vertraulich u. hastig hingeworfenen brieflichen Mittheilungen an Honorato Juan (f. Mouy p. 93 ff.) nachlässig gehalten sind, ist ganz in der Ordnung; darum seinen Styl als „armselig" oder „jämmerlich" kennzeichnen zu wollen, wie es Llorente u. Mouy gethan, ist ebenso verkehrt, wie wenn man den Styl eines Meisters wie Göthe nach seinen flüchtig hingeworfenen Gelegenheitsbriefchen beurtheilen wollte. Aber auch jenes vertrauliche Geplauder des Prinzen macht einen wohlthuenden, rührenden und selbst originellen Eindruck.

31) Maurenbrecher (Zeitschrift) S. 283. Vgl. Mouy p. 104 f.

32) Havemann S. 35. Gach. 269 (Louis Morisot).

33) S. oben Anmerk. 2. Badoaro (b. Gach. 152): ogni cosa vuol sapere. Mouy p. 105 f.

34) S. Mouy p. 80 f. Das Werk von Ludovico Guicciardini, Descrit. di tutti i paesi bassi, Anversa 1567, erschien wohl zu Anfang des genannten Jahres oder gegen Ende des vorhergehenden.

35) S. außer dem Testament die Daten bei Mouy p. 83. Es handelt sich nicht um natürliche Kinder des Prinzen, wie Havemann 52 meint; Carlos ist Findelkind, Anna Carlos schon 1557 geboren.

36) S. das Testament Art. 14. Nobili an Cosmo von Medici vom 24. Juli 1567 (b. Gach. 2, 421 f.). Cabrera 7, 22. Ueber Cisneros f. unten Anmerkg. 58.

37) S. Maurenbrecher (Zeitschr.) S. 293.

38) S. namentlich Gach. 173 ff. 183 f. 232 f.

39) S. die Relation vom 18. Nov. 1563 b. Maurenbrecher (Zeitschr.) S. 296 (Vgl. Vortrag S. 16). St. Sülpice, geh. Bericht vom 1. Nov. 1563 b. Gach. 224. Philipp's Brief an Granvella vom 6. Aug. 1564 b. Mignet, Hist. de Marie Stuart 1, 159. Philipp's Depesche vom 6. Aug. 1564 an Guzman b. Gach. 227. Dietrichstein vom 6. April 1565 b. Koch S. 137. Guzman's Dep. vom 26. April 1565 b. Gach. 227 f. Note.

40) Bericht des Bischofs von Limoges vom 3. Januar 1562 b. Gach. 184 (die Worte pour ne l'aimer en façon que ce fût geben schwerlich genau die Meinung des Don Carlos wieder). St. Sülpice vom 8. Juli 1563 b. Gach. 212. Dietrichstein vom 29. Juni 1564, bei Koch S. 125 f. Derselbe vom 2. Juli 1564 b. Koch S. 130. Vgl. noch Gach. 182. 185. 188. 225. 390. Koch S. 119. 123.

41) Dietrichstein v. 29. Juni u. 24. Nov. 1564, b. Koch S. 125 u. 134 f. Chantonay v. 20. Mai u. 30 Juni 1565 b. Gach. 186 f. 231.

42) S. Gach. 188 ff. Maurenbrecher (Zeitschr.) S. 296 (Vortrag S. 16) im Vergleich mit Gach. 223 ff. Dietrichstein v. 19. April, 29. Juni, 11. Juli und 26. Sept. 1564, bei Koch S. 119 f. (vgl. S. 149). 125 f. 130 f. 133 Instruction für Chantonay v. 12. Sept. 1564 bei Gach. 228.

43) Ueber den Vorwurf der imbécillité f. St. Sülpice v. 15. Aug. 1563 und v. 12. Juni 1564, b. Gach. 188. u. 225 Ueber den Vorwurf der Impotenz f. Dietrichstein v. 22. April, 29. Juni, 11. Juli und 24. Nov. 1564 b. Koch S. 122. 125. 128. 131 f. 134. Chantonay vom 20. Mai 1565, b. Gach. 231. Die Erzählung Brantôme's über des

Prinzen Verhalten zu den Frauen, die man stets — und auch Gachard —
auf das Jahr 1564 bezieht, gehört offenbar, wie wir sehen werden, in
das Jahr 1567. Vgl. S. 353 ff.

44) Bei Koch S. 120. 126 f. 130. 135.

45) Dietrichstein v. 22. April 1564, b. Koch S. 122. St. Sülpice
v. 12. Juni b. Gach. 225. Dietrichstein v. 29. Juni, b. Koch S. 126 f.
Vgl. Gach. 154 f.

46) Dietrichstein v. 29. Juni und v. 1. August 1564, b. Koch S. 126
u. 132.

47) Gach. 155 — 160. 581 f. Dazu Dietrichstein v. 12. Aug. 1564
b. Koch S. 132.

48) Ueber den Hauptpunkt s. die Aussagen des Bischofs von Cuenca,
Eboli's, Espinosa's und Philipp's b. Gach. 473 u. 672; 509 f. u. 658;
509 u. 663 f.; 497 u. 653. Ueber das Weitere vgl. Gach. 473 Note,
und 446 Note.

49) Dietrichstein v. 1. Februar 1565 b. Koch S. 135. St. Sülpice
v. 16. März 1565. S. Gach. 156 u. 165. Vgl. 165 f.

50) Dietrichstein v. 6. Juni 1565, b. Koch S. 141 u. 144. Ferreras 9, 507. Mouy 195 f. (vgl. 206). Gach. 450. Vgl. Havemann
S. 45. 62.

51) Havemann S. 62 ff., modificirt durch Gach. 169 f.

52) Dietrichstein b. Koch S. 135. 136. 137. 138. 140. Gach. 230.

53) S. Gach. 173 f. 161. 167. 169 f.

54) St. Sülpice v. 2. Sept. 1565 (b. Gach. 187). Vgl. Dietrichstein vom 26. Sept. 1565 (b. Koch S. 148), wonach Carlos am 1. Sept.
wieder bei dem Hofe eintraf.

55) S. Gach. 232 f. Nur giebt derselbe den Worten aunque non
estan dadas las manos keinen Ausdruck. Vgl. Dietrichstein v 2. u. 24. Jan.
1566, b. Koch S. 151.

56) Dietrichstein v. 2. u. 24. Januar, 11. Februar u. 31. März
1566, b. Koch S. 151. 154. 159. Vgl. Gach. 267 ff. Maurenbrecher
(Zeitschr.) S. 299 f.

57) Fourquevaulx v. 1. Nov. 1565, b. Gach. 269. 272. Dietrichstein v. 24. Januar 1566.

58) Dietrichstein v. 18. August 1565, b. Koch S. 147. Gach. 247 f.
270 f. Mouy 111 ff. Vgl. oben S. 299 f. Ueber Philipp's Possenreißer
s. Gach. 241.

59) Vgl. Gach. 153. 163. Mouy 113. 115. 121.

60) Dietrichstein v. 11. Februar 1566, v. 2. Januar, 18. Mai und
5. Juni 1567, b. Koch S. 155. 178. 189. 190. Vgl. Mouy 81.

61) Dietrichstein v. 31. März 1566, b. Koch S. 159. Gach. 281 ff.
Vgl. 269, und Dietrichstein v. 11. Februar, b. Koch S. 154.

62) Gach. 293 — 296. 338. 353 ff. 365 ff. Dietrichstein b. Koch
S. 163 f. 167 f. Koch selbst S. 232 ff. versteigt sich in unzulässige Con-
jecturen. Vgl. Havemann 45 f. Maurenbrecher (Zeitschr.) 259 u. 301 ff.
(Vortrag 23). Mouy 183 ff. bezieht, gleich Anderen, den Ausdruck pro-
curadores bei Hernan Suarez fälschlich auf die envoyés flamands, statt
auf die Cortes von Castilien.

63) Laloo an Horn v. 3. August, b. Gach. 285 f. Dietrichstein v.
21. Januar 1568, b. Koch S. 204.

64) Dietrichstein v. 4. Mai, 27. Juni, 10. August u. 1. November
1566, b. Koch S. 163. 167 f. 171 f. Gach. 389. 446 f.

65) Dietrichstein v. 16. December 1566 u. v. 2. Januar 1567, b.

Koch) S. 176 ff. Gach. 359 ff. Das extrême mécontentement des Königs bei Gach. 393 wird durch das „wol hingangen" bei Dietrichstein (Koch 183) widerlegt.

66) Dietrichstein v. 4. Nov. 1566 und 10. August 1567, bei Koch S. 171 u. 192, sowie die in Anmerkung 65 citirten Berichte.

67) Dietrichstein v. 10. März 1567, b. Koch S. 183. Gach. 393 ff. Mouy 120 ff. Auch unterm 21. Januar 1569 geht Dietrichstein (b. Koch S. 204) von dem Fall mit Diego de Acuna gleich zu dem mit Alonso de Corboba über, ohne Lobon zu erwähnen, während er Fabrique Enriquez durch „und ander mer" andeutet.

68) Dietrichstein v. 26. April 1567 u. v. 21. Januar 1568, b. Koch S. 185 u. 204. Gach. 407 ff.

69) Dietrichstein b. Koch S. 183 f. 185. 190. 188 f. 204. Gach. 409 f.

70) Dietrichstein b. Koch S. 188 f. 190. Gach. 418 f.

71) Gach. 411. 672. Maurenbrecher (Zeitschr.) 297 f. 306.

72) Die hierauf bezügliche Erzählung Brantôme's gehört hierher und nicht in den Zusammenhang, den ihr Gach. 270 anweist. Vgl. Dietrichstein b. Koch S. 191 ff.

73) Vgl. Gach. 449 ff. 473. 446 und die Noten.

74) Das Jahr 1567 ist durch Nobili verbürgt. S. oben Anmerkung 43. Gach. 419 ff. 163 f. 622. 242. Mouy 106 f. Koch 128 Note und das Citat bei Helfferich 32. Vgl. Dulaure, hist. de Paris, 5e éd. 4, 435. 5, 242—246 und sonst. Ueber die gens masqués f. die im Register daselbst verzeichneten Stellen und dazu meine Tableaux de la révol. fr. 3, 95.

75) Dietrichstein b. Koch S. 196. Gach. 463. Das Datum „Januar 1568" bei Havemann 61 ist falsch.

76) Gach. 461 ff. Vgl. Dietrichstein b. Koch S. 204.

77) Vgl. Dietrichstein v. 14. Dec. 1567, b. Koch S. 201. Maurenbrecher (Zeitschr.) S. 306 (Vortrag S. 25).

78) Gach. 470—482 (der allein dem Lissabonner Manuscript folgt, und mit Recht der unbedingten Verdammung Philipp's zuneigt). Dietrichstein b. Koch S. 201—206. Mouy 215 ff. (enthält starke Irrthümer). Havemann 48 ff. Maurenbrecher (Zeitschr.) S. 306 f.

79) Ich verweise im Allgemeinen auf Dietrichstein b. Koch S. 201—217. Gach. 460 f. 479 f. 485 f. 491—497. 502. 508 ff. 513 ff. 517 f. 524—535. 547. 554 ff. 567 ff. 574. 581 ff. 591—596. 604 ff. 612. 621 ff. 665 f. 702 f. Koch 225 227. Maurenbrecher (Zeitschr.) 307 ff. (Vortrag 26 f. 32). Vgl. oben Anmerkung 48. Motley (Ueberf.) 2, 145 (im Hauptpunkt nach Gach. Notice etc. 13 ff.). Die Bergenroth'sche Denkschrift ist nur eine freierdachte, durch St. Real hervorgerufene Version der Carlos-Sage.

Pierer'sche Hofbuchdruckerei. Stephan Geibel & Co. in Altenburg.

Berichtigungen.

S. 37 Z. 10 lies: Chelidonischen.

S. 46 steht wiederholt „Egypten" statt „Aegypten".

S. 94 Z. 7 v. u. lies: Tode **des Perikles, beziehungsweise** der Aspasia.

S. 168 Z. 2 muß hinter „abzulegen" ein Semikolon stehen.

S. 233 Z. 16 ist hinter „geworfen" ein Punkt zu setzen.